2010年教育部人文社会科学研究规划项目(项目批准号:10YJA840009)

中国城市文化产业园社会与经济功能分析

何志宁 著

东南大学出版社
SOUTHEAST UNIVERSITY PRESS
·南京·

内容提要

本书从社会学角度，对中国十五年来城市文化产业园所产生的社会功能和经济功能在实地调查的基础上，做了一次较全面的实证研究，发现了其存在的一系列问题和困难，最后聚焦于城市文化产业园对城市社会效益和经济效益的实践评估和理论总结，并对城市文化产业园政策进行客观评价，为其今后的发展提供参考意见。

图书在版编目(CIP)数据

中国城市文化产业园社会与经济功能分析 / 何志宁著. —南京：东南大学出版社，2015.6

ISBN 978-7-5641-5878-1

Ⅰ. ①中… Ⅱ. ①何… Ⅲ. ①城市文化—文化产业—社会功能—研究—中国②城市文化—文化产业—经济功能—研究—中国 Ⅳ. ①G124

中国版本图书馆 CIP 数据核字(2015)第 144127 号

中国城市文化产业园社会与经济功能分析

出版发行 东南大学出版社
出 版 人 江建中
社　　址 南京市四牌楼 2 号
邮　　编 210096
网　　址 http://www.seupress.com
经　　销 各地新华书店
印　　刷 江苏凤凰数码印务有限公司
开　　本 787 mm×1092 mm 1/16
印　　张 17
字　　数 424 千字
版　　次 2015 年 6 月第 1 版
印　　次 2015 年 6 月第 1 次印刷
书　　号 ISBN 978-7-5641-5878-1
定　　价 39.00 元

---

* 本社图书若有印装质量问题，请直接与营销部联系，电话：025-83791830。

前　言

一、主要研究问题和内容

要研究城市文化产业园，首先要理清文化产业或文化创意产业的内涵。文化产业和“创意产业”或“文化创意产业”是同一个对象的不同描述方式，其产业内核、形态、特征是一致的。文化产业或文化创意产业是指依靠文化创意人的智慧、技能、经验和天赋，借助于高科技对文化资源进行创造和提升，通过知识产权的开发和运用，产生出高附加值文化产品，并具有创造财富和就业潜力的产业。全世界的文化产业每天创造的产值高达220亿美元，并以5%的速度递增。在英、美、新加坡、日本、韩国、澳大利亚等国家和地区，文化产业已成为经济发展的支柱产业，其产值约占GDP的1/5。

而城市文化产业园的兴起和发展有其特殊的历史进程。“大量西方发达国家城市在经历了20世纪70年代的‘去工业化’后，开始寻求新的城市发展道路。而文化产业既能提供就业，又催生了后工业时代经济再生的新动力，成为很多发达城市挖掘和发展的新产业。其惯常的建设途径是城市通过对老工业区的旧厂区和仓库等进行修整改造利用，形成新的文化产业园（Cultural Industry Quarter）。

“在中国，较早的北京‘798工厂区’就是从2000年开始转型，吸引了众多艺术机构及艺术家前来租用闲置旧厂房并进行改造，逐渐形成了集画廊、艺术工作室、文化公司等为一体的多元文化空间。从21世纪初开始，城市文化产业园作为城市中新的经济发展空间和发展形式，在中国重要的大工业城市迅速兴起。至2005年前后，随着城市发展过程中对文化遗产、文化资本、新兴文化创意产业的重视，以及文化部、广电总局等政府部门相关政策的出台，城市文化产业园在各个大中城市蓬勃发展，尤以北京、上海、杭州、苏州、南京、广州、深圳、成都等城市为先。”①

根据国家“十一五”规划中力争把中国在2012年建设成为创新型国家的目标，城市文化创意、文化产业和城市文化产业园得到了提倡和发展。如南京在2006年9月6日发布了《南京市文化创意产业“十一五”发展规划纲要（2006—2010年）》，把发展文化产业列为政府实现经济转型和可持续性发展的重要决策，南京的文化产业得到了跨越式发展，大批的城市文化产业园区建立并运行，它们对南京的经济社会和文化发展产生了全新的影响力，对城市创新发展形成了各种经济和社会功能作用。

本书从社会学角度，对中国各地城市中具有代表性的城市文化产业园做了大量的实地调研和实证分析，发现了其存在的一系列问题和困难，最后聚焦于城市文化产业园十

① 李由，蒋烨琳，褚耀程．文化产业园的现状及社会功能研究——以杭州市为例．东南大学SRTP项目，指导教师：何志宁，2013年10月19日。

五年来对城市所产生的社会效益和经济效益的实践评估和理论总结。为此，在对十五年来城市文化产业园所产生的社会功能和经济功能在实地调查的基础上，开展一次较全面的实证研究，也是对城市文化企业园政策的一次客观评价，为其今后的发展提供参考意见。

本书的理论价值是分析城市文化产业园及其中的文化企业对城市发展的社会经济功能作用，涉及以下主要领域：

第一，城市文化产业园及其企业对城市老工业区和老工业遗址的空间功能改造所起的作用。由于老工业企业的衰落和破败，老工业区和老工业遗址也成为城市中的新废墟，即城市规划学中的城市棕色用地和何志宁和宋朋洋所提出的“城市失用地”。①通过在保留这类老工业遗址的原址和原有厂区和厂房、仓库结构的基础上，对其进行现代化的改造升级，使之重新成为适合文化企业使用的设计、办公、生产、仓储和服务用地。这已成为世界各国城市改造老企业设施的常用途径之一。

中国城市经济中的工业产业结构在1949年新中国成立后基本上经历了五个时期的变迁。第一次变迁是上世纪整个50年代期间，在苏联、德意志民主共和国等东欧社会主义国家的援助下，一系列轻重工业基地和产业企业建设落成，以城市为核心初步建立起了现代轻重工业体系和国防工业体系。第二次变迁是在50年代末期的“大跃进”时期，违反经济和企业发展规律的政治干预行为，造成了虚高的工业产值，累积了大量低能、低效、低质量的工业设施设备。第三次变迁是整个“文化大革命”时期。这一时期城市中的工业企业以高能耗、高污染、高成本的重工业为主，在计划性经济政策指引下盲目扩张发展，如炼钢、机械、化工、电机、造船、造纸、汽车、农机、水泥和各类军工生产。轻工业主要有棉纺、针织、服装、五金、自行车、塑料和基本家用电器等，但发展缓慢。基于把城市建设成生产性城市的理念，这些企业在区位上多集中于城市中心，虽然创造了规模化的低端就业岗位，但在统购统销的计划经济指导体制下，效益低下、产销不旺、能耗过高、污染严重。在后期，大部分企业因体制和经济等原因处于破产和倒闭的边缘。第四次变迁是70年代末到80年代初的改革开放初期。上述企业进行产业结构调整，许多产业转型为以满足国民生活需要为主的轻工业企业，一批以生产耐用日用消费品为主的现代轻工业企业开始出现，尤以摩托车、电饭锅、洗衣机、电视机、电冰箱、录音机和自行车等日用家电业态发展最快；以日本和美国为主的相应的外资制造业企业也开始投资入驻中国城市；农村乡镇企业也得到快速发展。这一次轻工业的发展也在城市中形成了新的工厂设施。第五次变迁是90年代初期，即邓小平南方讲话后，中国开始了第二轮的改革开放高潮。经济发展势头得以恢复，但城市中的传统企业正逐步关停并转或迁移到郊外，而新的产业业态开始涌现。国家开始建立起相对独立的现代和后现代工业体系，并伴有大量中外合资企业和外资企业。自2001年12月11日，中国正式成为世贸组织成员后，在全球化背景和世界市场环境下，城市中的工业企业发生了新变化，传统的老工业企业基本迁出市区，新企业多聚集于城郊或远郊的工业园区或科技园区。因此，在整个20世纪90年代到21世纪初期，因效益、政策、污染、运输、成本、用地等结构性原因，城市中心的老工业企业基本腾移出主城区，出现了大面积的老工业区、老工业遗址或老厂房废墟。这

① 何志宁.“城市失用地”的概念、类型及其社会阻隔效应[J].南京社会科学，2013(4).

为城市文化产业园的建设提供了大量的城市用地空间。

本书要关注的是，这五次工业产业结构变迁下所产生的老工业遗址如何通过城市文化产业园得到改造再利用，哪些被再利用，有什么样的再利用类型等。

第二，城市文化产业园及其企业对扩大城市就业所起的作用。传统工业尤其是制造业可以为城市创造规模化的就业岗位，这些就业岗位链包括企业管理、行政管理、技术研发、生产制造、市场销售、售后服务、职业培训和后勤服务等方面。尤其在生产制造、市场销售和售后服务领域可以提供大量的就业岗位。同时，制造业有较广泛和较复杂的相关产业链，可以延伸性地创造更多的就业机会。所提供的岗位既有蓝领职位也有白领职位，在金融领域甚至有金领职位。城市文化产业园建立前，原有的制造业企业已基本关闭，有大量的失业者和临时就业者。在城市政府的政策支持下，城市文化产业园在对原有企业遗址改造后，亦把创造新就业作为主要社会目标之一。但鉴于文化产业的产业结构和运行特点，其所创造的就业规模和就业结构显然与传统的制造业不同。

本书要关注的是，城市文化产业园是否能创造规模化的就业岗位，有哪些就业岗位，有哪些延伸性的就业链等。

第三，城市文化产业园及其企业的社会福利作用。中国的工业制造业企业基本建立于社会主义计划经济时代，企业职工工资收入虽然不高，但较充分地享有国家和企业所提供的较完整的社会福利和社会保障。企业普遍实行内部招工、顶替招工，强调工作年限和社会地位。企业一般有自己的食堂、理发店、澡堂、幼儿园、小学、电影院、医院等，减少了企业职工的生活成本、教育成本、就业成本、娱乐成本和医疗成本等。长期以来，这既补偿了职工收入低的亏损，也增强了职工对企业的自豪感、归属感和凝聚力。城市文化产业园则是计划经济体制改革的结果，文化企业也是建立于市场经济时代，基本不受政策的保护，生活成本高，职工的社会保障和社会福利需求应更强于计划经济时代。企业也有一定的社会责任和义务保障职工的基本社会权益和经济权益，相关部门对文化产业园也应给予相应的社会政策支持。

本书要关注的是，城市文化产业园及其企业是否履行了必要的社会责任，是否为职工提供了足够的社会保障和社会福利，有哪些社会福利，职工是否满意等。

第四，城市文化产业园及其企业在城市中的地位和影响作用。计划经济时代城市中的工业制造业与城市有密切的经济、政治、社会和文化联系。制造业企业，尤其是规模较大的国营重工业企业、轻工业企业和国防工业企业，在城市中具有重要的经济龙头作用、较高的社会地位、广泛的社会关系和深厚的文化影响。作为支柱性产业企业，它们对城市的生存和发展起着重要作用，是纳税大户，是就业市场，是实权中心。它们是工业革命时代的代表和符号。由于为国家和城市作出过历史性的巨大贡献而具有深厚的社会基础，产业工人具有很高的社会威望和社会地位。取而代之的城市文化产业园和文化产业虽然是 21 世纪初中国城市“退二进三”政策促成的结果，但其经济、社会和政治影响力都不可同日而语，其主体性和主导性较低。

本书要关注的是，城市文化产业园及其企业与城市的经济、政治、社会和文化联系如何，城市文化产业园及其企业对城市的影响程度，城市文化产业园及其企业对城市发展的主要作用和意义等。

第五，城市文化产业园及其企业的创新、创意的先导作用。传统工业制造业的衰败，其中一个重要原因就是在全球化的市场竞争环境下，企业缺乏创新能力和创新人才，企业产品因缺乏市场竞争力而导致市场份额不断萎缩，最终导致企业破产倒闭。改造旧工业遗址，建立城市文化产业园就是为了让文化、传统与科技、创新相结合，孵化出新的产品、新的产业、新的市场，使之成为城市经济增长的新的可持续性动力，以创新和科技拉动经济增长，并形成产业链。这也是城市管理者建设文化产业园的经济功能导向。

本书要关注的是，城市文化产业园及其企业是否起到了创新、创意的实际效果，城市文化产业园及其企业的创新能力和潜力是否强劲，城市文化产业园及其企业对城市经济增长和产业创造起到了什么样的作用等。

第六，城市文化产业园对文化产业、创意产业及其人才的区域集聚作用。城市中的工业制造业总会有一定的产业集聚作用，且规模宏大、涉及面广、结构复杂，往往一个大型企业在自成一体的同时，也能形成更大的产业体系，形成更广泛的产业链，并在其周边或所在城市乃至区域形成一套供给、生产和销售体系，更何况一个有计划地建成的工业产业园区了。而建立城市文化产业园的一个主要目标也是在城市形成相关文化产业的高度集聚和产业循环链。集聚的目的是增加产业的存在效应、整合知识和科技成果、保护知识产权、减少经营成本、吸引人才资源、增强市场竞争力、保护新兴的创新创意企业。

本书要关注的是，城市文化产业园是否起到了相关文化产业的经济、技术和人力集聚效果，城市文化产业园中的文化企业是否具有集聚所需的同质性和相关性，城市文化产业园是否在城市经济中因集聚而形成一个新的经济增长极等。

第七，城市文化产业园对相关城市城区乃至整个城市的社会、经济和文化辐射作用。工业化时期的制造业对国家和城市的现代化发展曾起到过决定性的作用，不但改变了人类的生产方式和生活方式，也改变了人类社会的就业方式和社会管理方式，创造了巨大的经济财富和社会价值。而城市文化产业园和文化产业作为对老工业企业的一种改造更新模式，其对相关城区和城市的社会、文化的影响作用是值得进行比较研究的，这涉及对城市文化产业园在国家和城市经济社会发展中的作用的评价和对其未来发展的价值判断。

本书要关注的是，城市文化产业园对其所在城区和周边城区以及整个城市有哪些辐射影响作用，这些影响涉及城市社区的哪些方面，其影响作用有多大等。

第八，城市文化产业园及其企业的降耗减排作用。城市中的工业制造业企业虽然为城市创造了大量物质财富和就业岗位，但往往是城市中最大的环境污染源，包括点污染、面污染和线污染。点污染指企业中的烟囱、排污口和噪音源等。如果企业面积较大或是工业园区，就可能形成广泛的面污染。线污染指制造业企业的仓储运输所形成的陆路、航空、水路货物运输中所造成的污染。其污染范围包括水体污染、空气污染、土壤污染和视觉污染等。很多企业采取被动的污染后治理，往往造成更大的环境和社会负效果，企业和社会的成本更高。城市文化产业园建立的一个重要的环保政策目标就是彻底减少城市中的工业污染，为城市宜居易业创造良好的环境条件。

本书要关注的是，城市文化产业园是否能减少环境污染，还会带来哪些环境污染，这些环境污染的特点是什么等。

本书具体的研究路径是，在中国分别选取北部、南部、东部和西部城市中重要的城市文化产业园为个案，对现有的城市文化产业园的社会经济功能进行一次较全面深入的调研,分析中国重要城市主要城市文化产业园的社会与经济功能,重点分析其中的负功能作用。

二、研究的难点

本书的研究难点有三方面。首先是要选择有代表性的个案,即要选定具有普遍性、共通性、可比性和规律性的城市文化产业园,以便使研究具有代表性。这需要对中国城市中主要的城市文化产业园区做一个普查,最终确定研究对象和调研个案。

其次,必须建立一套可以调研和分析城市文化产业园的社会与经济功能的范畴体系,并据此收集相关的数据并做分析。

再次,是数据的完整性。一些指标可能是理想化、片面化的,但不一定有满足研究需要的数据提供,这可能对定量研究产生一定影响。更困难的是,一些我们想知道和研究的假设,会因资料数据难以获取或难以分析而最终放弃。

三、研究的创新之处

本书将探讨自2000年起十五年来中国城市文化产业园的社会经济功能,尤其是试图客观、科学和批判性地研究其造成的负功能,是一种逆向思考。尝试使用SPSS和GIS两个软件分析系统进行定量实证研究,SPSS主要分析城市文化产业园中从业者的社会功能满足和园区的区位功能作用;GIS分析城市文化产业园的城市空间分布及其社会与经济功能对周边社区和地域的溢出作用。我们将最终建立关于城市文化产业园的分析体系和研究路径。我们研究的核心是,第一,分析城市文化产业园社会经济功能,包括负功能;第二,分析不同类型的城市文化产业园及其功能特点;第三,对中国不同省区地域的城市文化产业园的发展特点做比较研究;第四,建构关于中国城市文化产业园发展格局和现状的研究地图;第五,在此基础上提出解决城市文化产业园负功能的建议;第六,形成关于城市文化产业园研究的新理论、新观点和新方法,作为对城市社会学理论体系的一次必要的理论补充。

何志宁

2015年5月于九龙湖

目 录

第一章　国内外研究现状述评及研究意义

在《城市发展史》中，刘易斯·芒福德提到："城市最终的任务是促进人们自觉地参加宇宙和历史的进程。"[①]因此，把城市建设成为适合人居住并符合历史发展的规律，是每一个城市义不容辞的责任。在《城市文化》中，刘易斯·芒福德认为，个性化和社会化是新城市秩序的社会基础。[②] 查尔斯·兰德利在《创意城市》中指出，在城市变迁过程中，要重新发掘城市创意，在城市中根植创意文化，通过组织文化、地方认同感、城市的空间与设施等方面塑造城市的创意氛围，以此规划和研拟城市的发展策略。[③] 笔者主要通过中国知网进行文献查阅，总结发现，国内学者对城市文化产业园的研究在 2005 至 2006 年间开始激增，但总体研究规模仍较小，学科分布主要为文化学、经济学、旅游学以及社会学等，其中单纯从社会学角度进行研究的较少，多为学科交叉的研究。

文献综述结合本研究的核心，将从城市文化产业园和文化产业的基础性研究、城市文化产业园的社会经济功能研究、文化引领就业研究和城市文化产业园的管理四大主要方面进行。

一、城市文化产业园和文化产业的基础性研究

约翰·霍金斯(John Howkins)是世界创意产业(即文化产业)之父、创新模式的推动者和创意文化产业的研究专家。约翰·霍金斯是林肯大学创意产业领域的客座教授。他的相关著作有：2003 年出版的《代码：数字化经济中的协作及所有权问题》(*CODE: Collaboration and Ownership in the Digital Economy*)，2001 年出版的《创意经济》(*The Creative Economy*)，1998 年出版的《西班牙语》(*Spanish*)，1997 年出版的《关于信息的四个全球性场域》(*Four Global Scenarios on Information*)，1983 年出版的《新技术，新政策》(*New Technologies, New Policies*)，1982 年出版的《沟通在中国》(*Communication in China*)和 1974 年出版的《了解电视》(*Understanding Television*)等著作。1997 年英国布莱尔政府听从了霍金斯的建议，开始扶持创意产业。霍金斯由此被称为"创意产业之父"。

约翰·霍金斯在其创意经济即文化产业经济观点中最先提出创意产业的定义与分类。

约翰·霍金斯对创意经济提出的独特观点是：创意并不被艺术家所垄断，任何人——科学家、商人甚至是经济学家都可以有创意。

---

① (美)刘易斯·芒福德. 城市发展史[M]. 北京：中国建筑工业出版社，2005.
② (美)刘易斯·芒福德. 城市文化[M]. 北京：中国建筑工业出版社，2009.
③ 查尔斯·兰德利. 创意城市：如何打造都市创意生活圈[M]. 北京：清华大学出版社，2009.

创意如何成为商业利益的主要驱动力，如何扶植商业行为？企业如何通过创意及创新上的竞争来实现真正的增长？霍金斯在他的《创意经济》一书里认为人类创造的无形资产的价值总有一天会超越人类所拥有的物质价值。

自上世纪末霍金斯和英国政府率先提出文化产业发展思路后，创意经济的概念传遍全球，纷纷被欧洲发达国家提高至战略发展层面。霍金斯在其代表作《创意经济》中指出，创意经济每天创造220亿美元的产值，并以5%的速度递增。

霍金斯表示，因为创意经济依赖于人的一些创意、想法，所以这个发展过程是非常艰难的。具体来说，全球创意经济发展面临四大挑战。

一是创意不容易被观察。创意经济时代将是一个崭新的社会，所有的元素都是新的，所以关于相关原则的教育至关重要。

二是创意经济需要全新的概念和标准。创意经济的核心价值并不是来自于资本、土地，而是人们的想象力和智慧挖掘，所以工业经济价值标准，包括利息、利率的变化，与人脑中创意的方法是完全不同的。

三是知识产权的问题。如何维护创意的所有权和使用权，需要平衡两个方面，一方面是制度，另一方面是收益。

四是更多的合作。霍金斯说，将各种不同的声音融合在一起，相互吸收，结果会更好。①

我国的有关研究在21世纪开始后随着城市文化产业园的建设和国家政策的推动，也有一定的成果。张鸿雁对文化产业园的研究有较大贡献。他在《城市文化资本论》中提到，城市的文化资本是一种再生产，21世纪"中国式城市文艺复兴"值得前瞻。② 甘霖和唐燕认为："创意城市"是一种新兴的城市发展理念，探讨了创意城市产生的时代背景、理论内涵及实践发展等，指出中国建设创意城市存在的五大误区，并在借鉴国际经验的基础上，提出中国创意城市本土化实践的基本框架。③ 王磊提到"文化"同样具有结构性的力量。这一力量，在城市文化产业园空间生产中的独特表现便在于，其一，文化成了各方争夺由老工业建筑转变而来的文化产业园空间再生产的主导权和利益的有效手段；其二，工作、生活在其中的自由艺术家群体逐渐促成了社会的一种新的身份认同和生活方式。④ 张弓则以马克思、哈贝马斯实践观为基础，强调主体间交往的实践观，以这种理论关注新兴文化创意产业的发展，发掘两者之间的密切联系。以网络交往实践观指导其发展，可以使文化创意产业的不同创作主体之间进行对话和沟通，以形成一个有创意"共识"的创作和生产的团队。⑤ 还有一些学者以某一个城市文化产业园为切入点，进行个案分析。张天羽综合运用人类学、社会学、美术学、艺术学、经济学、统计学等多种研究方法，关注艺术群落全方位的生态状况，分析艺术群落的生态系统与文化语境，剖析群落生态环境被破坏的原因与表现，并提出保护措施。通过对艺术群落的深度解剖，回到宏观

① 谢晓萍. 创意产业之父霍金斯：知识产权是新世纪货币[J]. 中外企业家，2009(19).

② 张鸿雁. 城市文化资本论[M]. 南京：东南大学出版社，2010.

③ 甘霖，唐燕. 创意城市的国际经验与本土化建构[J]. 国际城市规划，2012(3).

④ 王磊. 创意产业园区：空间生产中的文化的结构性力量[D]. 上海：华东师范大学，2007.

⑤ 张弓. 网络时代的文化创意产业[C]//文化现代化的战略思考——第七期中国现代化研究论坛论文集. 北京：中国科学院中国现代化研究中心，2009.

视角总结中国当代艺术的真实面貌与根源症结所在。① 可见，国外学者较早时便有对“城市文化”、“创意城市”等宏观概念的研究，而当前国内对城市文化产业园的研究较少，且集中于经济、城市规划、艺术等学科。

二、城市文化产业园的社会经济功能研究

一般来说，每个社区，包括城市社区都有自己的社会功能和经济功能。社区的一般功能指：居住功能、交通功能、经济功能、政治功能、教育功能、卫生功能、福利功能、服务功能、娱乐功能和宗教功能。社区的本质功能则指：社会化功能、社会控制功能、社会参与功能和社会互助功能。

国内外有关城市文化产业园社区的社会经济功能的研究主要归纳为以下九个维度的正功能：经济功能、社会功能、集聚功能、平台功能、产权保护、创造就业、教育功能、文化提升和娱乐功能。详细内容将在相关的后文中阐述。

这是前人对城市文化产业园社会经济功能的总结，这样的总结只偏向于正功能，并且对于正功能的描述又是简单和模糊的。本书将通过实地调研，不但总结园区的正功能，也要对园区对城市发展带来的负功能进行探讨。

对于园区负功能的分析，前人的研究停留在对园区的普遍性批判上。如把园区建设的误区归纳为房地产化和行政化。房地产化指忽略园区对文化产业的推动而仅仅注意园区对地价、房价、租金的推动。② 行政化指政府为了追求政绩而对文化产业刻意的追求。③ 房地产化与行政化在各类的产业发展中都存在类似的现象，高科技产业园的建设也存在房地产化与行政化。因此这样的分析还不能体现出城市文化产业园问题的特殊性。

三、文化引领就业研究

目前国内外关于文化产业的系统性研究，集中于文化产业的概念界定与分类、文化产业的发展状况研究（成因、运行规律、趋势、发展战略等）、文化产业的功能研究（政治功能、经济功能、文化意义、社会价值等）以及与其他要素（如经济增长、文化、市场及价值规律）的关系研究。而对于文化产业与就业的关系，学界目前的研究较为零散。

学者们分别从理论和实证两个维度论证文化产业与就业的关系，并强调国外经验。研究虽较为分散，未形成理论体系，但有助于理解文化产业与就业的关系。

理论研究方面，学者们主要强调文化产业对就业的促进作用及其发生机制。任宁云等从理论上分析了文化产业与促进劳动就业之间的关系，认为文化产业与劳动就业可形成双栖、融合、衍生和促进的良性互动关系。④ 杨宏海认为，文化产业能有效解决劳动就业问题，具体是通过劳动人事制度改革，将文化部门行政人员和文化事业单位的富余人员分离出来，向文化产业流动，但局限性在于只将文化产业拉动就业的对象范围限于文化部门和事业单位，但文化产业拉动就业的功能涉及多个层面上的就业群体。⑤ 杨红文指出文化产业属于新兴产业，发展空间大，不仅能提供充足就业，对劳动者素质的提高也

① 张天羽. 北京宋庄艺术群落生态研究[D]. 北京：中国艺术研究院，2013.
② 李向民，韩顺法. 文化产业与精神经济时代[J]. 思想战线，2010(3).
③ 郭妍琳. 文化产业园区建设中的相关问题——以江苏为例[J]. 艺术百家，2010(1).
④ 任宁云，朱虹青，李凌凌. 发展文化产业与促进劳动就业[J]. 昆明冶金高等专科学校学报，2005(4).
⑤ 杨宏海. 深圳文化产业的调查与思考[J]. 社会学研究，1993(4).

有积极作用。① 同时，在新技术和创新推动下的文化产业能促进新职业的持续创造，并使工作方式更加灵活高效。

部分学者以国外经验论述文化产业与就业的关系。钱紫华等总结了西方国家文化产业就业的七个特点：巨大的就业量、较快的就业增速、主要分布在都市区、分布倾向于发达的大城市、各地域有不同的优势部门、产业结构中“生产”功能增长显著、中小型企业为主，并得出“就业应成为文化产业发展的指示器”的结论。② 罗道全指出，国外文化产业发展时间虽短，却带来了巨大的就业总量和较快的就业增速；③对中国文化产业发展的启示是：将就业作为文化产业发展的指示器，并在农村地区适当发展文化产业。

实证研究方面，霍步刚的研究发现，美国文化产业的经济功能直接体现在文化产业产值、就业等方面。④ 2007 年，美国信息产业共有 141 034 家公司，营业额约 10 751 亿美元，从业人数 3 428 262 人；艺术娱乐休闲业公司 123 965 家，营业额约 1 890 亿美元，从业人数 2 070 524 人。在英国，文化产业被称为创意产业。1997 至 2005 年间，创意产业的年均增长率比英国整体经济增长速度高出一倍左右，从业人员超过 200 万人，雇用就业人数占整个就业人口的比例比其他任何国家都高。2007 年，英国创意产业的总就业人数为 197.82 万人，比 1999 年增加了 24.89 万人。

赵秋成从产业和行业层面解析了中国的经济增长与就业。通过对 1978 至 2004 年三大产业对 GDP 增长的贡献率的比较，得出第三产业就业弹性下降，吸纳就业能力提高，呈就业偏向型特征的结论。其所说的第三产业各行业，包括教育文化艺术、广播电影电视业等文化产业相关领域。⑤ 李斌、彭星通过构建交易成本信号传递模型及外商直接投资（FDI）就业效应模型，运用面板数据联立方程计量方法，定量研究了文化产业竞争力影响就业水平的 FDI 效应机理及其与直接效应的比较。发现文化产业竞争力越强的地区，其通过吸收 FDI 进而促进就业的效应越大，反之则越小。⑥

国外研究方面，学者们多强调文化产业对就业的拉动作用。如普拉特（Pratt A. C.）对英国 1984 至 1991 年间就业状况的研究发现，仅 1991 年，文化产业就拉动了英国 4.5%的就业比例，与建筑业及农业部门带动的就业比例持平。⑦ 斯科特（Scott）的研究显示，1992 年美国的文化产业发展解决了 300 万人的就业问题，占美国当年总就业人数的 2.4%。⑧ 格拉汉姆（Graham）和阿斯沃斯（Ashworth）及图瑞吉（Tunbridge）的研究认为，文化产业的发展可提升文化资源的历史和艺术吸引力，进而吸引更多的参观者，提升地区形象，吸引高层次的投资者和高素质的劳动者。⑨ 吉布森（Gibson C）、墨菲（Murphy P）

---

① 杨红文. 文化产业发展与就业关系的探讨[C]//北京文化论坛文集编委会. 论北京文化产业发展——2009 北京文化论坛文集. 北京：首都师范大学出版社，2009.

② 钱紫华，闫小培，王爱民. 西方国家文化产业的就业特点[J]. 城市问题，2007(9).

③ 罗道全. 文化产业促进就业的国际经验及启示[C]//北京文化论坛文集编委会. 论北京文化产业发展——2009 北京文化论坛文集. 北京：首都师范大学出版社，2009.

④ 霍步刚. 国外文化产业发展比较研究[D]. 大连：东北财经大学，2009.

⑤ 赵秋成. 从产业和行业层面解析中国的经济增长与就业[J]. 社会科学辑刊，2006(3).

⑥ 李斌，彭星. 文化产业竞争力影响就业水平的 FDI 效应研究[J]. 东岳论丛，2011(9).

⑦ Pratt A C. The cultural-industries production system: A case study of employment change in Britain, 1984 至 1991[J]. Environment and Planning A, 1997, 29(11).

⑧ Scott A J. The cultural Economy of cities: Essays on the Geography of Image—producing Industries[M]. London: SAGE Publication Ltd, 2000.

⑨ Graham B, Ashworth G, Tunbridge J. A Geography of Heritage: Power, Culture and Economy[M]. London: Hodder Arnold Publication, 2000.

和佛雷斯通(Freestone R)根据“城市文化经济”的讨论，指出创意产业对就业和其他经济活动具有重要的带动作用，应得到政策的支持。① 斯罗斯比(Throsby D)关于文化产业同心圆模式的研究也对文化产业与就业的关系有涉及。他通过对美国、加拿大、澳大利亚、新西兰、英国等国的实证研究，将文化产业使用生产部门中创造性劳动力的比例作为文化内容的代理，使同心圆模型的有效性得到证实，②并指出该模式的主要特点为文化产业的文化内容输出类似于一个由核心向外的递减运动。

但总体来看，关于城市文化产业与就业关系的研究仍缺乏系统、全面和深入，对产业带动就业及其运行机制和规律的分析不足；对文化产业所涉就业群体的研究欠缺；对文化产业的就业风险评估不够，更未涉及文化产业促进就业的社会、文化、政治的环境和机制。

四、城市文化产业园的管理

城市文化产业园的管理是达成城市文化产业园和文化产业最终实现其社会经济功能的推手。在有关城市文化产业园的管理方面，国内外的学者也有相关的研究成果。

文化产业管理体制的模式是文化产业研究的关注重点之一。学者们一般按两个路径进行研究：一是梳理西方国家文化产业管理模式的特点，以提供可借鉴的经验；二是从管理的主体入手，论述文化产业管理的制度环境、政府角色以及人才管理等方面。

首先是对西方发达国家文化产业管理模式的梳理。邱明丰的论述较详细。他认为：以美、英、法为代表的国家在文化产业管理上具有鲜明特色，分别代表三种管理形态，美国以市场为主导，没有国家级的文化管理部门和统一的文化政策，但法律保障体系完善，足以最大限度拓展文化产业的空间；英国则表现为市场与政府并重，文化产业的发展与政府的经济战略相联系，并借助政府的管理求发展；而法国则倚重政府的作用，采取“政府主导型”管理方式。三者在管理的体制上，都以政府的文化政策为产业发展的基础，借助管理机构落实管理理念，并通过资金管理赋予文化产业化、市场化运行的“血液”。③ 方彦富在此基础上，对中国文化产业管理体制做了一番梳理。其中，首都模式特点为政府管理、示范经营、多元发展；上海模式特点为兼收并蓄、观念超前、科技含量高；而深圳模式则为文化立市、创新引领、国际视野。方彦富强调，在中国无论哪一种管理方式，都须贯彻发展先进文化的要求，把社会效益放在首位。④

其次是文化产业管理中的主体问题，涉及制度环境、政府角色及人才管理等方面。

制度环境对于塑造文化产业管理模式具有重要作用。王琳强调改革制度环境推动文化产业的发展，指出推行国家文化宏观管理体制改革，才能使文化产业的发展符合市场经济规律的要求。改革的具体方式有：一是对现有的国家文化宏观管理部门进行优化整合，改变部门分工过细、职能交叉的弊端；二是国家文化宏观管理部门通过对现有职能进行分解，强化综合管理职能，弱化行业管理职能；三是国家文化宏观管理部门要改变“管办不分”的积弊，使国有文化企业单位及早实现政企分开、政资分开，建立和健全现代企业制度，完善法人治理结构。⑤ 余磊也指出，管理结构内生于赖以存在的制度环境，同时

① Gibson C, Murphy P, Freestone R. Employment and socio-spatial relations in Australia's cultural economy[J]. Australian Geographer, 2002, 33(2).

② Throsby D. The concentric circles model of the cultural industries[J]. Cultural Trends, 2008, 17(3).

③ 邱明丰. 发达国家文化产业管理模式研究——以美、英、法为例[J]. 学理论, 2010(9).

④ 方彦富. 国内外文化产业管理若干模式探究[J]. 亚太经济, 2009(6).

⑤ 王琳. 论文化产业的制度创新与体制创新[J]. 国家行政学院学报, 2004(6).

也处于不断创新之中，只有当文化产业制度环境的约束条件有了较大的改变，文化产业管理结构制度安排的不足才能逐步消除。他从制度经济学的角度，提出文化产业管理结构的三角模型——政府、市场和文化产业或企业。他同时提出在微观方面，通过建立“3＋1”文化企业管理模式，加强对文化产业的管理；在宏观方面，强调在不违背社会主义精神文明建设的前提下，发挥市场的资源配置功能，减少政府对文化产业的直接管制。①

除了宏大的制度层面，在较为微观的文化产业管理中，政府应当扮演什么样的角色？黄辛猗对两者的关系做了详细的探讨，认为文化产业管理中政府行为的基本立足点是文化产业的分类。文化产业的分类主要有三种方式：行业分类、补偿方式和产业方针分类。它既是政府对文化产业进行管理的基础，同时又表现为政府的一种文化产业管理行为。政府对文化产业的管理方式有直接管理和间接管理，前者涉及非营利性的文化项目，后者主要指营利性文化项目。直接管理主要是政府的投资支出，而间接管理主要是政府通过政策指导、法律规范、社会组织机构、经济调节杠杆等手段来得以实现。政府管理体制模式涉及对文化产业的结构调整、市场规范、产业发展目标设置等行为，对有计划地发展文化产业具有深远意义。② 傅守祥也强调政府的角色，认为文化产业是一种“人文化的知识经济”，即在世性与神性追求双赢的知识经济。作为世贸组织成员，中国政府在管理文化产业时，应在文化开放平台上，按世贸规则调整和重构中国的交往理念、制度形态和法律文化，提高中国文化的核心竞争力；用竞争促发展，以文化生态主义的思想范式发挥“后发现代化国家”的优势，为经济全球化下的中国文化产业的发展提供原动力。③

从更为微观的管理层面上，学者们对文化产业管理人才的短缺也有所论述。

张友臣认为，文化产业管理人才的短缺已成为影响其发展的最大障碍。主要原因在于：传统的文化管理体制只强调文化作为思想道德建设的手段和国家意识形态的属性，忽视甚至排斥文化作为消费产品的属性，基本上采用“政府办文化”的体制，导致相关人才的缺乏；此外，基础理论研究不足、师资力量匮乏、教材缺位等也导致文化产业管理人才的缺失。因而从高校到政府都要采取措施，培养更多更高层次的人才。④ 方东则进一步指出了如何培养文化产业管理的专门人才。他指出，文化产业管理人才在理念系统、知识结构和能力结构方面具有经营性、复合性、规则性和应用性四方面的特点。因而培养要以文化学科为基础，以经营管理为主导，构建专业课程体系；强调协同，形成专业教育的合力；强化实践教育环节；设计不同方向模块，保证各类型人才的培养，形成科学合理的文化产业管理人才培养模式。⑤

总体来讲，学者们对于文化产业管理体制的研究，涉及面较广，有宏观的制度层面，也有微观层面，对于构建合理的文化产业管理体制模式具有一定的指导作用。但不足在于，学者们并未提出一个合理的文化产业管理模型，或者说未提出构建合理的文化产业模式所需要的各种条件，从而导致论述不够深入，建设性不足。

---

① 余磊. 制度变迁中的文化产业管理[D]. 杭州：浙江工商大学，2008.
② 黄辛猗. 论文化产业管理中的政府行为[J]. 社会科学，1989(5).
③ 傅守祥. 文化经济时代：中国文化产业的发展与管理[J]. 深圳大学学报(人文社会科学版)，2007(2).
④ 张友臣. 关于我国文化产业人才培养的忧思[J]. 东岳论丛，2006(2).
⑤ 方东. 构建文化产业管理专业人才培养模式的理论思考[J]. 科技管理研究，2009(2).

第二章　城市文化产业园社会与经济功能分析的范畴体系

对城市文化产业园的社会与经济功能的评价需要建立科学和客观的范畴体系。

一、城市文化产业园社会功能分析的范畴体系

为建立城市文化产业园社会功能分析的范畴体系，笔者需借鉴社会层面的国家宏观社会功能分析指标体系。

联合国社会发展研究所的十个社会指标体系是：人口，学习和教育服务，有收益的经济活动和非经济活动，收入、分配、积累和消费，卫生、保健服务和营养，住宅及居住环境，家庭构成和家庭住户，闲暇和文化，社会保障和福利社会，公共秩序和安全。

经济合作与发展组织制定的社会指标体系包括以下方面：寿命、生活健康状况、教育设施的利用、文化程度、就业机会、工作生活质量、收入、财富、住房条件、服务设施、环境公害、社会现象、危险事故、受到威胁。①

美国的社会指标体系包括十一类：人口和家庭，健康和营养，住房和环境，交通运输，公共安全，教育和训练，工作，社会保险和福利，收入和生产，参与社会活动，文化、休闲和时间的利用；并有 61 个二级指标和大量的三级指标。

德国社会指标体系分为十个目标领域：人口、社会地位和变动、就业和工作条件、收入和收入分配、消费、交通、住宅、健康、教育、公众参与。

参照综合国际性组织（联合国）、区域性组织（经济合作与发展组织）和发达国家（美国和德国）有关社会指标体系的内容，笔者尝试对城市文化产业园这一具有社会意义的城市经济实体的社会指标体系进行创建，有以下十个方面的内容。这是我们关注研究的重点。

——园区就业人口规模。

——园区职工就业结构，即就业岗位结构。

——园区职工的职业流动和企业归属感。

——园区职工的工作满意度和幸福感。

——园区职工的工资收入和社会福利。

——园区职工对所在企业之社会功能的认同感。

——园区职工对文化产业社会功能的认同感。

---

① 郑杭生，等. 社会指标理论研究[M]. 北京：中国人民大学出版社，1989.

——园区职工对城市文化产业园社会功能的认同感。

——园区与周边城区的关系。

——园区对城市发展的社会意义。

由于评估的主体不同，本评估体系在实际使用过程中会有不同程度的偏差。影响该评估体系使用的主观因素主要有：第一，目前制定的评估指标体系还有不足、偏差和遗漏，并不一定适合各地城市文化产业园发展的实际状况，有待改进。第二，范畴体系的制定建立还有人为主观因素影响。本研究为笔者的个人研究判断，有不少主观和片面的因素存在，会影响到范畴体系适用的普遍性和科学性。第三，研究者人为主观因素的影响。在范畴体系的使用过程中，会受到研究者在研判过程中非客观和非理性的影响，从而影响分析评价的客观性和科学性。

二、城市文化产业园经济功能分析的范畴体系

城市文化产业园经济功能分析的范畴体系在本质上是把城市文化产业园作为一种产业集聚形态（相当于工业园区、经济技术开发区、科技工业园等）看待，它属于经济实体。因此，为其设定经济功能分析的范畴也应参考衡量国家宏观经济体之经济功能的指标体系。

（一）常用的宏观经济指标体系

以中国和世界许多国家惯常的国家宏观经济体的经济统计指标体系看，常用的宏观经济指标有：

1. 消费者物价指数（Consumer Price Index），英文缩写为 CPI，是反映与居民生活有关的产品及劳务价格统计出来的物价变动指标，通常作为观察通货膨胀水平的重要指标。

2. 生产者物价指数（Producer Price Index），英文缩写为 PPI，是衡量工业企业产品出厂价格变动趋势和变动程度的指数，是反映某一时期生产领域价格变动情况的重要经济指标。

3. 国内生产总值 GDP（Gross Domestic Product），指一个国家或地区在一定时期内国民经济各部门增加值的总额。

4. 第一产业、第二产业、第三产业占国内生产总值的比例。

第一产业是指种植业与养殖业，也就是“大农业”。

第二产业是指采掘业、制造业（工业）、建筑业等。

第三产业是指除第一，二产业以外的其他行业，包括交通运输、仓储和邮政业，信息传输、计算机服务和软件业，批发和零售业，住宿和餐饮业，金融业，房地产业，租赁和商务服务业，居民服务和其他服务业，教育、卫生、社会保障和社会福利业等。

5. 固定资产投资额（Investment in fixed assets），以货币表现的建造和购置固定资产活动的工作量。它是反映固定资产投资规模、速度、比例关系和使用方向的综合性指标。按照管理渠道，全社会固定资产投资总额分为基本建设、更新改造、房地产开发投资和其他固定资产投资四个部分。

6. 社会消费品零售总额（Total Retail Sales of Consumer Goods），指各种经济类型的批发和零售业、餐饮业、制造业及其他行业对城乡居民和社会集团的消费品零售额和

农民对非农业居民零售额的总和。其反映一定时期内人民物质文化生活水平的提高情况，反映社会商品购买力的实现程度，以及零售市场的规模状况。这是研究人民生活水平、社会零售商品购买力、社会生产、货币流通和物价的发展变化趋势的重要指标。

7. 货币存量或流通量(Amount of Currency in Circulation)。M0＝流通中的现金；狭义货币(M1)＝M0＋企业活期存款＋机关团体部队存款＋农村存款＋个人持有的信用卡类存款；广义货币(M2)＝M1＋城乡居民储蓄存款＋企业存款中具有定期性质的存款＋信托类存款＋其他存款。M1反映经济中的现实购买力；M2不仅反映现实的购买力，还反映潜在的购买力。若M1增速较快，则消费和终端市场活跃，出现通货膨胀；若M2增速较快，则投资和中间市场活跃，出现资产泡沫。

8. 外汇储备(Foreign Exchange Reserve)，又称为外汇存底，指一国政府所持有的国际储备资产中的外汇部分，即一国政府保有的以外币表示的债权，是一个国家货币当局持有并可以随时兑换外国货币的资产。狭义而言，外汇储备指一个国家的外汇积累；广义而言，外汇储备是指以外汇计价的资产，包括现钞、黄金、国外有价证券等。外汇储备是一个国家国际清偿力的重要组成部分。

9. 外商直接投资(Foreign Direct Investment)，是一国的投资者跨国境投入资本或其他生产要素，以获得利润或稀缺生产要素为目的投资活动。

10. 贸易顺差(Favorable Balance of Trade)或逆差(Trade Deficit)。在一定的时间里(通常按年度计算)，贸易的双方互相买卖各种货物，甲方的出口金额大过乙方的出口金额，或甲方的进口金额少于乙方的进口金额，其中的差额，对甲方来说，就叫贸易顺差，对乙方来说，就叫贸易逆差。

11. 工业增加值(Industrial Value added)，指工业企业在报告期内以货币形式表现的工业生产活动的最终成果；是工业企业全部生产活动的总成果扣除了在生产过程中消耗或转移的物质产品和劳务价值后的余额；是工业企业生产过程中新增加的价值。各部门增加值之和即是国内生产总值，它反映的是一个国家(地区)一定时期内所生产的和提供的最终产品和服务的市场价值的总和。[①] 以美联储、美国商务部、美国劳工部、美国经济研究局和供应管理协会等部门的较权威的指标体系看，一个国家的主要宏观经济指标包括：国内生产总值(GDP)、工业产值(Industrial Production)、失业率(Unemployment Rate)、贸易赤字(Trade Deficit)、经常项目收支(Balance of current account)、资本账收支(Capital account Balance)、利率(Interest Rate)、生产物价指数(PPI)、消费物价指数(CPI)、趸售(Bulk sale)、(批发)物价指数(WPI)、领先指标(Leading Indicator)、个人收入(Personal Income)、商业库存(Inventories)、采购经理人指数(Purchase Management Index)、耐久财订单(Durable Good Orders)、设备使用率(Capacity Utilization)和房屋开工率(Housing Starts)。

而一个企业的经济指标包括：企业总收入，主营业务收入，利润总额，应交税金(包括产品销售税金、管理费用中的税金、本年应交增值税和应交所得税)，劳动者报酬，本期计提折旧，增加值，资产总计、负债合计、所有者权益，社会商品零售额，工业总产值和工业销售产值等。

① 马克·罗杰斯. 经济指标[M]. 黄国富，译. 北京：经济科学出版社，2012.

（二）城市文化产业园的经济功能范畴体系

城市文化产业园是介于国家宏观经济体和企业微观经济单位之间的一个特殊的经济产出单位或经济产出集群，一种产业集聚形态，属于经济实体。参考国家主要宏观经济指标和企业经济指标，城市文化产业园经济功能的范畴体系可设置12个：园区生产总值、上缴利税、知识产权价值、产品专利价值、产品销售价值、租金总值、企业投资额、管理维护成本额、能耗成本额、劳动报酬、园区设施折旧费和资本负债率。前7个是园区的收入额，后5个是园区的支出额，以一年为结算周期。

1. 园区生产总值：园区所有经营、管理、运行所产生的生产总价值。

2. 上缴利税：通过园区管理部门和园区内各企业向城市和国家税务部门上缴的各种税收，是企业向国家交纳的各类税收的总称。

3. 知识产权价值：首先，知识产权是指"权利人对其所创作的智力劳动成果所享有的专有权利"，一般只在有限时间期内有效。各种智力创造如发明、文学和艺术作品，以及在商业中使用的标志、名称、图像以及外观设计，都可被认为是某一个人或组织所拥有的知识产权。其次，知识产权的价值评估属于企业资产评估的范畴。它是用来确定知识产权现在的价值和通过未来的效应所得到的价值。知识产权价值强调未来利益，随着知识产权价值越来越被企业所认识，知识产权收益能力已成为企业利用所有资源寻求收益最大化的途径。因此，在理论和实践上来说，作为知识经济一个重要组成部分的文化产业，应是拥有大量知识产权和知识产权价值的文化知识业态。

4. 产品专利价值：专利价值是指在专利法保护范围内的技术价值。对专利价值进行有效的评估，可以为企业专利投资、转让、许可使用、质押等资产运营行为提供价值参考，实现专利资本化；有利于企业正确认识所拥有专利的重要性，加强专利保护，促进企业对专利的有效利用。在市场经济条件下，专利不仅是授予专利权的发明创造，而且是一种具有使用价值和交换价值的非物质形态商品。作为无形商品，专利是有价值的，其价值体现在专利给权利人带来的利益。

从经济学意义上讲，专利价值是指专利预期可以给其所有者或使用者带来的利益在现实市场条件下的表现。

专利显性价值可以体现为提供新产品、新市场，或提高效率、降低成本，增加经济效益。隐性价值体现为：第一，阻碍竞争对手进入专利技术领域，保护企业的市场地位不被侵犯。第二，保护核心技术。公司在某项技术上获得专利后，会以其为基本专利，将其改进技术及外围相关技术申请专利，形成一个由基本技术同外围相关技术构成的专利池，构筑对竞争对手技术创新的壁垒。第三，未来发展的平台或者基础。尽管有些专利技术并没有被商业化，但其可作为未来技术发展的平台，或其他技术发展的基础。

专利价值评估方法可分为成本法、市场法、收益法。

5. 产品销售价值：包括批发额和零售额。

6. 租金总值：租金是租赁业务中出租人向承租人收取的转让资产使用权的补偿款。在出租人表现为租金收入，在承租人表现为租金费用。租金总值就是出租人所获取的租金的总价值量即总金额。在城市文化产业园，作为法人单位的城市文化产业园管理方把园区内的建筑物业出租给企业，收取租金。其中一部分要作为税收上缴。

7. 企业投资额：投资指的是用某种有价值的资产，其中包括资金、人力、知识产权等投入到某个企业、项目或经济活动，以获取经济回报的商业行为或过程。可分为实物投资、资本投资和证券投资。实物投资、资本投资是以实物或货币投入企业，通过生产经营活动取得一定利润。证券投资是以货币购买企业发行的股票和公司债券，间接参与企业的利润分配。[①] 文化产业和城市文化产业园都可以具有这三种基本的投资类型。其所产生的在实物、资金、资本上的投资价值量都可以货币的方式折算。

8. 管理维护成本额：管理成本是指为组织和管理生产活动发生的材料、人工、劳动资料等的耗费。管理成本由科斯[②]提出，包括组织内部成本、外部交易成本、机会成本和委托代理成本。

组织内部成本（原始内涵 ）包括：构建正式组织结构框架所需要的成本和内部组织管理机制的运行成本。内部的组织成本是组织管理成本在组织内部的表现，也是组织管理成本的原始内涵。

外部交易成本：包括搜寻成本、谈判成本和履约成本。

机会成本：管理机构和人员之间的摩擦和协调时间过长，从而导致组织资源的利息成本支出的损失以及由于延缓市场、投资机遇等产生的一些赚钱机会的错过而发生的代价。它存在于组织的各个层次，是对组织使用管理资源代价的一种度量，反映了组织继续使用管理资源的价值。这不是一种真实的成本付出。其意义在于判断管理活动是否值得继续以及管理者的精力和时间分配是否合理。[③]

9. 能耗成本额：工业企业利税总额中能耗成本的份额。它是反映企业能源投入与经济成果之间关系的指标。而企业能耗成本，是指工厂成本构成中燃料和动力的费用。

10. 劳动报酬：是劳动者付出体力或脑力劳动所得的对价，体现的是劳动者创造的社会价值。用人单位在生产过程中支付给劳动者的全部报酬包括三部分：一是货币工资，用人单位以货币形式直接支付给劳动者的各种工资、奖金、津贴、补贴等；二是实物报酬，即用人单位以免费或低于成本价提供给劳动者的各种物品和服务等；三是社会保险，指用人单位为劳动者直接向政府和保险部门支付的失业、养老、人身、医疗、家庭财产等保险金。

11. 设施折旧费：会计上的金额，通常按资产原来成本的固定百分比来计算，该金额须定期记入支出账内或从总收入中扣除，以弥补该资产的贬值。城市文化产业园园区设施折旧费则是园区内的设施设备经过使用，出现了陈旧和损失，因此需要进行修理和补充所产生的费用。

12. 资本负债率：衡量公司财务杠杆使用情况和偿债能力的指标。资本负债率反映公司主要是靠债权人来融资还是股东提供资金。该比率越高，说明公司更多的是依靠贷款或公司债的方式来募集资金，同时也反映公司进一步使用财务杠杆举债的空间不大，以及有较大的还款付息压力。和其他负债类比率用法一样，究竟资本负债率为多少是合理和健康的，要在同一行业不同公司之间对比得出，还要结合公司具体的市场地位和业

---

① 中华人民共和国国家税务总局. 企业会计制度[R]. 北京：中华人民共和国国家税务总局，2000.

② 罗纳德·哈里·科斯（Ronald H Coase）：新制度经济学的鼻祖，1991 年诺贝尔经济学奖的获得者。科斯对经济学的贡献主要体现在他的两篇代表作《企业的性质》和《社会成本问题》之中，他首次创造性地通过提出“交易费用”来解释企业存在的原因以及企业扩展的边界问题。

③ 高鸿业，刘文忻，冯金华，等. 西方经济学[M]. 北京：中国人民大学出版社，2007.

务发展阶段来辩证分析。

资产负债率反映债权人所提供的资金占全部资金的比重，以及企业资产对债权人权益的保障程度。这一比率越低(50%以下)，表明企业的偿债能力越强。

以上这12个经济指标都可以运用到对城市文化产业园的经济状况衡量中。理论上说，其中文化产业园区的生产总值、上缴利税、产品销售价值、租金总值、企业投资额、管理维护成本额、能耗成本额、劳动报酬是可以收集到的数据资料。

城市文化产业园具有社区一般功能中的经济功能。本研究是从城市文化产业园的经济功能出发，对其对周边社区形成的经济社会的区域性功能进行研究。研究的思路是：社区一般功能→城市文化产业园的经济功能→对社区的经济功能作用。

笔者认为，园区的经济功能有以下方面：产业集聚、技术创新、产业孵化、企业转型、产业提升、产业链形成、服务配套、就业拓展、旧城改造、基础设施改造等。

但鉴于本研究属于社会学专业的研究范畴，因此不会有专门的章节和大的篇幅对城市文化产业园的经济功能做过多的深入研究，研究重点还是城市文化产业园的社会功能作用。

第三章　文化产业、文化产业区和城市文化产业园的基本分类

一、文化产业

研究的第一步首先要对文化产业的概念做一个澄清。目前文化产业的概念是不明确的。

首先，对文化产业类型的划分已经出现了紊乱。如在对苏州市统计局的调研中发现，苏州市政府对文化产业类型的界定是不清晰的。一方面，文化产业在当下和现代意义上是指将传统文化形态和内容与现代科学技术相结合而打造出的新的文化产业业态，如动漫影视、艺术设计、电子游戏、网络文化、绘画产业、民间工艺、工业设计、装潢设计、园林设计、陶艺雕塑、广告设计、摄影艺术等等；但另一方面，受以往传统和体制的影响，传统意义上的文化产业主要指原有的文化事业，部分事业单位经过改制成为企业。如新闻传播、出版业、文化演出、文物事业、图书音像和艺术创作等。这就造成了文化产业在同一概念下形态和内容上的混淆和混乱。前者即现代意义上的文化产业是本书研究的重点。传统意义上的文化事业如表 3－1 所示。

表 3－1　传统意义上的文化事业

概念分类	概念解释
文化事业	特有术语，是中国政治经济体制当中存在的文化事业单位的集合名词
文化事业的本质	文化事业的本质在于非营利性，与考虑营利性活动的文化产业相对应
文化事业单位	是指在文化领域从事研究创作、精神产品生产和文化公共服务的组织机构
文化事业单位的主要类别	
演出单位	包括各类艺术表演团体等
艺术创作单位	包括艺术创作院所、艺术中心、音像影视中心等
图书文献单位	包括图书馆、档案馆、文献信息中心等
文物单位	包括文物保护站、文物考古队(所)、博物馆、纪念馆等
群众文化单位	包括群众艺术馆、文化馆(站、宫)、青少年宫、俱乐部等
广播电视单位	包括广播电台(站)、电视台、转播台(站)等
报纸杂志	包括各类报社、杂志社等
编辑事业单位	包括各类编辑部、党史编纂室、地方志编纂室等
新闻出版单位	包括各类出版社、新闻中心、新闻社等
其他文化事业单位	

来源：奚洁人，主编. 科学发展观百科辞典[M]. 上海：上海辞书出版社，2007.

表3-2是现代意义上的文化产业的相应概念和分类，仅供参考。

表3-2 现代意义上的文化产业

概念分类	概念解释
文化产业	将文化艺术形态和内容进行规模化的产业化和商业化所形成的可供消费的文化产品制造业和服务业
文化产业的本质	文化产业是制造业的一种，是后工业时代新型的产业性、商业性和服务性的可提供商品消费的业态，是国民经济的组成部分。可以市场化、商品化，有盈利或亏损。部分物品必须被购买才能被消费
文化产业单位	主要是各类相应的文化生产企业、物流体系和销售体系，是产业性的经济单位
文化产业的主要业态类别	
动漫影视	包括电子化和影视化的动画和漫画的制造
艺术设计	包括各类可供规模化制造的艺术品的创意和设计
电子游戏	包括各类娱乐性的电脑网络游戏的创意设计、软件设计和系统维持
网络文化	包括各类社交、信息、资讯、购物、职场、文化等内容的网页设计、制造、维护等
绘画产业	包括将各类绘画艺术直接转化为产业和商品的过程
民间工艺	将各类流传于民间的民间传统、民间手工艺进行发掘、保护和产业化生产
工业设计	对各类工业产品、消费品、休闲品进行设计完美化的过程，使其使用功能具备艺术性、观赏性和舒适性
装潢设计	主要指随着房地产业兴起的室内装潢设计业态
园林设计	包括对家庭、庭院和城市公园、广场、绿带、水岸等公共空间进行的园林设计、规划和建设产业
陶艺雕塑	将中国的传统民间工艺陶瓷、雕塑、雕刻、泥塑等进行保护性地开发和产业化，使之被传承和市场化
广告设计	采用电脑设计、模板设计、喷绘制作等工艺对各类宣传性、商业性和公益性广告进行创意与制作
摄影艺术	包括微电影制作、婚纱摄影、艺术摄影等在内的商业化的影视工艺

“文化产业的术语产生于20世纪初。最初出现在霍克海默和阿多诺合著的《启蒙辩证法》一书之中。英语名称为Culture Industry，可以译为文化工业，也可以译为文化产业。文化产业作为一种特殊的文化形态和特殊的经济形态，影响了民众对文化产业的本质把握，不同国家从不同角度看文化产业有不同的理解。联合国教科文组织关于文化产业的定义如下：文化产业就是按照工业标准，生产、再生产、储存以及分配文化产品和服务的一系列活动。从文化产品的工业标准化生产、流通、分配、消费的角度进行界定。”①

“联合国教科文组织对文化产业的这一定义只包括可以由工业化生产并符合四个特征（即系列化、标准化、生产过程分工精细化和消费的大众化）的产品（如书籍报刊等印刷

① 联合国教科文组织. 文化、贸易和全球化[R]. 巴黎：联合国教科文组织，2012.

品和电子出版物有声制品、视听制品等)及其相关服务,而不包括舞台演出和造型艺术的生产与服务。

"世界各国对文化产业并没有统一的说法。美国没有文化产业的提法,只说版权产业,主要从文化产品具有知识产权的角度进行界定。日本认为,凡是与文化相关联的产业都属于文化产业。除传统的演出、展览、新闻出版外,还包括休闲娱乐、广播影视、体育、旅游等,称之为内容产业,更强调内容的精神属性。2003 年 9 月,中国文化部制定的《关于支持和促进文化产业发展的若干意见》,将文化产业界定为'从事文化产品生产和提供文化服务的经营性行业。文化产业是与文化事业相对应的概念,两者都是社会主义文化建设的重要组成部分。文化产业是社会生产力发展的必然产物,是随着中国社会主义市场经济的逐步完善和现代生产方式的不断进步而发展起来的新兴产业。'2004 年,国家统计局对'文化及相关产业'的界定是为社会公众提供文化娱乐产品和服务的活动,以及与这些活动有关联的活动的集合。所以,中国对文化产业的界定是文化娱乐的集合,区别于具有意识形态性的文化事业。尽管世界各国对文化产业从不同角度进行了不同的定义,但文化产品的精神性、娱乐性等基本特征不变。文化产业是具有精神性娱乐性的文化产品的生产、流通、消费活动。"①

文化产业统计指标体系是一个统计工具,中国文化产业统计最早使用的是 2004 年文化产业统计分类指标体系。国家统计局于 2012 年发布了《文化及相关产业分类(2012)》,对文化产业指标统计分类体系进一步地完善和健全。

根据以上定义,中国的文化及相关产业的范围包括:以文化为核心内容,为直接满足人们的精神需要而进行的创作、制造、传播、展示等文化产品(包括货物和服务)的生产活动;为实现文化产品生产所必需的辅助生产活动;作为文化产品实物载体或制作(使用、传播、展示)工具的文化用品的生产活动(包括制造和销售);为实现文化产品生产所需专用设备的生产活动(包括制造和销售)。

根据《文化及相关产业分类(2012)》标准,文化及相关产业被分为十个大类,其中"文化创意和设计服务"分类首次被提出。如表 3-3。

表 3-3　文化及相关产业的类别名称和行业代码

类别名称	国民经济行业代码
第一部分　文化产品的生产	
一、新闻出版发行服务	
(一) 新闻服务	
新闻业	8510
(二) 出版服务	
图书出版	8521
报纸出版	8522

① 中华人民共和国文化部. 文化部关于支持和促进文化产业发展的若干意见[R]. 北京:中华人民共和国文化部,2003.

续　表

类别名称	国民经济行业代码
期刊出版	8523
音像制品出版	8524
电子出版物出版	8525
其他出版业	8529
（三）发行服务	
图书批发	5143
报刊批发	5144
音像制品及电子出版物批发	5145
图书、报刊零售	5243
音像制品及电子出版物零售	5244
二、广播电视电影服务	
（一）广播电视服务	
广播	8610
电视	8620
（二）电影和影视录音服务	
电影和影视节目制作	8630
电影和影视节目发行	8640
电影放映	8650
录音制作	8660
三、文化艺术服务	
（一）文艺创作与表演服务	
文艺创作与表演	8710
艺术表演场馆	8720
（二）图书馆与档案馆服务	
图书馆	8731
档案馆	8732
（三）文化遗产保护服务	
文物及非物质文化遗产保护	8740
博物馆	8750
烈士陵园、纪念馆	8760
（四）群众文化服务	
群众文化活动	8770

续 表

类别名称	国民经济行业代码
（五）文化研究和社团服务	
社会人文科学研究	7350
专业性团体(的服务)	9421
——学术理论社会团体的服务	
——文化团体的服务	
（六）文化艺术培训服务	
文化艺术培训	8293
其他未列明教育	8299
——美术、舞蹈、音乐辅导服务	
（七）其他文化艺术服务	
其他文化艺术业	8790
四、文化信息传输服务	
（一）互联网信息服务	
互联网信息服务	6420
（二）增值电信服务(文化部分)	
其他电信服务	6319
——增值电信服务(文化部分)	
（三）广播电视传输服务	
有线广播电视传输服务	6321
无线广播电视传输服务	6322
卫星传输服务	6330
——传输、覆盖与接收服务	
——设计、安装、调试、测试、监测等服务	
五、文化创意和设计服务	
（一）广告服务	
广告业	7240
（二）文化软件服务	
软件开发	6510
——多媒体、动漫游戏软件开发	
数字内容服务	6591
——数字动漫、游戏设计制作	

续　表

类别名称	国民经济行业代码
（三）建筑设计服务	
工程勘察设计	7482
——房屋建筑工程设计服务	
——室内装饰设计服务	
——风景园林工程专项设计服务	
（四）专业设计服务	
专业化设计服务	7491
六、文化休闲娱乐服务	
（一）景区游览服务	
公园管理	7851
游览景区管理	7852
野生动物保护	7712
——动物园和海洋馆、水族馆管理服务	
野生植物保护	7713
——植物园管理服务	
（二）娱乐休闲服务	
歌舞厅娱乐活动	8911
电子游艺厅娱乐活动	8912
网吧活动	8913
其他室内娱乐活动	8919
游乐园	8920
其他娱乐业	8990
（三）摄影扩印服务	
摄影扩印服务	7492
七、工艺美术品的生产	
（一）工艺美术品的制造	
雕塑工艺品制造	2431
金属工艺品制造	2432
漆器工艺品制造	2433
花画工艺品制造	2434
天然植物纤维编织工艺品制造	2435
抽纱刺绣工艺品制造	2436

续　表

类 别 名 称	国民经济行业代码
地毯、挂毯制造	2437
珠宝首饰及有关物品制造	2438
其他工艺美术品制造	2439
（二）园林、陈设艺术及其他陶瓷制品的制造	
园林、陈设艺术及其他陶瓷制品制造	3079
——陈设艺术陶瓷制品制造	
（三）工艺美术品的销售	
首饰、工艺品及收藏品批发	5146
珠宝首饰零售	5245
工艺美术品及收藏品零售	5246
第二部分　文化相关产品的生产	
八、文化产品生产的辅助生产	
（一）版权服务	
知识产权服务	7250
——版权和文化软件服务	
（二）印刷复制服务	
书、报刊印刷	2311
本册印制	2312
包装装潢及其他印刷	2319
装订及印刷相关服务	2320
记录媒介复制	2330
（三）文化经纪代理服务	
文化娱乐经纪人	8941
其他文化艺术经纪代理	8949
（四）文化贸易代理与拍卖服务	
贸易代理	5181
——文化贸易代理服务	
拍卖	5182
——艺(美)术品、文物、古董、字画拍卖服务	
（五）文化出租服务	
娱乐及体育设备出租	7121
——视频设备、照相器材和娱乐设备的出租服务	
图书出租	7122
音像制品出租	7123

续　表

类 别 名 称	国民经济行业代码
（六）会展服务	
会议及展览服务	7292
（七）其他文化辅助生产	
其他未列明商务服务业	7299
——公司礼仪和模特服务	
——大型活动组织服务	
——票务服务	
九、文化用品的生产	
（一）办公用品的制造	
文具制造	2411
笔的制造	2412
墨水、墨汁制造	2414
（二）乐器的制造	
中乐器制造	2421
西乐器制造	2422
电子乐器制造	2423
其他乐器及零件制造	2429
（三）玩具的制造	
玩具制造	2450
（四）游艺器材及娱乐用品的制造	
露天游乐场所游乐设备制造	2461
游艺用品及室内游艺器材制造	2462
其他娱乐用品制造	2469
（五）视听设备的制造	
电视机制造	3951
音响设备制造	3952
影视录放设备制造	3953
（六）焰火、鞭炮产品的制造	
焰火、鞭炮产品制造	2672
（七）文化用纸的制造	
机制纸及纸板制造	2221
——文化用机制纸及纸板制造	
手工纸制造	2222

续　表

类 别 名 称	国民经济行业代码
（八）文化用油墨颜料的制造	
油墨及类似产品制造	2642
颜料制造	2643
——文化用颜料制造	
（九）文化用化学品的制造	
信息化学品制造	2664
——文化用信息化学品的制造	
（十）其他文化用品的制造	
照明灯具制造	3872
——装饰用灯和影视舞台灯制造	
其他电子设备制造	3990
——电子快译通、电子记事本、电子词典等制造	
（十一）文具乐器照相器材的销售	
文具用品批发	5141
文具用品零售	5241
乐器零售	5247
照相器材零售	5248
（十二）文化用家电的销售	
家用电器批发	5137
——文化用家用电器批发	
家用视听设备零售	5271
（十三）其他文化用品的销售	
其他文化用品批发	5149
其他文化用品零售	5249
十、文化专用设备的生产	
（一）印刷专用设备的制造	
印刷专用设备制造	3542
（二）广播电视电影专用设备的制造	
广播电视节目制作及发射设备制造	3931
广播电视接收设备及器材制造	3932
应用电视设备及其他广播电视设备制造	3939
电影机械制造	3471

续 表

类别名称	国民经济行业代码
（三）其他文化专用设备的制造	
幻灯及投影设备制造	3472
照相机及器材制造	3473
复印和胶印设备制造	3474
（四）广播电视电影专用设备的批发	
通讯及广播电视设备批发	5178
——广播电视电影专用设备批发	
（五）舞台照明设备的批发	
电气设备批发	5176
——舞台照明设备的批发	

来源：国家统计局，《文化及相关产业分类 2012》，2012 年 7 月 2 日。

国家统计局的《文化及相关产业分类 2012》还对文化生产更广泛的领域作了说明。见表 3 - 4。

表 3 - 4　对延伸层文化生产活动内容的说明

序号	类别名称及代码		文化生产活动的内容
	小类	延伸层	
1	专业性团体（的服务）(9421)	学术理论社会团体的服务	包括党的理论研究、史学研究、思想工作研究、社会人文科学研究等团体的服务
		文化团体的服务	包括新闻、图书、报刊、音像、版权、广播、电视、电影、演员、作家、文学艺术、美术家、摄影家、文物、博物馆、图书馆、文化馆、游乐园、公园、文艺理论研究、民族文化等团体的服务
2	其他未列明教育(8299)	美术、舞蹈、音乐辅导服务	包括美术、舞蹈和音乐等辅导服务
3	其他电信服务(6319)	增值电信服务（文化部分）	包括手机报、个性化铃声、网络广告等业务服务
4	卫星传输服务(6330)	传输、覆盖与接收服务	包括卫星广播电视信号的传输、覆盖与接收服务
		设计、安装、调试、测试、监测等服务	包括卫星广播电视传输、覆盖、接收系统的设计、安装、调试、测试、监测等服务
5	软件开发(6510)	多媒体、动漫游戏软件开发	包括应用软件开发及经营中的多媒体软件和动漫游戏软件开发及经营活动
6	数字内容服务(6591)	数字动漫、游戏设计制作	包括数字动漫制作和游戏设计制作等服务
7	工程勘察设计(7482)	房屋建筑工程设计服务	包括房屋（住宅、商业用房、公用事业用房、其他房屋）建筑工程设计服务
		室内装饰设计服务	包括住宅室内装饰设计服务和其他室内装饰设计服务
		风景园林工程专项设计服务	包括各类风景园林工程专项设计服务

续 表

序号	类别名称及代码		文化生产活动的内容
	小类	延伸层	
8	野生动物保护(7712)	动物园和海洋馆、水族馆管理服务	包括动物园管理服务,放养动物园管理服务,鸟类动物园管理服务,海洋馆、水族馆管理服务
9	野生植物保护(7713)	植物园管理服务	包括各类植物园管理服务
10	园林、陈设艺术及其他陶瓷制品制造(3079)	陈设艺术陶瓷制品制造	包括室内陈设艺术陶瓷制品、工艺陶瓷制品、陶瓷壁画、陶瓷制塑像和其他陈设艺术陶瓷制品的制造
11	知识产权服务(7250)	版权和文化软件服务	版权服务包括版权代理服务、版权鉴定服务、版权咨询服务、海外作品登记服务、涉外音像合同认证服务、著作权使用报酬收转服务、版权贸易服务和其他版权服务。文化软件服务指与文化有关的软件服务,包括软件代理、软件著作权登记、软件鉴定等服务
12	贸易代理(5181)	文化贸易代理服务	包括文化用品、图书、音像、文化用家用电器和广播电视器材等国际国内贸易代理服务
13	拍卖(5182)	艺(美)术品、文物、古董、字画拍卖服务	包括艺(美)术品拍卖服务,文物拍卖服务,古董、字画拍卖服务
14	娱乐及体育设备出租(7121)	视频设备、照相器材和娱乐设备的出租服务	包括视频设备出租服务、照相器材出租服务、娱乐设备出租服务
15	其他未列明商务服务业(7299)	公司礼仪和模特服务	公司礼仪服务包括开业典礼、庆典及其他活动的礼仪服务。模特服务包括服装模特、艺术模特和其他模特等服务
		大型活动组织服务	包括文艺晚会策划组织服务,大型庆典活动策划组织服务,艺术、模特大赛策划组织服务,艺术节、电影节等策划组织服务,民间活动策划组织服务,公益演出、展览等活动的策划组织服务,其他大型活动的策划组织服务
		票务服务	包括电影票务服务,文艺演出票务服务,展览、博览会票务服务
16	机制纸及纸板制造(2221)	文化用机制纸及纸板制造	包括未涂布印刷书写用纸制造、涂布类印刷用纸制造、感应纸及纸板制造
17	颜料制造(2643)	文化用颜料制造	包括水彩颜料、水粉颜料、油画颜料、国画颜料、调色料、其他艺术用颜料、美工塑型用膏等制造
18	信息化学品制造(2664)	文化用信息化学品的制造	包括感光胶片的制造,摄影感光纸、纸板及纺织物制造,摄影用化学制剂、复印机用化学制剂制造,空白磁带、空白磁盘、空盘制造
19	照明灯具制造(3872)	装饰用灯和影视舞台灯制造	包括装饰用灯(圣诞树用成套灯具、其他装饰用灯)和影视舞台灯的制造

续　表

序号	类别名称及代码		文化生产活动的内容
	小类	延伸层	
20	其他电子设备制造(3990)	电子快译通、电子记事本、电子词典等制造	包括电子快译通、电子记事本、电子词典等电子设备的制造
21	家用电器批发(5137)	文化用家用电器批发	包括电视机、摄录像设备、便携式收录放设备、音响设备等的批发
22	通讯及广播电视设备批发(5178)	广播电视电影专用设备批发	包括广播设备、电视设备、电影设备、广播电视卫星设备等的批发
23	电气设备批发(5176)	舞台照明设备的批发	包括各类舞台照明设备的批发

来源：国家统计局，《文化及相关产业分类 2012》，2012 年 7 月 2 日。

表 3－2、表 3－3、表 3－4 中有关文化产业的类型、业态，可以基本覆盖城市文化产业园中所有文化产业的类型和业态。但从管理部门的界定上看，文化产业管理部门还不够确定和规范。中国目前专事管理文化产业的是各级文化部门和宣传部门。从城市这一层级看，是文化广电新闻出版局和市委宣传部，主要从作为公共物品的文化艺术和作为价值观和精神文化的意识形态角度来管理文化和文化产业。

作为产业化、商品化、市场化、社会化的文化产业，商业部门、税务部门、贸易部门、劳动部门、城管部门的介入是不可或缺的。从城市经济和社会行政管理单位来看是工商、税务、劳动社会保障、规划、国土等相关部门来管理。但这些“次级”部门的权力和权限不超过文化宣传部门。

就目前的以文化部门和宣传部门为主的这一管理体制看，对现代文化产业和城市文化产业园的管理出现以下三大问题：第一，管理范围、管理职能和管理体制不能适用于文化产业和文化产业园的结构特点，管理效能弱化；第二，这两类部门管理人员的知识结构、工作能力和工作性质不能适应文化产业的运行特征，缺乏管理的知识和能力；第三，这些管理部门缺乏有效的管理规范、管理章程和管理措施，管理政策和管理手段不能针对文化产业的问题和矛盾，没有管理的机制。

从现代文化产业的新型业态看，城市文化产业与传统的文化事业相比，发生了很大的变化，出现了新的文化产业业态，如由历史文物古迹建构的文化产业、传统工艺文化产业、现代艺术(如动漫)文化产业等，不一而足，界定较为模糊。

十类城市文化产业是诸如由历史文物古迹建构的文化产业、传统工艺文化产业、现代文化艺术产业等以及由此形成的区域性聚集而产生的产业群。笔者在国内外关于文化产业概念的基础上，从最大范围的广义上，综述出以下十类城市文化产业类别和由此形成的文化产业集聚形态，为分析其社会功能确定较宽泛和广义的研究范畴。

首先是城市内和周边的自然生态文化产业及区域。指自然保护区，包括植物保护区和动物保护区，如太湖风景区、西溪湿地、九寨沟自然保护区等。

其次是城郊的农村文化产业，如江南水域文化、江南园林文化、沿海渔村文化、农家乐、农村社区历史文化(如江阴华西村文化)等。这些所谓的农村地区已经城市化，并与城市有密切的有机联系。

其三是对城市老工业区和旧厂房改造后形成的城市文化产业园。如对老工业遗址的保存与重现及功能的改造与复兴，即城市规划学里的老工业遗址的活化利用，如南京晨光 1865 文化产业园、“世界之窗”动漫城、苏州创意泵站动漫园、北京 798 文化产业园、广州 T. I. T 文化产业园等。

第四是新工业园区中的工业制造业产业旅游功能区。即将现代工业制造企业既作为工业产品生产企业，也作为工业文化旅游企业，如南京海尔曼斯企业旅游、德国德累斯顿的大众汽车玻璃工厂等。

第五是城市宗教文化产业。如城市中佛教、道教、基督教、伊斯兰教的设施和宗教文化活动催生的产业，如南京栖霞山佛寺文化、河南嵩山少林寺、巴黎圣母院、科隆大教堂、麦加朝圣地等。

第六是城市中民间传统手工艺的发现、恢复和保护，并使之成为民间工艺文化产业，如南京云锦博物馆等。

第七是对城市历史古文物、古遗址、古文化的发现、恢复和保护，并使之成为历史文化旅游产业，如北京山顶洞人遗址、马丘比丘文化遗址、镇江焦山摩崖石刻等。

第八是对城市中具有历史纪念意义的历史遗址的社会性维护和展示。这些历史遗址因其文化价值和现实意义的神圣性、不可替代和意识形态化，虽然不被产业化，但具有极大的社会产出价值，如达豪集中营、珍珠港事件纪念馆、南京大屠杀纪念馆等。

第九是以城市重大历史事件的重演重塑为主题的文化产业活动。这是一种周期性的文化产业。如法国人对滑铁卢战役的演绎、俄国人对二战中莫斯科战役的演绎、中国端午节各地纪念屈原的划龙舟比赛等。

第十是根据城市地方特色，有系统、有计划地举办的大型特色文化活动，主要在大型节假日和周末时间举办。在活动举办过程中形成某种文化产业形式，如巴西里约热内卢狂欢节、美食节(如“盱眙龙虾节”)、民俗节等周期性文化活动等。

本书研究的重点是第三类——城市老工业区和旧厂房改造后形成的城市文化产业园和文化产业，这也是狭义上的城市文化产业。从研究的时间上为工业遗址改造后形成的城市文化产业，其具体化的文化产业集聚形态就是城市文化产业园。

二、文化产业区

先应理清城市文化产业区和城市文化产业园的区别。

城市文化产业区是在城市中，在一定范围的较大的城市区位空间，但界限模糊，社会经济功能辐射较为分散和间接；其中的文化产业业态各异并可共存；社会空间较为开放，可吸引不同社会阶层的民众，它们与城市生活有较密切的互动与结合。

城市文化产业园同样在城市中，但其空间范围要比文化产业区小，界限清晰，社会经济功能辐射相对集中和直接；其中的文化产业业态表现出一定的同质性，但也可能业态复杂，呈异质性的多样化；社会空间较为封闭，但仍可吸引不同社会阶层的民众，特别是吸引从事某一文化产业业态的企业集群和社会群体，与城市生活也有较密切的互动与结合。

笔者认为，从文化产业在城市中的形成过程和积聚形态看，城市文化产业区有四类。

（一）因规划形成和自然形成的城市文化产业区

规划形成的城市文化产业区是指在城市规划师和政府决策者制定规划后，人为建立的城市文化产业区，如苏州的平江路苏州水乡文化区。

自然形成的城市文化产业区的构成原因复杂，因而种类也较多，主要是因自然景观、历史古迹、传统产业和民间文化艺术等有价值的自然风貌和文化传统体系，经人为的保护、修复和复兴而形成的城市文化产业区，如成都都江堰水利历史文化产业区和杭州运河天地（LOFT 文化公园）。

（二）多元化文化产业区

有的区域有两个以上自然相邻且内涵相近的文化产业元素聚集，可以把这样的非规划但在空间上紧邻，甚至功能互补或相似的文化产业区解释为多元化文化产业区。

这类文化产业区一般在各文化元素间没有区隔，也没有构建出封闭圈地和围栏，是面积较大的开放的城市文化公共空间。

南京大行宫附近的总统府（民国中央政府遗址）、中央饭店（民国政府招待国宾的官方酒店）、1912 酒吧休闲街（以仿民国老式建筑为特色的休闲酒吧街）、梅园新村纪念馆（国共合作时期中国共产党代表团办事处旧址）、南京图书馆（内有大量民国时期的档案史料）和江苏省美术馆，这六个自然相邻的文化产业元素就构成了典型的多元化的文化产业区，即一个在区位上紧密而功能可互补的多元化的文化产业区。

其中总统府、中央饭店、梅园新村纪念馆就其展现的文化内涵、历史年代、文化表现形式（建筑群）、文化基调、文化价值和社会历史人物，都有很大的同质性：同时同地地代表了民国中后期的中国政治、社会和文化历史，其高度的集中和代表性乃至在全中国都是首屈一指的，因此具有不可替代的历史文化价值。它将随着时间的推移而更具意义，也将随着祖国大陆与台湾地区和平统一进程的演进而呈现出新的历史政治价值。它们是南京一段城市发展历史的地标，是中国一段近现代国家发展史的地标，也是世界近现代史的一个组成部分。从历史和现实的角度，这些建筑群落都具有不可割裂的内在的近现代历史文化联系。

但是在现实的城市空间格局上，至少在公众及游人的显性视角看，它们却是相互割裂的。

首先，六个建筑群虽然相距很近，但是从管理、使用、维护上都是相互独立的，即分属不同的管理部门。总统府归属南京中国近代史遗址博物馆管理建设办公室管理。中央饭店和 1912 酒吧休闲街应是独立经营的酒店和餐饮企业。梅园新村纪念馆由南京市有关部门管理。南京图书馆属于江苏省文化厅管辖。江苏省美术馆隶属江苏省文化厅。

其次，虽然近在咫尺，中央饭店、图书馆与总统府被长江路隔开；总统府和梅园新村纪念馆被东箭道和东箭道小区等隔离，而总统府和 1912 酒吧街被一堵围墙隔开，乃至初到总统府参观的外地游客浑然不知隔壁有民国建筑风格的酒吧休闲街。因此，虽然这里的历史文化物品（建筑）密集，但并没有形成强烈内在集聚和由此产生的历史文化辐射力和影响力。

一个彻底的解决办法是将分开中央饭店、图书馆与总统府、1912 酒吧街的长江路变为不行车的步行公园广场的一部分，汽车要么不允许通行，要么建设地下车道。城市要为文化生态做出投入，其最终目的是形成一个以民国历史文化为标志和代表的多元化文化产业区。

只有这样，才能发挥其整体的经济和社会功能。因为六位一体的形成，可发挥民国文化的集聚效应，从而提高该地段的文化特色和知名度，吸引汇聚更多的游客，从而形成旅游经济和社会文化的集聚效应。

提高六个建筑群之间游人步行的通达性，可以使游客得以安全便捷地通往各处文化建筑群，并相应地因其“易游性”（指容易游览，相对于宜居而言），从而愿意更长时间地逗留徜徉，最终形成旅游消费。

但目前我们看到的情况是，由于这六个文化建筑群之间的隔离和“独立”，使得文化消费群体在各建筑群内部形成了高度的同质化，而建筑群之间的消费群比较则是高度的异质化。前者的同质化指：总统府的游人以外地人为主，1912 酒吧街的消费群则是南京本地的白领，而图书馆则是南京市民和当地大中学生，中央饭店的顾客主要是外地游客和本地熟客，等等。六个文化建筑群的消费者相对单一封闭。但建筑群相互间则是区隔性很强，即各个消费群体虽然咫尺天涯，但并不互通，相互异质。

南京明故宫遗址和临近的南京博物院也属于这种内容、价值和功能相似但又相互区隔的文化产业区。这两处极具南京历史文化代表性的文化区，一处代表了南京明代古都的历史，一处是对南京历史文化的集大成，具有历史的经典性和传承性，本可以融合在一个连续的城市空间里，但却被分为三大碎片。明故宫在民国时期就被中山东路隔断，而被南北割裂的明故宫又被清溪路分开，与南京博物院遥遥相望。

（三）单一规模化的文化产业区

第三类文化产业区是大型的、性质单一但功能和意义明显的、饱含历史文化元素的文化产业集聚。这往往表现为一座大型的建筑物或园林，表达了独特的历史文化和特殊的文化产业形态。其内涵是单一性的，但其在城市空间中的范围可以是局部内闭的或庞大开放的。如西安的兵马俑、阿房宫遗址，南京的中山陵、明孝陵、玄武湖，北京的故宫、颐和园。在国外，有罗马的斗兽场、庞贝废墟和雅典的神庙等。

（四）居住功能复合型文化产业区

第四类是与社会生活融合为一体的功能复合型文化产业区，即在一个区域较大、有一定边界的历史文化社区内也同时存在着自在自主的日常社会生活。如湖南的凤凰城、江苏的周庄和浙江的西塘镇。

浙江西塘镇因纯正的江南水乡特色、古朴的江南建筑风格和地道的江南社会文化以及小镇本身所蕴含的悠久历史传统、传说和民风，使得小镇跻身于中国历史文化古镇之列。这类文化产业区的特点是，除了历史古迹和文化物品外，其本身也是属于当地民间社会生活的一部分，镇上的居民同时过着普通的日常生活，只不过其主要的产业是以旅游文化产业为核心。这形成了历史文化与日常生活常态化的共存共荣。

文化产业区除了因历史、文化、传统和古迹衍生发展的使用性、产业性、商业性的文化产业聚集外，还有一种逆向的文化产业业态的存在，即一种制造业或消费品本身就是文化、艺术和传统的体现，如瑞典的宜家家具公司和丹麦的 Legoland 玩具商。

三、城市文化产业园

城市文化产业园最早出现在老工业国家英国，其中最具典型的是谢菲尔德的文化创意园。

英国城市文化产业园的历史发展最为悠久，分为三个时期：1998 至 1999 年是初始时期；2000 至 2002 年是发展时期；2003 年至今是繁荣时期。

在初始时期，英国政府于 1998 年颁布了《英国创意产业路径文件》。国家和企业、社会在文化产业的组织管理、人才培养、资金支持等方面加强体制建构。对文化产品的研发、制作、经销、出口等实施全面的和制度化的支持。开始建立起完善的创意产业金融财政支撑体系。

在发展阶段，至 2000 年，英国创意产业企业达到 122 000 家，成为英国雇佣就业人口最多的产业。创意产业中的软件与计算机服务行业占 32%，设计行业占 24%，出版业占 16%，电视与广播业占 11%，音乐制作占 4%，电影与录像业占 3%，其他的，如艺术与古玩业、广告业也占 3%，其他业态占 4%。创意产业出口额约占英国外贸出口额的 4.2%。

在繁荣阶段，英国政府通过税收优惠政策性支持，使创意产业进一步推动英国出口，有效抵补了部分贸易逆差。政府的积极推动，使创意产业一度成为仅次于金融服务业的第二大产业。

较具盛名的谢菲尔德文化创意园位于谢菲尔德火车站对面，规模虽然不大，也没有巨大的空间形态，但有 31 栋独特的文化和创意建筑。其主要业态构成如表 3－5。

表 3－5　谢菲尔德文化创意园业态构成概况

公共设施	传媒	文化艺术	金融	休闲娱乐
千禧年博物馆	BBC 电台	Site 画廊	投资机构	电影院
大学科学区	—	艺术家村	中介代理	娱乐中心
图书馆	—	油画陈列馆	—	咖啡厅
—	—	艺术工作室	—	—

谢菲尔德文化创意产业园得以发展取决于四个基本要素：鼓励私人资金的投入、积极推动创意产业数字化发展、加强创意产业的基础研究、政府提升对创意产业的资金支持。

同样具有历史性意义的另一个早期城市文化产业园是纽约 SOHO 地区（South of Houston St.），这原是工厂和仓储区。随着城市发展，工厂迁走之后，空旷宽敞的厂房、库房具有成为画室、展馆的天然条件，贫穷的艺术家们聚集于此。画廊、工作室、酒吧、咖啡馆……直到时尚品牌聚集，原来被城市前进的脚步遗忘的角落，被艺术家们热捧。但伴随地价上涨，引来了房地产开发商，试图挤走艺术家，这已成了一个规律。

城市文化产业园在城市中，一般被限制在范围较小的城市区位空间，边际界限明显，社会经济功能辐射较为间接和内敛；其中的文化产业业态较为同质，对异质业态有一定的排斥和隔离；社会空间较为封闭狭窄，除吸引业内专业人员和定向客户外，消费群体主要面向城市中的受教育程度较高和中等收入的社会阶层，园区与城市日常生活的互动与结合度较低。许多园区由城市规划师和政府决策者规划建立。

城市文化产业园具有一定的文化产业社区的内涵。即在城市中拥有一定的地理空间，汇聚着一批同质或异质的文化企业，集聚了一批文化产业的从业者并构成近似的经济社会目标，有近似的价值观、行业和行为规范以及形成较密切的业态内社会关系，具有一定的排他性边界。

本书研究的重点是城市文化产业园。笔者对北京、南京、苏州、杭州、广州和成都的城市文化产业园进行了实地探访和调研。从城市文化产业园建设的基本平台看，主要有六种类型：旧厂区改造型、楼宇改造型、旧事业单位改造型、游乐场改造型、城郊农村村落改造型、新街区创建型。

(一) 旧厂区改造型

这是绝大部分城市文化产业园的基本建设模式。如北京 798、南京 1865、广州 T. I. T 和红专厂、杭州桃花坞和创意泵站，成都“红星路 35 号”等。

新中国成立后，工业化基本上经历了三次浪潮。

第一次浪潮是在 20 世纪 50 年代，为实现国家独立工业体系的建立，大量重、轻工业企业如钢铁厂、机械厂、拖拉机厂、汽车厂、化工厂、医药厂、纺织厂、自行车厂、机床厂、电缆厂、电机厂、造纸厂、重机厂、军工厂等直接在城市中心建成。这类工厂在 20 世纪 80 年代改革开放后，部分因市场淘汰、技术落后等原因衰落破败，工厂关闭。但部分企业通过改革转制、技术升级、产品更新等措施得以在城市继续存在，主要是国营企业和集体企业。

第二次浪潮是在 20 世纪 80 年代，这一时期主要是以民生为主的轻纺、家电和食品工业企业大量建成。如食品加工厂、洗衣机厂、摩托车厂、电视机厂、缝纫机厂、塑料厂、家具厂、轿车厂等在城市中心和边缘建立，既有国营企业、集体企业、民营企业，也有来自日本、美国和一些欧洲国家的外资企业。

第三次浪潮是 20 世纪 90 年代后，这一时期主要是中高端的外向型制造业的发展，产业业态几乎覆盖所有的领域，主要是分布聚集在市郊和远郊的大量来料出口加工区、工业园区、科技园区等。企业的体制多元化，企业国籍丰富，从德国的西门子公司到印度的塔塔集团等，集聚着信息、人才、资本、技术、劳工、原料优势，基础设施完善、通讯便利、交通畅顺、提供优惠政策的中国大中城市成为中国这一“世界工厂”的“制造车间”。

在这三个时期，除工厂厂房外，还有如仓库、铁路、场站、行政楼、职工宿舍等大量辅助配套设施的建设。这些厂房和配套设施占用了大面积的城市土地，拥有庞大的建筑群，配置了众多的机器设备。

但进入 21 世纪后，中国的产业形态发生了巨大的变化，因技术落后、管理滞后、市场萎缩等原因，作为“世界工厂”的中国制造业总体上萎缩，而作为其一个个“制造车间”的大中城市，也随之面临着相应的经济社会格局调整。原先公有制的国营和集体轻重工业企业基本倒闭或转制，一些民营企业和外资企业也迁移，这就遗留下大量的、成片的废弃厂房、仓库、行政楼、宿舍等设施设备。这些老工业建筑旧址一时成为城市的废弃地带。

在政府政策的引导下，初始资本投入少、技术含量低、规模有限、制造端不发达、职工人数少、轻装灵活的文化类产业开始进驻这些老工业旧址。其城市空间吸引力分析如下：

第一，文化产业首选老工业旧址是基于以下的背景和原因：转型或衰败后的老工业企业希望利用其既有的地产、建筑、设施对自身进行全面的结构性改造，以为续其基本存在，因而乐于变卖出售其“家产”。这为文化产业提供了在城市的生存空间。

第二，老工业旧址因其破败萧条的环境条件和复杂的所有权关系，不可能被高端新企业青睐，不可能改造成新的厂区或居民区；同时，市政当局也无钱无力对这些庞大的工业旧址进行成片的投资改造。“无人问津”的城市老工业区和旧厂房为文化产业的进驻提供了现实可能。

第三，老工业旧址的区位多在市中心和城市郊区，作为一种主要为都市型生产业态和城市消费模式的文化产业，只适合在城市中寻找其合理合适的区位位置。老工业旧址是较为适合的选择。

第四，老工业旧址早期的地价和地租租金较低，适合资本薄弱、资本投入有限、规模有限、难以获得银行初期贷款的城市文化企业在此落脚。

第五，老工业旧址往往就是原来的一家家工厂的厂区，面积较大、建筑物保留基本完整，且建筑质量较高。工厂区的建筑物呈较规则的块状排列分布，主要是原来的生产车间、仓库、控制间和设备间等，并有宽敞笔直的厂区运输道路。这使得规模多为中型或小微型的文化企业可以集聚性地入驻，平衡均匀而相对独立地“镶嵌”其中。

第六，由于要安置大型机器设备，旧厂房室内空间大、净空高、采光好，多采用较结实厚重的砖石钢筋混凝土建材。这样结实宽大高挑的空间使得文化企业可以对其办公空间进行富有想象力和创造性地再设计。在很多原来的高大厂房车间，文化企业甚至可以将其改造成跃式或复合式办公区和工作间(即 LOFT)。

第七，城市文化企业无需租用昂贵的高层办公大厦和甲级办公楼，也无需迁往远郊区，更不用自建新办公区或办公楼，只要使用这些现有的旧建筑，只要进行加固处理、实用性改造和艺术性装饰，就可以很快成为价廉物美的办公运作和设计创意区域。

第八，将老工业区改造为城市文化产业园是英国、德国、美国等发达国家非常成功的老工业区转型复兴的有效途径。中国的文化产业和老工业企业采取这样的转型方式已有成功的先例，可以吸取国际先进经验。

第九，大中城市的市政当局大多重视文化产业的发展，对老工业区和旧厂区的改造在政策和资金上给予很大的支持，这对催生文化产业的发展和旧厂区的改造起到了政策导向的作用。

第十，文化产业的从业者已经把入驻老工厂、旧仓库并在里面创业工作作为一种时尚和文化。老工厂、旧仓库都是具有工业时代历史烙印和集体记忆的场所，他们对于以50后、60后和70后为主的文化产业的企业家来说，是具有历史意义的，富有价值内涵的，这些富有敏感怀旧情怀的企业家可以在这些不可复制的旧址中重拾某种人生的安全感和归属感。

（二）楼宇改造型

许多冠名为城市文化产业园的单位实际上是集中于一两栋建筑物内，并不构成园区，占地面积较小，但建筑面积不小。这样的城市文化产业园名为园，实为一个当年的企业院落甚或一座独栋大楼。这些高约 50 米的砖石水泥结构的大楼大多建于 20 世纪 70 年代或 80 年代，完全不同于现代化的以玻璃、钢铁、铝合金为建材的摩天大楼，而是带有时代特点的粗放、厚实的板式建筑，其内部也有较高的挑高层。

如苏州989文化创意园这类城市文化产业园基本上是原来某企业或公司的办公楼或大院，乃至仓库。由于改制和解体，原企业把空置的办公用地和楼房出租或出卖，由文化企业租赁或买下。

（三）旧事业单位改造型

这类城市文化产业园的前身是城市某事业单位的办公区，有一些平房或楼房，由围墙围护着。这样的事业单位一般是旧的机关大院、院校单位和文化部门等。因为这些单位自身的原因，如搬迁、并转、解散等，只能把原有的办公用房和用地出卖或出租，这些空间虽然大多在市区甚至市区中心，但由于房屋建筑结构和生态环境等因素所限，难以改建为厂房或其他功能用途的房屋，只有属于中、小、微企业的文化企业适于使用。

如南京"世界之窗"和杭州的西湖创意谷·开元198就是由原来的学校旧址改造而成。这种类型的改造数量不多。

（四）游乐场改造型

这是由衰落和荒废的旧游乐场和文化游乐园改造而成的城市文化产业园。其建筑群的外观和初始总体设计没有改变，只是建筑群的使用功能发生了变化。

20世纪80年代中至90年代初，许多大城市在城市边缘兴建起水上乐园、大型游乐场和世界景观微缩公园等文化游乐公园。

这些当年兴盛一时、价格昂贵的旧游乐场和文化游乐园是基于六个原因得以大量"克隆"性地兴建，从而造成了重复性：第一，在上世纪80年代中至90年代初，中国人的消费能力提高和消费时间增加，形成了城市里的一批所谓的高档娱乐消费群体。第二，中国人在改革开放意识的影响和冲击下，一改以往拮据节俭和禁欲主义的作风，愿意追求个人自由、身心开放的享受型的生活方式。第三，改革开放后，中国人初识缤纷多彩的外部世界，尤其是西方国家文化和自然人文景观的视觉冲击，都有出省游、出国游的强烈欲望，但当时大部分的中国人还没有足够的积蓄和余钱，以及签证限制，不可能直接到外省或出国旅游观光，因此像民俗村、"世界之窗"这样替代性的特色历史文化微缩版的游乐园应运而生。第四，这类游乐园特别适合改革开放后出现的诸如城市白领、小康之家、大中学生这类新的社会中产阶层或有闲阶层当时的消费观念和消费需求。第五，外资文化娱乐企业发现了中国国内这一庞大的需求，在各大城市大肆兴建游乐场馆。第六，在大城市郊区有大量的自然区域，地价、租金很低，游乐场开发商们的投资成本不高，但收益巨大，因此吸引了占用大量土地的游乐场的无计划开发。

进入20世纪90年代后期，这种无计划地重复建设的大型城郊游乐场最终因城市居民消费能力的进一步提高和消费品位的改变而走向衰落，成为一片片建筑废墟。首先是城市居民们的消费能力普遍大幅提高，在此物质基础上，人们更想直接接触并欣赏到国内外著名的文化景点。而新型游乐园更新换代地出现，也吸引了大量消费者，如水上世界、温泉浴场、野生动物园、恐龙乐园、湿地公园、度假村和城市文化产业园等。因此，原来的旧式游乐园因其老旧破败、模式过时、经营不善和高昂的维护成本，逐渐被淘汰放弃，从而出现大量空置的、废弃的和失用的城市空间和建筑群。

这类建筑群同样会成为文化企业入驻的城市空间。如地处杭州的浙江省文化创意产业实验区原是一片集游乐场和居民商住为一体的世界休闲博览园。该博览园的公共空间、公共建筑和居民区采用高标准设计，模仿意大利威尼斯城，从广场设计、标志性建筑甚至居民住宅，都几乎以一比一的比例仿造自威尼斯。但由于该博览园地处杭州南部远郊，交通不便，周边生活基础设施配套不全、人气不旺，入住率和商铺使用率都很低。虽然该博览园从开始设计时就想摆脱以往博览园白天和旺季熙来攘往、晚上和淡季门可罗雀的不均衡问题，在园区里建有较高密度的住宅区，但因偏远的地理区位，居民的入住率和常住率都不高，人气不旺。出于商业利益的理性考虑，一层和二层的商铺基本上不可能有餐厅、理发店、美容院、超市、教育机构、咖啡屋、酒吧、干洗店、药店、文具店、书店等这类需要集聚性消费规模的基本服务业态的进驻，造成大片店面房或铺面房的空置。

在此困境下，只能引入其他业态的企业。在此建立的浙江省文化创意产业实验区，逐渐吸引了以婚纱摄影和微电影制作为主的小型民营影视公司入驻。

（五）城郊农村村落改造型

在远离杭州的乡村，在一片水塘后的丘陵下，沿着山坡散落着一片别致的房屋，远看似城郊的别墅群，实为一片被改造过的农村民房。每一栋被改造的农村民房就是一个文化企业的办公用地。在这个叫白马湖生态创意城·SOHO创意园的文化产业村落里，文化产业的业态差异很大，从茶文化到设计公司都有，还有一个咖啡厅，似乎成为了一个社交中心。该城市文化产业园严格上来说可以称为文化产业村。因为它远离喧嚣的城市中心，区位偏僻，交通不便，周边也没有密集的城镇村落和人群聚集。

北京宋庄画家村也是典型的由整个村镇逐步改建改造过来的文化产业村落。宋庄画家村位于北京通州，原来是一个农业村，有一条主干道穿过东西长约1 000米的村落，村落以道路为纵轴东西向延伸，南北向覆盖。建筑物为在道路两旁原村落改造的商业性用房、手工业和服务业用房。和任何一个沿着道路衍生发展的村镇一样，这些建筑物原来大多是为当地村民和过往路人服务的各种低层次商业服务设施，既是农民销售农副产品和手工业品的窗口，也是村民购买工业品、农业用品和生活用品的交易场所。但由于交通的日益便利、对服务水平要求的提高和对高端商品的追求，这类低端的村镇集市的生活生产服务设施的供给能力有限或萎缩，加之沿途其他村镇同质性很高的商业竞争，使得其存在的合理性和持续性都受到影响。随着农村地区人口、经济、社会的空心化，沿途村镇的发展趋势也受到威胁。为此，如何实现农村旧有村镇的复兴和改造，就成为一个重要而普遍的问题。

宋庄决定把村落改造成吸引画家和艺术家的村落。早期时，六环内的房租已承受不起，村民们纷纷把自家住房和铺面出租出售给城里来的画家们，而画家们鉴于低廉的租金、适宜的建筑物和相对宽松的文化管理环境，也纷至沓来。还有很多人是中央美术学院的毕业生，来此建立工作室，创业发展。开办画室等也对当地的文化有了促进作用，画家和大学生们与村民们的关系也较融洽。

另一个较为成功的以农村社区改造而成的画家村是厦门乌石埔油画村。从1992年至今，这里已经发展成为世界三大商业油画生产基地之一。

在发展初期，地处偏僻城郊的乌石埔村面积仅0.5平方千米，常住人口1 000多人，外来人员居多。1992年开始有国内外的画师、画商入驻，从业人员过万，专职画师逾3 500人，商业油画95%以上出口。该画家村改变了传统的油画生产以单个画师为主体的作坊式的艺术生产方式，形成“画家+企业”的艺术产业链模式，即以大量个人画室、油画作坊为基础的分散性的作坊式生产结合以画商和企业为引领的产业化生产销售的企业商业运作。因此,油画艺术延伸为油画产业和产业链,促进了相关功能性行业及商业贸易服务业态的发展:油画艺术形态衍生出国画、版画、漆画、雕刻等其他相关绘画艺术形式,从而形成绘画艺术的集聚。在此需要上,直接服务于绘画艺术的相关材料行业出现,如画笔、颜料、画框、画布、宣纸等绘画材料、原料店、装裱装饰店涌现。绘画产业的集聚意味着绘画人才的汇集,以工艺美术学校的师生和各地画师为主要师资的各类美术绘画培训机构出现。最后,人群的聚集需要相关服务行业的配套,为此,仓储业、通讯业、餐饮业和旅游业等公共服务和休闲娱乐设施出现。至此,村落已经发生了城镇化的变迁——无论是基础设施、生产方式、生活方式还是社会群体。

普通的农业村镇蜕变为艺术村镇,其经济、社会、文化变迁的意义重大。这样的变迁包括以下的方面:职业结构、组织结构、文化价值观和行为规范。

职业结构:农民为艺术家和知识分子替代。

组织结构:由农业村落的村委会转变为半城市化的居民组织和艺术社团组织。

文化价值观:由农民的价值观转化为艺术家和企业家的价值观。

行为规范:由农业劳动行为规范转变为艺术创作行为规范。

(六)新街区创建型

北川重建后的新县城永昌镇的羌族步行街和广州的荔枝湾属于新街区创建型。这是在农村村镇建设和城市建设过程中所建立的以单纯文化事业和文化产业为主要功能的文化街区。这类新创建的文化产业街区或是在新址上建立,或是在原有的古文化区位上改造重建。

北川永昌镇羌族步行街属于在新址上新建立的农村文化产业街区;广州荔枝湾是在原有的古文化区位上改造重建的城市文化产业街区。

在 2008 年 5·12 汶川地震前,作为中国 56 个少数民族之一的羌族由于其人口规模较小、地处偏僻而鲜为人知。巨灾过后,随着赈灾和重建工作的展开和深入,羌族、羌族文化和羌族社区进入公众的视野。在重建过程中,为了保护环境、恢复经济、安置灾民、提供就业、保护文化、弘扬传统,政府和规划者决心将当地的羌族文化作为新的"绿色生产力",以特色文化发展"无烟"的旅游观光产业。于是,在北川新县城永昌镇的位于灾民和原住民居住区的两片居民区的中间,建设起了位于北川新县城中轴线上的"北川巴拿恰"①。这个实为步行街的巴拿恰是四川最大的羌文化旅游商业步行街。北川巴拿恰以羌族建筑风貌为特色,形成以吃、住、行、游、购、娱等要素为主体,有一定规模和水平的旅游产业要素体系,游客可以在商业街了解北川的羌绣、水磨漆、奇石、山珍、药材等,品尝羌族佳肴。街区的特色文化产业元素主要有四个方面:一是具有羌族特色的设计唯美、尺寸适度的连贯性的建筑体系;二是街区可提供从民族服装到小饰物在内的各种民族特色礼品;三是提供各种当地和羌族特色的菜肴和酒品;四是作为服务人员、销售人员和管理人员的当地羌族人的亲情服务和招待。这一街区是基于羌族传统文化的产业化和商业化文化社区,所以是以街区为载体的城市文化产业园类型。

① 巴拿恰源于羌语音译,意为"做买卖的地方"。

图 3-1　四川北川新县城的巴拿恰

历史上的广州荔枝湾涌故道北至洗马涌，和象岗西面的芝兰湖（现广州市流花湖公园）相通，南至黄沙注入珠江，“广四十里，柔五十里”，是广州历史悠久的风景名胜，素有“小秦淮”之称。

相传公元前 206 年，汉高祖刘邦派遣陆贾来广州向赵佗劝降，当时陆贾以今天的西村为驻地，且开始经营这一名胜。其后经过千百年来人工与天工的巧妙结合，该地成为广州著名的消夏游乐地。在唐代，那里建有著名的园林名胜“荔园”，南汉时，又建有皇家园林“昌华苑”，每当荔枝熟时，皇帝与妃子及臣子在那里赏荔游乐，称“红方宴”。明代这里的“荔湾渔唱”被列为羊城八景之一。清嘉道年间，岭南一代名园“海山仙馆”，宛如人间仙境镶嵌其间，“夏日，泊画船绿荫下，枝叶荫覆，渺不知人间有畲蒸气。”每当“荔枝红熟，绿树丛中，如缀如缯，游人乘画舫泛舟溪中，歌吹相鉴”。这一情景一直延续到解放初。虽然后来由于人为与自然的因素，发生了许多变化，但荔枝湾依然存在，在荔湾湖公园保留着一段长约 400 米的故道。

到了 20 世纪 40 年代，随着广州城区的扩展，城市人口逐渐增加，荔枝湾河溪两岸成为菜农、贫民聚居之地，居民为建房砍掉了荔枝树，再加上 40 年代末荔枝湾附近成为广州市近代工业的基地，造成河涌污染，水质持续恶化，再也难以适应荔枝树的生长。

1958 年建立的荔湾湖公园，保留了部分湖泊和水道，河道仍能北通逢源桥，南至多宝桥，但水系的各条支流被填平变成街道。随着周围工厂的建立和人口聚居，荔枝湾水系已沦为大污池，1985 年前后，荔湾湖至多宝桥的水道被覆盖；1992 年，随着泮溪酒家至逢源桥的最后一段水道被覆盖，荔湾涌彻底成为历史。

1999 年，荔湾区政协提出了“复建荔枝湾故道”的提案，并在 2009 年正式实施，1992 年填埋的最后一段河道重见天日。2010 年 10 月 16 日，荔湾湖湖水被引入河涌，曾经的荔枝湾从历史变成现实。①

这是在城市古街道原址上重新恢复原有文化遗址并将其中的传统文化元素通过生态改造活化利用，形成新的生态—文化街区的案例之一。

以上是六种不同形态的城市文化产业园类型的概述总结。

---

① 郭尔户等. 南海县志[M]. 1691. 屈大均. 广东新语：第二卷[M]. 北京：中华书局，1985.

第四章　城市文化产业园社会功能的基本分析

一、城市文化产业园社会功能研究的现实意义

本章从城市文化角度和费雷的城市文化生态理论出发，从城市文化的景观器物层面、制度活动层面和精神气质层面，研究城市文化产业园在社会领域的正负功能。并以北方地区的北京，长三角地区的南京、苏州和杭州，珠三角地区的广州和西部地区的成都为基本的调研区位，共选取了这六个城市中的 26 个城市文化产业园为个案分析案例，借以中国台北“文化造市”的发展战略为参照，分析中国城市文化产业园的社会功能，在认同城市文化产业园对城市社会发展的正社会功能作用的同时，明确其缺陷即负功能，为城市文化产业园的发展提供研究依据。

现代城市发展的问题之一是城市的发展趋向于同质化：建筑趋同、产业趋同、形态趋同、目标趋同。城市在追求同质化的过程中失去了自己的特色和竞争力。同时，当工业发展到一定程度，城市经济就会进入滞涨和衰退阶段。如果不发掘和创造新的经济增长点或进行经济转型，城市发展不仅会停滞，甚至会衰退。这也是中国城市发展中的一个软肋：即城市经济增长与就业、生态环境和社会稳定的矛盾。

当今世界大城市的结构发展趋势之一是去工业化、老城区的改造和文化产业的催生。随着后工业化城市的建立，需要社会学者对城市新的软实力——城市文化产业和城市文化产业园的社会功能进行研究。因为，文化产业已成为现代国家经济中的重要部分。如美国的文化产业占 GDP 的 20%，400 家最富有的美国企业中，有 72 家是文化企业；日本的文化产业已超过汽车工业，成为仅次于制造业的第二大产业；韩国已成为全球第五大文化产业出口国。同时，通过文化产品可以向全球输出本国的价值观。美国的影视、日本的动漫、韩国的网络游戏被世界各地的年轻人津津乐道。[①] 经济发展到一定阶段，国家之间的竞争是文化软实力的竞争。中国历史文化资源丰富，但文化产业的贸易逆差却很大。西方卖的是文化，中国卖的是产品。“文化倒灌”现象冲击着中国的文化市场。当工业社会进入到后工业社会，人类从只关注经济增长转变为注重生活质量和生活意义。文化价值在城市发展中的意义凸显，城市发展从“功能城市”转向“文化城市”。本研究就是要理清文化产业和城市文化产业园的社会功能，以提高其社会效益。

在研究中，两个基本的关键词是文化与城市，并派生出城市文化这一关键性概念。

文化是一个模糊的概念，城市的文化建设更是比较复杂的问题。除费雷的城市文化

---

① 唐晋. 大国策——文化产业发展战略[M]. 北京：人民日报出版社，2009：62.

生态理论(W. Firey,1975)和费舍的城市亚文化理论(C. Fischer,1975)外,在城市社会学的理论中鲜有把文化因素作为主导因素来研究其对城市空间结构和社会系统的影响,甚至直接忽略文化因素,如以芝加哥学派为代表的古典人类生态学派。

20 世纪 40 年代,怀利(A. Hawley)、邓肯(O. D. Ducan)和费雷(W. Firey)在人类生态学的基础上提出社会—文化对土地利用的影响的新观点,即现代人类生态学派或文化生态学派,从社会—文化的角度研究社区内人们各种社会活动的空间结构。费雷(W. Firey)研究波士顿的贝肯山社区(Beacon Hill),乔纳森(C. Johnsson)研究纽约挪威移民区,库波(L. Kuper)、瓦茨(H. Watts)和戴维斯(R. Davies)研究南非德班的城市种族隔离。[①] 费雷在《波士顿中心区的土地利用》中研究了从殖民地时期到 20 世纪 40 年代数百年间波士顿市中心的土地利用情况。其结论如下:

第一,波士顿中心区的土地利用不符合理想中的统一模式,即不符合伯吉斯(E. W. Burgess)同心圆模式和霍伊特(H. Hoyt)的扇形模式。

第二,城市空间有象征性的功能。空间与象征性的社会价值结合,成为当地文化体系的组成部分。贝肯山被赋予了一种价值象征属性:空间的价值象征根植于当地人心中,对空间的适应不只是经济利益最大化的适应。组成文化系统的各个部分间的联系不是一种随机联系,而是一个有机的整体。即作用于社会文化体系各部分的社会体系的活动就不是生物性的,而是情感和文化、价值观的表现。

空间象征价值对社会活动有三个作用:凝聚(Retentive)作用,如布劳瑙的希特勒故居可以凝聚欧洲的新纳粹分子;恢复(Recuperative)作用,如上海的石库门是对历史文化的恢复;抵挡(Resistive)作用,如东京靖国神社是日本对外来文化的一种抗拒排斥。

第三,空间可以与一些社会价值结合成一体受到崇拜,从而文化成为一种完全与经济因素独立的变量。费雷在研究了波士顿公有地和历史遗迹后发现,有些土地利用是出于非经济目的,完全是由文化因素导致的。这样的社区感情崇拜有两类:与整个社会体系有关(如国家、城市),与文化体系有关(如原则、价值、理想和道德)。

空间与文化价值紧密结合,成为当地社会文化的核心组成部分。如城市的历史遗址和名胜古迹。

公有地和历史遗址成为城市社会体系的基本功能需求,是一种非经济效用。它们强化社区的文化价值,维持社区成员的向心力,促进社区内社会的稳定和团结。

第四,空间可以成为一种工具,让共有某种文化或价值的人群聚居。只有当空间被人们赋予某种意义,具有某种象征功能,人们的认同和归属感才会产生。[②] 这里,文化生态学派所研究的"文化"指的是象征、价值、情感层面,对具体的城市文化现象未做分析。

但费雷的彼"文化"非本研究所讨论的城市文化。城市文化在中国目前被城市规划者和管理者误读,被加上"精神文明"之类的描述,或是将其狭窄地理解为文化产业(广告、动漫、时装、电影等)、古迹的恢复保护或是文化旅游业。为此,应对本研究中的文化和城市进行阐明。

文化(Culture),源于拉丁语,有耕耘的意思。其定义多种多样,根据不同标准又有许多分类,如物质文化、精神文化、精英文化、大众文化等。本研究所指的是精神文化和大

---

① 蔡禾(主编).城市社会学:理论与视野[M].广州:中山大学出版社 2003:47-48.

② 蔡禾(主编).城市社会学:理论与视野[M].广州:中山大学出版社 2003:48-50.

众文化，或两者的结合。

城市定义较为清晰，“城市是以非农业人口为主，具有一定规模的建筑、交通、绿化及公共设施的聚落。城市的规模大于乡村和集镇，人口数量大、密度高，职业和需求异质性强，是一定地域范围内的政治、经济、文化中心。”①城市定义包含文化层面。本研究指的城市是指具有历史渊源、文化聚集和精神气质的后工业化的文化型城市。

本研究所探讨的文化即为城市文化，是城市同文化的交集，是城市这个社会共同体所特有的区别于其他社区或个体的文化。城市文化包括景观器物层面、制度活动层面和精神气质层面三部分，如图 4-1。

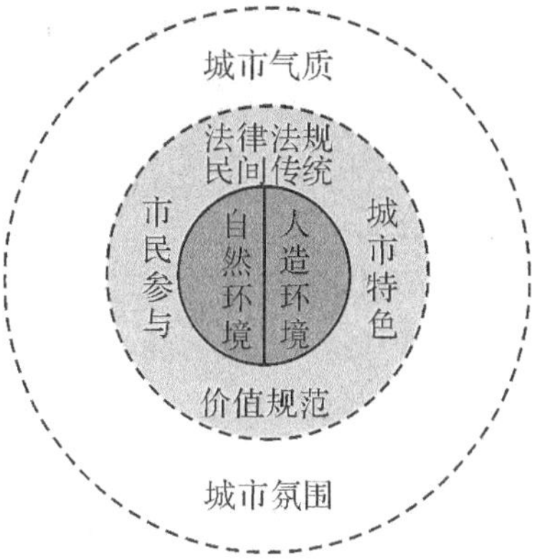

图 4-1　城市文化的构成要素

景观器物层面包括自然环境、人造环境中的城市规划和建筑设计等(内圈)；制度活动层面包括法律法规、民间传统、价值规范、城市特色和市民参与等(中圈)；精神气质层面主要包括城市气质、城市氛围中的文化内涵、归属感、认同感、内在凝聚力等(外圈)。

如图 4-1 所示，这三个层面分别由内向外分布，最基本的首先是景观器物层面的自然环境和人造环境；其次深化为制度活动层面的法律法规以及民间传统、价值规范、城市特色和市民参与；最深的层次是精神气质层面的城市气质和城市氛围。其逻辑顺序也是层层递进，内涵逐渐深化。从而构成了城市文化的一般要素和文化与城市的内在关系，即后工业社会的文化型城市是由文化要素构成的，而文化可以建构和改造城市——即“文化造市”。

城市文化的物化和“文化造市”的具体化便是文化产业和城市文化产业园。城市文化产业园是城市文化产业的重要组成部分，是维持城市经济增长和城市可持续发展的新空间要素，具功能性作用。下文将对城市文化产业园的社会功能作界定。

因此，城市文化产业园是根据城市不同的地理、历史、文化、传统、经济和社会特点及优势，通过当地人们的经济理性选择，模塑建构而成的。理论上看，城市文化产业园的产生发展具有其必然的正社会功能。

二、城市文化产业园的正社会功能

本研究从城市文化产业园的经济功能出发，研究其对城市社区的社会功能。研究思路是社区一般社会功能→城市文化产业园的经济功能→城市文化产业园的社会功能。

根据城市社会学理论，社区都有自己的社会功能，分一般社会功能和本质社会功能。一般社会功能指居住功能、交通功能、经济功能、政治功能、教育功能、卫生功能、福利功能、服务功能、娱乐功能和宗教功能等。本质社会功能指社会化功能、社会控制功能、社会参与功能等。②

城市文化产业园的经济功能包括以下三种基本功能：产业孵化、创造就业和财税来源。园区“通过提供一系列新创企业发展所需的管理支持和资源网络帮助文化企业的发

① 中国大百科全书编委会. 中国大百科全书[M]. 修订本. 北京：中国大百科全书出版社，2004：659.
② 于显洋. 社区概论[M]. 北京：中国人民大学出版社，2006：41-43.

展”。园区内产业集聚，众多的企业提供了大量的就业机会；同时城市文化产业园区又是消费场所，文化消费提供了更多辐射性的就业岗位和创业机会。[①] 而园区的上缴利税成为城市新的财税来源。城市文化产业园的经济功能对城市的社会功能起到直接的促进作用。

城市文化产业园所能创造的国民生产总值可能是很少的，但其产生的文化社会效应是巨大的。

纵观国内外有关研究，笔者将城市文化产业园的社会功能归纳为10个领域：文化功能、就业功能、集聚功能、平台功能、产权保护、教育功能、休闲功能、文化保护、文化提升和去城市性功能。

文化功能是指文化产业所能创造的产值不重要，其文化社会效应才具意义，在于文化与产业的结合可满足现代人对精神文化的需要。工业社会是追求财富的增长，后工业社会是精神的稀缺。文化产业的重点不是文化的商品化，而是通过产业继承发扬人类的精神与文明。[②]

就业功能指城市文化产业园及其产业链所提供的就业岗位和就业市场。城市文化产业园区内集聚的企业提供了就业机会，同时园区又是文化消费场所，而文化消费提供了更多具辐射性的就业和创业机会。城市中劳动力人口较密集，知识型人口如学者和大学毕业生集中，园区的建立和文化产业的聚集可为相应知识层面的就业人员提供合适的工作岗位；而文化创意和城市文化产业园所衍生、构建、推广的产业链可以创造更广泛、更具规模化的劳动就业岗位。

集聚功能指通过城市文化产业园建设，在城区，尤其是老城区保护、改造、复兴过程中，形成文化产业集聚。集聚文化、集聚信息、集聚市场、集聚财富和人才，并推动其他相关传统和现代行业的恢复、生成、集聚和发展。[③] 文化产业集聚除了资本和技术的集聚外，更重要的是人才的集聚，因为文化产业的原动力是人才。而人才的集聚则取决于园区优化的社会环境：如工作条件、文化环境和社会福利体系等。园区社会环境的优化同时会带动周边社区的社会环境优化。

平台功能指通过城市文化产业园建设，构建起文化、科技、信息、资本、人才、物流等获利资本与生产资本得以发挥的平台。这一平台是不同于第二产业和第三产业的、相对独立和具有内外循环体系的新的产业架构，实现文化物品和文化产业不被边缘化而被凸显的社会效益。

产权保护指城市文化产业园的规范化及“封闭”园区的创建有利于在目前文化产业的大规模发展会对文化产品量产和复制(包括非法复制)的情况下，通过法律措施和道德规范对文化产品的知识产权、财产权和版权等进行保护，从而保护促进文化创意和产品创意，推动文化产业的持续发展。

教育功能主要指与文化产业相关的新技能教育和培训。如澳大利亚首个政府与教育界为发展创意产业而合作的项目——昆士兰科技大学创意产业园区(CIP)。该园区的一个功能就是作为教室：昆士兰科技大学的创意产业学院下设设计、舞蹈、视觉艺术、音

---

① 王伟年，王士君. 文化产业园区的功能、运行模式及发展策略[C]//全国经济地理研究会第十一届学术年会暨中国区域协调发展学术研讨会论文集. 北京：2007.

② 李向民，韩顺法. 文化产业与精神经济时代[J]. 思想战线，2010(3).

③ 李向民，韩顺法. 文化产业与精神经济时代[J]. 思想战线，2010(3).

乐、创意写作、广告、新闻、电视媒体、动画、数字媒体等科系，培养了创意产业所需的各类人才，间接地促进教学改革和创造就业岗位。[①] 城市文化产业园本身就可以是一个培养文化产业专业人才的校园。

休闲功能。"文化产业的休闲娱乐功能是与生俱来的，休闲娱乐功能是文化产业最重要、最基本的功能"。[②] 同时，园区会带动当地社区的文化娱乐品位，这是由其固有的文化特性所决定的。

文化保护指通过园区对非物质文化遗产的制度性和物理性保护，使之延续和发展。[③] 城市文化产业园就是将文化通过物理化的科学保护和理性化的经济运作，完成对文化传统的发掘、恢复、保护和更新运用，以达到可持续性维护的最终目的。

文化提升指城市文化产业园可集聚一批知识型居民，并通过他们影响周边社区原有居民的生活方式，从而改变和提高区内的社会文化氛围。[④] 这是基于景观器物层面，通过制度活动层面，达到精神气质层面，以提升城市气质，营造城市氛围，实现城市文化内涵的转变和提高。

去城市性功能。城市文化产业园还具有"去城市性"的作用。从齐美尔到库利，许多城市社会学家都认为城市人是高度密集的异质化人群，城市具有冷漠、无情、陌生、令人精神紧张、容易使人产生隔离和反社会行为等特性。其实这些特性不是人类天生所有的，也不是某个社区所特有，亦非不可改变的文化模式。城市人群可以以城市文化产业作为纽带，通过文化活动和文化氛围来改变城市的人际环境，加强人际交往，营造心情宽松而联系紧密的类似于农村社区社会网络、社会关系和情感交往的环境，达到"去城市性"的效果。以文化重建具乡村特征的城市社会。在这种社会里，人们的物质生活和精神生活能够相互统一（物质的发展和人口的异质化与人类的感情生活的紧密性并不矛盾），达到景观器物层面、制度活动层面和精神气质层面三个层面的完美结合。

下面分别以台湾台中市的"文化造市"战略、南京、苏州等城市文化产业园的负功能说明城市文化产业园对城市更新与发展所产生的正负社会功能作用。

三、"文化造市"

"文化造市"是台中市的发展战略，从城市文化的景观器物层面、制度活动层面、精神气质层面对城市进行文化改造，以文化立市。

（一）"文化造市"在台中的实践

台中市2006年被评为台湾最"乐活"[⑤]城市第二名，2007年在"世界领袖论坛"上获得世界最佳文化艺术城市第一名（全球400多城市角逐），在全球经济持续衰退中其经济仍持续增长，市民每户所得从2002年的89万元台币增长到2006年的97万元台币，税收增长46%。台中市取得的成就，与其"文化造市"的发展战略有关。

---

① 张京成. 中国创意产业发展报告(2006)[M]. 北京：中国经济出版社，2006.

② 赖丹. 文化产业的特征与功能探析[J]. 科技广场，2009(10).

③ 李向民，韩顺法. 文化产业与精神经济时代[J]. 思想战线，2010(3).

④ 叶南客. 人文关怀体现城市现代化新概念[J]. 城乡建设，2004(7).

⑤ "乐活"概念："乐活"概念由美国社会学家保罗·雷在1998年提出，并以"lifestyles of health and sustainability"中每个英文单词的第一个字母组成了"LOHAS"这个新词汇，直译过来就是"健康可持续性的生活方式"，再形象一点说，"乐活"就是在消费时，会考虑到自己和家人的健康以及对生态环境的责任心。

首先,城市的规划和发展要做的是定位。如果定位不明确或错误便会直接影响和阻碍城市的发展。城市化的迅速发展,使许多城市特色消失、去个性化,千城一面。1999 年《北京宪章》称现在为“混乱的城市化时代”。城市的发展趋向于同质化,建筑趋同、产业趋同、目标趋同,城市在追求同质化的过程中失去了自己的特色和竞争力。当今中国城市很少能有准确的定位。在城市定位时,要么人为夸大实力和潜力,中国有 183 个城市提出要建设成为“国际化大都市”;要么就是定位目标的不断变化,没有长久性和稳定性。如深圳先定位为“创新之城”“中华之窗”,但搞文化建设又提出“设计之都”“钢琴之都”“图书之城”“21 世纪文化桥头堡”等,使城市定位狭窄化、肤浅化、破碎化、短期化。

台中市在城市化的过程中也曾丢掉了个性和特色。但在 2001 年找到了城市的定位——文化,提出“文化—经济—国际城”的发展战略。台中市位于台湾中部,北有政治经济中心台北,南有工业中心和大港口高雄,其地理位置和功能体系都处于劣势,用前市长胡志强的话说:“台中没有台北的艳丽,没有高雄的性感,只能靠气质取胜。”这里的气质便是城市文化,即把城市塑造为一个巨大的城市文化产业园。

台中市位于亚热带,气候温和,环境优美,四季如春,有“宁静美都”的称号,有文化产业发展和文化造市的自然条件优势。

根据符号互动理论,城市要与众不同,有自己的特色,最直接、最表面也最明显的便是该城市的景观器物层面中的文化性建筑,如巴黎的埃菲尔铁塔、纽约的帝国大厦、罗马的角斗场、北京的故宫、南京的中山陵。城市要有属于自己的独特的文化性建筑。

在文化性建筑及设施方面,台中建设了几个地标式建筑,如科学博物馆、勤美诚品商场大楼、国泰世华大楼、路思义教堂等。文化性建筑的另一方面便是要有大型公共文化设施,如电影院、歌剧院、博物馆、运动场、美术馆等。而这些景观器物的数量和质量反映了一个城市的文化建设水平。台中市还兴建了高水平的文化产业设施,如市立文化中心、大都会歌剧院、能容纳 4 万至 8 万人的露天剧场、亚洲最大的棒球场、台湾最好的美术馆等,还建设了原住民民俗博物馆,实施对台湾本土文化的保护。

在其他的城市景观即旧城改造方面,通过历史—文化—产业这一链条,让旧城区和老建筑焕发出新的文化气质,这是当今建设城市文化产业园最盛行的措施。台中市将火车站附近的废弃仓库改造成艺术中心,吸引世界各地的艺术家前来进行艺术创作,也吸引在火车站候车的旅客人流欣赏;将旧火车道改为绿荫自行车道,成为市民休闲的户外场所;效仿法国布利码头的植物墙,规定建筑工地周围的墙面必须有植物覆盖,把城市中环境最差的建筑工地改造为有艺术特质的地方。

文化性建筑只是表象的硬件层面,即景观器物层面。要促进文化产业对城市的社会功能,更重要的是隐性的软件层面,即制度活动层面。这是景观器物层面的深入和内化,它承载了更灵活和更多的文化意义。台中举办大量的文化活动,文化活动固定化、常规化、生活化,如举办爵士音乐节、元宵灯会、跨年演唱会,邀请世界级艺术家,最终形成城市文化产业。市民参与文化活动的次数从 2001 年的每人每年 3.92 次上升到 2006 年的 28.38 次。还大力推广“二马文化”,[①]开辟专门的自行车道,以减轻能源压力和环境污染。

在制度活动方面,显性的城市文化产业园的建设是不可或缺的。台中市将台中老酒

① “二马文化”指的是真实的马和铁马(自行车),台中有许多马场,骑马成了市民的一大爱好。

厂和周围的建筑群划为文化创意园区，并积极与大陆城市合作发展文化产业。城市还需要一系列的文化品牌来带动文化产业和城市的发展。在文化品牌方面台中市充分发挥传统和创新的优势创建了许多知名品牌，如传统小吃太阳饼、春水堂自发研制的珍珠奶茶等品牌。这是制度活动中民间传统、市民参与和城市特色要素的良好结合。

至此，台中市作为一个巨大的城市文化产业园，发展城市文化产业带来了具体的文化效应。文化效应包括空间效应和社会经济效应。在空间效应方面，保护历史文物和本土文化的措施引起了城区历史空间的复兴，城市文化产业园的兴建导致文化集聚，文化性建筑和设施使城市的空间秩序得到重建。在社会经济效应方面，文化产业的发展促进了产业的转型，带动了经济的发展，良好的城市环境吸引了人口的积聚（包括游客），市民通过参加文化活动提高了自身素质，创造了就业，城市的犯罪率下降，投资环境得到改善，最终提升了台中市的城市品牌和竞争力，城市居民的社区归属感、认同感和内聚力提升，实现了其最初提出的“文化—经济—国际城”的发展战略。这是精神气质层面中城市气质的文化内涵、归属感、认同感、内在凝聚力的完美实现，也最终达到了形成社区社会—文化共同体和去城市性的社会功能。相比其他城市，“文化造市”在台中市得以实现是有其社会文化基础的。

（二）“文化造市”在台中得以实现的条件

并不是每个城市都可以实施“文化造市”的发展战略。该战略在台中市取得成功，是因为除战略本身外还有许多其他因素影响。通过以下指标性分析，为文化和文化产业能否在城市中发展和起到社会功能作用提供参照。

在社会环境方面，台湾属公民社会。公民社会同城市文化产业的发展有着内在的联系。在公民社会，公民的权利、利益、民主、公平等政治意识已形成，公众普遍参与城市文化活动。（见表 4 - 1）

表 4 - 1　公民社会的社会结构

四个维度	子　维　度
场结构	1. 成员：公民社会组织成员的数量和类型及成员资格； 2. 公民参与：公民社会组织志愿活动、选举、集会、请愿等； 3. 分布：公民社会组织的地区（或城市—农村及部门）分布状况； 4. 构成：公民社会组织伞状体的存在和力量及短期联盟、公民的种族、宗教派别； 5. 资源：资金来源的种类（私人的、公共的、外国的或会员的）
大环境	1. 法规：公民权利及法治，尤其是有关公民社会的法规的执行情况； 2. 同政府及企业的关联：政府是否设有与公民社会展开沟通的联络员，政府及企业同公民社会中的个人、社会群体和社会组织合作的总体态度； 3. 社会—文化规范：对志愿及公共精神的敬意
价值观	1. 宽容、人权、男女平等、可持续发展：公民社会中的有关部门在促进这些价值观上的作用； 2. 透明和负责：公民社会中各类社会组织的态度； 3. 内部过程：相关方的介入，内部民主状况
影响力	1. 公共政策：公民社会中的个人和社会群体在提出议程、决策、政策执行和监督政府方面的角色； 2. 公民社会中社会组织的反应：对一般公众及处于社会边缘的人的反应； 3. 公民社会的效力：在增进共同利益（例如扶贫、社会包容和可持续发展）方面的效果

来源：徐宇珊. 霍普金斯全球公民社会指数（GCSI）述评[J]. 学会，2006(3).

台湾的社会文化环境较宽松，市民能发挥较充分的自主性，价值观和个人情感能得到较充分的表达。借用哈贝马斯的理论，台中市人有条件建立"文化公域"，政府能够制定较有针对性的公共政策，民众也能够积极广泛参与到公共文化活动中。而非公民社会的城市社区，政府同市民之间的互动存在脱节，致使政策的执行受到影响，民众的文化需求也相对得不到满足。

政府要明确其在城市文化建设中的地位和作用，文化产业的发展不同于实体经济的发展。台中市政府在城市文化建设当中起着引导和调节的作用，引导社会普遍参与，弥补市场缺陷，服务广大民众。由"文化管理"变为"文化服务"。①

价值观是发展城市文化的基本逻辑层面。有的城市谈城市文化建设首先是"精神文明"、"国民素质"，这只是城市文化建设的最高层面，如果城市文化建设连最基本的都没有做到，就要直接达到终极目的，是违背规律和不可能实现的。最高层面虽然容易提出，但可实施性和可操作性小。城市应推崇真正面向普通民众的优质市民文化，减少同民众的距离感，使民众主动去接受和推广。而台中市即是按照正常的发展逻辑，通过建构文化产业，从最基本的景观器物层面做起，层层深入，最后使整个城市的文化氛围和城市品质得到提升，达到最终的效果。

在公民影响力方面，文化产业和城市文化产业园建设中，市民直接参与也很重要。台中市的文化产业建设是自下而上的，在台中每60户选择出一个爱好文化的市民作为"文化种子"，散发文化信息，组织市民参与(现在台中市已有超过5 000个"文化种子")。城市文化的主体就是市民，市民认同很重要。

因此，只要城市本身具备了构建文化产业的基本条件，具备了文化造市的大环境，文化产业和城市文化产业园的兴起与发展也是必然的，可以通过景物、制度、精神三个层面的条件实现城市文化产业园的社会功能。反观南京、苏州等城市文化产业园的情况，其问题的出现和负功能的产生也就可以理解了。

四、城市文化产业园的负社会功能

本研究的一个重点是城市文化产业园对城市的负社会功能作用。对于负功能的分析，前人研究停留在对园区的普遍性批判上，如把园区建设的误区归纳为房地产化和行政化。房地产化指园区忽视对文化产业的推动而仅仅注意园区对地价、房价、租金的推动。行政化指政府为了追求政绩而对文化产业刻意的追求。② 但房地产化与行政化现象在各类的产业发展中都存在，即使高科技产业园的建设也存在房地产化与行政化问题。因此这样的分析不能体现出城市文化产业园中问题的特殊性。

(一) 城市文化产业园的负社会功能

本节重点分析城市文化产业园对城市的负社会功能作用，即其缺失和误区。通过对南京、苏州、北京、广州、杭州、成都等地的实地调研，就园区的负社会功能提出了以下24个观点，这也是基本的研究假设。

1. 从区位上看，园区虽位于城市，但多位于城市中心的衰落区位或城市中心以外的

---

① 2005年端午节舞台剧《白蛇传》在台中上演，市政府动用消防部门的高压水龙头制造出水漫金山的场景，其对文化活动的重视可见一斑。

② 郭妍琳. 文化产业园区建设中的相关问题——以江苏为例[J]. 艺术百家，2010(1).

边缘地区，如南京“红山创意工厂产业园”“世界之窗”和北京宋庄画家村。根据地租理论，城市边缘地区土地的租金较低，而从事文化产业的企业的资金比较匮乏，所以会选择集聚于城市边缘的低地租地区。但城市文化产业园处于边缘的区位，文化产业的社会功能发挥势必会受到影响。衰落和边缘区位首先会降低城市居民对文化产业的注意力，只能吸引到专业人士，对城市居民的精神层面的影响较弱；其次，城市文化产业园改变城市面貌的显性作用也得不到发挥，其产生的文化效应将会大打折扣。

2. 从社会分层上看，文化产业园的发展会建构出一些具有社会文化优势、经济优势和权力优势的社会群体。一方面，它对改造和提升城市的经济、文化有推动作用。但潜在的负功能是如果政府不做整合平衡的话，会出现一种以主导性文化产业为核心的新的经济文化垄断。如苏州的容·创意园就属此情况。

新垄断群体会占有城市的各种优质资源。而优质资源的缺失和分配不均会对其他行业产业的资源分配、优化和发展产生不良影响。如国家城市文化产业园中对一些珍贵的非物质文化遗产的保护和对传承人的国家津贴本无可厚非，但不能对其他的同类文化遗产和企业及个人厚此薄彼，造成忽视和遗弃。文化产业是新兴的、非主流的文化—工业—商业行业，其特点决定了它会产生新型文化经济精英，也是产生白领犯罪的新土壤。

3. 市中心的城市文化产业园都是建立在对城市中闲置的或功能得不到发挥的“城市废墟”中，如废弃的老厂房和仓库。利用这些“城市棕色地带”、“城市废墟”发展文化产业，既能使城市的面貌得到改善，又合理利用了城市的废弃土地，降低了城市改造的成本，同时为文化产业提供集聚空间和平台载体。这一模式过程在将来仍将持续，但一个被忽视的群体是原来在这些厂矿企业里的从业者的再就业问题。在研究文献中，少有研究旧工厂改造为文化产业园后原待岗职工的再就业问题的，这是个社会伦理问题。

4. 许多以经济价值和商业价值为导向的城市文化产业园在对旧遗址的改造过程中忽视甚至摧毁了原来的历史和传统价值，造成了不可挽回的文化损失和历史性的负社会功能。应对“城市棕色地带”在改造前进行建筑评估和价值评估，就其历史价值、实用价值、保存价值、重建价值、生态价值及使用价值进行指标性评价，从而确定取舍和使用。

(1) 历史价值是指由历史学家和文化学者对空间和设施的历史年代和历史内涵进行考证，确定其是否属于历史文物和历史遗迹，从而进行保护。如南京晨光 1865 创意产业园在入口的显著位置保留了当年的火箭模型和燃料注入罐，成为园区仅存的新中国火箭研发历史的实物，颇具价值。但这样的历史景观实物遗留甚少，园内设立的金陵制造局的历史博物馆也维护欠佳，对外开放的使用率不高。

(2) 实用价值是指不以空间和设施的历史年代和代表性为考量，而是以空间和设施的时代意义对城市是否有实际价值为依据。如沈阳市曾想保留在市区的三个代表东北工业历史的大烟囱，但德国专家认为，这样的设施不像莱茵鲁尔区那样的标志着德国近代工业发端的老工业设施具有划时代的意义，因此即使是历史遗迹，因其时代的短暂和非唯一性而并无深刻的历史内涵和旅游价值，活化再利用的实用价值低。

(3) 保存价值是在历史价值和实用价值判定的基础上决定设施是否保留。对没有历史价值和实用价值的设施进行彻底地拆毁和清理。长江南京段两岸，工业码头、船厂和仓库密布，许多已经废弃，这些“城市棕色地带”污染了城市的生态环境、视觉环境和人文环境，经济价值低。这样的情况以长江大桥附近的江岸尤为严重，给来宁的国内外游客留下了不佳印象。为此，清理这些破坏城市江岸线景观风貌的老工业设施，还原长江岸堤原始生态极为必要。但南京长江大桥本身无论从建筑艺术还是历史意义来说，将来都应停止其目前的交通枢纽功能而改为步行休闲为主功能的“历史文化大桥”，因此是具有保存价值的。

(4) 重建价值是将旧设施重新变废为宝和重新“绿化”的过程。要勘定设施是否有重建、更新和改造的文化意义、经济意义和社会意义。在政府资金有限的情况下，只能选定最优项目。如“晨光 1865 创意产业园”对金陵制造局的扩建是有现实经济意义的，但过程中却忽视了重建的历史意义。这指的是，园区仅注重经济效益集聚，而忽视了历史文化的沉淀。园区内没有反映百年历史的主轴线，使得重建的核心社会价值如民族工业记忆、爱国主义价值和中国历史载体在重建中破碎、失落了。

(5) 生态价值是指文化生态价值。在对旧设施的重建过程中，要注意新设施与周边人文环境的协调一致。“晨光 1865 创意产业园”的一端面对着祥和的南京人文生态地标秦淮河与古城墙。但地产开发商建成的“御庭精品酒店”却打破了这一和谐。这无论从城市建筑形态到社会公平正义的角度，都是一败笔。

从城市建筑形态看，开发商和设计师虽考虑到了面对城墙和秦淮河的制约，但酒店的建筑高度(高于城墙)、式样(酒店内外都是轻盈的泰式建筑设计)等都与厚实沉稳、带有历史沧桑感的古城墙格格不入。其奢华及标新立异的建筑风格也与原本古朴的清代和民国建筑群大相径庭。

从社会公平正义的角度看，该酒店属于高级休闲酒店，来者大多为官员和富人，把原本属于全体南京市民和游人的最优公用地之一通过价格准入门槛划为少数人所有，破坏了传统南京社会和谐、包容、博爱的社会生态。这是负社会功能的表现。

(6) 使用价值是最后的审核指标。这里的使用价值有两个内涵：一是是否有使用价值；二是使用价值的分类。是否有使用价值是由设施的历史意义、经济利益、社会效益与文化效益等指标决定的；而使用价值的分类是指对旧设施的使用要合乎情理。

很多情况下做到了合理却做不到合情，在重建利用旧空间、旧设施时，多注重经济效益最大化，忽视了历史记忆和社会情感。如“晨光 1865 创意产业园”中的大部分设施用地都被改造为有直接经济收益和现代风格的“新工厂”，而忽视了对历史遗存的维持，使得市民和游客对这段民族工业史的记忆是断裂破碎的，这种对景观器物进行不合理的制度活动的篡改，冲淡了南京古都的精神气质，削弱了古城区中的文化历史内涵，最终在历史集体记忆的忘却中，涣散了同城民众乃至国人对古都的历史感、归属感、认同感和内在凝聚力，从而在物化中丧失了对城市文化产业园的最高社会功能——精神层面的追求。

5. 园区中出现文化产业同其他低端产业共存的现象。这固然可用地租理论作解释，低廉的城市边缘区位的租金使不同形式和性质的业态共存；但混合集聚的结构对文化产业的管理产生负面的影响，更不利于典型文化产业的集聚，最终可能阻碍其高质发展。

南京“世界之窗”原计划的主业态是动漫产业，按其规划，园区主体由三部分组成：动漫产品的创新研发区、产品制作区和展览交易区。全区是在一个原高校的旧校址上改建，位于市区边缘。但园区目前的现实与规划相差甚远，除计划的新建筑没有建成外，产品制作区和展览交易区也无果而终。只有一些中小型的动漫企业入驻其中，企业的技术水平和资本密度低，规模小，属于作坊类。同时，区内充斥着诸如物流、发艺培训、仓库等非文化产业的低端行业。

大量的进驻企业与文化产业无关，只是基于地理空间和地租效应上的聚集，而不是功能性的聚集，相互间缺乏有机的内在联系，难以形成内生性的促进机制和发展动力。这降低了文化产业的集聚效力，削弱了城市文化产业园集聚文化产业的社会功能。

6. 高低端业态的同时同地集聚，必然造成园区内人员素质的差异，即区内社会群体的异质性高。根据入侵—排挤—更替的原理，一旦上述低端产业规模扩大形成低端产业和人群的集聚，最终会将高端产业及人群排挤出园区，从而使园区的产业结构变异和人文生态异化，最终是园区原有目标的丧失。“世界之窗”已可看到这样的端倪。

7. 对文化产业管理的缺位与缺失。园区的业主和管理者对原有经营目标的变异和消失是不感兴趣的，只要获得租金收入，哪种产业入驻变得次要。此外，园区相关的基础设施和服务体系不完善，管理质量和水平低下，对文化产业施行同实体经济一样的管理等，这使城市文化产业园和文化产业本身的吸引力下降，得不到可持续的发展，造成园区的寿命短，迅速萎缩和消亡。这会对其所在社区造成信任危机和周期性衰退。

8. 城市文化产业园可吸纳的劳动力有限。城市是人口密集的地区，需要不断创造就业岗位，但文化产业不同于制造业，其知识密集型的性质决定了它本身不能创造大量的劳动就业。但文化产业的发展并不仅只有文化企业本身，它可以由一系列相关的企业建构一个文化产业链—就业链，能通过产业辐射创造更多的就业岗位。这就需要政府、企业、专业人员和市民的沟通和共同规划，确定发展适合本地的文化产业，引进外来文化产业投资，并通过举办文化活动创造临时性工作，使产业链带动就业链，创造更多的就业岗位。

但目前园区的就业辐射有限。甚至有三难的瓶颈：一难是由于文化产品的量产化低，还不可能吸纳城市中大量低教育水平的劳动力如农民工；二难是产业技术的中低端性质使得大学毕业生不易在此找到合适的就业岗位；三难是目前大学所培养的有关人才不能满足文化产业创新、规模化、产业化和市场化的需要，而职业院校的毕业生专业水平低、创新意识差、欠缺管理意识，也难以胜任。

9. 关于园区建设造成的隐性失业是指过热地宣传文化创意，会对学校专业设置方面造成误导，形成潜在的就业泡沫。如由于过多地宣传动漫产业，促使各类学校设置动漫专业，吸引大量学生，但该领域的产品市场和就业市场已趋饱和，造成了新的大学生结构性失业。教育部公布近两年(2012 年、2013 年)就业率较低的本科专业名单，有食品卫生与营养学、生物科学、旅游管理、社会体育指导与管理、市场营销、动画、知识产权、广播电视编导、表演、艺术设计学、播音与主持艺术、音乐表演、电子商务、贸易经济、公共事业管理共 15 个专业。其中与文化产业相关的专业就有 8 个之多，即动画、知识产权、广播电视编导、表演、艺术设计学、播音与主持艺术、音乐表演和电子商务。[①] 同时，文化产业不是劳动密集型产业，产品市场不稳定和相对狭小，如果不继续创新和提升的话，一旦与美国、日本、韩国文化产业的竞争失去优势，市场萎缩，会产生规模化的失业。而文化产业的失业者因专业知识的狭隘，是难以大规模重新再就业的。

从对城市文化产业园的调研看，文化产业形成的就业体系目前还不能提供高质量和

---

① 钱夙伟. 对低就业率专业亮红牌是教育责任感[J]. 四川劳动保障，2014(10).

稳定的就业岗位，如果行业在国内外同行的竞争压力下不继续创新和提升的话，即显性失业率高。

10. 园区大多被围墙包围，形成与城市周边社区和群体的隔离，降低了自身的吸引力和竞争力。甚至成为城市贫富分化的新边界。文化产业具有开放性和公共性，城市文化产业园应面向大众，和市民生活融为一体，不应自我封闭。“晨光 1865 创意产业园”与周边一墙之隔的居民区就形成了鲜明的对比。苏州“Idea 创意泵站”门禁森严，封闭意识严重约束了城市文化产业园的文化与社会辐射力。

11. 由于园区的空间封闭性，它的发展初始对全社会的各种资源有侵略性的吸附作用，但与区外社区产生社会区隔，即对周边社会发展不能起到直接的正效益。这指的是其一，园区往往是在较好的地段，面积较大，对周边空间资源形成挤压，而封闭的园区在规划建成后的一二十年内难以复原或更新，就形成土地垄断，使用功能难以变更；其二，新园区需要耗费公共资源，如水、电、气，一旦园区本身和区内企业经营不善，不但不能上缴利税，甚至会因拖欠公共设施服务费用而成为城市财政的黑洞。而如果园区当初是由政府规划运作而非市场机制调控的，这样的空转耗损可能还要长期继续，从而成为城市财政长期的无底洞。

12. 一些企业通过在园区建立文化产业分公司，只是为了获取国家、政府对文化产业的优惠政策如免税、退税和低租金达到维持企业生存的目的。其空壳化有损于城市经济的健康发展。同时，文化产业及其产品销售具有一定的投机性和时效性，会为不法从业者利用。有些入驻企业是不具备入驻的资质和条件的，他们的入驻是对城市文化产业园优惠环境的滥用，如“晨光 1865 创意产业园”中的万科房地产公司就是典型案例。

13. 第 12 点所造成的连带后果是，这些入驻分公司使母公司的主要产品和经营进一步失去科技竞争力、产品竞争力和市场竞争力，最终导致企业本身的竞争力下降、管理结构落后和人才资源的匮乏。这终将对城市的产业发展和产业升级产生严重的后果。

14. 中国目前的文化产业仍较为低端。如过快发展并作为主导产业甚而盈利和暂时解决了就业问题，会使政府和城市对文化产业产生依赖，则会在长远的发展中不利于其他现代制造业企业和科技类企业的发展，造成城市总体科技水平尤其是高科技水平和产业结构的滞后，从而陷入新一阶段的产业困境。所以，城市文化产业只能作为主流经济的补充，而不应是主流经济本身，除非像在伦敦那样形成了大规模高水平的文化产业集群。但现实是，国内的城市文化产业和城市文化产业园目前并没有，在未来一段时期内也不可能成为如第二产业那样强劲的增长动力。

15. 由于许多城市文化产业园不上规模，难以形成集约化、现代化和标准化的服务设施，如缺乏会议中心、法律和税务咨询、职工食堂、内部商务酒店和物流体系这样的准公共服务设施，从而达不到通过产业集聚和集约化服务降低文化企业运营成本的目的，被削弱了竞争力的园区和文化产业会成为城市社区负功能的制造者——文化企业倒闭和从业人员失业。

16. 园区的建立造成了相关产业企业的聚集，产业企业的聚集造成了上班通勤人流在工作日中短时间内的聚集，这在一定程度上会增加周边第三产业服务体系的运营负荷，从而降低服务质量，如银行拥挤、通勤不便、候餐迟缓等。其解决方法之一是园区自建服务设施（参见第 15 点），进而又不利于园区周边服务体系的发展，削弱其功能，出现不良循环。但由于目前各园区规模较小，处于初期发展阶段，因此这一问题还不显著。

17. 在上一点的基础上，如周边服务体系的运营负荷增加，会导致服务体系的成本上升→服务体系的成本转移到消费者身上(消费者指园区周边居民和园内及周边相关就业人员)→包括园区内的就业人员的生活成本上升→园区内和周边社区的雇佣成本上升→园区内文化产业的经营成本上升→园区内企业产品的市场价格上升→降低园区文化产品的市场竞争力→城市文化产业园的生存出现危机→最终造成园区所在社区的社会和经济危机。这是衰退的经济成本隐患。

18. 因第17点的原因造成的城市文化产业园的经营成本和人力成本的上升，造成园区内企业竞争力和生存力的下降。一些企业会因此迁移到成本更低的城市区位或独自经营，这种离散会对城市文化产业园造成解体的威胁，最终可能会导致一些城市文化产业园的破产、瓦解或迁移。

19. 文化产业如何与以制造业为标志的第二产业和以中高端服务业为标志的第三产业实现在产业链、销售链、技术链、就业链等方面的联系、耦合、整合，是一个系统性的工程。文化产业是否可以成为城市中新的主干产业，城市文化产业园是否可以成为城市和区域中新的持久性的经济园区，都是值得观察和审慎怀疑的。在目前来看，这种驱动作用还未显现，"链条"还是断裂的。这还有可能使文化产业的产业结构断裂化、碎片化、原子化。

20. 一些园区是"大跃进"式的政绩工程，规划的失当会造成隐性失业和资本资源的浪费，即人力资本、土地、空间、投资和设施的浪费。错误规划造成的园区的低入驻率会形成新的城市烂尾工程，或者出现园区空置，而这样的规划失误短期内又难以更改，从而形成土地的固化浪费。投资固化浪费是指投资的盲目性和投机性造成假账坏账外，还会由于投资资本回收的失利造成大量没有收益的沉淀资本。

21. 文化产业对城市和社会所产生的新型生态环境污染问题和社会污染问题。文化本身是没有生态环境污染问题的，但一旦转换为产品和产业，对环境的破坏和污染自然就会产生。从文化产品生产的原料采集、生产加工和销售过程，到最终的消费和抛弃过程，生产、流通、消费的每个环节始终会有污染的风险。

同时，文化产品不同于物质产品，它对人类的思想意识可产生直接作用，从意识形态、价值观、社会规范、社会心理、社会行为方式到生活方式都会产生难以估量的影响，这对青少年和城市白领及中产阶级的作用尤为显著。因此，文化产业产品的价值导向偏差有可能会对社会产生负面效果，如网瘾、网游一代、交往障碍等问题。

22. 中国各地城市纷纷建设城市文化产业园，内容重复，造成了功能上的重复和重叠，不但不能形成集聚优势，反而造成资源浪费和恶性竞争。所引起的负社会功能是土地和公共建筑设施的占用、地区产业结构的偏执与不合理性、社会公共投入的偏差，最终是低水平竞争后的行业萎缩，从而引起相关的社会负效应。

23. 各地一些城市文化产业园在经过了早期的迅速发展后，由于资金、地租、成本、市场、管理、交通等原因制约，已经出现了萎缩、衰败和消亡。只有个别具标志性的城市文化产业园才得以继续生存和发展，但难以形成规模和体系。

24. 中国的文化产业和城市文化产业园仍处于自发的、低端的和不稳定的发展阶段，其总体社会和经济功能仍较小。其今后的发展走向和命运如何，关系到城市经济社会的发展，这是城市规划者和管理者以及经济学界和社会学界必须面对的新问题。[①]

以上 24 点是关于城市文化产业负社会功能的初步分析和假设。因此，作为景观器物层面的文化产业、城市文化产业园和文化产品是中性的，但一旦制度活动层面在运作上出现问题，最终会对城市精神气质层面产生负面影响，即造成广泛的负社会功能。

（二）城市发展中的城市文化产业园定位

在城市规划中的文化产业因素。城市发展已经在经历前工业化城市（封建城邦城市）、工业化城市（制造业城市）和后工业化城市（信息化城市）后，正在进入到生态文化城市的最新阶段。所谓生态文化城市的新概念，笔者认为，在经历工业化城市和后工业化城市所遭遇的能源短缺、生态破坏、环境污染、人口爆炸、交通阻塞、就业危机、社会解体和管理失衡等“城市病”后，必须通过对大城市的改造和对新兴中小城市的规划，切实执行生态文化城市的理念。这是在中国城市化发展趋势中的必然选择，这在国外的城市发展尤其是以德国为代表的城市发展中已有成功的先例。

在建设能源节约、生态和谐、环境平衡、人口适中、交通流畅、就业稳定、社会整合和管理有序的低密度、低排放和环境友好、社会政治和谐的生态文化城市时，城市文化产业和城市文化产业园的构建和发展在未来城市规划中仍应放到重要的位置。

在城市化高度发展的今天，城市要追求社会经济持续增长，必须寻求新的发展重点——文化。城市文化分为景观器物、制度活动和精神气质三个层面，并层层深入和扩散。文化产业是城市文化的物化、具体化和商业化。城市文化产业园在城市建设发展的过程中发挥着 10 个领域的正社会功能：文化功能、发展功能、集聚功能、平台功能、产权保护、教育功能、娱乐功能、文化保护、文化提升和去城市性功能。

台中市以“文化造市”为发展战略，从城市定位到具体措施都彰显出文化的魅力，不仅使台中市形象得到了改变，而且带来一系列的文化效应，达到景观器物、制度活动和精神气质三层面的完美结合。最终初步实现了“文化—经济—国际城”理念，促进了社会功能的发展。

但城市文化产业园在城市建设和发展的过程当中既可以发挥 10 个领域的正功能，也可能引发负功能。通过对全国各地城市文化产业园的调研，发现城市文化产业园对城市既有的和潜在的 24 个负社会功能，其中既有已证实的部分，也有假设，但都不失为对城市文化产业园研究的重要提示。

五、城市文化产业园在城市中的三种空间存在形式

调研发现，城市文化产业园在城市中的空间存在形式有三种：一种是在老城市中心区，主要是改造自旧厂房、旧仓库等。第二种是位于城市边缘或非中心城区，如在新城、经济技术开发区或工业园中。第三种是位于城郊或农村。

如调研发现，苏州的城市文化产业园同时分布在旧城与新城。继承和物化传统历史文化的文化产业园主要分布在老城区，如桃花坞文化创意园、989 文化创意园和容 · 创意园都在老城区；而以新兴文化产业业态为主的文化产业园在新城区，如在苏州工业园区的 Idea 创意泵和独墅湖科教创新区。这种区位分布情况在台中市、南京等城市都有类似

① 何志宁，许汉泽. 城市文化产业园的社会功能及问题反思——台中和南京的比较研究[J]. 东岳论丛，2012(9).

的情况。

传统历史文化产业为主的城市文化产业园的基础以在老城区的旧城改造为主，而以新兴文化产业为主的城市文化产业园以在新城区的新建、扩建为主，后者的面积、规模和层次大于、高于前者。

传统历史文化产业为主的城市文化产业园由于地处老城区，园内的业态复杂，异质性高，已经发生因异质性的增强而出现的异化，园内有许多与文化产业无关的业态。以新兴文化产业为主的城市文化产业园远离传统老城区，业态单一，同质性高。

传统历史文化产业为主的城市文化产业园以传统文化、市场导向、市民化、旅游、服务性及与传统城市社会生活（如室内装饰设计）相关的业态为主。而新兴文化产业为主的城市文化产业园以代表现代文明、趋势导向、高端化、创新、思想性及后工业社会的城市文化生活相关的业态为主。这是在不同的层次和层面实现对城市传统文化的传承或对未来城市文明的开拓。

传统历史文化产业为主的城市文化产业园中的企业规模是中小企业或小微企业构成的产业集群，这是一个积累和演化的过程，有不同时期的历史渊源，如苏州桃花坞园区周边的家庭经营的苏州扇子作坊。而在苏州新城区的城市文化产业园基本上是一两个单一的大中型文化企业直接的构建，对其他异质性的文化产业有排斥性，如苏州工业园区的 Idea 创意泵园区拥有 3 000 人的蜗牛动漫公司。

传统历史文化产业为主的城市文化产业园从业人员的人口结构较复杂，年龄有老中青，受教育程度高低不一。而新兴文化产业为主的城市文化产业园的从业者除业主外，职工以青年为主，大部分从业人员是 18 至 35 岁的具有中高级教育学历的年轻人。

第五章 不同地域中国城市的城市文化产业园调研(案例评析)

本章将对中国不同地域城市中的典型城市文化产业园案例进行分析。分为北方地区、珠江三角洲、长江三角洲和西部地区四个地域。

一、中国北方城市文化产业园

因条件所限,我们在研究中国北方城市的城市文化产业园时,选取北京作为研究重点。北京已经形成的十大城市文化产业园和文化产业区分别是:北京数字娱乐产业示范基地(石景山)、中关村创意产业先导基地、长安街沿线文艺演出聚集区、潘家园古玩艺术品交易区、琉璃厂城市文化产业园区、高碑店传统民俗产业园区、百工坊、大山子文化艺术区(798 工厂)、通州宋庄画家村、什刹海文化旅游区。

和长三角及珠三角城市文化产业园的较为广泛、蓬勃甚至泛化的发展现状不同的是,北京城市文化产业园的发展较为集中但滞后。

在北京,笔者深入调研的城市文化产业园有 798 城市文化产业园、七棵树创意园和宋庄画家村。

(一) 798 城市文化产业园

1. 案例介绍

798 城市文化产业园位于北京东北角朝阳区酒仙桥路。因地处朝阳区酒仙桥街道大山子地区,又称大山子艺术区(英文简称 DAD - Dashanzi Art District),园区原为国营 798 厂等电子工业旧厂区所在地。区位西起酒仙桥路,东至京包铁路,北起酒仙桥北路,南至将台路,面积约 60 多万平方米。

798 城市文化产业园的历史可回溯到新中国工业化的开始,它最早是新中国"一五"(第一个五年计划)期间建设的"北京华北无线电联合器材厂",即 718 联合厂,是国家"一五"期间 156 个重点项目之一,也是东欧社会主义国家对中国的援建项目。1952 年,718 联合厂由周恩来总理亲自批准,王铮部长指挥,在京郊毫无工业基础的酒仙桥地区筹建,得到当时苏联政府援建,建设资金来源于民主德国对苏联的战争赔款。由于在电子工业领域的领先地位,东德被赋予了建设联合厂的重任。东德副总理厄斯纳亲自挂帅,利用全东德的技术、专家和设备生产线,完成了这项工程。因为东德不存在同等规模的工厂,所以厄斯纳组织了东德 44 个院所与工厂的权威专家成立一个 718 联合厂工程后援小组,最后集全东德的电子工业力量,包括技术、专家、设备生产线完成了这项带有乌托邦理想的巨大工程。

厂区建筑由东德55位建筑专家负责设计建造,采用了当时最先进的工艺和德国包豪斯(Bauhaus)风格,是国家重点工业项目,建设面积为116.19万平方米。718联合厂的首任厂长李瑞在回忆文章里说:"我看过德国二十多个厂,其中没有单独一厂具有如此规模的。据我所知,在苏联和社会主义其他阵营的国家中,此类规模的工厂也实属罕见。"德国一家建筑机构负责联合厂庞大的建筑设计,它和当年的包豪斯学校在同一个城市——魏玛,两者在建筑精神上是共通的。①

厂区的建筑风格简练朴实,讲求功能实效。巨大的现浇架构和明亮的天窗为其他建筑所少见,是实用和简洁完美结合的典范,德国人在建筑质量上追求高标准。如抗震强度的设计在8级以上,而当时中苏的标准都只有6至7级;为了保证坚固性,使用了500号建筑砖;厂房窗户向北,而当时一般建筑物的窗户都朝南,这种设计可以充分利用天光和反射光,保持了光线的均匀和稳定,从视觉感受来看,恒定的光线又可以产生一种不可言喻的美感。②

因为得到德意志民主共和国高质量的设计援建,工厂建筑规模大,设备质量高,这为工厂建筑设施的保存和现在的城市文化产业园的改造奠定了较好的物质空间基础,成为城市文化产业园转型的基本建筑条件。

工厂于1954年开始土建施工,1957年10月国家领导参与了开工典礼并宣布开工生产。其速度之快在建国初期是罕见的。

在酒仙桥地区,与718联合厂同时筹建的还有774厂、738厂,这三个厂在中国电子工业史上形成了大发展的开端,其先头作用载入了中国电子工业发展的史册。718联合厂建成后,对国家的经济建设,特别是对电子工业建设、国防建设、通信工业的发展做出过卓越贡献。1964年4月,第四工业机械部撤销718联合厂建制,成立电子工业部直属的706厂、707厂、718厂、797厂、798厂及751厂。从上世纪50年代末到1964年,该区域曾叫做"718联合厂",全称为"国营北京华北无线电器材联合厂"。上述6个厂是联合厂的分厂。1964年,6个厂开始独立经营,由联合厂改变为6个厂,直到2001年。2001年,6个厂与华融资产公司(控股)联合组成七星华电科技集团,统一管理这片区域。

从上世纪80年代后期开始,工厂像许多其他国营企业一样开始陷于困境、没落、衰败。职工人数也由原来的两万多人,精简至不到4 000人,工人纷纷下岗、分流。大片的厂房车间长期处于闲置状态,逐渐地荒寂了。2000年12月,原706厂、707厂、718厂、797厂、798厂、751厂等6家单位整合重组为北京七星华电科技集团有限责任公司。七星集团是北京市及电子城园区最早一批认定的高新技术企业,由于对原6厂资产进行了重新整合,一部分房产被闲置了下来。为使这部分房产得到充分利用,七星集团将这些厂房陆续出租。随着北京都市文化定位和人民生活方式的转型、全球化浪潮的到来,加之北京都市化进程和城市面积的扩张,原来属于城郊的大山子地区已成为城区的一部分,原有的工业企业外迁,原址上必然兴起更适合城市定位和发展趋势、无污染、低能耗、

① 1919年,格罗皮乌斯在魏玛成立了包豪斯学校。在抽象艺术的影响下,一种新的工艺美术风格和建筑风格诞生,其主要特点是:满足实用要求,发挥新材料和新结构的技术性能和美学性能,造型简洁,构图灵活多样。以此为基础,新的现代主义建筑风格形成,主张适应现代大工业生产和生活的需要,以讲求建筑功能、技术和经济效益为特征,后来被称为包豪斯学派。

② 百度百科:大山子文化艺术区(798工厂),http://baike.baidu.com/view2670775.htm,上传于2013年12月26日,下载于2014年1月7日。

高科技含量的新型产业。[1]

798工厂之所以能成为艺术区，也与中央美术学院搬迁过渡有直接关系。中央美术学院从1995年迁出王府井原址，到2001年迁入望京花家地新校址，其间在大山子北京电子器件二厂有过6年的过渡期，这时期曾被称为美院的"二厂时代"。中央美术学院雕塑系教授隋建国为便于进行大型雕塑创作，租用了798工厂荒废了的闲置车间，成为第一个利用其现有空间的艺术家。由于原有厂房的建筑特点，其高大的空间、自然的采光、原始的情趣，非常适合艺术创作、加工，当时租金相对低廉，地理位置又与中央美术学院邻近，吸引了大批的艺术家聚集此地，他们开始租厂房建造艺术工作室。2002年前后，是艺术家进驻的高峰期。黄锐、贾涤非、于凡、喻高、陈羚羊、刘野、孙橙宇等艺术家纷纷进驻，创建自己的艺术工作室，推动了艺术区在短时期内形成。同时出现了各种与艺术相关的机构、画廊。各种服务业、文化娱乐业也相继出现，如餐饮、酒吧、服饰饰品店等。

园区也获得了外国艺术家的青睐，这在中国其他城市的城市文化产业园里是不多见的。2002年2月，美国人罗伯特租下了120平方米的回民食堂，创办八艺时区现代艺术书店，改造成前店后公司的模样。罗伯特是从事中国艺术网站经营的，一些经常与他交往的人也先后看中了这里宽敞的空间和低廉的租金，纷纷租下一些厂房作为工作室或展示空间。艺术家群体的"雪球"就这样滚了起来。

艺术家和文化机构进驻后，成规模地租用和改造空置厂房，逐渐发展成为画廊、艺术中心、艺术家工作室、设计公司、餐饮酒吧等各种空间的聚合，形成了具有国际化色彩的"SOHO式艺术聚落"和"LOFT生活方式"。经由当代艺术、建筑空间、文化产业与历史文脉及城市生活环境的有机结合，798已经演化为一个文化概念，对各类专业人士及普通大众产生了吸引力，并在城市文化和城市空间的观念上产生不小的影响。

入驻企业包括设计、出版、展示、演出、艺术家工作室等文化业态，也包括精品家居、时装、酒吧、餐饮等服务性行业。在对原有的历史文化遗留进行保护的前提下，他们将原有的工业厂房进行了重新定义、设计和改造，带来的是对于建筑和生活方式的创造性的理解。这些空置厂房经改造后本身成为新的建筑作品，在历史文脉与发展范式之间、实用与审美之间与厂区的旧有建筑展开了生动对话。

入驻者的生存方式本身就是经济改革的产物，他们展示了个人理念与社会经济结构之间新的关系——在乌托邦与现实、记忆与未来之间。798是新时期的青年文化经过积淀转向成熟的载体。这里形成的文化将是地方资源的国际化，是个人理想的社会化。新的798意味着先锋意识与传统情调共存、实验色彩与社会责任并重、精神追求与经济筹划双赢、精英与大众的互动。出现在798的这一现象，牵涉到都市发展、生产和消费模式等广泛的层面。

在城市文化产业园里，著名人物和企业的进驻具有显著的证明和吸引作用，可以有效地提振城市文化产业园的"人气"。由于艺术家的扎堆效应和名人效应，加上两届"北京大山子国际艺术节"(DIAF - Dashanzi International Art Festival)所产生的影响，798艺术区的影响越来越大。首届艺术节(2004年)吸引了8万人次前来访问，其中约60%为中国观众，40%为境外观众，还有来自巴黎等国外城市的当代艺术代表。120多家中外媒

① 我易网：大山子798文化艺术区，http://www.5yi.com/places/18690，下载于2014年1月7日。

体报道了艺术节和在此处活跃着的艺术家及他们的作品。一些国内外文化机构和基金会等对艺术节进行了赞助。第二届艺术节(2005 年 4 月 30 至 5 月 22 日)持续 23 天，共进行了表演、展示、研讨等艺术活动 109 项，吸引观众 8 万人次以上，最多的一天达近万人次。2005 年 9 月 22 日至 10 月 7 日，798 艺术区进行了“双年展”，许多观众慕名而来，观众达 6 万人次以上。以上几大活动，使 798 艺术区的名气越来越大，艺术品成交量也与日俱增。[①]

大型的持续时间较长的节庆活动对提高城市文化产业园的知名度和保持在城市中的存在感具有有效的作用。

除了艺术方面的展示活动外，这里还举办了许多产品发布类的大型时尚商业活动，如索尼公司、摩托罗拉公司等都曾在这里举办过最新款产品的发布推广活动。其他展示发布活动还有：法国摩西时装、意大利 DIOR 时装、欧米茄表发布会和宝马汽车新闻发布会等。世界三大珠宝商之一、有 100 多年历史的、被媒体称为王室的御用珠宝商的意大利品牌格丽在北京王府饭店开分店时，开幕式选在 798 的 80 座餐厅举行。[②]

2004 年以来，瑞典首相、瑞士首相、德国总理、奥地利总理、欧盟主席、比利时王妃、法国总统夫人等都先后访问过 798 艺术区。德国前总理施罗德在参观 798 艺术区时感叹：“几十年前的包豪斯建筑在德国都很少发现了，今天居然在北京存在，真是太难得了！”比利时王妃则花了几万美元购买了艺术品。来过 798 艺术区的国外领导人或他们的夫人们都认为，没想到中国还有这样的表现活跃思想的地方。2003 年，798 艺术区被美国《时代》周刊评为全球最有文化标志性的 22 个城市艺术中心之一。同年，北京首度入选《新闻周刊》年度 12 大世界城市，原因在于 798 艺术区把一个废旧厂区变成了时尚社区。该刊认为，798 艺术区的存在和发展，证明了北京作为世界之都的能力和未来潜力。美国的《纽约时报》称，在北京出现了当代艺术 SOHO，这个 SOHO 区就在北京东郊大山子 798 工厂内。2004 年，北京被列入美国《财富》杂志一年一度评选的世界有发展性的 20 个城市之一，入选理由仍然是 798 艺术区。到 798 艺术区来参观、访问、观摩、学习、交流、购买艺术品的人越来越多。据抽样调查，2004 年大约有 45 万人，2005 年有 50 万以上的人访问此区。境外来访者和国内来访者的比例大约是4∶6。[③]

因此，798 城市文化产业园已经成为北京和中国城市新兴文化艺术和新型文化产业的标志。这是与北京作为首都和巨大都市的辐射效应密切相关的。

这里的艺术家与文化机构以及服务行业之间是相互依靠的关系。相比较现在的喧嚣，艺术家有时会留恋以前的安静，但艺术家们还是喜欢这里的每个角落，因为这里的环境和氛围给艺术家的生活和创作带来很多方便，如交通便利，建筑空间合理，光照充分，各种生活服务业一应俱全，夜晚又十分安静有助于艺术家思考与创作。艺术人同处一区，为举办艺术聚会、沙龙交流会等活动提供了方便。艺术家无论在哪里生活都不喜欢被束缚，他们喜欢无拘无束、自由自在地参与活动。但现实往往是相反的，他们虽对 798 的前途表现出极大的关注，但他们知道自己没有权力，对一些问题只有无奈。这里的文

① 百度百科：大山子文化艺术区(798 工厂)，http://baike. baidu. comview2670775. htm，上传于 2013 年 12 月 26 日，下载于 2014 年 1 月 7 日。

② 我易网：大山子 798 文化艺术区，http://www. 5yi. com/places/18690，下载于 2014 年 1 月 7 日。

③ 百度百科：大山子文化艺术区(798 工厂)，http://baike. baidu. com/view2670775. htm，上传于 2013 年 12 月 26 日，下载于 2014 年 1 月 7 日。

化机构、画廊、空间所做的展览活动，到目前为止大多还是资金投入阶段，基本上是不赢利的，所以他们大多通过开展一些像产品发布会等商业活动来增加收入。有时国外的收藏家也会带来一些营业收入。他们自己也在积极地开辟思路，与国外的艺术机构和收藏家联手合作，举办展览，以及一些现代舞、实验话剧、京剧表演等活动，促进互动和交流。这里的咖啡店、酒吧、餐厅与其他地方的有些不同，更突出文化艺术氛围。在经营时间、针对人群方面，每家的经营思路也各不相同。80 座餐厅老板对法国餐饮有一定研究，其法式餐厅只有 80 个座位，所以就餐必须提早预约，平时是闭门谢客的。还有一些餐厅是为展览活动服务的，有休闲式的，书吧式的，还有沙龙聚会式的，就餐的同时能够欣赏艺术。

798 大山子艺术区已成为一个特定的文化现象，各方都给予极高的重视。中外媒体、政府官员、规划专家、民间团体、学术界人士等众说纷纭，是拆，还是保留，或者是赋予新的可能性，开发新的功能，成了各方议论的焦点。对于 798 的现象的出现，社会公众、中外媒体反响热烈。在 2004 年北京建筑文化周活动中，北京十大建筑文化评选出炉。此活动由北京市规划委员会、中国建筑学会等联合组织，采用网上调查方式，同时邀请社会学、经济学、建筑学等各界专家、学者与网民进行在线交流，就评选结果从不同角度发表评论。入选的 40 个北京新场所中，798 大山子艺术区排在后海、三里屯之后名列第三名。798 大山子艺术区居前三位的原因是，网民与学者点评 798 大山子艺术区可称为北京艺术的 CBD，是北京、全国乃至亚洲先锋艺术的潮流、前沿等，可见社会公众对 798 大山子艺术区的关注程度。

这是北京地区为数不多的、较为完善和成熟的带典型性的城市文化产业园。目前，已经有超过 200 家涉及文化艺术的企业和机构进入此区域。

798 城市文化产业园的文化产业业态类型广泛，涉及面广，且质量较高。有很多企业具有较高的文化创意能力和经验。

798 城市文化产业园的一个重要的特点是位于北京的闹市区，与城市生活融为一体。798 城市文化产业园虽不在北京内城区，但交通方便。开车走四环路，在大山子环岛上酒仙桥路，然后从酒仙桥路 2 号入口或酒仙桥路 4 号入口进入 798 城市文化产业园。公交车有 401、402、403、418、420、405、909、955、991、988、445 十一条线路。该产业园是笔者调研的所有城市文化产业园中人气最旺和最接城市“地气”的一个。这里和其他城市的城市文化产业园一样，成为吸引文艺青年、小资白领、大学生、外地游客和普通市民的“文化伊甸园”。

作为独特的文化符号，该园区吸引人的地方或方法有三个：一是有几个给人印象深刻的造型奇特的建筑物或大型设施，如街边的螺旋式塔楼和大量保存完好的大型工业设备等；二是园区内有几家颇具艺术水平和鉴赏价值的画廊；三是几家颇具特色的文化艺术礼品店和环境舒适独特的咖啡馆。

798 城市文化产业园已经成为北京文化产业的一个不可或缺的部分。其本身就是北京乃至中国的关于文化产业的一个灯塔，作为坐落在首都的拥有一定历史的城市文化产业园，具有标志性的意义，是整个文化产业兴衰的“晴雨表”和政策的“试金石”。它的存在在全国都具有重要的价值和意义。

但正是 798 城市文化产业园巨大的磁吸作用和庞大的规模，使它几乎吸纳和囊括了整个北京的文化企业,具有很大的功能辐射和吸聚作用,从而使得其他城市文化产业园的存在发展较为困难,几乎成为多余。因此,和其他大城市不同的是,在北京,除了798园区外,其他城市文化产业园业态单一、规模狭小,甚至难以为继。笔者循地图找到的其他城市文化产业园,大多已经名存实亡,破败不堪,甚至不复存在。

图5-1　798城市文化产业园中保存完好的烟囱和钢铁存储罐

值得一提的是毗邻798园区的"北京751时尚设计广场",该广场包括正东集团综合科技楼、动力广场、老炉区广场、1号15万立方米煤气储罐、恒东热电厂、百合洗衣园、想想再设计、北京蚝魇休闲俱乐部、北信数字传媒中心、北京电子信息高级技工学校、毯言织造和丝路软件工作室等。在这个园区内,最能回望工业历史的是广场内裸露在外的巨大的钢铁存储罐、纵横的输气铁管和高耸的大烟囱(图5-1、图5-2)。最吸引游客的是一处保存完好的老货运火车站,在这里,人们可以看到和触碰到仍铺着枕木铁轨的站台、庞大的蒸汽机车头和一列绿皮客车车厢(图5-3)。一些设备虽已锈迹斑斑,但却深刻地印证了悠久的工业文明和城市历史。

图5-2　纵横蜿蜒的输气管道

图5-3　保存下来的铁路货运站和一列机车

2. 案例评析

798城市文化产业园是老工业遗址活化利用的典范。它已经成为北京乃至中国城市文化产业园的一个标志。相比苏州、南京、杭州、广州和成都等地表现更卓越的城市文化产业园，798城市文化产业园并不是因其内部管理好，也不是因园内企业而闻名，主要是其所依据的北京首都这一重要的文化地理位置。北京众多的大学和文化机构的文化消费者以及高度国际化的北京城中的中外游客成为支撑城市文化产业园生存发展的消费群体。其作为文化产业的地标性意义也已无可替代，不可或缺。因此，它更具有一种经济、文化上的政治符号意义。

但相较于北京的政治、科技、教育、文化、消费、交通等全国性的诸多“中心”而言，文化产业在北京这个首都城市的意义和地位并不高，它不可能发展为城市的一个主导性的产业或业态，因为城市中其他的经济、政治、社会功能等过于强势。

该产业园地处中国北方城市，曾经的五朝帝都(辽、金、元、明、清)和现代国家首都，在中国北方文化地理上应反映出独特的地域文化特色，在历史传统上应反映多元的民族文化和少数族群传承，在现代意义上应具备文化的国际化内涵。但是，园区中的各类文化产业和业态以及相应的企业并没有反映出这些地域特色、历史传承和现代内涵。应当强调的是，园区在接纳外国文化产业、外国文化企业、外国文化艺术和外国文化理念方面，相比于中国江南和华南地区的城市文化产业园，有着作为国家首都和世界大都市天时地利人和的便利。在西方国家，因媒体的传播和西方人的知性，除了北京、上海、香港、西安、澳门这五个城市外，为社会普通民众所熟悉了解的中国城市并不多。而且，在北京，除了众多的留学生外，还有大量的外国游客和外交官等。此外，其区位接近首都机场、首都商务中心(CBD)和新使馆区，这些是目前798城市文化产业园的国际化水平相对较高的原因。在这里，有如朝鲜与欧洲一些国家基本固定的展厅，欧洲国家尤其是作为此老工厂区原来的设计者的祖国——德国，也经常在此举办文化艺术展览，如2014年10月至11月举办的“东西德建筑发展历程(1949—1989)”。

该产业园与中国其他城市文化产业园不同之处还在于举办各种大型的文化艺术展览和文化商业活动。在文化艺术展览方面有：“再造798”“蓝天不设防”“左手与右手”“国际艺术双年展”“大山子艺术展”等；在文化商业活动方面有：“索尼产品发布会”“Moto产品发布会”“摩西时装发布会”“欧米茄表发布会”“宝马新闻发布会”“格丽珠宝发布会”等。

笔者的研究团队在北京东城区、朝阳区还发现了另外几个城市文化产业园，如七棵树创意园(下节详述)、北京环铁艺术区和北京尚8文化创意产业园等。但实地调查发现，这些城市文化产业园已经名存实亡，已基本不复存在。分析其原因如下：

第一，由于在地理空间距离上过于接近，以及各城市文化产业园业态分工的同质性，使798城市文化产业园这样大规模、实力雄厚、辐射力强的园区对其他园区形成了辐射和剥夺，即不断吸引着其他园区的文化企业最终选择迁出并汇聚到798文化产业聚集区。

第二，从北京市城市文化产业园空间分布看，市政府和规划者试图在北京的东城区通过建立几个相距不远的城市文化产业园，建构起一片文化产业发展区域，但仍未能形成稳定和长久的体系。由于北京城市的迅速扩展，原来的城东地区已经高度城市化，地价房价的提升使得原来设定的城市文化产业园中的企业面临较高的租金和外来买家的压力而难以生存维持，只能迁出或破产，园区随之解体。

第三，文化创意产业大多数是新创办的小微企业，实力非常薄弱，产品形成品牌和竞争力及市场份额需要时间的培育，但城市的迅速扩张和地租规律的冲击使之在时间和投资的竞赛中难以支撑。

(二) 七棵树创意园

1. 案例介绍

七棵树创意园位于北京城东部朝阳区东坝七棵树55号，据历史记载，七棵树是指七棵巨大的古槐树，文人进京赶考前相约在东坝西边这七棵古槐树下休息聚会，所以有了七棵树之称。建立于2010年的创意园总占地面积15万平方米，有建筑面积达10万平方米的传统红砖建筑，建筑内空间为100—8 000平方米自由分割，空间挑高约10米，整齐划一的兵营式排列。创意园以传媒摄影为主要文化业态，是北京东部文化产业圈的一部分。[①] 园区的所有者北京东方信捷物流有限责任公司是综合性服务型物流企业，隶属于北京供销合作总社。

图 5-4　七棵树创意园入口

该城市文化产业园的设施基础是一个废弃的仓库区。主要经营内容非常单一，以写真和婚纱拍摄为主。约有大小企业20家，其中一家的业务量较大。入驻企业将有足够高大空间的仓库改造成室内摄影棚和办公用地，但主要业务需要通过交通工具在其他地方完成。换一句话说，这个城市文化产业园仅仅是一个集聚着低端民间商业性影视产业的办公作坊区，既没有很高的技术含量，也没有多元化的文化业态。同时，该城市文化产业园由于地处公共交通不便的近郊村野，与北京市区的空间社会联系不密切，只是一个单纯的以低廉的租金和服务维持着一批城市商业摄影公司的载体。

图 5-5　七棵树创意园标识及改造后的仓库

图 5-6　七棵树创意园中的原火车货运站

2. 案例评析

七棵树创意园虽然位于北京市区，但接近郊区，公共交通非常不便，周边基本呈现农村社区的特征。其在城市中的空间是边缘化的，与城市主体在空间上已经没有直接的关联性。市民和游客基本难以顺利抵达，这形成了自我封闭自我隔离的“孤岛效应”。它与同样位处朝阳区的另外几个规模较小的城市文化产业园并没有形成相互依托的空间区位结构。因此，园区内企业的业务主要是依靠网络广告和口碑相传。

① 摘自2012年5月七棵树创意园宣传片解说词。

该产业园不含有任何高水平的创新元素，甚至没有真正的文化创造。因为其中的业态只是婚纱摄影，除了一些年轻人的所谓摄影技巧上的创意外，谈不上任何创新，甚至连文化创意也谈不上。这只是适合了当代年轻人的婚礼配套服务需求而发展起来的一个行业。婚纱摄影基本上没有太广泛的产业链和很高的利润，更没有技术价值，其对城市经济所作出的贡献不可能很高。

在园区中，虽然有近 20 家婚纱摄影公司，但真正能运转起来、有业务的并不多。按每个公司最多 20 位员工算，园区所雇佣的工作人员不会超过 500 人。

婚纱公司落户于此的最重要原因就是低廉的房租和维护成本。

像这样惨淡经营、濒临倒闭的小型城市文化产业园，在北京为数不少。

（三）宋庄画家村

1. 案例介绍

2013 年 1 月 13 日，经过两次地铁转车和乘坐一次出租车，用了两个多小时的时间，笔者和调研组的两位学生到达北京通州区的宋庄画家村。从村庄的空间结构不难判断，这以前是一个沿公路发展起来的村落集镇。道路两边是由原来村民的民房改造而成的不超过 10 米高的二三层房屋。这些房屋里就是被以画家为主的艺术家们租用的集创作、展示、销售为一体的工作作坊。这个沿道路延伸的村落的长度约为 1 000 米，道路两边纵深约 100 至 1 000 米。

宋庄画家村又称宋庄艺术区，或称宋庄原创艺术集聚区、宋庄工厂艺术区。

宋庄镇位于百里长安街的东延线上，距天安门 24 千米，总面积 115.929 平方千米，辖 47 个行政村，常住人口近 10 万人。由东西向的轻轨 6 号线把宋庄与北京城市中心区连接在一起。它是与城西海淀区中关村科技创业区和城东朝阳区 798 艺术区完全不同和彻底独立的一个文化产业集聚区。

宋庄镇的小堡村辖域面积 5 049 亩（3.27 平方千米），其中村庄面积 1 100 亩。和其他的中国农村一样，该村落也经历过衰败、人口流失的状况。在本世纪初，村月人均收入仅 300 至 400 元。虽然村子里也有房屋买卖交换的情况，但主要是村民邻里间的房屋交换买卖，规模和金额都不大。

1995 年 10 月，北京圆明园画家村解散后，方力均、刘炜、王音、岳敏君、杨少斌、栗宪庭、王强等一部分艺术家从圆明园集体搬迁到宋庄镇小堡村，逐渐形成以小堡村为核心，分布在大兴庄、辛店村、喇嘛庄、任庄、白庙村、北寺村、疃里、六合、小杨村等村庄的十几个艺术家群落。在迁移来的画家的购房资本拉动下，村民们开始做起了卖房租房给画家的原始房地产生意，形成有 200 多位艺术家的聚居村。2005 年首届“中国·宋庄文化艺术节”举办后，每年 10 月拉开帷幕的“中国·宋庄文化艺术节”活动为宋庄架起了桥梁，一些当代艺术家、批评家、画廊、收藏家和拍卖行把目光聚焦在宋庄。借此，宋庄镇党委制定了“文化造镇”战略，成立了宋庄文化造镇工作领导小组，协调和整合文化艺术资源，打造以当代艺术原创为主要特色，以发展文化创意产业、增强地区经济实力、确保地区经济持续发展和构建和谐社会为目标的地域品牌——“中国·宋庄”。村委会下属四大公司：中坝河公司、小堡驿站公司、百富苑公司和泰丰龙门公司，分别负责小堡画家村的艺术园区、村民居住区、工业区和商业街区的工作。这些公司行使村委会的部分经济职能，由点到面地推动小堡画家村的文化产业发展。国务院有关部门及北京市相关领导人先后到小堡画家村考察,并将小堡画家村指定为"文化创意产业新村"。随后,艺术家迁入宋庄的速度呈上升趋势,到 2006 年,规模已达到 1 000 人左右。这些艺术家主要分布在以小堡村为核心的疃里、六合、大兴庄、辛店村、喇嘛庄、任庄、北寺村、小杨庄、白庙村、邢各庄等村庄中,其中在小堡村居住和创作的艺术家约 230 位,约占宋庄艺术家的 1/4。2007 年村民人均收入达 13 000 元。

宋庄小堡画家村接纳着来自各地的文化艺术从业者,已有 2 500 多名艺术家在小堡画家村落户,形成以小堡画家村为核心的原创艺术创作基地,还有小堡画家村文化艺术产业投资推广中心、小堡画家村文化旅游接待中心、宋庄画库、宋庄美术馆、AS 艺术中心、国际名家真迹馆、万盛园国际艺术交流中心、拍卖公司、多元化工作室、艺术家沙龙、原创艺术培训基地等。在画家村一个不起眼的山坡岔道上,还可以发现一处由农房改造的"寒冰[①]电影工作室"和"1942 电影艺术餐厅"。

小堡画家村的艺术家由原来单纯的架上油画艺术者,增加到雕塑艺术者、观念艺术者、新媒体艺术者、摄影艺术者、独立制片人、自由音乐人、自由作家等。上世纪 90 年代以来兴盛不衰的当代绘画艺术、公共艺术、综合材料艺术、艳俗艺术及新媒体艺术等主要艺术流派都集中在这里。其中一些人的作品在几十个国家参加过个展,并在国际上最有权威的艺术展中获奖,被几十家世界著名博物馆、美术馆收藏。艺术作品展销量每年大约以 20%左右的速度增长。

为了给艺术家营造更好的生活、创作空间,扩大对外交流途径,将文化艺术资源与市场连接、社会化运作平台结合在一起,宋庄小堡画家村组织成立了文化艺术产业投资推广中心、宋庄画库、文化艺术旅游服务中心、宋庄文化创意发展公司,并设立了宋庄当代文化专项基金,争取把宋庄小堡画家村建设成为世界级的艺术创作基地、艺术品交易基地及国家级文化创意产业示范基地。[②]

宋庄从事文学、绘画、雕塑、音乐创作的自由职业者以及以富有创造性的方式、方法展示艺术的社会群体构成了宋庄的社会基础;聚集于此从事商业活动的个人和机构基本上围绕艺术品开发;宋庄是聚集区,形成了功能相对完善的生产、生活环境。从精神特质和生活方式的相似性看,宋庄艺术家实际上成了自由职业艺术家的代名词;从经济属性和功能特性看,宋庄已经是一个具有一定的产业规模和自主创意研发能力,具有专门的服务机构和公共服务平台,能够提供相应的基础设施保障、公共服务及居住和生活消费环境的区域。[③] 选择宋庄的原因是这里远离城市的喧嚣,又没有彻底脱离作为文化中心的北京。

随着艺术家聚居逐渐形成规模,宋庄开始成为中国最大的原创艺术家的聚居群落。原来单纯的艺术家居住性聚集形式,也逐步发展为原创艺术家、画廊、批评家和经纪人等共同形成的艺术集聚区。宋庄是一个工业建筑和民居错落分布的村落,村落内拥有现代

---

① 寒冰,原名王明,中国大陆明星经纪人,深圳英杰华星文化传播有限公司创始人,是港台、大陆明星资源的经纪人。百度百科:寒冰,http://baike.baidu.com/view/13923.htm? fr=aladdin,上传于 2014 年 3 月 23 日,下载于 2014 年 11 月 17 日。

② 百度百科:北京画家村,http://baike.baidu.com/view/4428925.htm? fr=aladdin,上传于 2014 年 10 月 25 日,下载于 2014 年 1 月 7 日。

③ 百度百科:宋庄艺术区,http://www.baike.com/wiki/%E5%AE%8B%E5%BA%84%E8%89%BA%E6%9C%AF%E5%8C%BA&prd=so_1_doc,上传于 2013 年 12 月 28 日,下载于 2014 年 11 月 17 日。

艺术风格的宋庄美术馆、东区艺术中心、上上美术馆和部分艺术家自建的特色工作室,画廊沿小堡商业街一字排开,大部分艺术家以租住闲置工业厂房和民居为主,建筑外观整体显示艺术村与众不同的文化风貌。

经过13年的发展,截至2006年,宋庄已经形成了一个产值2.5亿元以上,集现代艺术作品创作、展示、交易和服务为一体的艺术品市场体系,相关的配套产业和服务行业以及基础设施也快速发展。2006年,中国动漫企业"三辰卡通集团"北京总部和制作基地正式入驻宋庄,标志着宋庄迎来了发展文化创意产业的新阶段。截至2013年,宋庄艺术区共有5 000多位外来艺术家,宋庄的土地租金在20年里从每亩5万元,上升到每亩一两百万,村民年均可支配收入也从三四百元增加到6万多元。

宋庄原创艺术聚居区已经形成了以下特征:宋庄艺术家具有明确的艺术追求——以原创艺术影响社会,创造性地解决艺术问题。宋庄的艺术家坚持艺术至上,绝不迎合普通观众的趣味。一些年轻艺术家对原创性的追求要高于创作技巧的培养。宋庄艺术家将自己整体定位为非主流文化,他们根据生活和艺术体验,从心理、感情和精神方面,建立起一种共同的文化意识,寻求一种集体的力量,用共同的价值观维系艺术家群体的生活和独立创作。通过对宋庄艺术家作品的观察,发现一些值得注意的倾向,比如:作品带有很强的自述情结,主体叙事意识非常突出,艺术家把自我形象安放在所要表现的画面中,一些艺术家对自己的作品有一种自恋情结,根本不在意别人是否能看懂他们的作品等。

宋庄艺术作品具有强烈的市场化取向,不断地以自我表达来证明自己的存在,并渴望其艺术作品在艺术市场上取得经济回报。宋庄每个艺术家都有自己的主题和风格,这实际也带有很强的商业意图,主要是为了区别于竞争者,拿到一个受众市场,达到一定的创作规模。

宋庄艺术作品具有鲜明的实验性质。批评家王林认为,海外艺术家是在为中国艺术争取国际声誉,本土艺术家是在为中国实验文化争取合法地位,也是在为自身争取艺术史的地位。艺术家杨明炀用意大利传统湿壁画技法制作中国古壁画复制品;艺术家梁长胜以佛教题材进行现代绘画创作;艺术家马子恒将京剧脸谱引入现代绘画;艺术家鹿林用油画颜料画现代水墨;艺术家夏小万借用切片技术,以玻璃材料作画;艺术家罗氏兄弟在西方美术观念基础上,用漆画技巧处理艳俗商业文化题材。宋庄艺术家作品的实验性是圆明园画家村风格的延续,因其实验性,宋庄艺术家的作品具有更高的风险性。

宋庄画家村的艺术家来自全国各地,他们普遍受过高等教育,以艺术创作为生,收入较低。与传统村社以血缘关系为纽带不同,原创艺术集聚区以艺术为因缘。2006年对205位宋庄镇艺术家的调查显示,他们分别来自国内29个省区市和两个海外国家;另对小堡村110位艺术家调研显示,他们分别来自国内24个省区市和2个海外国家。

宋庄艺术家普遍受过高等教育。据2005年12月对宋庄64名艺术家学历的问卷调查显示,其中研究生学历2人,大学本科学历45人,大专学历11人,中专和高中学历5人,初中学历1人。

国外一些学者通过对从事艺术创作的艺术家的抽样研究发现,在基本素质和技能等方面相同的条件下,完全投入艺术创作的艺术家们的工资所得要低于普通劳动者的收入。艺术作为一种职业需要多年的训练和积累,艺术家付出的时间成本和费用并不一定能得到回报。宋庄艺术家特别是处于创业探索和试验阶段、尚未成名的年轻艺术家的实际收入往往低于他们技能和学历所应得的报酬。缺乏亲朋资助的宋庄艺术家在无法获得创作和生活的基本经济收入时,就不能将全部精力投入到创作中,需要兼职做一些其他工作维持生计。从整体横向比较,高等教育对艺术家的成功和收入高低的影响十分有限。宋庄艺术家经济收入差距悬殊。研究发现,宋庄成名艺术家屡受国际艺术大展邀请参展,作品被海内外收藏。从国内拍卖成交记录看,宋庄作为一流艺术家参与的艺术品的一级市场,对宋庄艺术家作品的价格及成交率提升具有明显的带动作用。宋庄大多数艺术家没有成名,其中一部分艺术家不时有作品售出,有一定影响力,但生活并不宽裕;大部分艺术家没有稳定的经济收入,在艰苦的环境里从事艺术探索,有的甚至连生计都成问题。对宋庄 64 名艺术家收入来源的问卷调查显示,以出售艺术品为主要来源的有 29 人,以从事艺术教育为主要来源的有 5 人,以出售艺术品和从事艺术教育为主要来源的有 6 人,上述从事绘画和教育活动并有稳定收入来源的 40 人,靠亲朋资助的有 7 人,靠退休金生活的有 1 人,其他无固定收入来源的有 16 人。

聚集方式以租住民居和闲置工业厂房为主。宋庄艺术家基本上都有自己的创作空间。艺术家栖居宋庄有三种方式:一是租用村民的房子,同村民签订租赁合同或口头约定,这是最主要的方式;二是同村委会或村民签约,购买或租用土地盖适用的工作室,这是相对比较成功的方式;三是租用闲置工业厂房改造成工作室,这逐渐发展成为主要方式。以小堡村艺术家为例,租住农民自建住宅的占 40%,租住工业厂房的占 50%,自建房屋的占 10%。而租用闲置工业厂房作为艺术家工作室,生活和创作成本比较适宜,冬季统一供暖,加上没有更多的民居可租用,是目前艺术家在宋庄建立工作室的次优选择。

宋庄小堡画家村艺术创作生产具有传统的手工作坊特点,以现代艺术风格为主,且是艺术产品的一级市场。宋庄艺术作品的创作和生产通常由一个艺术家在其工作室内独立思考并完成,一部分艺术家兼带学徒作为其助手,报酬由艺术家支付,大多数工作室的创意产品从创作生产到展示交易高度合一。

宋庄艺术家在职业类别、艺术追求和艺术风格上颇为相似,以创作现代风格油画的画家居多,也有部分雕塑家、摄影家、独立制片人、观念艺术家、行为艺术家、音乐人、自由作家等。艺术家中有的参加过世界级艺术大展,有的刚从美术院校毕业。随着宋庄知名度提高,传统风格艺术家也陆续到宋庄创业,但在宋庄处于边缘状态。由于宋庄艺术家的知名度很高,一些策展人和国际机构开始介入,代理一部分艺术家的作品。宋庄原创艺术集聚区的艺术作品展示和交易日趋活跃,具有创意产品一级市场的典型特征。随着慕名而来的海内外游客的增多,过去宋庄更多的是一个创作地,现在则正在向经营展示地和文化旅游目的地转变。[①]

北京宋庄画家村是以文化产业改造中国农村的一个较为成功的范例。为以文化产业而不是传统的工业制造业改造农村并提升为新型小城镇提供了丰富的经验。这是文化产业对乡村改造建设的最大经济和社会功能作用的体现。宋庄的蜕变经历了成功的历程,但也有尴尬的时期。

2007 年,宋庄画家村经历了严重危机,这是因房屋使用权引发的画家和村民之间的一场旷日持久的官司。

李玉兰,河北邯郸人,1993 年在北京中央美术学院进修。2002 年,有了一些积蓄的李玉兰,想找一个安静的地方,从事专业绘画。在朋友的推荐下,她来到了"画家村"宋

---

① 百度百科:宋庄艺术区,http://www.baike.com/wiki/%E5%AE%8B%E5%BA%84%E8%89%BA%E6%9C%AF%E5%8C%BA&prd=so_1_doc,上传于 2013 年 12 月 28 日,下载于 2014 年 1 月 7 日。

庄。一到宋庄，李玉兰便被这里安静的环境和浓郁的艺术氛围吸引住了。正好辛店村村民马海涛有一套闲置的老房子要出售，李玉兰看中了这个古老的院落。2002 年 7 月 1 日，双方签订了买卖协议，马海涛将整个房屋院落以 4.5 万元的价格卖给了李玉兰，并将集体土地建设用地使用证交给了她。买卖合同上，除了双方签字，还有辛店村大队盖的章和两名见证人。经过一番整修后，李玉兰搬进了新家，前后花了十二三万元。四年的时间，李玉兰在这个宁静的家里完成了大量的油画作品，并组成新的家庭，还生下了女儿。这种宁静的生活，直到 2006 年 10 月被打破。有人代表马海涛来向李玉兰要房，要把房子收回去，说当时的买卖无效，李玉兰当即就回绝了。见李玉兰不答应，马海涛妻子便与李玉兰交涉，表示愿意付给李玉兰 7 万元作为补偿，遭到拒绝。2006 年 12 月，马海涛一纸诉状将李玉兰告上法庭，要求确认双方协议无效，李玉兰返还房屋。官司一打便是一年多。

2007 年 7 月，通州法院判决：李玉兰是城市居民，依法不得买卖农村集体经济组织成员的住房，因此判决李玉兰和村民签订的房屋买卖合同无效，责令在判决生效 90 天内腾退房屋，而根据法院评估结果，卖主要给付李玉兰夫妇 93 808 元的补偿款。

2007 年 12 月 17 日，北京市二中院终审判决双方签署的房屋买卖协议无效，李玉兰必须在 90 天内腾房。但二中院同时认定，造成合同无效的主要责任在于农民反悔，画家可另行主张赔偿。

2008 年 1 月 3 日，李玉兰依照北京市第二中级人民法院终审判决书所确定的索赔原则，向北京市通州区人民法院提起诉讼，要求被告马海涛赔偿经济补偿金共计 48 万元。对于 48 万元的索赔金额，李玉兰对早报记者表示，这是根据 2004 年的拆迁补偿标准计算的。[①] 2009 年 6 月，北京市二中院终审判决，马海涛赔偿李玉兰 18.5 万元。

宋庄艺术家超过 2 000 人，每年都有人加入其中。而 300 多人买下了农民的房子，其他人至今租住。2006 年 10 月以来，被村民告上法庭的不止李玉兰，画家村有 10 多位。但李玉兰的案件是第一个。

因此，该土地房产纠纷案有这样的基本历程：首先，画家们为寻求安静适宜的创作环境，选择购买宋庄的农房。农民为谋利，在自认有权处置自家宅基地的错误理念指导下，自愿与画家签订貌似合法的房屋买卖合同。但当宋庄村因艺术家们的持续进驻而造成房价上升，一年的租金都相当于当年的卖房总额后，村民们觉得当年的买卖自己亏了，而后拿出国家不允许城市居民购买农村宅基地和住房的法律，并称自己当时不懂法，以赔偿为代价要求画家们退还自己的房屋。但画家们据理力争仍败诉，这引起其他村民对画家的上诉。画家则退而求其次地要求农民按当下的房价赔付。

这样的结果只能是三输：农民们的不诚信和短期利益行为会使画家村因出现不稳定的房屋使用权关系而让画家离散，从而使村民的长远利益受损；画家则会再次失去一片既便宜又适宜的创作生产空间，不利于文化艺术的生存发展；而当地政府以文化带动农村改造和城镇化的"文化造镇"发展模式也会走入末路。

这是两个几乎截然不同的社会群体之间的利益冲突和文化冲突，是现行法律和社会现实之间的矛盾，是农村社区发展的整体利益和具体的社会实践问题之间的悖论。

2013 年 12 月初开始，宋庄画家村开始了 20 年来第一次大规模的"小产权房"拆除行动。12 月 3 日，宋庄画家村东区占地一万平方米的四栋收藏馆，被镇政府强拆为一片废

---

① 吴玉蓉. 北京宋庄"画家村"小产权房案再调查[N]. 东方早报，2008 - 03 - 03(A14).

墟。12 月 14 日,艺术商业中心最南边的一栋楼被自行拆除。该楼造价 8 000 万元,2013 年 11 月底落成。刚落成的赏石苑小区也被自行拆除。

12 月 2 日到 3 日、12 月 6 日,宋庄先后发生了艺术家和小堡村村民抵制强拆的抗议行动。抗议的结果不同:艺术家们拉起横幅,上面写着"艺术家工作室不是小产权房",但还是没能阻止收藏馆被拆,小堡村民则"赶跑"了艺术商业中心的破拆队。12 月 26 日,辖区内面积最大的占用耕地违法建设的 4 栋 3 层楼高、一万多平方米的"艺术展览馆"被强制拆除。[①]

但基于画家村的规模和入驻其中的文化企业的实力,政府继续拆迁已不太可能。在画家村,已有三个极具规模的文化企业群落。一个是北京印象街艺术园区,它由原旧厂房改建,一、二层为 4 000 平方米的艺术家原创作品展区,三至六层为 8 000 平方米的艺术家工作室。这些工作室以小单间的方式出租给艺术家们。二是有着单独大院的宋庄国画院。三是村子主干道附近地段新建设的国防艺术区,由原来坚固的防空洞系统改造而成,这里包括国中美术馆、志深画坊、抱真堂等文化企业,其中国中美术馆占地面积 3 500平方米,是将红酒文化与书画艺术相结合的民间美术馆,空间结构及装饰风格高端舒朗,空间可塑性强,为各种艺术形式的呈现提供了可能。该美术馆宣称"密切关注中国艺术的发展,努力以立足中国、面向世界的开放态度和独到的艺术视野,参与建构中国艺术的发展实践"[②],而这也是整个宋庄画家村及其几千位中国艺术家集聚于此的最高宗旨,也是该文化产业区的社会和文化功能目标。

图 5－7　宋庄画家村"村头"的小堡文化广场

图 5－8　贯穿宋庄画家村的主干道

图 5－9　宋庄画家村的印象街艺术园,背景的楼房一、二层为原创作品展区,三至六层为艺术家工作室

图 5－10　建筑具现代化气息的国防艺术区

① 百度百科:宋庄艺术区,http://www.baike.com/wiki/%E5%AE%8B%E5%BA%84%E8%89%BA%E6%9C%AF%E5%8C%BA&prd=so_1_doc,上传于 2013 年 12 月 28 日,下载于 2014 年 1 月 7 日。

② 源自国中美术馆宣传海报

图 5－11　国防艺术区内的建筑群

图 5－12　看似萧条的宋庄国画院

2. 案例评析

这是一个远离北京主城区的被改造后的、经济和文化功能发生巨变的京郊农村。宋庄画家村分布在一条四车道的道路两边，在道路两边各一百到一千米的范围内是由原来的农家民居改建的画家们工作、经营和生活的建筑群，还有以现代化的理念新建设的大型建筑物，主要是文化艺术博物馆和创意作坊等。

以农家民居改造的艺术工作者的工作、经营和生活的建筑群主要为街道两旁的两层建筑物，其中一些进行了改建，如扩大内部空间容积、加装大面积的玻璃墙面、安装现代照明系统等，以构筑城市化的工作生活环境。除了改造后的以单间为居住单位的小高层楼房即北京印象街艺术园区外，村内鲜有大型高层建筑，其建筑格局和高度线基本维持了原农村村落的基本形态。画家村的建筑空间大致分为两大类型：一类是农村民房改造的二三层简朴建筑；另一类是大型文化企业投资建设的大型建筑群。

画家村的社区功能空间大致分为三大类型：个体画家工作生活区、大型文化企业工作生活区和公共餐饮服务生活区。

画家村的文化艺术业态类型有三大类：一是绘画创作；二是绘画艺术的附属性企业，即提供画材的企业，如宣纸、画框、装裱等业态；三是其他类型的相关文化艺术企业，如古玩、雕塑、剪纸等作坊。

画家村的社会功能是重要而显著的，有以下六个方面：

第一，通过画家、艺术家及其文化企业的购房、投资、入驻，使破落的农村地区获得了新的存在基础并得以保留下来。村民既可以通过卖房、租房获利，也可以在村中重新再就业。实为农村改造复兴的一种尝试。

第二，在城市中的画家等艺术工作者获得租金、地价和房价都相对便宜的工作、经营和生活空间，从而使文化艺术生产得以持续，文化得以传承。

第三，工作、经营和生活空间的低成本和较为便宜的消费环境再次降低了文化艺术工作者的创作、生产和生活成本，使文化艺术得以继续传播。

第四，画家村已成为文化艺术的品牌标志和集聚地，吸引着京城的文化艺术创作者尤其是青年艺术工作者和大学艺校生们的到来，形成了文化艺术社会群体的相对集聚和交流，也是艺校生们较为理想的实习课堂或创业基地。

第五，画家村本身就是一个文化艺术的旅游区，既可以保持艺术的公开性和公众透明度，又可以成为天然的文化旅游景点，进而提高艺术品的商品化、规模化，成为北京新的文化旅游目的地。

第六,在文化创意产业的持续推动下,文化产业作为第五产业,可以成为促进农村发展的新型主干产业,其低能耗、低污染的可持续发展性可以带动诸如交通、餐饮、酒店、旅游、仓储、运输、电讯、住房、金融、教育等传统第三产业的投资投入,为社会创造更多的就业岗位。若能良性发展,可以发展成为一个完全由文化产业和城市文化产业园带动起来的新城镇。

宋庄画家村和浙江的白马湖生态创意城·SOHO创意园一样,已经成为将城市郊区农村改造为城市文化产业园的典范。这是中国一些靠近城市的近郊农村进行改造复兴的可行模式。

但农村宅基地和住房至今仍不允许自由买卖,尤其是不允许农民卖给城市居民,这使得该模式的发展存在着土地制度和房产制度上的制约。虽然已经有包括农民、官员和学者在内的各方提出取消小产权房,让农村房屋获得有效产权自由买卖的呼吁,但直到2015年3月召开的全国两会上,都没有在法规上做出任何的松动。原因主要就是要保护农民的基本利益,保护农村的生存空间和基本的生产生活条件。

同时,随着城市的发展、地价和房价的提高,几近发展饱和的住宅和商业房地产业会企图侵入这样的高价值区。在这种情况下,像宋庄画家村中的艺术家们,会再次面临被拆迁的威胁。这种压力,则比村民要求返还住宅的诉讼要大得多。在这样的情况下,是发展房地产业或新工业区,还是保艺术家和艺术一片净土,则再次成为一个文化定位、社会价值和发展理念的问题。

二、珠江三角洲城市文化产业园

在珠江三角洲,笔者选取了广州市作为最基本的城市文化产业园研究城市。原因是,广州的城市文化产业园大多是由老工业时代的旧厂房改造而来的,发展历史也较长,属于本课题的研究对象。虽然深圳也有城市文化产业园,但大多属于全新的建设,不适合我们的研究范围。

广州自1999年12月天河软件园建成后,城市文化产业园发展较快,建立了以下的城市文化产业园:1850创意园、T.I.T文化创意园、红专厂创意园、星坊60文化创意产业园、羊城文化创意产业园、金山谷创意产业园、白云区创意产业园、Moca创意城、国家网游动漫基地、广州创意产业园、广州设计港、黄花岗科技园、信义国际会馆和南沙资讯科技园等。

本部分重点研究1850创意园、T.I.T文化创意园、红专厂创意园、星坊60文化创意产业园和羊城文化创意产业园。其他城市文化产业园大多是包括一些文化创意产业的以科技企业为主的科技和新制造业产业园,或是业态定位不清,或还未发展成熟,因此不一一赘述,其概况列表如下:

表 5-1 广州地区文化产业园一览

园区	所属城区	地理位置	原有功能	规模	新功能	企业类型	项目评估
白云科技创意园	白云区	机场路与106国道交汇处	市皮革工业公司长征皮鞋厂的旧厂区	一期占地2万平方米,建筑面积4.2万平方米。二期用地面积超过5万平方米,建筑面积约11万平方米,由十几栋4至6层的楼宇组成。共投资8 000万元	创意绿谷,动力新地。规划为四大功能区。包括国际商务办公区、创意产业区、酒店式公寓、混合式商业。定位为设计、研发、高科技等ITO企业园区	科技型、创意性企业	一期整体入驻率达98%,吸引135家科技、创意企业进驻,其中,科技类企业占72%。2010年,园区入驻企业共创造1.78亿元税收,带动4 050个就业岗位。 二期已经于2012年底实现开园。二期定位为文化创意园(工业设计、文化艺术、总部经济、国际国内品牌企业营销总部),占地6万平方米,规划建筑面积13万平方米,新增大型展厅、多功能活动厅、艺术会所、酒吧、艺术商业街、精品酒店、白领公寓及生活馆等配套。根据规划,工业设计、文化艺术类企业将占二期企业总数的50%,总部经济企业占30%,国际国内品牌占20%,一共将吸引432家企业进驻。 三、四期在筹划中
广东创意产业区	白云区	白云大道,毗邻广州体育馆和广东音像城,原为旧白云机场油库		占地5.5万平方米	打造华南电子制造与设计中心、华南数字媒体技术研发与孵化中心、华南文化创意产业交易中心	创意产业工作坊,研发设计和孵化基地	

续　表

园区	所属城区	地理位置	原有功能	规模	新功能	企业类型	项目评估
中海联8立方创意产业园	白云区	位于白云区黄石街鹤联街1号。白云区黄石街马务乡联合路	广州万宝集团冷机设备有限公司厂房	占地8万平方米。总投资2.45亿元	为专利成果交易、文化创意基地。集专利成果交易基地、文化创意基地、航空公司驻穗办公总部于一体的创意园区。包括四大功能类：创意设计类，文化艺术类，总部经济类和商业、公寓、展览为主的商务类	吸引具有独立知识产权、高新技术、获科研项目支持的企业，设计、创意及媒体艺术等公司	一期项目已于2010年10月建成，已有超过30家公司入驻。据广州市工业和信息化委员会估计：未来可创年营业收入约15亿元，年税额1.5亿元，提供创业就业岗位约4 000个
嘉禾创意产业园	白云区	位于广州白云新城，白云大道西侧	白云区新市黄边村经济联合社废旧厂房	总规划用地13 333平方米，分三期开发，第一期总建筑面积4万多平方米，共有10栋4至5层办公楼，建筑密度低，注重园区园林建设	对从事创意产业的新兴企业进行孵化、扶持的大型园区	广告公司、建筑设计公司、影视传媒公司、摄影工作室、画坊、服饰设计公司、动漫产业设计公司、软件开发公司、高新科技型企业、生物保健研究	该创业基地可容纳100家企业，以广州地区的就业困难人员以及转业军人为招聘对象，基层岗位共招聘就业困难人员7名，转业军人1名。基地现已进驻企业42家，其中本市籍创业人员13人。嘉禾创意产业园项目一期招商完成后预计直接提供就业岗位约3 000个。整个项目一至三期最终达到超过1万人就业，年增创税收约5亿元

续　表

园区	所属城区	地理位置	原有功能	规模	新功能	企业类型	项目评估
信义国际会馆	荔湾区	荔湾区芳村大道下市直街1号	广东水利水电厂厂房	占地2.5万平方米，12栋建筑，总建筑面积1.3万平方米	集艺术博览、商务信息、旅游观光、文化娱乐等多功能的现代服务产业集聚区	奥美集团、亚虎传播公司、渔歌晚唱画廊等经济、创意文化企业的总部	苏式厂房，多栋单体写字楼可供出租，面积由425—1 307平方米不等，自行改造的空间较大，较多广告类企业选择此处作为总部，但园区整体规模有限，影响力和发展前景亦受限
荔湾广州设计港	荔湾区	荔湾区周门路18号	闲置旧厂房和仓库	建筑面积为46 640平方米	设计港包括总部发展区、设计示范区、设计孵化区、设计发展区、国际交流与展示中心、岭南广告湾共6个功能区	目前已进驻企业120多家。包括珠宝设计、服装设计、产品设计、技术开发等设计开发型企业及知识产权服务型企业	周边环境杂乱，园区被市政路分割，没有良好的园区氛围；各建筑均为私人物业，没有独立的产权；建筑设计落后，办公环境较为恶劣
922宏信创意园	荔湾区	位于芳村大道东146号，是珠江隧道至鹤洞桥之间芳村大道沿线“滨水创意产业区”的其中一员	原广州柴油机厂旧址。中国近代民族工业的重要代表之一——协同和机器厂的旧址，主厂房建成于1922年。1915年，这里诞生了中国第一台柴油机。创意园区以协同和机器厂厂房竣工年份的后三位数字——“922”为园区名	占地3万平方米，建筑面积2.4万平方米	创造一个创意人才或企业的集聚群，从而在创意力上起到集群效应，形成一个知名的创意中心	结合文化、商务、艺术、人文历史、旅游，打造汽车文化主题	该创意园是荔湾区重点建设工程，广州市大学生创业基地，广州市科技企业孵化器和广州市影视制作基地

续 表

园区	所属城区	地理位置	原有功能	规模	新功能	企业类型	项目评估
太古仓创意产业园	海珠区	海珠区革新路124号	广州近现代对外贸易和港口运输的重要历史遗迹，延续了古代海上丝绸之路和近代十三行对外贸易历史文化。由英国太古洋行于1904年至1908年间修建，供太古轮船公司使用。原来是珠江边的一排旧仓库	占地7万平方米，建筑面积3万平方米	集展贸、电影、游艇、餐饮、旅馆等高端业态为一体的新型创意园区和城市滨水开放空间。太古仓分为办公区、展示区及商业配套区。1～2号仓是葡萄酒展贸中心。3号仓是展览展示中心，可以进行品牌发布、产品展示和文化演出等活动，还将1 300平方米的丁字形栈桥码头改造为水上T台。4～5号仓是服装创意设计园，为创意企业提供设计、展示和洽谈的平台。6～7号仓是国内首家水岸电影城——太古仓电影库，收藏上万个中外经典名片拷贝	引进红酒汇、展示库、服装设计工作室、电影院、游艇俱乐部、中式酒楼和精品酒店等，成为广州的“城市客厅”	以高档消费、餐饮文化、旅游消费和文化娱乐消费为定位的文化产业园

续 表

园区	所属城区	地理位置	原有功能	规模	新功能	企业类型	项目评估
海珠创意产业园	海珠区	广州工业大道南瑞宝路38号	原南华西第五工业区	总建筑面积13.7万平方米	文化科技创意产业园区。为各类科技、创意企业提供孵化、产业化集聚的平台和创意空间	引进电子商务、科技、创意、现代服务型企业160多家。其中50%为电子商务企业,形成以电子商务为主的创意园区	园区企业年销售额达6亿多元,年纳税额6 000多万元,为大学本、专科毕业生提供了2 000多个就业岗位,成为"广州市海珠区创意产业基地""广州市青年就业创业见习基地"
广州创意产业园	越秀区	越秀区起义路与大南路交汇处		楼高43层,建筑面积5万平方米	发展动漫画制作、软件开发服务、网络音乐创作、手机游戏设计、时尚设计、数字电视增值等领域	动漫、软件、工业设计、平面设计、出版、电影电视广播等	主要针对中小型创意企业
广州开发区创意产业园	萝岗区	萝岗区科学城综合研发孵化区内		建筑面积23.45万平方米;科学城总体规划起点高,商务科技办公氛围浓厚,周边配套完善,有国际学校、公寓等	软件研发	马莎罗动漫城、阿里巴巴华南区总部、毅昌科技、百事高创意中心、TCL动漫产业园等	创意大厦和创新大厦各由3栋大楼组成,已于2008年7月竣工,目前整体入驻率10%,大楼办公空间设计现代、舒适,较多电子信息类企业,创意产业企业较少,产业集聚度有待提升,但背靠科学城良好的园区规划和政策支持,未来可能成为软件研发类创意企业的集聚地。2009年,园区创意型企业总数300多家,企业总收入近70亿元,从业人员超过5 000人

续　表

园区	所属城区	地理位置	原有功能	规模	新功能	企业类型	项目评估
从化动漫产业园	从化区	位于广州市从化太平镇元洲岗村		核心园区：动漫原创区规划面积约2平方公里产业区。总投资为60亿元	动漫外包基地、国际一流动漫人才培育输出中心和专业完善的动漫产业链整合平台	加拿大CineGroup影视动画集团已签约	园区设有“外包服务区、原创动漫区、国际动漫区、产品服务中心”等四大产业发展区和“教育培训区、中央商务区、生活配套区、动漫体验中心”等四大配套服务区
番山创业中心	番禺区	番禺迎宾路		占地3.9万平方米，总建筑面积11万平方米，分三期建设	一、二期建设完毕，2栋9层办公楼，总建筑面积59 265平方米，三期正在建设中	300多家涉及科技研发、医药、教育培训、贸易、创意设计、商务办公、金融服务等行业的企业	一、二期入驻率约50%，租售价格偏低，行业分布零散，不利于形成行业聚集；产品设计类型单一，配套不全，对创意类企业吸引力低。企业有员工5 000多名
巨大设计创意产业基地	番禺区	大石街石北大道旁，大石工业区内		占地18万平方米，总建筑面积约25万平方米，分五期开发，预计2017年开发完成	园区规划分期开发四大组团，分别是创想设计区、创展商业区、创汇总部区、创业精英区。园区建成后，将成为一个集商业、办公、展贸、居住为一体的城市创新产业综合体。拟发展成以工业设计及建筑设计为产业链龙头的景观型主流设计创意产业平台	中小型企业；电子信息、高级制造业、新环保新能源、生物医药类	区位上远离番禺主要的办公中心区，周边邻近工业区，办公气氛薄弱，需要重点完善自身办公、商业等配套

续　表

园区	所属城区	地理位置	原有功能	规模	新功能	企业类型	项目评估
星力动漫游戏产业园	番禺区	东环街迎新路		占地54万平方米，总建筑面积约48万平方米，分三期开发，预计2017年开发完成，总投资6亿元	商用游戏专业市场、动漫游戏及衍生产品市场、研发中心、国际动漫街、会展体验中心、动漫主题公园、星力家园、国际行业会所、仓储物流区等九大功能	行业集中于动漫行业尤其是“动漫制造”企业	带动了东环街经济的发展。使产业园所在地蔡边三村的集体经济纯收入从过去每年四五万元，逐渐增到200多万元，再从200多万元，跃升到2010年的888.7万元。也带动了周边的龙美村、蔡边一村、蔡边二村等村的发展
中颐创意产业园	番禺区	桥禺山西路旁		占地21万平方米，总建筑面积67万平方米，分五期建设，总投资30亿元	“创意总部＋生态产业园＋产业服务平台”的复合产业园理念	客户定位较高，信息技术、创意设计、文化娱乐等研发类、设计类和服务咨询类企业	建成后可容纳1 000至1 500个创意企业，提供约3万个就业岗位，预期年总产值逾75亿元

来源：广州创意产业园汇总，http://wenku.baidu.com/view/ff15e018cc7931b765ce1573.html? re=view，上传于2013年3月1日，下载于2015年4月2日。

2008年，广州市创意产业从业人员约91万人，2010年约106万人。

笔者对1850创意园、T.I.T创意园、红专厂创意园、星坊60文化创意产业园、羊城创意产业园和珠影文化创意产业园进行了系统而深入的实地调研工作。其中，对1850创意园、T.I.T创意园和羊城创意产业园进行了问卷调查工作。

（一）1850创意园

1. 案例介绍

1850创意园得名缘于一个历史事实：1850年，广州在世界十大经济城市中排名第四。

1850创意园位于广州市荔湾区芳村大道东200号。1850创意园所在地鹅潭映月古渡口是古代海上丝绸之路的发祥地。当年满载着广绣广彩、石湾陶瓷的船只，从这里出发，走向世界各地。

园区由原华南最大的金珠江双氧水厂改造而成，占地5万多平方米，总建筑面积3万多平方米，由76栋厂房车间组成，包括7栋主体建筑。通过利用和改造旧厂房车间，单栋建筑面积有100平方米至3 000平方米，包括广告媒体、建筑设计、艺术创作、文物交易、工艺品设计、时装设计、电影制作、软件开发、音乐、表演艺术、出版、电视广播等多个创意业态。

沉淀的工业历史文化配以后现代艺术文化的熏陶,1850 创意园已成为广州时尚展览、艺术创作、文化交流、办公生活的平台空间以及集文化、商业、展览、旅游、教育为一体的复合型大型文化社区和配套完善的新型创意产业基地。①

1850 创意园和中国其他城市的城市文化产业园一样,一开始都有宏大美好的设想和计划,这其中宣传甚至噱头的成分很多,但真正实现所有宏愿是不可能的。根据"广州市文化创意行业协会"网站早在 2007 年刊登的有关 1850 创意园的信息如下:

广州 1850 创意产业投资有限公司开发的 1850 创意园,是由广州化工集团和昊源集团共同联手斥巨资打造的岭南新文化都会,总投资 5 000 万元,是白鹅潭商圈内最大的文化创意园区,成为一张国际化的文化名片,这是 1850 创意园的远景规划。

在选择进驻的企业时,1850 创意园将目标集中在三类企业:一类是业内起着领头羊作用的企业,这类企业会提升园区的品牌与品质,并带动其他相关企业的进驻,如迪斯尼;一类是将在广州设立总部或设计研发中心的企业;还有一类是需要创意氛围的企业。

整合资源进行投资运营,打造华南地区最大的跨界艺术中心,不仅出租房子,更注重文化的投资运营。园区设有四个展馆,面向服装、珠宝、电影、音乐、舞蹈、书画、现当代艺术以及各个行业的新品上市发布会、学术研讨会等,带动展览经济和相关服务业。此外,还通过整合园区的资源,扶植话剧、舞蹈、电影品牌,培养本土的音乐家、舞蹈家、电影导演、书画艺术大师等,真正将产业链条互动拧合,形成一个生机勃勃的创意产业园。此外,打造为创意人群服务的平台,运行电子服务平台和引进产权保护中心。

目前已经进驻及有意向进驻的公司及个人工作室包括:范冰冰、李雪健等几个股东投资的国际 4D 电影名人会所,香港宝丽金环球唱片集团,嘉禾电影公司,岭南画派重要代表画家、高剑父的第二代传人、香港画家司徒乃钟苍城画院,晶永恒珠宝,缤果动漫,香港睽睽服饰设计创意基地,法国以及欧盟的艺术学校,星际传播(国际)机构,意大利家居中心,深圳容大生物有限公司,集艺轩珍木家具馆,名人摄影棚,朱德荣"彩虹娱乐"等。

1850 创意园不仅可推动产业本身的腾飞,而且可带动相关的产业发展,提升荔湾区乃至广州市的创新能力,从而提升广州整个产业经济水平,其放大效应在 1∶60 至 1∶100 之间,估计直接的产值约 2 亿元,这样带动的相关产业产值约为 120 亿至 200 亿元之间。② 1850 创意园计划打造成为"岭南新文化都会",成为广州时尚展览、艺术创作、文化交流、办公生活的品位空间以及集文化、商业、展览、旅游、教育为一体的复合型大型文化社区。

但从笔者于 2012 年 1 月实地调查的结果看,实际情况与上述愿景相差甚远,美国迪斯尼公司、香港宝丽金环球唱片集团、嘉禾电影公司、法国以及欧盟的艺术学校等并没有在列。

---

① 百度百科:1850 创意园,http://baike.baidu.com/view/3300476.htm? fr=aladdin,上传于 2014 年 11 月 15 日,下载于 2014 年 11 月 21 日。

② 广州市文化创意行业协会网站:1850 创意园,http://www.gzccia.com/info_detail.php? type=park&id=66,上传于 2010 年 7 月 2 日,下载于 2014 年 11 月 21 日。

图 5 - 13　1850 创意园的标志性改造建筑

图 5 - 14　1850 创意园利用水泵管道等改造的园区标志，前为三维地画

图 5 - 15　1850 创意园中用玻璃幕墙改造完成的高大旧厂房

图 5 - 16　1850 创意园中保留下来的烟囱

图 5 - 17　1850 创意园中仍在施工改造的旧厂房

图 5 - 18　1850 创意园中仍在施工改造的旧厂房

图 5-19　1850 创意园主建筑改造前后比较图

来源:广州市文化创意行业协会网站:1850 创意园,http://www.gzccia.com/info_detail.php? type=park&id=66,上传于 2010 年 7 月 2 日,下载于 2014 年 11 月 21 日。

图 5-20　被改造后的旧厂房的屋顶阳台

图 5-21　1850 创意园中一家入驻的企业,门口摆着富有广州南国特色的金橘

2. 案例评析

1850 创意园属于城区一级的袖珍型的城市文化产业园。其初始规划和设想非常远大,但现实是其发展仅仅停留在较为平实的基础上。园区的入驻率并不高,许多地方仍处于工业废墟和有待修缮的状态。它充其量是各种中低端文化业态和企业的汇聚地。

园区虽临近珠江白鹅潭,但并没有很好地利用其滨水区位优势,园区在朝向珠江的一面没有敞开,而是代以围墙阻隔;在临江方向也没有建立适当的望江观景建筑或平台;更没有把沿江步道和园区连接形成整体。有很多的城市文化产业园在规划改造时没有很好地考虑到园区与周围地理人文环境的结合。像这样的情况还可见诸于杭州的白马湖生态创意城 SOHO 创意园、苏州的 989 文化创意园和广州的 T.I.T 创意园。这三个城市文化产业园分别靠近池塘湖面、京杭大运河和珠江江岸等滨水区。但因为道路和建筑的阻隔,与水体咫尺之遥的城市文化产业园仍遗憾地缺少了水韵的灵动。

和不少城市文化产业园建立时的初衷一样,1850 创意园也企图做大做强。但由于所入驻的文化企业仍较为低端和微小,且缺乏品牌,因此,这些宏愿只能是一厢情愿,或昙花一现。

作为在初始阶段的一种单纯的政府行为,改造后的城市文化产业园给文化产业提供了入驻的基础设施和公共空间,以地方政府为主的园区管理者和经营者也希望其成为本地区经济社会发展尤其是在税收和就业方面新的增长点,这是政府的政策理性选择;但文化企业是否愿意入驻、什么企业入驻、入驻时间多长，则是一个经济理性选择的问题。而起最后作用的，显然是经济理性选择的结果。

（二）T. I. T 创意园

1. 案例介绍

广州 T. I. T 创意园的前身和大多数城市文化产业园一样，是由老制造业厂区改造而来。项目位于海珠区客村广州纺织机械厂原址，与广州新电视塔南广场连为一体。从地理位置看，园区处于广州新城市中轴线的核心节点上。

该项目在广州总体规划中处于“南拓”的第一站。项目地处城市中轴线，向北与天河区东西双塔、琶洲国际会展中心、广州歌剧院、海心沙公园以及项目附近的广州电视观光塔相邻，周边还有正在改造为电影艺术城市文化产业园的珠江电影集团、赤岗古塔、中山大学及广州大学纺织服装学院，具有优越的人文地理和文化教育区位。

1956 年，广州纺织机械厂由 20 多家私营纺织机械厂公私合营组建而成。纺机厂经过近 40 年的发展，至 1995 年达到鼎盛时期，成为纺织业综合性设备生产企业。企业曾被评为广东省省级大庆式企业、广东省省级先进企业、中国纺织工业部重点企业和国家机械工业委员会重点企业，是全国 100 家重点纺织机械器材企业之一，职工人数最多时达 1 400 人。

1999 年前后，受国家宏观调控和其他主客观因素的影响，在市场竞争下，纺机厂生产经营逐步下滑，经营状况不理想，到停产时产值只有 1 000 万元左右，工厂陷入了严重亏损的不良状态，企业濒临倒闭。

2007 年，根据广东省委、广州市委“腾笼换鸟”“转型升级”的产业调整政策，即广州市委市政府的“退二进三”产业调整政策以及发展现代服务业的战略，广州纺织工贸集团对纺机厂实行全面停产，同时按照省委、市委的“三旧改造”政策①，启动了改造建设。经过一年半时间的打造，将当时萧条破旧的广州纺织机械厂改造为广州 T. I. T 国际服装创意产业园，实现了从传统的“制造”业老工厂向高端纺织服装设计“智造”的凤凰涅槃。②

T. I. T 创意园的投资建设动力源自于企业间的融资合作。广州纺织工贸企业集团和深圳德业基投资控股集团有限公司依据“修旧如旧”的原则，以巨资对工厂进行改造，搭建一个以服装、服饰创意为主题，产业多元化整合，集时尚文化、艺术创意、设计研发、信息发布、产品展示、商务交流、时尚休闲等多种功能于一体的服装产业创意平台。创意园划分为创意工作区、设计师之家、展示发布中心、品牌设计区、时尚休闲区、配套服务区等六大功能区，致力于打造一个以服装、时尚、文化为主题，以服饰创意设计、时尚潮流发布、新品展销、品牌推介信息咨询等产业服务为纽带，以物业租赁、服装展示、博览、商务、时尚配套服务为辅的时尚商务创意园，缔造一个具有专业背景，集产业、休闲、娱乐等综

① 广东“三旧改造”是指广东省特有的改造模式，分别是“旧城镇、旧厂房、旧村庄”改造。“三旧”改造是国土资源部与广东省开展部省合作，推进节约集约用地试点示范省工作的重要措施。旧城镇主要是指各区、镇（街道）城区内国有土地的旧民居、旧商铺、旧厂房等。包括因产业调整而搬迁或者停产的工业所留下的旧厂房、旧仓库等；旧厂房主要指镇（街道）、村和工业园区内的旧厂房以及严重影响城市观瞻的临时建筑。包括上世纪 90 年代及以前建设的临时建筑、单层简易结构旧厂房；容积率低于 0.6 的旧厂房；与土地利用规划、城市总体规划用地性质不符，占用滩涂、农田等生态用地的违章建设厂房；地均产出低于 100 万元/亩的低效工业工地；国家禁止类和淘汰类产业的旧厂房；废水、二氧化硫、粉尘、烟尘等工业污染物排放未 100%达标的旧厂房；能耗和水耗高于国家和省规定的产品能耗、水耗限额标准的旧厂房等。

② T. I. T 创意园网站：http://www.cntit.com.cn/cn/，下载于 2014 年 11 月 19 日。

合性的全国著名的创意产业区,引领中国时尚的前沿,创建中国服装业的"创新基地"。

在改造过程中,创意园坚持修旧如旧、尊重历史的原则,保留了纺织机械厂的生态原貌和纺织工业元素,园区内绿树成荫,是广州市中心的一块原生态创意园区,也是广州市旧厂房改造项目的样板,还是广州市和海珠区 2008 年重点建设项目。

创意园占地面积约 9.34 万平方米,原有建筑面积为 3.43 万平方米,总投资约 2 亿元,初步规划总建筑面积约 5.5 万平方米,园区容积率保持在小于 0.5,确保园区给人宽敞、开放、舒适、宁静的感觉。创意园的市场营销部经理吴国峰认为,得天独厚的地理位置决定了创意园的建设:因为这里可以整合很多资源,它原本就是纺织机械企业,所以就在原有的产业上提升,地理位置也决定了这里能做这个创意园。广东一直有很好的服装业,也有很好的设计师,但是一直没有整合这些资源的地方,所以就做了这个园区。

创意园以广州 2200 多年的历史积淀与服装文化底蕴为背景,以紧邻的广州新电视观光塔的国际性吸引力为重要依托,以服饰、时尚、创意、文化、艺术为主题,以吸引国内外时尚界著名设计师、名模、名企、名牌进园发展为目标,以新产品发布、时尚设计、信息咨询、专业培训等多功能服务为纽带,集创意、艺术、文化、商业、旅游体验于一体,把具有传统纺织工业历史的老厂房打造为主题突出、品味独特的南中国现代纺织服装时尚业的高端服务名片,构建涵盖华南地区、辐射东南亚的服装设计、研发、发布与展示的专业平台,最终成为集聚服饰创意的高端要素和引领文化时尚的全国知名的中心领域。

园区除了创作最时尚的设计款式,还具备品牌展销功能和高端奢侈品定制功能,为国内外知名服饰服装品牌与品牌加盟商、名家设计师、高端消费者之间搭建产品销售和体验平台,呈现南中国最尖端的新潮流,成为引领时尚文化的风向标,目标是立足广州、主导华南,吸纳港台,辐射中国,影响世界。

除了商业功能,园区内还设有酒窖以及酒吧等休闲娱乐场所。广州纺织机械厂建设于特殊历史时期,为防止敌对势力的进攻,当时的建设者们修了防空洞,但是对于目前的和平时代,防空洞已经失去了原有的存在意义,T.I.T 的设计人员就有了酒窖的想法,既利用了资源也构建了新的产业。在酒吧,设计师们可以畅谈想法,在休闲放松中激发更多的灵感。

T.I.T 创意园里景色优美,环境良好,同时对公众开放,周边群众从未因为创意园而感到任何不便,反而都喜欢上了这个创意园。吴加升副总经理说:"我们这里既是创业园也是一个市民公园。每天早上 8 点多左右,很多年纪大一点的人都喜欢提着录音机来这里跳舞,创意园对周围市民的文化生活也起到了一定的丰富作用。"

创意园既为城市增添了色彩,很好地改造了老旧的厂房,改善了周围居民的生活环境,同样也填补了相关产业的空白,创意园本身就是一个一举多得的创意,而这个创意也改变了老纺织机械厂的命运。①

由此可见,这是传统的工业制造业与城市房地产业在资本重组整合的基础上,将资本由制造业转入房地产业和文化产业领域。这就是戴维·哈维的城市空间生产方式和生产关系再造的表现。

① 百度百科:广州 T.I.T 创意园,http://baike.baidu.com/view/2247815.htm? fr=aladdin,上传于 2014 年 3 月 15 日,下载于 2014 年 11 月 19 日。

图 5-22　广州大学 2011 级行政管理专业和公共事业管理专业的学生参观 T. I. T 创意园

图 5-23　T. I. T 创意园正门纪念广州纺织机械厂职工们的雕塑

图 5-24　T. I. T 创意园边门

图 5-25　T. I. T 创意园内的岭南服饰博物馆

图 5-26　T. I. T 创意园内用旧木料和石子铺就的庭院

图 5-27　落户于 T. I. T 创意园内的七天连锁公司办公区

图 5 - 28　T. I. T 创意园内新建的现代设计建筑

图 5 - 29　T. I. T 创意园内新建的现代设计建筑

图 5 - 30　T. I. T 创意园内被艺术家艺术加工后的一根钢梁

图 5 - 31　T. I. T 创意园内的一间咖啡馆

图 5 - 32　T. I. T 创意园咖啡馆的阳台

图 5 - 33　T. I. T 创意园内遗存的锅炉和后建的雕塑

2. 案例评析

从区位空间上看，该园区地处广州市当前城市发展的中心地区，处于广州市发展重心往南沙方向“南拓”的一个节点上。其西北边近在咫尺的是广州新地标电视观光塔，东面是琶洲国际会展中心（中国出口商品交易会会址），园区恰在会展经济的辐射圈范围内。这相比1850创意园等相对孤立偏远的区位特征，T. I. T创意园具有极为明显的区位优势和发展后劲。因此，城市文化产业园的区位选址不能仅仅选择旧厂房所在地，而要充分了解和预见其周边的区位优势和区位特点。

图 5-34 T. I. T 创意园内得到保护的老树

该城市文化产业园的规模较大，结构较复杂，因此其功能层次构成也相对多元化。其基础本质功能是研发设计、文化交流和品牌传播。其一般功能有服装文化传媒、纺织行业载体、研发交流、品牌推广、展示和物流。其他衍生功能有餐饮、休闲、娱乐、旅游和公共活动。为此，园区内也相应地有六大功能区：创意工作区、设计师之家、展示发布中心、品牌设计区、时尚休闲区、配套服务区；并设立八个重点项目或团体：纺织服装行业协会、纺织服装品牌总部、服装设计师工作室、纺织服装行业论坛、纺织服装产品博览、创意园会议中心、时装模特大赛和创意园配套酒店。城市文化产业园的功能分布基本上有两个空间层面：一是园区内部功能空间的和谐；二是园区内功能结构与园区周边区域和城区的功能相耦合。一般来说，园区内的功能配置和协调较好处置，但园区与周边区域和城区在功能上的协调耦合则要复杂得多。后者的功能结构关系基本上有三种可能：一是园区强势的功能对外辐射到周边区域和城区，如带动周边相关产业和配套服务业的发展；二是园区内的功能辐射力相对微弱，或周边的城市化程度不高，造成极为有限的功能外溢和衍射，最典型的莫过于北京的七棵树文化创意园；三是园区内的功能与周边区域或城区的功能有较大的异质性和差异性，互补互惠的条件和空间有限，使园区内的功能和园区外周边的社区功能之间始终处于相对独立、彼此封闭的隔绝状态，这在不少产业园有类似的情况。相比笔者调研过的其他城市文化产业园，T. I. T 创意园在空间形态表现上是相对开放的，包括正门在内的所有出入口都没有门禁阻隔，甚至没有“门”的存在，使园区与周边街区自然地耦合为一体。在园区内功能与园区周边区域和城区的外部功能相关度上，娱乐功能、旅游功能、传媒功能、培训功能、文化功能、研发功能与之有直接的关系，而服务功能、居住功能、运输功能等与之有较密切的关系。

需要指出的是，该园区在规划创立时显然较充分地考虑到其在城市发展中的区位特点，与城市规划方案较好地实现了整合，成为城市整体发展中的一个有机体。这是其他城市文化产业园在规划创建时往往会忽视的，这使得一些城市文化产业园成为城市中的“文化孤岛”。而 T. I. T 创意园所处的海珠区是广州城中心南拓的前进基地，正处于广州东南向的新中轴线的中间段上，琶洲会展商圈和广州信息城均集中在海珠区，是连接老广州和以南沙为前沿的新广州的中间节点。此区域是海珠区乃至广州市新的文化经济中心。园区规划者强调了园区建设对周边城市社区建设和城市化的推动作用，如通过园区建设促进园区南部城中村的改造,并把园区的景观、绿化和建筑小品等向周边社区自然延伸。其在城市规划中的具体功能目标是:形成新的城市核心功能,如文化产业功能;建成符合城市新中轴线要求的人文生态景观效果;推动周边城市土地空间功能的有效利用;进一步改善广州南部区域的城市形象。

T. I. T 创意园与周边区域和城区基本达到了融合、互补和共生三种功能作用形态。功能融合指园区内的功能与周边区域和城区的总体功能目标相耦合,如在文化生态和环境生态上的融合。功能互补指园区内的功能与周边区域和城区的功能互补,如和广州大学纺织服装学院、中大纺织商圈、流花服装商圈之间的功能互补作用。功能共生指园区内的功能与周边区域和城区的相关功能共存共荣,如与琶洲国际会展中心、珠影文化创意产业园和周边社区等就有较密切的功能共存共生关系。

T. I. T 创意园对久负盛名的广州纺织服装业的发展也具有重要的经济功能作用。长期以来,广州的中大纺织商圈和流花服装商圈是国内两个重要的面料、辅料、服装商圈,是全国性的产品批发集散地。但也仅仅是两个营销市场,缺乏设计、品牌和人才培养的功能。两个纺织服装商圈在经济和社会功能上存在着以下四个问题:

第一,两个商圈的企业都处于产业链的低端,附加值低,经济社会效益差。主要是缺乏创新创意产业,研发设计环节缺失。

第二,附属功能不足,造成功能低下。区域周边缺乏酒店、会务中心、办公场地等,商户的办公、接待、会议、交流等功能难以得到满足,难以形成服装产业的交流互动平台。

第三,周边环境混乱,形象不佳。中大纺织商圈空间狭窄,环境脏乱差,周边城中村散布。而流花服装商圈地处公共治安环境复杂的火车站附近,犯罪事件频发,这都不利于商圈的形象和发展,影响新型高端产业的入驻。

第四,土地资源紧张,不能进行有效的品牌扩张和功能升级。两个商圈的土地利用已经饱和,难以承载新的商户,更不可能实现功能上的升级改造。

为此,T. I. T 创意园可添加补充的经济社会功能有:拓展纺织服装业产业链的上下游产业(研发设计与市场营销),强化创新创意功能;提升产业的高端附属功能,完善服务配置,改善投资环境和区域形象,以吸引品牌企业和高端产业的入驻;最后,促进提升所在城区的文化、社会、生态水平。

在此基础上,产业园才能对广州的纺织服装业产生有效的经济功能影响,包括园区成为该行业优质品牌的孵化器,刺激设计和销售环节的发展,提供该行业最新发展的展示台,成为行业信息和人才流动的传播地与聚集地,吸引国内外相关企业的集聚。目前已达到聚集人气、形成时尚氛围、整合区域资源的目的,并最终成为纺织服装业新的动力源之一。

(三) 红专厂创意园

1. 案例介绍

红专厂创意园位于广州市天河区员村四横路 128 号(临江大道入口)。红专厂创意园前身是中国最大的罐头厂——广州鹰金钱食品厂(广东罐头厂),区内现在仍保留着几十座大小不一的苏式建筑,厂房的结构空旷开阔,很适合改成 LOFT 办公空间。自 2009 年 4 月开始动工,新艺术创意空间已初显,新的艺术区正在出现。红专厂占地 16 万平方米,原罐头厂以苏式建筑为主,建筑群平面规整。园区保留了罐头厂各个工作车间的名称，如“解冻街”“制罐街”“冷库街”“成品街”等。

作为广州第一家非房地产性质的城市文化产业园，这里正发展成为一个艺术、生活中心。作为文化产业价值链中的一环，红专厂创意园的文化产业核心层包括文艺表演、文化社团和群众文化服务等，具体表现载体有艺术文化交流机构、国际画廊、艺术家工作室、雕塑展厅、广场展示区、拍卖展厅、奢侈品展厅、私人博物馆等。文化产业外围包括旅游景区文化服务、文化产品租赁和拍卖、文化中介代理和休闲健身娱乐等，具体表现载体有酒吧、咖啡厅、进口书店、艺术文化商店、摄影棚、养生会所、运动场所和免费游览参观。园区内曾举办过各种展览，如广州当代雕塑邀请展、首届丹麦文化周和包豪斯展览等。红专厂举办了国际级、国家级、省市级及市民自发的文化活动 1 000 多场，这些活动都有着清晰的“边界”：只做自己擅长的、艺术界该干的事，远离商业化活动。红专厂还与英国、法国、意大利、瑞士、丹麦等 20 多个国家驻穗领事馆建立文化交流平台，定期举办各种文化交流活动。园区入驻企业约 125 家，2012 年园区企业产值达 18 亿元，利税 1.8 亿元。产业园吸引了香港当代美术馆、中央美术学院、广州美术学院等 100 多家艺术单位作为创作和实习基地入驻。

图 5－35　独具特色的红专厂创意园路标

图 5－36　红专厂创意园入口处

图 5－37　红专厂创意园中被改造利用的生产厂房

图 5－38　红专厂创意园旧车间一角

图 5 - 39　原来的车间已被改造成设计室

图 5 - 40　厂区原来的职工食堂变身游客餐厅

图 5 - 41　红专厂创意园中一个由集装箱改装而成的小卖店

图 5 - 42　入驻企业在搭建办公室时没有滥砍树木,而是让其穿房而过

图 5 - 43　红专厂创意园中被留存的凉亭

图 5 - 44　红专厂创意园中未被拆除的老洗手池

图 5－45　红专厂创意园中保留完好的榕树

图 5－46　红专厂创意园中的 R－Market 艺墟

2. 案例评析

该案例最具讨论意义的焦点是关于城市文化产业园在面对城市经济发展的浪潮时，如何得以维系下去的问题。红专厂创意园的租金由始建时的每平方米 30 元上升到 2013 年的每平方米 200 元。地租的上涨引来房地产商和政府的"青睐"。在 2013 年，就有政府要重新收回这一地块改作建设金融中心的传言。基于城市社会学理论中文化生态学派的观点，在城市的土地空间利用中，不能完全遵循地租规律和经济功能进行城市土地空间的规划和建设，其中的历史文化区域空间作为城市中最具唯一性和代表性的地方，必须被保留下来。因为这不但代表着城市的历史记忆、文化符号，也代表着城市的人文价值观。就像波士顿的贝肯山地区被一直保留下来一样，因为这个城区不只是代表了美国建国前英国殖民地时代的历史文化，也代表着美国建国的最早期历史。它的存在，不只是波士顿的城市历史和价值象征，也是美国国家价值观和历史观的重要载体，代表着独立、自由的美国建国理念。同样的，广州作为历史并不久远的城市，其历史遗存也尤为珍贵。

且不谈广州是否有必要、有条件再建所谓的金融中心，广州也不乏可以建设金融中心的其他地块。房地产商和政府之所以觊觎红专厂创意园、星坊 60 创意产业园等城市文化产业园地块，企图迫使其搬迁，正是意识到产业园还缺乏有组织的抵抗力量，且认为凭借财权和治权，可以轻易得手。但在广州这样的文化形态相对单一的"南蛮之地"和"文化沙漠"，的确需要城市文化产业园这样的城市文化形态存在。这是城市人的基本需求之一，是文化和精神的需求。尤其在广州、深圳、上海、北京等这样的大城市，城市居民在物质生活充分满足的情况下，会和欧美国家城市居民一样，提前进入后物质主义社会，居民更需要的是精神、文化、价值等意识形态和人文资源的消费和追求。

红专厂创意园未来的命运如何令人担忧，下面的案例星坊 60 创意产业园就被迫拆除了。

（四）星坊 60 创意产业园

1. 案例介绍

星坊 60 创意产业园是原广州星坊文化发展有限公司（现广州市星坊文化创意产业园发展有限公司）下属的创意主题园区，位于天河区先烈东横路 60 号，是原广州市市政机械施工工程公司机修厂所在地，是在市中心的一处旧厂区。厂房始建于上世纪 70 年代，占地面积超过两万平方米，整体结构保存完好。

为响应《关于推进市区产业"退二进三"工作意见》的要求，2007 年 10 月机修厂的旧厂房规划改造工程开始动工。星坊60创意产业园的第一期工程于2008年6月竣工。本着“修旧如旧”的建设理念，营造一个宁静、轻松、精神自由的创意产业园区。

星坊60毗邻星海音乐学院、广东工业大学、中国广州杂技团、广州歌舞团以及当时的广东文化厅，处于艺术气氛浓厚的城市区域。自从艺术家和设计工作室进驻后，这块无人问津的旧厂区逐渐发展成为各种文化艺术的聚集空间，能感受到浓烈的前卫艺术气息，成为文化艺术孵化基地。园区占地面积15 000平方米，主要以创新娱乐业和创意设计企业为主，包括文化传播、音乐及影视制作、产品设计、环境设计、品牌策划等，在2007年当年就进驻中外企业近50家。①

至2013年，星坊60文化创意产业园已成为拥有完善的配套设施和良好服务的文化创意产业园区，并先后与共青团广东省委、省科技厅、省中小企业局达成合作意向，共同创建了“广东省大学生科技创业孵化基地”、“大学生创业创新基地”和“广东省中小企业创业基地”。据不完全统计，至2011年底止，园区企业营业总值达上亿元，为国家创税费近1 000多万元(含间接、直接创税)，全年度从业人员达1 000多人。星坊60文化创意产业园已成为广州地区最为成功的民营企业开发园区之一，是广州星坊60文化创意产业联盟的创始园区。

园区的经营宗旨：不追求大品牌、大公司进驻，不追求短期的经济效益，而是面向贫穷、弱势的草根艺术家和刚走出校门有创业愿望而没有创业能力的大学生，为他们提供成长的土壤，帮他们实现创业的梦想。荒芜的旧厂区变成体现着人文关爱、和睦共处的城市文化产业园。进驻园区的公司由弱到强，由小到大，由个人到团队，寻梦者“踩着单车进来，开着汽车出去”。2012年3月份，园区专门拿出一块场地，免费为刚毕业的大学生提供创业创新基地，进驻的大学生已开始工作，取得了良好的社会效益。因此，园区的载体功能不仅仅体现在对于产业个体单位的集群效应，更重要的是文化创意产业园在产业集群的基础上，架构一个平台，让产业集群、社会资源、行业信息、政府信息等有机地结合，对园区单位提供信息共享、学习培训、企业合作、扶持等各方面的资源整合及投放，使这个创意园的平台具备创业孵化平台、信息共享平台、企业合作互助平台的综合功能，在产业园发酵，形成新的产业合力，从而创造更多的机会和产业、社会成绩。②

有世界品牌飞利浦、网志年会等各种高端产品在园区举办了多场展示活动，以广州话剧团为首的一些知名团体也在园区举办了十多场艺术演出，各工作室的一些相关活动和项目也成为大众和媒体关注的焦点。方奕音乐工作室创办的国内第一家“环保打击乐队”分别受到了“博鳌论坛”、中央电视台《星光大道》节目和各种大型公益环保活动的邀请。园区建立之初发生了四川汶川大地震，园区举办了多次赈灾筹款支援灾区的活动，筹款总额达到5万多元，所有活动都是园区各工作室自发自愿义务进行的。狼群俱乐部还专门组织越野车队为市团委运送救灾物资直达震区，并就地自发筹款20多万元返回成都购买救灾物品支援灾区。③

---

① 时代.中国创意文化产业网：星坊文化创意产业园，http://yuanqu.ccitimes.com/index.php?m=yp&c=com_index&userid=1760，上传于2009年，下载于2014年11月22日。

② 星坊60文化创意产业园网站：回顾星坊，http://www.starhouse60.cn/About.asp?ch=0&ID=2，上传于2014年9月11日，下载于2014年11月22日。

③ 创意馆网(广东省文化厅主办的中国首家网络文化馆工程)：星坊60文化创意产业园 http://www.gdwh.com.cn/wscyg/2011/0331/article_8.html，上传于2011年3月31日，下载于2014年11月22日。

尽管园区为城市的经济、社会和公益事业做出了许多贡献，但 2013 年 6 月，在园区业主——广州市政集团有限公司的施压下，广州市政机械施工工程公司拆毁了该园区。

星坊 60 创意产业园是典型的小型化的城市文化产业园，也正是这样的相对弱小的园区规模，使其最终成为房地产商和政府规划的牺牲品。早在 2013 年 3 月 8 日，园区就接到广州市政集团有限公司的通知，由于园区要进行“三旧改造”，需要在 2013 年 4 月 30 日即租约期满后 10 天撤场。2013 年 6 月，广州市政集团有限公司下属的广州市政机械施工工程公司开始用挖土机对园区进行拆除，其计划是在此建设两栋 38 层高的高档办公楼。由民营企业家投资 3 000 万元改造、入驻了 50 家企业的星坊 60 创意产业园，仅存在了 5 年，就被一拆了之。原来仰赖于此的低房租、静怡环境创作的小企业不得不离开，这也意味着一批文化企业遭到了强大经济利益的排挤。

图 5－47　星坊 60 创意产业园的入口很普通

图 5－48　星坊 60 创意产业园里的一个入驻企业

图 5－49　星坊 60 创意产业园的音乐酒吧

2. 案例评析

同样是“三旧改造”，它缔造了 T. I. T 文化创意园等园区，但也借此摧毁了星坊 60 创意产业园。政府的政策可以成为获利的双刃剑，因为其解释权在政府，因为政府是政策的始作俑者。

在此，笔者必须指出一个现象：原来衰败的老企业只是把废弃的厂房先当成包袱，简单包装后转租给社会，由社会改造成城市文化产业园，一旦租金提升，周围地价升值，就会凭借强大的物权和治权，半强制性地结束租约，赶走文化企业，拆毁城市文化产业园，再次将土地使用权卖给出价更高的房地产开发商，通过变卖土地和后续经营以谋取更大利益。在这一过程中，建设城市文化产业园仅仅是一种过渡和抬高地价、房价的经营手段，而非长远的社会文化目标。

因此，按照戴维·哈维的城市空间政治经济学理论中的资本第二、第三次积累循环的观点，城市文化产业园的土地产权和物权所有者广州市政集团有限公司下属的广州市政机械施工工程公司通过两次将土地及其上物业的资本循环转移，维持自身企业的利益和生存。第一次循环是从制造业转换为文化产业,第二次循环是从文化产业转换为金融业。它利用城市中最稀缺、最唯一、最不可替代但可无限增值的资源——土地,分别利用文化和金融这两个外在资本资源来维持自身的利益和生存。这是资本在城市中进行再造和再生产的具体表现。

曾经设计过《丹霞山》《珠江风韵 · 广州》邮票的邮票设计师郭承辉的创意工作室,就位于星坊 60 创意园,他曾放弃其他北方城市之邀而留在广州,就是喜欢这里的环境。为挽留创意园,郭承辉写了一封信,信中写道"这个闹中取静的旧厂区工作室,同时担任着迎送南来北往同行专家交流的角色,使来宾深感在如此商业的广州,还有纯净的艺术空间,实为难能可贵。……我个人呼吁,留住园区,留住艺术家。这些栖身创意园的人群,是创意产业最初的实践者,是在经济生活上较为贫困的人群,但他们也将是未来创意产业巨大动能的提供者。请给艺术家们留一个安心创作的家吧。"

广州市人大代表曾德雄呼吁,政府在发展经济的同时,要兼顾文化的存在,"不能跟文化过不去,否则就会失去道义上的正当性"。

以老厂房或仓库建成创意群落,这种做法最早从美国"苏荷"(SOHO)区开始。"苏荷"在曼哈顿,是纽约的老工业区,随着制造业的衰退,"苏荷"闲置了许多厂房和仓库,一批艺术家稍加改造后作为创作、展示和经营文化艺术的场所。纽约市政府曾想拆除,改建为现代化的办公楼和高级公寓,遭到民众反对。上世纪 70 年代,纽约市政府终于决定将苏荷列为历史文化保护区,这是美国也是世界上首次将工厂仓库区列为历史文化遗产予以法律保护。

有艺术的地方有人流,有人流的地方商业就紧随其后。纽约"苏荷"区就是"开始是艺术,结局是商业"的典型代表。北京 798 文化产业园也曾面临着因房地产开发的入侵而被拆迁的命运。根据当时规划和产权方的计划,2005 年底这一带将拆迁建设电子园区和新大楼。据了解,798 文化产业园的艺术家跟产权方签订的租赁合同,大多数是 2005 年 12 月 31 日到期。而之后产权方是否愿意续约,入住艺术家显然对此毫无信心。虽然当时厂方仍然在出租,但已经拒绝租给艺术人。为了把这个自发形成的、全中国独一无二的大山子艺术区保存下来,2004 年 2 月 18 日,艺术区内的艺术家、清华大学美术学院教授、北京市人大代表李象群先生,曾联合其他 14 名代表在 2004 年北京市"两会"期间提交了一份议案,把以 798 城市文化产业园为代表的大山子艺术区与城市规划及产权方的矛盾摆上桌面,建议政府相关部门邀请各领域专家组成专家组,正式评估该地区的潜在价值,在拟订发展规划前暂停实施原有规划。① 至今,作为中国城市文化产业园象征和标志的 798 城市文化产业园仍然存在和运行着。

开发商和政府在对待城市文化产业园、对待文化创新、对待文化人的态度上,应少一点许愿,多一点诚信;少一点霸道,多一点尊重;少一点铜臭,多一点文化。必须清楚,一个城市的唯一特征,归根结底不是经济,而是其文化。

① 搜狐娱乐:中国文化艺术产业园现象"热身"谈,http://yule.sohu.com/20041019/n222567986.shtml 上传于 2004 年 10 月 19 日,下载于 2011 年 9 月 10 日。

（五）羊城创意产业园

1. 案例介绍

羊城创意产业园是《羊城晚报》报业集团创建的大型文化创意产业集聚区，占地 18 公顷，位于广州市黄埔大道中 309、311 号，毗邻珠江新城商务中心，地处城市主干道及地铁沿线，交通便捷。

羊城创意产业园前身为广州化学纤维公司（广州化学纤维厂），该厂始建于 1958 年，是华南地区唯一生产粘胶纤维的企业，1999 年，经国家经委批准，《羊城晚报》报业集团正式兼并了该厂。2001 年，《羊城晚报》报业集团在该地块建成了印务中心并投入使用，建筑面积约 2.2 万平方米。2007 年，羊城创意产业园建设启动。

羊城创意产业园在广州新城中心地带坐拥 18 公顷土地，西园区保留了 50 年代的旧厂房，园区第一阶段的建设是利用旧厂房改造。从生态环境来看，羊城创意园是广州六大创意园中绿化面积最大、最具景观性的园区。园区自然生态环境优美，旧厂房等建筑物形态各异，功能多样，空间结构条件良好，充满了创意艺术氛围，符合创意类公司企业的个性化办公要求，可用于改造为创意工作室、创作室、展馆、影棚、多功能厅、个性化写字楼等的旧厂房建筑面积达 10 万平方米。园区实施功能置换，引进设计公司、文化艺术机构入驻园区，得到多家大型品牌设计企业的青睐，以民营建筑设计公司为龙头的企业进驻，带动了大批相关设计公司入驻，形成了优质创意类行业集群。

园区利用《羊城晚报》品牌的统一管理和运营，整合品牌策划、执行团队和活动资源，举办相关商业、文化、艺术活动及宣传活动，以提升产业园的知名度、影响力及商业文化氛围，使园区不仅成为创意产业的办公集聚区，而且成为各类文化创意时尚潮流活动的基地，并在创意产业中培育自主产业和自主品牌。

园区的报业文化区建有亚洲最大的报业印务中心、印艺报业博物馆，被国家旅游局认定为“全国工业旅游示范点”。①

2011 年，羊城创意产业园获文化部命名为“国家文化产业示范基地”，是广州唯一国家级的创意产业园。

羊城创意园致力于促进华南地区创意产业的发展，推动广告、建筑设计、工艺、设计、时尚、影像、动漫、音乐、表演艺术、出版、电视和广播等各领域的产业化和互动，为创意产业和创意人士提供独特的工作场所和良好服务，全力打造华南地区最大的创意产业孵化器。园内进驻的企业有 60 多家，以文化和设计类企业为主，网络文化业、建筑设计业、文化科技业、动漫业等为主要业态。创意园凭借良好的艺术氛围多次成功主办大型文化创意展示活动，如创意市集、欧宝新车时尚发布、美国威盛亚创意新品发布会、建筑师作品展和大型当代艺术展览——连州国际摄影年展广州巡展等。2012 年园区产值达到 32 亿元，纳税超 1 亿元，提供就业岗位超5 000个。②

---

① 百度百科：羊城创意产业园，http://baike.baidu.com/view/4038916.htm? fr=aladdin，上传于 2014 年 7 月 21 日，下载于 2014 年 11 月 22 日。

② 凤凰网：广州最具影响力的六大创意产业园，http://fashion.ifeng.comnewsdetail_2011_01/18/4331491_0.shtml，上传于 2011 年 1 月 18 日，下载于 2014 年 11 月 22 日。

图 5－50　羊城创意产业园入口一角

图 5－51　园区入口附近绿树成荫的主干道

图 5－52　掩隐在南国热带林木中的园区建筑物

图 5－53　被改造修饰过的高大厂房

图 5－54　园区内一个中外合资的建筑设计有限公司

图 5－55　园区内的咖啡厅

图 5-56　园区内设计公司的青年员工正结伴出行

图 5-57　保留下来的原车间的水泥钢筋梁柱

图 5-58　保存下来的原化学纤维厂在上世纪 80 年代从美国进口的污水处理器

图 5-59　工厂建于 20 世纪 70 年代的最早的职工饭堂的残垣断壁，被刻意保留

图 5-60　奇特的南方落地榕树

图 5-61　一棵高大的珍奇老树被园区建设者用三根钢索拉撑着保护起来

2. 案例评析

该城市文化产业园经历了两个阶段的蜕变，先是由化工制造企业变为印刷中心，再从印刷中心改造为文化创意产业园。这其中经历了媒体业本身的一次巨大的转型——由纸质媒体转变为网络电子媒体。

该城市文化产业园有极为明显的国家事业单位背景，这在中国特殊的文化和政治场域来说，对民营文化企业的入驻经营是一种无形的政策担保和信用保障。这使得该产业园相较于上述的红专厂文化创意园和星坊60创意产业园，有较强的稳定感和可持续感。同时，作为和广州市政府关系密切的广州市最大的报业媒体集团的下属企业，其发展也是政府推行"退二进三"政策的重要体现。

该城市文化产业园地处广州较为偏僻的黄埔大道上，如果没有地铁在"科韵路"的一站，其公共交通是不太便利的。但这样的区位环境恰恰是入驻文化创意园的文化企业和文化人所需要的——远离都市的喧嚣和浮躁，园区的确沉浸在一种安逸和宁静的绿荫老房氛围中，便于安静地构思和遐想。而这一点，对于喜好闹中取静的知性游客和文艺青年们来说，同样是重要的。但由于地理位置偏远，不是处于闹市区，相较于红专厂创意园和T.I.T创意园这样的地处闹市区的园区来说，知名度不高，游人很少。

由于该产业园在白天工作时间内人员集中、人数较多，而周边缺乏现成的餐饮服务等配套服务设施，使得园区外一隅集中了大量的大排档类型的餐厅，笔者调研当天是2012年1月30日，是春节过后的农历初八，园区员工可能还没全部到位，餐馆生意并不兴旺。但显然，这些大排档是为园区的职工提供服务的，尤其是工作午餐的供应。这是园区经济功能外衍的一个表征。

（六）珠影文化创意产业园

1. 案例介绍

珠影文化创意产业园是珠影新城开发的启动项目，是以电影文化为主要产品，兼顾电视、动漫和音乐，是集节庆活动、会展、文化休闲娱乐、主题体验、创意工作为一体的科工贸、产学研相结合的影视文化创意产业园。

珠影文化创意产业园整体规划包括花样年华街区、时尚生活综合体、创意办公及展示区、时尚公寓居住区四大区域，未来将有街铺、购物中心、写字楼、公寓等。

珠影文化创意产业园位于原珠江电影制片有限公司地块，规划总建筑面积约40万平方米，总投资额约21亿元。项目一期工程为商业部分，名叫环球·星光城，由一个12万平方米的购物中心和3万至5万平方米的花样年华街区组成。项目二、三期分别是创意办公及展示区、时尚公寓居住区。

据高力国际华东及华南地区商铺服务部董事、华南地区副总经理林明瀚介绍，花样年华街区由十几栋建筑组成，大部分在三层以内，小部分是六层建筑。2011年底投入市场的街区面积占总街区的六七成，约2万平方米。

按照规划，珠影文化创意产业园将致力打造为广州最具电影和音乐主题特色的时尚生活综合体，类似上海新天地。房地产专家邓浩志表示，客村片区已经具备一定的商业基础，未来项目建成开业后，很可能会与丽影广场形成呼应，发展成为海珠区另一个商业中心，与江南西商圈并存。①

表 5-2　珠影文化创意产业园主要构成部分和功能

主要区域	主要功能	主要项目	建设方式
影视文化展示推广区	影视产业展映展销交流推广	电影城	新建
		电影创意体验馆	新建
		星光大道	新建
文化休闲娱乐区	影视文化休闲和娱乐	星光大道及附属手印区、脚印区、纪念设施，明星签名、留影设施	新建
		影视生产工艺流程设施交互体验观光区	旧厂房改建
		文化创意广场	新建
		岭南风情的现代园林景观	新建
创意生产办公区	影视创意产业的零散和集中生产研发区	影视数字技术基地	旧厂房改建
		影视产品创意开发工作室	旧厂房改建
		影视中介生产和培训机构	旧厂房改建
商贸配套	影视文化商贸区	影视主题商品商贸活动设施	新建
		休闲购物、高档奢侈品专卖	新建
		高档酒店服务业集聚区	新建

图 5-62　珠影文化创意产业园入口

图 5-63　珠影文化创意产业园入口处仍保留的珠江电影制片厂绿树成荫的老厂道

① 杨金霞，李琳. 珠影文化创意产业园将打造广州新天地[N]. 新快报，2011-07-01(C14).

图 5-64　用玻璃幕墙进行现代化改造后的新产业园一角

图 5-65　在拆毁的旧厂房上即将建起新设施，背景可见不远处的广州电视观光塔

图 5-66　面临改造或拆迁的老珠影厂的旧建筑

图 5-67　仍在经营租赁业务的老珠影厂的道具仓库

图 5-68　正在建设中的新园区

图 5-69　新园区的新建筑

图 5－70 新产业园区与原来珠影厂的职工家属区在建筑空间上和谐共存:左边是正在建设的新建筑,右边是旧家属楼

图 5－71 园区内珠影厂老家属区一角

2. 案例评析

该园区影视文化的业态定位较为明确,因此具有较清晰的产业导向。该园区也是电影产业在经历衰败后复兴的案例,其中有大量的项目和噱头是模仿美国好莱坞的做法,且只是简单地模仿。美国的好莱坞影城具有较长的发展历史和较深厚的文化沉淀,在电影发展历史上发生了许多值得纪念记忆的事件——从经典电影、电影技术到著名影星,堪称近现代电影的世界摇篮和当今电影产业的国际中心。但珠江电影制片厂作为国内一个较弱小、名不见经传的影视企业,且不说其国际地位,就是与中国电影史上享有盛誉的长春电影制片厂、八一电影制片厂、上海电影制片厂和北京电影制片厂相比,都难以望其项背。在广州,也从来没有举办过像北京的金鸡奖、百花奖,香港的金像奖,台湾的金马奖,戛纳电影节和柏林电影节那样的国家、地区性和世界性的电影颁奖典礼或电影盛事。在这样的情况下,该产业园刻意地简单模仿,只能落得东施效颦的结果。城市文化产业园的存在和发展的主要动力是创新创意,但如果简单地模仿、低端地重复,是难以有所突破的,最后只能停留于简单的第三产业暨文化服务业的层面。而中国城市中低端的消费群体和业内的廉价劳动力也是有碍文化产业创新立业的重要社会性因素。

但该园区地处一个较为优越的区位位置,其经济利益的发展则是较为乐观的。其周边有广东电视观光塔、T. I. T 文化产业园、中山大学校园、琶洲国际会展中心、两个地铁站和珠江滨江观光带等优质区位因素。

园区的后半部分仍暂时保留了计划经济时代珠影厂的职工家属大院,与新产业园区和谐共存。这是较为温馨的一面。

三、长江三角洲城市文化产业园——南京

本节重点研究长三角地区南京市的世界之窗创意产业园、晨光 1865 文化创意产业园、红山创意工厂产业园三个个案。

(一) 南京世界之窗创意产业园

1. 案例介绍

南京"世界之窗创意产业园"(创意东 8 区)为南京创意产业园开篇之作,是江苏省首批现代服务业集聚区。园区位于南京市老白下区光华东街 6 号,背倚明城墙,东临月牙

湖畔。遵循“保留原有建筑外貌,体现艺术创意性”原则,通过改造老厂房建成 6 万平方米的园林式办公区。园区已入驻建筑规划、广告设计、咨询策划、动漫网游软件、工业工艺设计企业 92 家,其中研发设计类企业 26 家,文化传媒类的广告企业 16 家,建筑设计公司 21 家,咨询策划机构 11 家,艺术设计工作室 18 家。

南京世界之窗创意产业园按照“三厂区、六分区、环形商业街区”的规划布局,依托三厂区原有厂房,遵循最大限度保留与再利用的原则,划分为建筑规划设计、广告设计制作、咨询策划、动漫网游软件、工业工艺设计五大功能区域,并以“上场下店”的模式打造环形艺术商业街区。它是南京市“十一五”规划都市型产业园区十大重点推进项目之一,也是南京市发展壮大创意产业的开篇之作。2006 年年初,由南京市人民政府、南京顺天实业集团有限公司联合打造的江苏首家都市型产业园区和省级重点现代服务业集聚区,通过市场化运作机制对园区进行统一规划、改造、招商及运营管理,计划吸纳 150 至 200 家创意企业,实现 5 000 人以上的知识型人才就业。①

但在现实中,园区并没有达到这样的目标,只是一些小型的动漫设计企业进驻。

在创建南京世界之窗创意产业园的过程中,一个重要的参与者是南京顺天实业集团有限公司。

南京顺天实业集团有限公司成立于2001 年。依托南京无线电七厂、汽车仪表厂和电子陶瓷厂破旧的厂房,南京顺天实业集团有限公司已发展成一家以产业园开发为主,集产学研、科工贸、文化产业经营和新型服务业为一体的科技型综合化民营企业,世界之窗系列产业园区就是其创新之作。顺天实业集团有限公司副总裁黄星仁在接受《中国电子报》记者采访时表示,世界之窗产业园将围绕软件、文化、创意三个主题,打造新型园区产业集群。

顺天实业集团开发建设了系列产业园区:南京世界之窗都市经济园(华侨路都市经济园)、南京世界之窗科技软件园、南京世界之窗城市文化产业园(江苏城市文化产业园)、南京世界之窗创意产业园,还建设了世界之窗都市产业研究院、山东泰安世界之窗数码电子大厦等项目。“近两年来,顺天集团迅速发展,在资本运作及都市楼宇经济发展中已构建了成功模式。”

南京是中国重要的制造业基地,一批近现代工业企业在这里萌芽,老城区工业存量很大,大企业多,老厂房多。数据显示,南京主城第二产业比重急剧下滑,工业用地只剩下 2.5 平方千米。2000 年,南京市政府为盘活存量国有资产,推行对城市工业企业“三联动”改造,对绕城公路以内的不小于 8 000 平方米的因破产、停产等原因而闲置的工业厂房实行功能置换,发展第三产业、科技服务业等,盘活城市中心的优质资产。顺天实业集团董事长毛顺初认识到,老厂房地处城区,交通便利,环境优越,是不可多得的资源。把老厂房改造出新后,可以通过招商,引进一批小企业入驻,通过收取租金偿付改造成本。无论是发展文化创意产业还是软件产业,都离不开良好的园区载体平台。黄星仁告诉记者,公司建设的世界之窗城市文化产业园和世界之窗创意产业园两大载体平台,建设面积达 10 万平方米,已被南京市列为重点培育的城市文化产业园区。其中,世界之窗城市文化产业园占地面积 6 万多平方米,是一个园林化生态园区,可供营业的房屋面积有4 万

① 百度文库:南京世界之窗创意产业园,http://wenku.baidu.com/link? url=9Fpc-jy02Mm_WCR3pC4Rg8wMeDDZGezScMGY-9fhwJNrxYFqLqqBolm-KNhuCnWpWl7BZmY8tBOHzS-zblFye8yxH2gAmB5v-3Ew67wga4m,上传于 2011 年 11 月 10 日,下载于 2014 年 11 月 28 日。

平方米，园区规划分为音像产品展销区、动漫制作展示区、书画艺术中心和商务及生活服务配套区。目前，已经有40多家国内外知名企业入园。园区要用2年左右的时间，在江苏全省及其他各省份主要城市发展50家以上的专业连锁店和相关企业，年销售额力争突破50亿元，成为华东乃至全国的知名文化产业创新基地。

图5－72　南京世界之窗创意产业园入口标志

图5－73　被改造成公司用地的旧楼房

图5－74　园区内很多改造后的建筑入驻率不高

图5－75　顺天公司原来设计的动漫产业城的蓝图，新建筑林立，规模宏大，但未兑现

图5－76　园区内现实中的动漫城，只是对旧建筑的改造，没有新建筑

图5－77　园区内的从业者主要是年轻人

图 5-78　园区中还有发艺培训等非文化产业夹杂

图 5-79　城市文化产业园与邻近居民区等城市社区被一堵围墙隔离

2. 案例评析

世界之窗产业园系列面临的问题包括:第一,城市文化产业园规模偏小,质量不高,园内企业流动性大;第二,城市文化产业园功能定位不准,政府提倡都市型产业园区建设,但相关政策产业导向以及服务没有配套;第三,动漫企业规模较小,资金缺口较大,政府鼓励入驻园区,但缺少相应的政策支持,企业自生自灭现象比较普遍;第四,文化产业园的服务管理能力和服务意识比较薄弱;第五,推进城市文化产业园发展的措施不多,尤其是二次发展预留空间不足,从而导致发展空间不足。

目前,世界之窗城市文化产业园和世界之窗创意产业园两大产业园在江苏省民营文化产业中起到了推动和示范作用,如何将园区打造成江苏文化产业示范新亮点,发挥载体平台作用已成为公司的工作重点。公司将从四个方面进行规划和落实。

“第一,强化规划布局,进一步加强文化产业平台建设,将从点、线、面三方面分步实施:点的方面,将已建成的城市文化产业园作为一个点;线的方面,利用与之相连的街区建成文化创意一条街,实现点到线的延伸;面的方面,以南京为核心发展连锁企业,将园区内的文化企业进行联盟整合和连锁发展,走向全国市场,实现面的延伸,从而使产业总量增加。

“第二,强化园区服务,进一步完善载体平台服务功能。公司将为入园企业构建三大平台:信息交流平台,促进园区文化创意企业间的交流,推动文化创意产业发展;人才交流平台,建立人才培训和储备机制,为园区文化企业发展提供必要资源;风险投资平台,对入园企业的优秀产品进行风险投资,拓宽销售渠道,进行行业推广。

“第三,强化招商引资,对象主要为国内外知名文化企业。公司的理念是平台载体建设的形态可以多种多样,但不管采用什么形态,都要与主要产业结合起来,既要避免在‘低起点’上‘小打小闹’,又要防止园区的‘空心化’现象。

“第四,公司计划对入驻园区的企业在给足政策的前提下再给予租金优惠。顺天实业集团将继续运用‘楼宇经济’模式和品牌优势,本着‘小胜以智,大胜以德’和‘为城市创造可持续发展动力’的理念,发展现代新型服务业,构建以科技产业、文化产业、现代服务业、创意产业为主和集产学研于一体的国际化集团企业。"[①]

由这四点设想也可看出,企业管理者也看到了目前园区中存在的问题。这些问题是许多早期的"老"城市文化产业园的共性问题,如园区的规划设想好大喜功,不切实际,最终难以实现原有目标;园区内入驻企业异质性高,难以形成独特的文化产业优势和集聚;园区管理水平低,管理标准落后,使得园区逐渐失去吸引力,仅成为出租廉价办公空间的城市旧房租赁业。

(二) 南京晨光1865创意产业园

1. 案例介绍

南京晨光集团的前身为清朝末年洋务运动期间,时任两江总督的李鸿章于1865年9月在南京创建的金陵机器制造局,它开创了中国近代工业和兵器工业发展的先河,是中国近代手工业向机器制造业过渡的转折点,晨光1865创意产业园区所在地即是遗址中心区域,并由此得名。

晨光1865创意产业园位于南京市中心南侧,南京秦淮区应天大街388号,距夫子庙仅1.2千米。北临秦淮河,与中华门城堡隔河相望。

1865年,太平天国农民起义失败后,两江总督李鸿章移署金陵(现南京)。为了强固国力,发展兵器技术,投巨额银两,引进国外先进技术和设备,将苏州洋炮局迁来南京,在城南扫帚巷一带拆民房圈地,建造厂房数十间,其中有机器正厂、左厂和右厂、炎铜厂、木工大厂等,成立了金陵机器制造局。抗日战争期间,改为第21兵工厂迁往重庆。1948年底,国民党政府将改名后的60兵工厂向台湾高雄市搬迁,留下无法搬走的厂房。1949年4月23日,中国人民解放军解放南京,第二野战军部队接管了南京60兵工厂,工厂更名为华东军械总厂,承担军械修理任务。1965年1月,工厂的迫击炮生产线西迁重庆合川县,组建167厂。同时,工厂由隶属第五机械工业部划归第七机械工业部,即后来的航天工业部,专事航天产品地面设备的研制生产,工厂结束了制造常规武器的历史,转向航天领域武器系统的研制和生产,即南京晨光机械厂和晨光集团。2006年,晨光集团主要生产设备从厂北区向厂南区和江宁、溧水搬迁,留下生态环境保存完好的1865旧厂区。

园区周边包含深厚的人文历史底蕴,附近的中华门、大报恩寺是南京历史悠久的标志之一。秦淮河从北侧流过,秦淮河的独特地理位置也使发展项目具有独特的条件,对发展博览、休闲商业、旅游等方面有巨大的促进作用。始建于明太祖年间的中华门城堡静卧北岸,古城墙延绵数十里;西北角是金陵大报恩寺遗址,与夫子庙隔河相望;雨花台风景区坐落于南端。

园区内配有大型生态停车场和生活配套设施。园区周边交通便利,南京井字形城市快速通道之一的纬七路从东西穿越,南京最大的立交桥之一"晨光立交桥"矗立于园区东南角,离新街口仅5分钟的车程,距禄口机场仅38千米,距地铁中华门站约500米,距南京南站仅2.4千米,同时10余条公交线路分别与大明路、中山南路、城东干道、城西干道等多条城市主干道及机场高速公路相连接,形成了快速、便捷的交通和运输网络。[②]

---

① 张学琦.世界之窗产业园:江苏文化创意产业新亮点[N].中国电子报,2008-09-19(6).

② 百度百科:创意1865,http://baike.baidu.comview2897739.htm? fr=aladdin,上传于2014年5月26日,下载于2014年11月28日。

2007年,由南京晨光集团和南京市秦淮区人民政府共同建造“晨光1865创意产业园”。园区占地面积21万平方米,建筑面积约10万平方米,共有建筑53幢。清朝建筑9栋均由英国工程师主持设计建造,式样和格局在参照英国工业建筑的同时,根据当时中国的经济技术条件,以木屋架替代了英国厂房惯用的钢铁屋架,外面则为青瓦坡顶、清水砖墙,具有典型的“中西合璧”特征,充分显示了建筑技术与民族艺术的完美结合,属近代中国工业建筑的典范之作。此外,有民国建筑19栋,大多采用新建筑材料技术如钢筋混凝土、钢结构等,使这一时期的厂房规模更大、风格更为多样,除了延续以前风格的“西式厂房”建筑外,还有带锯齿型天窗的多跨连续厂房、带“气窗”的大跨度厂房等,充分反映了当时新材料与技术的纯熟运用,为中国近现代工业建筑的代表之作。新中国成立后建设的25栋红砖墙、大跨度厂房具有典型现代主义工业建筑风格特征。园区是一座反映中国工业建筑历史演变的博物馆,具有极高的历史和文化资源利用价值。马家山坐落于园区中央,园区内植被葱郁,绿化率极高。

园区的定位和目标以科技创新和文化创意为主题,将园区打造成国内知名的融科技、文化、商务、旅游为一体的综合性时尚生活创意展示中心和地标。经过四年多的建设和运作,基本实现了业态布局和品牌定位。园区先后被授予国家动漫产业基地、江苏省现代服务业集聚区、南京市都市产业园、南京市文化产业基地、南京对外交流基地、南京市科普教育基地及建设新南京先进单位等多项称号,并位列南京市“十一五”规划都市型产业园区十大推进项目之首。

园区始终遵循文化创意园定位,在建设、招商及维护运营的过程中,研究、发掘洋务运动起源地——金陵制造局的历史文化底蕴,利用资源,将时尚创意理念与历史文化积淀相对接。园区搭建文化活动平台,开展多种形式的文化交流活动,为南京市民提供文化艺术活动及互动体验场所,为影视文化传媒制作及活动提供场所及支持条件,利用历史文化资源,开展历史文化及爱国主义文化教育,打造华东地区具有代表性的地标式文化产业交流基地。[①]

园区内空间功能使用具体布局如下。

园区东部和沿河时尚生活休闲区的新建建筑面积达4 000多平方米,建筑风格由东南大学齐康院士提炼民国建筑元素设计而成。园区划分为科技创意研发区、山顶商务办公区、科技创意博览区、工艺美术创作区和时尚生活休闲区五个功能区。

科技创意研发区:科技创意研发区位于园区西部,区域建筑面积27 713平方米,占园区总面积的30.7%,共有8栋民国建筑、1栋清代建筑;园区各类配套设施齐全,物业管理到位。科技创意研发区着力于引进研发、设计、创意、影视创作的企业。

山顶商务办公区:商务区位于马家山之上,居于园区正中,区域建筑面积12 739平方米,占园区总建筑面积的14.1%。区域内拥有3栋清代建筑、7栋新中国成立后建筑,建筑格局考究,出挑简约。商务区致力于引进温馨舒适、时尚高端的国际品牌。

科技创意博览区:科技创意博览区位于园区内正中偏东处,区域建筑面积13 974平

① 海立方网:文化艺术创意城,南京晨光1865科技创意产业园,http://www.hlf360.com/html/2012/newParkArea_0430/243.html,下载于2014年11月22日。

方米，占园区总建筑面积的 15.5%。园区内共有建筑 4 栋，其中挑高(14 米)、大空间的建筑有 3 栋。科技创意博览区适合高科技创意产品展示以及艺术品展示。

工艺美术创作区：工艺美术创作区位于园区的核心地带，区域建筑面积 4 799 平方米，占园区总建筑面积的 5.3%，共有建筑 5 栋，其中民国建筑 4 栋。工艺美术创作区适合于从事艺术创作的专业人士建立个人工作室。

时尚生活休闲区：时尚生活休闲区位于园区的东北部，区域建筑面积 31 082 平方米，占园区总建筑面积的 34.4%。区域内共有建筑 10 余栋，其中清代建筑 3 栋、民国建筑 7 栋，配有相应的停车位，各类配套设施齐全，物业管理到位。时尚生活休闲区着力于引进具有浓厚文化及时尚气息的品牌餐饮、酒吧、特色零售店和精品酒店等。

园区自 2007 年 9 月 19 日开园以来，已按计划完成园区一期项目招商工作，引进文化科技创意企业 9 家，出租面积 16 000 余平方米，占一期规划面积 21 000 平方米的 76%，可实现 700 万元年收入，并取得良好的社会效益，为二期(时尚生活休闲区、山顶商务办公区和科技创意博览区)的发展奠定了良好的品牌氛围和基础。

为鼓励品牌企业入驻，园区对入驻企业给予税收优惠政策和财政奖励，其中包括改造经费补贴、房屋租金补贴、规模企业扶持等。同时还提供物业管理工商注册、税务登记、项目融资、产品延伸等方面的服务。

为扶持入园企业的发展，特别是文化企业的发展，对入园企业除在租金价格上给予相应的优惠外，还给予了 3 至 4 个月的免租期，对一些文化企业甚至给予了 3 年的免租期，就目前已经签订的合同统计，园区已为入园企业累计提供了 267 万元的租金减免支持。①

园区目前引进的企业有 200 多家，承租面积达 7 万多平方米，园区西部和中部区域主要以科技研发、商务办公、文化传媒和艺术设计等企业为主，其中有代表性的企业如以动漫产业为主的唯晶科技公司、半丁数码公司，以科技研发为主的南京芒冠公司、富士通公司，以商务办公为主的万科置业、江苏东恒集团，以文化传媒为主的诗礼传家文化创意公司以及以设计创意为主的深圳奥意建筑设计院等众多综合性的企业。从东部入口沿秦淮河区域一直到大报恩寺为园区的时尚生活休闲街区，主要引进的企业以餐饮、酒吧、时尚会所为主，包括台湾的吉士福餐饮、法国红酒会所、中华名府淮扬府餐饮、鱼翅皇餐饮、鸿都会餐饮、旅游精品特色酒店御庭酒店，整个街区是商务办公区域的一个配套设施，也是中高端人士休闲娱乐的场所。② 园区所创造的就业岗位约4 000个。

2012 年，园区入选首批南京市文化产业园，通过市级科技孵化器认定实现经营收入超 25 亿元，税收 1.2 亿元，逐步形成了现代文化创意产业的集聚，并逐步向新兴文化创意业态转型发展。③

---

① 海立方网：南京晨光 1865 科技创意产业园，http://www. hlf360. comhtml2012/newParkArea_0429/233. html，下载于 2014 年 11 月 28 日。

② 南京秦淮区中华门街道网：南京晨光 1865 创意产业园介绍，http://zhm. njqh. gov. cn/art/2014/4/23/art_1035_18787. html，上传于 2014 年 4 月 23 日，下载于 2014 年 11 月 22 日。

③ 南京市文化广电新闻出版局网：南京晨光 1865 创意产业园，http://www. njwgx. gov. cn/11190/11192/201308/t20130807_992921. html，下载于 2015 年 4 月 29 日。

图 5 - 80　晨光 1865 创意产业园外墙复制的金陵制造局的大门

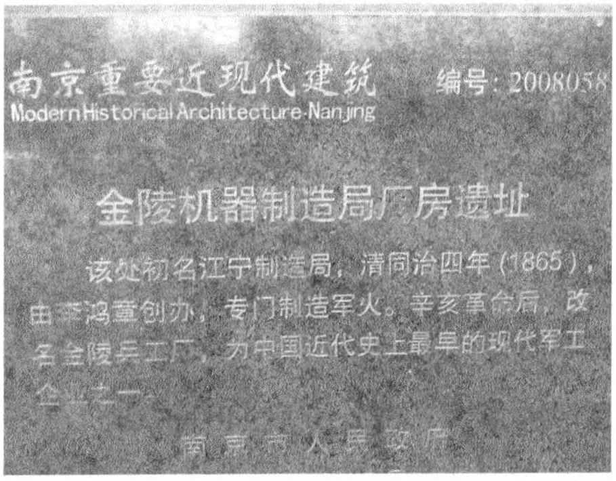

图 5 - 81　记载着金陵制造局旧址的铭牌

图 5 - 82　为中国航天领域武器系统的研制和生产做出贡献的南京晨光机械厂参与研制生产的火箭和制造于 1962 年的储液罐

图 5 - 83　改造为文化企业用房的旧厂房和遗留的工厂园林景观

图 5 - 84　园区内工厂时期遗留的绿地松柏成为婚纱摄影艺术的美好背景

图 5 - 85　高大的建筑旧厂房在内部被隔断为两三层

2. 案例评析

该园区是南京市最具历史文化底蕴的产业园，其历史遗址和历史记载可以成为园区最具价值意义的部分，从清朝同治四年，即 1865 年李鸿章创办金陵制造局开始，它涵盖了从晚清、民国到中华人民共和国近 150 年的中国历史，见证了中国近现代史的变迁，尤其是中国近现代工业制造发展史的变迁，具有不可替代的历史承载意义。其次，在军事工业形态上，该产业园的前身经历过清朝金陵制造局、辛亥革命后的金陵兵工厂等早期近代军工企业时期，国民党时期的金陵兵工厂、第 21 兵工厂、南京 60 兵工厂和新中国成立后的华东军械总厂代表着中国现代兵器工业历史，后来的南京晨光机械厂和晨光集团则标志着航空航天军事工程等现代化的高科技军事技术。因此，该产业园跨越了中国军工技术发展的百年历史。最后，在历经三个历史时期的过程中，记载了中华民族近现代军事工业缔造者们的艰辛和功绩，承载着各种理念和理想，这是园区最珍贵的精神价值财富。

如抗战期间订立的金陵兵工厂的厂训是："亲爱精诚，忠实职务，公正廉洁，勤俭求知。"金陵兵工厂的厂歌歌词是："战以止战，兵以弭兵，正义的剑是为保卫和平。创造犀利的武器，争取国防的安宁，光荣的历史肇自金陵，勤俭求知，廉洁公正，迎头赶上，尽我智能，工作是不断的竞争。我们有骨肉般的友爱，我们有金石般的至诚。我们有熔炉般的热烈，我们有钢铁般的坚韧。量欲其富，质欲其精，同志们，猛进，猛进。同志们，猛进，猛进！"这首《金陵兵工厂厂歌》由郭沫若作词、贺绿汀谱曲。

1931 年九·一八事变后，日本侵略者气焰嚣张，中国人民的抗日激情日益高涨。时任金陵兵工厂厂长李承干就想用一首好的厂歌激发爱国热情。

1932 年，文学家、诗人和学者郭沫若来到金陵兵工厂，李承干陪着郭沫若一边参观车间，一边畅叙抗日救国大事，"若有奋发向上之风气，国家方能图强，抗日方能全胜！"郭沫若慨然允诺写厂歌，请当时上海国立音乐专科学校的贺绿汀为厂歌谱曲。很快，由郭沫若作词、贺绿汀作曲的《金陵兵工厂厂歌》(工厂西迁至重庆后，更名为《第 21 兵工厂厂歌》，也就是现在的《长安之歌》)就放在了李承干厂长的案头上。厂歌很快传唱开来，全厂员工精神大振。他们不分昼夜地工作在机床旁，为奋战在前线的将士源源不断地提供精良的武器。1932 年起，这首浓厚雄伟、高亢激昂的厂歌，开始响彻长江、嘉陵江畔上空。如今，学唱《长安之歌》也已成为长安公司新进员工入职培训的必修课。

在这段厂史中，厂长李承干非常特别，他是中将厂长，却没有加入国民党。他担当救亡图存的民族使命，廉洁公正，禁止厂内有党派之争，国民党敌特要抓员工前，必须先经他的同意，从而有效保障武器供给，并维护团结，共同抗日。久居官场的李承干看到国民党贪污腐败，决心探索救国之路。抗战后期，他秘密加入中国共产党。李承干是新中国的无名英雄，为和平做出了巨大贡献，一直受到不同政治立场和台湾海峡两岸中国人的同声赞扬。李承干虽身居高位，却未曾婚娶，单身一人，常以"匈奴未灭，何以为家"自勉(当时是日寇未灭)。

1937 年，"七七事变"之后，抗日战争全面打响。八·一三淞沪会战，激战持续超过 3 个月，上海、南京相继失守。同年底，金陵兵工厂奉命西迁重庆，更名为"第 21 兵工厂"，八年抗战的武器生产大后方从此扎根重庆。资料显示，抗日战争时期，第 21 兵工厂作为当时全国最大的兵工厂，为抗战前线提供了大量的武器弹药，包括马克沁重机枪 1.8 万挺、捷克式轻机枪 1.1 万挺、“中正”式步枪 8.6 万支、汉式步枪 21 万支、82 迫击炮弹 320 万颗等，其产量约占全国兵工厂武器总产量的 60%。

因此，一首厂歌、一位厂长和一座工厂，成为金陵兵工厂抗日爱国的精神财富、物质贡献和历史精神遗产，也是晨光 1865 创意产业园的精神灵魂所在。

但可惜的是，园区里除了几处铭牌和石刻外，现在已经难觅这些光辉的民族抗战历史，即使建有一个历史博物馆，也常年处于关闭的状态。一个具有历史意义的老工业遗址是否值得完全改造为城市文化产业园，是值得商榷的。况且，目前晨光 1865 创意产业园的商业化气息已经非常浓厚，泰式酒店、现代餐饮和摩登咖啡等业态已经强烈地淡化了该地的历史厚重感和革命传统。或者说，有的工业遗址因其重要的历史传统和国家历史意义，是不能被活化改造成商业化的产业园的。

此外，园区内各个文化产业间缺乏必要的横向交流和沟通，这不利于创意思想的激发。园区因地处市中心，租金较高，不利于文化创意企业的入驻，对已入驻企业则是较大的成本负担，同时园区缺乏足够的知名品牌产业，较难形成产业内生性集聚。另外，对留驻在园区内的企业和人员也缺乏相关的政策。

（三）红山创意工厂产业园

1. 案例介绍

红山创意工厂产业园原是南京工程机械厂，最早为南京战斗机械厂。该厂始建于上世纪 60 年代，是新中国成立后南京规模最大的国营企业。园区破旧衰落的厂房被改造后，成为由旧工厂或旧仓库改造而成的、少有内墙隔断的高挑开敞空间的 LOFT 文化产业区。红山创意工厂产业园由南京创立置业策划开发有限公司开发，于 2006 年 11 月开始建设，2008 年开始运作。园区占地面积 3.4 万平方米，建筑面积 4.2 万平方米，其中孵化面积 3.6 万平方米，总投资 6 000 万元。设计理念突出环保，重视人文，园区自然生态山、水和谐融合，为入园企业提供花园式办公环境。

红山创意工厂地处南京市中央门核心地带，交通便利，紧邻 93 万平方米国家级红山森林公园，区位优势明显。周边山峦起伏、风景如画、森林浩瀚、空气清新，距离南京火车站、地铁一号线、玄武湖公园仅 200 米，周边 30 多条公交线路，路网发达、便捷。

红山创意工厂集“创意设计、科技研发、动漫软件，并配备餐饮、高级商务中心、会展中心、交通通讯服务、会议中心”等完整配套，对外经营。园区在项目选择上，广告传媒、软件开发、创意设计、电子信息业类约占 60%，其他现代服务业(包含信息、物流、金融、会计、咨询和法律服务等行业)约占 40%。截至 2013 年 6 月，园区累计入驻企业 138 家，在园企业 76 家，其中目前在孵企业 11 家，孵化完毕企业 25 家。

园区享受南京城市产业园的各项优惠政策，对符合条件的入园企业给予税收优惠、财政奖励。园区设创业指导办公室，扶持和指导创业企业入园发展。园区提供物业管理、工商注册税务登记、产业延伸等方面服务(表 5－3)，实施 24 小时实时监控，并与多家银行合作为入园企业提供灵活快速的融资渠道。

表 5-3　红山创意工厂产业园在促进企业入驻、成长方面提供以下服务

1. 提供科技创新项目扶持资金和创新产品资金补贴奖励；设立创业办公室，扶持创业企业入园发展。	5. 给予入园企业全方位、优质优惠的物业管理服务。
2. 为入驻企业提供工商注册、税务登记服务，税收优惠。	6. 建立南京市失业人员小额贷款担保基金，专项用于失业人员小额贷款担保。
3. 辅助企业办理项目申报，资金申请。	7. 红山创业指导室为入园企业提供劳动、就业咨询等服务。
4. 为满足条件的企业提供场地租金和人员补贴。	8. 帮助企业进行产权认证，保护知识产权。

在为企业投资、经营、发展方面，园区提供了以下的服务：

提供企业与政府间的协调，交换信息；促进园区内企业间的交流沟通；开展企业联谊活动，增强企业互动互助；构建网络平台，QQ群；交流推介活动。

提供便捷的生活设施，如快餐（为员工提供正餐），酒店（接待外来人员，酒店为外包，但也在产业园的管理范围内），有专门的快递公司和保安服务等。

该园区设立了多媒体会议中心、主题沙龙及展示区和园区管委会服务中心，可以为企业提供多方位的服务，并且注重企业间的互动，孵化新的商业模式，园区文化产业已形成产业链群。文化艺术活动策划、企业形象设计、工艺美术品的加工制作、书画装裱、字画专营、古玩及古旧书籍等美术配套行业纷纷涌现，形成了以美术会展为中心带动其他相关产业发展的趋势。园区开发365文化创意产业网，打造综合服务的信息交互平台。《红意》杂志改版后面向南京地区所有的产业园区，与365网形成互动，同时增设"产业交流""创意名企""创意名人""创意课堂""创意论坛"和"创意博览"等栏目。园区在南京地区构建一个线上虚拟社区、线下实体园区的园区互动综合营销平台，吸纳更多优秀的动漫企业入驻交流，并打造南京地区最具权威的数码动漫（网络游戏）产品营销平台。在高校合作方面，进一步与各高校及科研机构拓展产教互动模式，以产助教，以教带产。

至2013年，园区有高层管理10人，一般管理层26人，园区内全体就业人员超过3 000人。

2007年园区被列为南京市"十一五"规划城市型产业园区十大重点推进项目之一，2008年被评为南京市文化创意产业园及中小企业创业基地。

该产业园的功能性目标是建成发展区域特色经济和优势产业的载体，为中小企业、科研机构提供一个生态型、现代型的创业园地。

总体功能布局是"一心、二轴、四区"。

一心：以南京红山创意工厂中心区为轴心，作为区域中心进行规划建设。

二轴：以黄家圩路为南北中心轴心，园区内的东西厂区大道为区内东西轴线，形成二轴。

四区：即创意设计区（10 000平方米）、配套服务区（18 000平方米）、科技研发区（4 000平方米）和办公商贸区（10 000平方米）。

图 5-86　红山创意工厂产业园入口

根据南京市规划控制性规定，园区区域为

商业用地,与园区的功能定位相符,且周边多为一类、二类住宅用地,园区内服务配套区的功能既能满足周边居民的消费需求,也能保持入园企业有一个稳定的利润增长点。

图 5-87　红山创意工厂产业园内景

图 5-88　红山创意工厂产业园内景

2. 案例评析

红山创意工厂产业园虽位于南京北部,远离市中心,但该园区与周边的红山动物园、森林公园等形成文化旅游犄角,对南京北部地区的文化发展有一定的促进作用。有地铁红山动物园站联通于此,也使该产业园不会完全脱离孤立于城市中心社区。

四、长江三角洲城市文化产业园——杭州

在杭州,笔者组织的三人研究团队对白马湖生态创意城·SOHO创意园、LOFT49创意产业园区、丝联166创意园区、杭州数字娱乐产业园、浙江省文化创意产业实验区、西湖创意谷·开元198和西溪创意产业园7个城市文化产业园进行了较为深入的观察式的实地调研,并对除因对外阻隔难以进入的西溪创意产业园外的6个城市文化产业园进行了问卷调查。

2007年,杭州市规划局开展了对杭州市工业遗产摸底、普查、规划工作。规划范围主要是杭州老城区,即上城区、下城区、西湖区、拱墅区、江干区、西湖风景名胜区和下沙城,不包括萧山区和余杭区。

历时两年,几经修改,2009年8月,杭州市规划局的《杭州市工业遗产普查》报告初步制定了杭州市工业遗产资源评估标准,在对规划范围内现有工业历史遗存普查的基础上,初步梳理出55处工业遗产名单,列入各级保护名录的有29处,推荐保护的26处,像都锦生织锦博物馆、杭丝联、杭州张小泉集团有限公司建筑群、杭州长征化工厂建筑群等都名列其中。

规划中对26处工业遗产提出了建设控制范围、保护与再利用的措施。这部分工业遗产总建筑面积约有19.4万平方米。

为更好地保护前期普查中提出的工业遗产,杭州市规划局采取具体地块城市设计招标的形式,来明确工业遗产的保护。在城市设计方案征集文件中,均要求设计单位对工业企业厂区现状调研、景观分析,在此基础之上,再论证城市设计范围内企业的建(构)筑物作为工业遗产保留及再利用的可行性。[①]

① 章晴. 55处老工厂要唱夕阳红[N]. 钱江晚报,2009-08-06(A3).

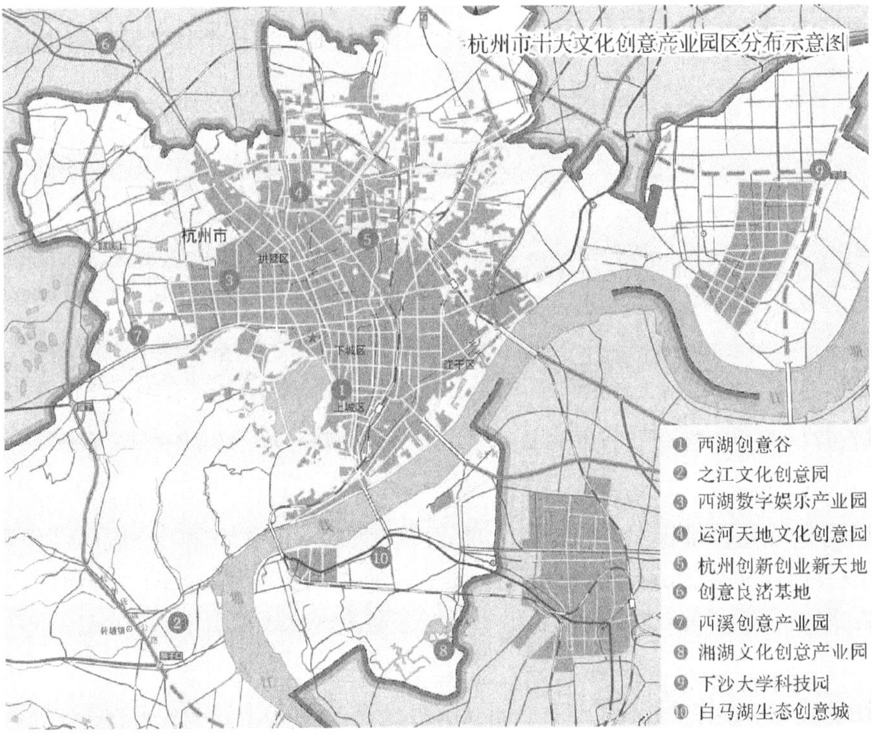

图 5－89　杭州市十大城市文化产业园分布图

（一）白马湖生态创意城·SOHO 创意园

1. 案例介绍

白马湖是滨江区、萧山区最大的湖区，白马湖又称排马湖、白茫湖。相传春秋末期，吴王在此排马布阵，进攻被困于傅家峙山顶之越王，因而得名排马湖，后世传为白马湖。白马湖周边拥有越王城、固陵港、西陵渡、冠山寺、西兴运河等大量历史遗迹，历史上是浙东地区的西大门，南北往来的渡口，也是历代兵家必争之地。

白马湖生态创意城位于杭州高新区（滨江）南部区块，北至彩虹大道，西至浦沿路，东南接萧山区界，规划面积 20.5 平方千米（山体、水域面积 330 万平方米），是杭州乃至全国规模最大、产业基础最优越的文化创意产业集聚区。创意城地处长江三角洲两小时经济圈，交通便利。距离杭州主城区约 15 分钟车程，到杭州萧山国际机场仅 20 分钟车程，途径沪杭甬高速、杭金衢高速和绕城高速公路。

杭州主城边缘的白马湖湖区面积 120 万平方米，区内有山北河、石荡河、龙塘河等 20 多条河道，有冠山、狮子山、回龙庵山等盆景型山体，特产包括冠山杨梅、桂花茶等，是江南副城的一块“宝地”。在浙江建设“文化强省”、杭州打造“全国文化创意产业中心”以及高新区（滨江区）实施“两网一城”战略指引下，白马湖生态创意城自 2008 年 4 月启动以来，按照“宜业、宜居、宜游、宜文”的宗旨形成了以动漫游戏、文化会展、设计服务、文化旅游为特色，集研发、生产、休闲、居住、商贸多功能为一体的文化创意产业集聚区，白马湖旅游休闲度假区，杭州城市美学、建筑美学示范区，杭州和谐创业示范区。截至 2013 年底，创意城已累计投入建设资金约 35 亿元。以长江南路、长江西路、白马湖路、湘湖北路“三纵三横”为主干道的城市路网已经建成贯通。白马湖国际会展中心、白马湖建国酒店、白马湖湖区、山一村农居SOHO创意园等一批重点项目建成并投入使用。除中国国际动漫节、海峡两岸文化创意产业高校研究联盟论坛已落户外，还承办了世界休闲博览会、杭州文化创意产业博览会等大型活动。集聚文化创意企业200余家。

其中，农居SOHO创意园是白马湖生态创意城贯彻落实科学发展观、加快社会主义新农村建设、打造低碳经济、实现产业转型升级的特色工程。以“联合国全球生态保护500佳”的农居村落为基础，统一规划，一次设计，并“量体裁衣”制定改造方案，采取“保留＋改造”“拆除＋重建”“新建＋加建”“开发＋融合”方式，通过对农居外立面、围墙庭院、道路、燃气管道、电力、电信线路等改造工作，将柴家坞、章苏、孔家里、陈家村4个自然村共500余幢农居改建成居住创业两相宜的文化创意工作室，形成具有城市美学特征和独特文化内涵的创意建筑。在不改变产权性质的前提下，通过农居SOHO空间的租赁、招商引入文创团队创业办公，注入鲜活产业内容和创意理念，成为文化人、投资机构和农民和谐创业的创意产业集聚区和灵感激发地。入驻企业已达160余家，2011年园区产值达1.4亿元，并带动当地40余位原住民实现再就业。农居SOHO创意园先后荣获“2009年中国创意产业最佳园区奖”“社会主义新农村建设风情小镇创建奖”“2010年当代城市化项目杰出蓝本”“2010华人住宅与住区生态住宅设计奖”等称号。

以农居SOHO改造为特色的“白马湖模式”是符合科学发展观要求、加快新农村建设和滨江南部区块开发建设、有效解决城市化过程中失地农民就业问题的有效途径。改造避免了大拆、大建、大搬，减少了开发建设对环境的干预和破坏，构筑了“田园牧歌式”的创业模式，形成了具有时代特色、杭州地域特点、钱塘江特征的“城市美学、建筑美学示范区”。①

图5-90　白马湖生态创意城在杭州市的区位图

来源：http://www.hzbmh.net/about.aspx?c_kind=4&c_kind2=16

① 白马湖生态创意城网：http://www.hzbmh.net/gsjj.aspx?c_kind=2&c_kind2=11，下载于2014年11月29日。

白马湖产业链构建及产业集群实现了传统到现代的有机更新，创造了当地农民与外来文化人共同创业兴业的“和谐创业方式”——“白马湖模式”，打造了“创意产业化最佳实践区”。我们可从纵向和横向分析白马湖产业链的缔造。

从纵向来看，白马湖以动漫游戏产业为主，兼顾信息服务业、设计服务业、现代传媒业、艺术品业、教育培训业、文化休闲旅游业和文化会展业，构建了较为完整的创意产业链。以动漫产业为例，动漫工作室形成动漫创意，然后付诸实践形成动漫玩偶、动漫书籍、动画片等，动漫工作室就是产业链中上游产业的内容创意，而制造厂商、印刷厂、动画片制作商则属于上游产业制造部分的公司；然后把实际的产品营销推广，加大影响（中游产业），如产品推广公司、广告公司、文化会展业，最后进行传播发行（第三产业），如网络公司、传媒公司等。从横向来看，白马湖创意园区按照“一主多副”要求，以文化创意产业为主，兼顾大旅游产业、信息服务与软件业、中介服务业、房地产业，特别是当地旅游产业有所发展，如白马湖渔村、国际青年旅社的入驻。①

李屹等人在 2011 年对该园区进行了一次调研。调研主要针对创意产业入驻对柴家坞及周边村落的当地居民的影响，了解创意产业和当地居民是否能够和谐共生。调查收回有效问卷 63 份。其中女性 37 人，男性 26 人。45 岁以上的中老年人居多，共 40 人。受访者的年收入较高，基本在 5 万至 10 万元。

村民对创意产业基本不了解，仅 34.9%的村民比较了解，而对农居 SOHO 比较了解，98.4%的当地居民认为改造后的房屋非常漂亮，支持改造。

居民对企业入驻和环境改善大部分表示满意。但对金融设施和给水、排水设施的满意度相对较低，其中给水排水设施，有 15 人选择“比较不满意”和“很不满意”，占总体的 23.8%。经调查，这和 2011 年 8 月 15 日的一场大雨有关，柴家坞及周边村子排水不畅，导致路面积水。目前村子里还没有银行等金融设施和休闲设施，虽然有篮球场，但这些大多为在此从业的人员使用，居民几乎从未使用过。居民认为改善得最好的是固体污染，其次是废水污染。

在改造过程中，居民收入都有所提高，除了政府补助外，25.4%的居民接受了入驻企业提供的就业机会，主要分为两部分：为中老年妇女提供烧饭、打扫卫生等工作机会，为较年轻且专业对口的青壮年提供在公司工作的机会。除此之外，居民最大的收入来源于房屋的出租，房屋面积较大的年收租 10 万元以上，相对较小的收入 7 万至8 万元。42.9%的被采访者的收入增加了 5 万至 10 万，33.3%的被采访者收入增加了 10 万元以上，房屋出租收入获得者年龄层集中于中老年，35 岁以下的被采访者较少以租房增加收入。

创意产业和中国国际动漫节对白马湖旅游和经济等方面产生了影响。首先，92.1%的被采访者中，共计 58 人认为创意产业对当地旅游的增长带来较大影响，特别是对当地环境的改善有较大的推动作用。其次，国际动漫节对当地旅游业也产生了一定影响，扩大了知名度，政府收入增加和商业投资增多。第六届国际动漫节开幕式在柴家坞举行，村民对此的参与度和关注度也极高，在调查中有 59 人分别以参观者、商贩、工作人员的角色参与其中。

居民和创意人保持了较良好的关系，所有被采访者从未听说过两者之间存在矛盾和

① 李屹，叶思瑶，章帆. 白马湖生态创意园区产业转型调查研究——基于产业生态链视角[J]. 知识经济，2011，4.

纠纷。将近34%的居民和创意人保持一定的沟通和联系;而在关系的定义上,38%的居民认为他们和创意人只是租客和房东的交易关系,甚至有19%的居民认为两者之间没有关系。可见,两者之间基本能保持和谐共处,但是关系并不十分亲密。

生态创意城获得了广大居民的认可,大部分居民对当地的大部分改造表示满意。但这种和谐共生不是和睦地共处在一起。事实上,所有的原村民都选择外迁至政府给他们建造的居民楼内,他们和创意人很少沟通,也自然没有什么矛盾。政府充当了一个主导作用,扮演中介的角色。这里的"和谐"是指,原村民自由选择外迁或自保,且政府均有相应的安置模式;创意人入驻可享有政府的房租补贴,而且政府对农居SOHO的整治为创意人对建筑改造的自我创作留下了空间,再加上白马湖原生态的美丽自然环境,从而出现了一个和谐的局面:原村民乐意外迁,创意人乐意入驻。这里的"共生"是指,创意人和原村民都得到了妥善的安置,政府为原村民建造的村民楼也离原来的农居不远。总之,原村民和创意人是和谐共生的,这种和谐共生由政府主导促成。

图5-91　白马湖生态创意城·SOHO创意园的入口

图5-92　建于山坡上的融产住于一体的建筑,原来的农舍已基本拆除

图5-93　园区中这样的别墅式建筑有房地产开发的嫌疑

2. 案例评析

这是将农村社区改造为城市文化产业园较为成功的案例。其成功之处表现为三大方面:

第一,实现了农村社区业态的转变,由农业生产转变为文化生产,实现了农村的产业升级。在这一转变过程中,也使文化产业和文化社会群体获得了继续生存发展的空间和机会。

第二,在此转变过程中,农民的土地如宅基地甚至房产被保留而未被彻底剥夺,从而在行政管理上避免了许多因农村土地征迁造成的矛盾。农民的生活水平伴随着城市化的衍射得到了相应的提高。

第三，形成在农村地区的生态旅游消费区，既可改造旧农村脏乱差的面貌，又可实现农村的城市化，从而吸引城市游客。

但笔者通过实地调研发现，这样的发展模式有可能成为一些富商借建立文化产业公司之虚，行开发私人房地产之实，成为个人私占农村公有土地、建私人养生园的手段，加大社会的不平等。

（二）LOFT49 创意产业园区

1. 案例介绍

LOFT49 创意产业园区地处杭州市拱墅区通益路 111 号（原杭印路 49 号），占地面积34 667平方米，是浙江省第一个 LOFT 创意社区。前身是杭州蓝孔雀化学纤维有限公司的锦纶分厂，周围曾云集许多大型国营纺织厂。20 世纪 90 年代前，这个区域曾聚集了杭州第一棉纺织厂、杭州第一毛纺厂等 10 多家大型国营工厂，曾有过运河工业文明的繁荣景象。与许多大城市一样，随着经济结构的调整、城市功能的转变、杭州产业结构的调整和工业企业的外迁，旧厂区逐步从繁荣走向衰落。

2002 年 9 月随着美国 DI 设计公司的入驻，一批艺术家和设计师相继进入 49 号厂区，聚集了各类艺术和设计公司，包括视觉设计产业、工业设计、网站制作与开发、代理国内外广告、会展展示、室内装饰设计、景观设计、服装设计、商业摄影、雕塑绘画、陶艺工作室、艺术家工作室等。老厂房的高空间优势，有利于空间重组，适合钢结构加层，使房屋的容积率得以提高。老厂房遗留的旧机器设备如泵阀、管道、料斗等因留有旧工业时代的痕迹，符合部分人的怀旧心理，转回成新时尚。这些工业设计的成果经艺术化的点缀和处理后，变得和新的居住、工作环境既和谐又协调，显得另类而时尚，满足了入驻者标新立异的心理和艺术表现欲望。厂区里面积大、空间高，环境安静，租金便宜，颇具吸引力，短短两三年聚集了近 20 家艺术和设计公司。

49 号厂区出租给创意公司的面积约 9 300 平方米，已吸引民间投资数千万。特别是 2004 年拱墅区第三届运河文化艺术节“时尚空间”子项目的举行和 LOFT49 内相关艺术沙龙的辐射效应，以及其独特的生活工作一体的环境、强烈的创新意识引起了社会的关注。①

企业进驻的主要原因是房租。作为厂房而非商业区，房租很便宜，约每月每平方米 12 元。相比市区办公楼狭窄的结构，这里每层几百平方米的面积、层高三四米的巨大挑高，给设计师无限的想象、设计空间。设计师进驻后，对厂房进行了较大的改造。杭州大金商业展示设计有限公司承租面积为 340 平方米左右，年租金 5 万元，但对空间的设计改造就花了 50 万元。一般空间改造投入都在几十万元。企业既有了展示空间，又有了相互间更便利频繁的交流合作。②

杭州拥有的艺术人才资源，是国内众多城市无法比拟的。除浙江大学外，中国美术学院、浙江理工大学也是巨大的人才库。这两所大学的美术设计专业都在国内领先，多年来，为全国输送了大量的设计人才。杭州的美术、设计人才比其他任何省都多。目前在北京、上海从事美术设计的人才，60%来自杭州。未来的杭州，能在设计上与北京、上

① 杭州市文化广电新闻出版局网：杭州 LOFT49 创意产业区：上传于 2006 年 10 月 28 日，下载于 2014 年 11 月 30 日。
② 顾春. 杭州：“LOFT49”的惊喜[N]. 人民日报（华东新闻），2005-02-02(3).

海形成三大板块。LOFT49创意产业园区里的公司员工半数有这两校背景。

杭州发展创意产业的另一基础是浙江的经济。浙江迅速发展的民营企业，位居全国前三的外贸出口量，形成了对设计业的市场需求。杭州名仕装饰设计制作有限公司的沈涌说，每天都有人找到这个并不好认的地方谈业务，有大公司，也有小企业；浙江省民营企业有500多万家，这个资源极为庞大。企业业务量并不局限在杭州，而是来自全国。业务基本来自外地，与本地的合作反而较少。

图5-94　LOFT49创意产业园主楼外景，外墙全被涂抹为粉红色

图5-95　LOFT49创意产业园中一家文化企业的室内布置

图5-96　产业园内一家销售文化工艺商品的设计商店

2. 案例评析

该产业园的面积和规模都不大，在管理上较为简单。很多城市文化产业园基本保留和遵循了原来老工厂的建筑空间布局，最典型的就是正门进入后的一栋原来老工厂的办公大楼——往往被改造为靠街的园区商务酒店。一条长长的向纵深延展的老厂道，厂道两边则是被改造后的原制造车间、设备间和仓库，分别入驻着文化企业。

该产业园的主体大楼被漆成了粉红色，这便于吸引过往行人车辆的注意，凸显产业园的存在。但这样的颜色在文化上却犯了一个忌。在国外的城市，很多妓院和色情场所为了吸引人们的注意力，同样把外墙涂抹成粉红色。对于希望走向国际化的城市文化产业园来说，这样的色彩尴尬应该避免。

该产业园和其他园区相比有个不同之处，也是成功的亮点，就是园内有一家销售文化工艺商品的设计商店，包括园区内企业的设计产品在内的文化商品在此直接销售。在该设计商店里还有一个咖啡茶座，便于设计者和游客们在挑选货品之余小憩片刻，这也是吸引人气的一个方法。

(三) 杭州理想·丝联166创意园区

1. 案例介绍

杭州理想·丝联166创意园区由位于运河以东、大关路以北的丽水路166号的杭丝联厂房改造而成。

杭州理想·丝联166创意园区的前身是"国营杭州丝绸印染联合厂"。1957年,由苏联建筑师设计,德国专家监理,建起了浙江第一家锯齿形厂房,层高5至7米,是杭州工业历史时期的标志之一,建成后是当时国内最大的丝绸联合企业。改革开放后,丝绸印染行业竞争激烈,杭丝联庞大的产业链,在客户需求和产品更新换代的快速变革中失去了优势。民营经济崛起,也逐步占据了昔日这家丝绸巨无霸企业的市场份额,使杭丝联在上世纪末逐渐衰落,面积缩小到原来的1/2。

有着60多年历史的老厂房是浙江为数不多保存完好的工业建筑,2007年被列为"杭州市区工业遗产"。32公顷的厂区,大约一半仍是丝织厂(原来的丝织车间),其余的地块一半变成了各式住宅,一半则变成了约6 600平方米空间的创意产业园。

创意者可根据需求将厂房自由分割为上下两层空间,进行个性化装修。园区内按照"保留、改造、新建"的原则规划,同时体现时尚和现代的特点。园区占地面积6 000余平方米,园区内设有4大功能区:创意工作区、创意展示区、中心广场、休闲娱乐区。创意展示区,主要用于创作、展示及交易,聚集了艺术家、室内设计、景观设计、平面设计、摄影等诸多的公司。中心广场(即标志性的公共空间)是一个充满意境及情调的地方,游人及创意人士可以在此观鱼赏竹。休闲娱乐区是一个以咖啡屋、品茶室为主的区域,旨在为创意人士提供一个休闲、娱乐、交流的空间。其中有一家由8位首批进驻创意园的艺术工作者合力打造的"蜜桃"咖啡屋,英文名字是Metoo。咖啡屋里放置着许多废弃的旧机器,墙上保留着拆走涡轮后留下的巨洞。创意者们每星期会到这里开会,不时请来歌手举行音乐会,累了也会来透透气。①

2013年,80个杭州最具品质体验点榜单揭晓。杭州理想·丝联166文化创意产业园从2 600多个候选点中脱颖而出,成为2013年度杭州"最具品质体验点"之一。

其体验特色为中外游客及杭州市民既可以在园区内观看丝绸的生产过程并自己动手体验,欣赏到传统的丝绸生产方法和现代丝绸魅力,又可以参观园内的文化创意企业,观赏企业内部的创意产品和创意设计。②

图5-97　丝联166创意园俯瞰,可见工业制造业时代的锯齿形旧厂房

图5-98　园区的入口之一

① 时代·中国文化创意产业网:杭州理想·丝联166创意产业园,http://yuanqu.ccitimes.com/index.php?m=yp&c=com_index&userid=2108,下载于2014年11月30日。

② 郑秋霞.丝联166文创园成功入选2013年度杭州"最具品质体验点"[EB/OL].http://www.yunhetiandi.com/news.asp?articleid=1097,上传于2013年4月18日,下载于2014年11月30日。

图 5 - 99　园区内一处标志性的公共空间，这里有个小水池，中间立着几根竹子，周边摆放几株盆栽和随机变换的器物小品

图 5 - 100　高大厂房内部既给创意公司的空间隔断提供了较大的空间，其朝北的顶窗也衍射了足够的光线和温暖

图 5 - 101　园区内一家有几百位设计人员的设计公司的办公区内码放着一排排工作台

图 5 - 102　蜜桃咖啡屋(Metoo)里的涡轮巨洞

来源:百度截图

图 5 - 103　作为展示品的旧纺织机

图 5 - 104　园区内的一部分仍被分割封闭为纺织品生产车间，游客可以通过玻璃窗看到纺织机运转的情景

2. 案例评析

和北京的798文化产业园一样，这又是一个典型的根据苏联、德国设计师的理念建成的大型旧厂房改造而成的城市文化产业园。高大结实的钢筋混凝土建筑物为其内部改造提供了坚实的基础，锯齿形屋顶上的背阳天窗使室内常年透气散光，这在一定程度上节约了园区和商户的电费支出。

园区内还有一部分纺织车间仍被保留下来进行纺织品生产，游客可以透过玻璃橱窗看到纺织工人们在车间里劳作(图5-104)。一些城市文化产业园并没有在改造过程中采取过于绝对和激进的做法，而是对原有的生产方式和生产技术做了有限但有效的保留。这一方面可以继续维持原有的利润增长点，不完全脱离传统的制造业，保留技术装备和储备，灵活地面对国内外相关产业和市场的发展；另一方面，使部分职工仍可以操持旧业，保障了他们的就业岗位和社会福利。

杭州理想·丝联166创意园在园区社会组织上还有一个与其他产业园所不同的特点，就是在园区建立了党组织，分别建立了中共丝联166创意园区总支部委员会和丝联166创意园区党员服务中心。不管这两个党的基层组织是否真正存在和是否起到了引领团结的作用，对于作为独立法人和独立经营者的园区内的文化企业和从业人员来说，毕竟是在体制外获得了党组织的认可并确认了自己所在的党组织机构和组织关系。

(四) 杭州数字娱乐产业园

1. 案例介绍

杭州数字娱乐产业园位于西湖区文华路75号。由中共西湖区委、区政府于2004年11月创建，一期建筑包括两幢楼宇，总面积为2.4万平方米，主要为数字娱乐产业链上的企业(数字技术与文化内容结合的企业)提供发展空间、技术支持、政策扶持和公共服务，吸引省内外数字娱乐类企业进驻园区发展。园区以数字娱乐产业发展为依托，从产业规划、园区建设和人才培养等方面着手，通过与中国美术学院合作，具备了发展条件和产业基础，在企业培育和产业平台搭建方面取得了成绩。2005年6月1日开园。一期建筑面积共3.2万平方米。

2005年11月，杭州数字娱乐产业园获文化部批复筹建(浙江)国家数字娱乐产业示范基地。在文化部和省市各级文化部门的指导下，根据规划目标、功能定位和发展思路，围绕数字娱乐产业的教育培训、研发、产业孵化、数字娱乐会展与国际合作等内容，在政策、人才、资金扶持、宣传及基地中心建设等方面开展了筹建工作，形成了以杭州数字娱乐产业园为核心，“以点带面”的(浙江)国家数字娱乐产业示范基地空间布局，在经济效益、产业链构建、社会影响力等方面取得了显著成绩。

2006年8月成为文化部首个“国家数字娱乐产业示范基地”，是长三角最大的数字娱乐产业集聚地。

该产业园内产业齐全，有专业从事网络游戏开发的公司，也有能提供手机业务增值的配套服务，如手机游戏、手机桌面等制作单位，还有从事COSPLAY(动漫真人秀)服装制作的企业。

西湖区作为杭州唯一的集风景、大专院校、高新开发区于一体的城区，具有发展数字娱乐产业的区位优势和产业基础。目前该区已拥有3 000多家IT科技企业，文三路电子信息街区已成为中国IT社区联盟的重要成员组织。全区的IT数字产品交易量占全省

70%以上,对全省乃至长三角地区都具有很强的辐射作用。园区围绕数字娱乐核心企业的发展,初步形成了设计原创→游戏制作→周边开发→销售发行产业链,囊括了娱乐网站、电子商务网站、VOD点播、增值服务等配套产业,产业内部和产业间已初步形成良好的互动发展机制。

杭州有全国闻名的信息产业,有深厚的历史文化底蕴,有将科技与文化结合的强大基础和发展动漫产业的巨大优势。基地主要从事数字娱乐开发、运营和服务,影视动画制作及衍生产品开发,娱乐网站经营及增值服务等,形成了较完备的数字娱乐(动漫游戏)产业链。2007年以来,基地和浙江大学等国内著名院校合作,先后建立了国家数字娱乐产业示范基地公共服务平台、区域数字娱乐技术共享服务平台和浙江省第一个数字娱乐(动漫游戏)产业商会,成为杭州打造全国文化创意产业中心和动漫之都的重要核心和主要支撑。①

园区已吸引100余家数字娱乐类企业进驻园区,入驻率100%,占杭州市数字娱乐类企业总数的一半以上,成为浙江省最大的数字娱乐产业集聚地之一。2006年创税1 324.68万元,2007年创税1 867.70万元,2008年创税2 348.97万元。目前园区内企业总注册资金达3.1亿元,吸引相关专业技术人员近2 000人。②

图5-105　杭州数字娱乐产业园入口

图5-106　杭州数字娱乐产业园主楼外景

2. 案例评析

杭州数字娱乐产业园不是在旧厂房基础上改造而来,而是以新建的大型主体建筑构建而成,属于楼宇型的文化产业园。与旧厂房改造的城市文化产业园相比,其空间分布结构更为紧凑,利用率较高,企业商户间在密集空间上的交集也较为简单和直接。因此,在城市经济空间的使用上更为高效。

但该产业园中的企业业态更倾向于科技与娱乐的结合,强调科技型企业的培育,而不是单纯的文化创意。

(五) 浙江省文化创意产业实验区

1. 案例介绍

浙江省文化创意产业实验区由杭州世界休闲博览园有限公司开发运营,注册资本1亿元,计划总投资额10亿元,于2007年3月28日经杭州市人民政府2007(45)号文件

① 杭州政府门户网:西湖数字娱乐产业园,上传于2012年8月31日,下载于2014年12月2日。

② 浙江在线新闻网:杭州数字娱乐产业园,http://zjnews.zjol.com.cn/05zjnews/system08/23/015768242.shtml,上传于2009年8月23日,下载于2014年12月2日。

正式批复同意建立，是浙江省唯一的省级文化创意产业实验区，是杭州市十大文化创意产业园区之一。坐落于具有8 000年跨湖桥文化底蕴的湘湖畔，距西湖和杭州萧山国际机场仅15分钟车程，地铁1号线起(终)点站设在实验区入口处。园区以威尼斯水城景观为主要载体，园区规划建筑面积15.1万平方米，已建成用于发展文化创意产业的建筑面积8.1万平方米，以总投资70亿元的杭州世界休闲博览园为依托，拥有大量创业者公寓、第一世界酒店群、杭州乐园、杭州奥特莱斯品牌直销广场、第一世界大剧院、地中海别墅等高档居住区共上百万平方米建筑的完善配套。实验区重点引进信息服务业、动漫游戏业、设计服务业、现代传媒业、艺术品业、教育培训业、文化休闲业、文化会展业等文化创意行业，有广告设计、建筑设计、艺术和工艺品、时尚设计、影视传媒、表演艺术和出版等多种创意产业形态，入驻企业均可享受萧山区政府的政策扶持。①

图5-107 浙江省文化创意产业实验区入口处

图5-108 浙江省文化创意产业实验区仿威尼斯风格的建筑

图5-109 园区的相当部分建筑实属房地产地块

2. 案例分析

经笔者实地调研，该城市文化产业园实际是对一个濒临衰败的房地产项目的拯救行动。和有些城市文化产业园一样，原来的杭州世界休闲博览园实为以模仿威尼斯建筑、水道和城市小品为噱头，以高中级住宅为核心的商用和住宅房地产开发项目。但建成后有着显而易见的区位劣势——远离杭州市中心，虽有地铁通达，但处于终点站位置，远离高质量的公共服务和基础设施，周边也缺乏基本的生活服务配套设施，缺乏就业岗位提供，社会经济功能不健全，附近也没有可依托的城镇社区，因此，一直入住率不高，人气低迷，几成空城。这是错误判断造成的房地产业的资本积累过度。为此，政府和地产商联手将该地产产业中一二层闲置的楼盘出租给文化企业以“救市”，以积聚“人气”，但效果并不理想，许多商铺和大量的住宅依然空置着，整个社区只有一个小超市。时值中午，餐

① 浙江省文化创意产业实验区网：浙江省文化创意产业实验区，http://www.xsci.gov.cn/cyyqshow.asp? id=7,2010/1/22，上传于2010年1月22日，下载于2014年11月30日。

厅的生意惨淡。正值暑期,园区游人稀少,门可罗雀。

因此,在政府和媒体对该城市文化产业园不实宣传的背后,其现状是该产业园非但没有太多创意元素,甚至谈不上有文化元素。园区中除一个稍具规模的园林景观规划公司和一个服装设计销售企业外,其他的所谓文化创意企业是十多家从事摄影的影楼,其中许多是借助当地仿制的意大利威尼斯街景从事婚纱摄影的婚庆摄影公司。

更显而易见的是,这片大面积、高密度、结构复杂、造型特殊的建筑群,必然给当地社区管理者的维护、管理、清洁等工作造成不小的成本负担。总之,这是一个极为不成功的城市文化产业园区。

笔者拟根据2007年3月28日出台的关于浙江省文化创意产业实验区的规划报告原文,就其规划上的错判进行评价。(见附一)

附一

"浙江省文化创意产业实验区"总体规划

编制单位:杭州宋城集团控股有限公司

编制时间:2008年3月28日

名称:浙江省文化创意产业实验区(简称"创意园")

区位:创意园位于杭州萧山风情大道以东与湘湖路以北第一世界休博园3平方千米区域,紧邻规划水体面积达7.3平方千米的萧山母亲湖"湘湖",距离西湖仅12千米、15分钟车程,规划建设中的杭州城市轨道交通地铁一号线终点站设在第一世界。

点评:虽然有地铁线路联通,并是终点站,但据笔者在园区建成五年后的2013年夏天旅游旺季观察所见,园区内游人稀少。一个没有观赏价值、没有旅游价值、没有文化价值,且口碑不好的园区,在周边缺乏相应的配套性项目和设施的情况下,是难以持续稳定地吸引城内游客的——即使有地铁站点。因此,对一个地区的发展,地铁线路是必要条件,但不是绝对条件。

定位:2006年4月22日第一世界休博园建成开园,创意园项目全面启动;争取政府有关部门支持批复,将之建成省级首个文化创意园;通过3至5年的努力成为长三角地区乃至全国最有活力和影响力的主题鲜明、个性突出、配套齐全、政策优惠的文化创意园。

点评:时至五年后的2013年,园区住户稀少,商户零星,该项目并没有实现最初的目标。这和许多城市文化产业园一样,巨大的幻觉性抱负后是沉重的现实包袱和难以实现的美好愿望。

领导单位:浙江省委宣传部、杭州市人民政府

主办单位:浙江省文化产业促进会、萧山区人民政府、宋城集团

支持单位:浙江省科技厅、浙江省文化厅、浙江日报报业集团、浙江广播电视集团、浙江出版联合集团、杭州日报报业集团、浙江大学、中国美术学院、浙江工业大学、浙江理工大学、浙江传媒学院以及相关专业协会等。

点评:由此可见,和其他城市的大多数大型城市文化产业园的建设一样,该城市文化产业园也有着极强的政府政策干预,涉及的都是政府和文教部门,但最终入驻园区的将是文化企业,而文化企业作为理性独立的经济人,其思维逻辑与政府和文教部门是不一

样的,它们首先考虑的是经济收益,在此基础上,要考虑企业入驻的成本、经济效益等具体实际的市场经济要素。因此,政府和文教单位的一厢情愿代替不了企业的经济理性。这是刻板的计划经济模式在新环境下的习惯性重演,是计划经济与市场经济、自由竞争和成本效益核算之间的根本性差别和矛盾。

1) 建设浙江省文化创意产业实验区的背景

(1) 创意产业成为世界经济发展新的增长点

创意产业、创意经济(Creative Industry, Creative Economy)或称为"创造性产业",是一种在全球化消费社会的背景中发展起来的,推崇创新、个人创造力,强调文化艺术对经济的支持与推动的新兴的理念、思潮和经济实践。创意产业是知识经济体系中的重要环节,是文化艺术创意和商品生产的结合,其中包括表演艺术、电影电视、出版、艺术品和古董市场、音乐、建筑、广告、数码娱乐、电脑软件开发、时装及工业产品设计等行业。同时,文化创意产业在全球范围的出现与现代科技的高速发展又是密不可分的。

首先,现代科技的高速发展提升了人们的生活水平和生活质量,精神性的消费需求得以大量的释放,这些消费包括出版、艺术、快乐体验等。其次,文化的产业化发展必须建立在信息科技发展的基础上,如大众传媒技术的广泛出现和发展。信息技术一方面提供了文化得以产业化的手段;另一方面,大众传媒的发达也激起了文化的大众化消费热潮,进一步又刺激了文化的产业化进程。再次,高度个性化的创意产业领域,一方面需要多样性的文化资源和文化想象力,另一方面也高度依赖现代电子信息技术手段,只有在虚拟的空间里,才能真正比较自由地实现"没有做不到,只有想不到"的个性创意境界。虚拟技术的普及,正好与个性化的消费时代合拍,真正实现了个人生产、个人沟通、个人消费的三位一体。创意是让科技走向市场的催化剂,科技和创意结合的部分是创意产业最好的生长点,比如现在以内容为主的游戏、网站、搜索等。把科技当成手段,以内容撬动消费者的心灵,把科技和文化结合,是创意产业核心的东西。科技与文化结合不是创意产业的全部,但却是创意经济发展最活跃的领域,未来经济发展的根本动力,来自于创意,来自于创新。未来的经济增长,转而将依靠具有强劲创造力的人力资本,依靠经济主体的自主创新能力。这种以知识、文化与人力资源开发为主干的创造性发展战略,是一种内源性、可再生而且可以不断提升的新型发展战略,这种新型的发展战略将主宰经济发展的未来。

点评:这部分只是泛泛的空话,为项目的立项讲大道理。

从伦敦到纽约,从香港、台湾到上海,都把发展文化创意产业作为保持国际竞争力的重要支撑。现实情况是,全世界每天创造出220亿美元的创意经济产值,并以5%的速度递增,发达国家的众多创意产品、营销、服务,形成了一股巨大的创意经济浪潮,席卷全球。谁掌握了创意经济的制高点,谁就能在激烈的竞争中拥有更多的主动权。

点评:以上三段赘述的文字只是为建设该园区提供所谓的理论、经验和实践依据,是一种说服性的宣传手段。实质上与该园区的规划建设没有直接关系。

(2) 天时地利人和为文化创意产业提供良好环境

2005年国务院出台《鼓励民间资本创办文化事业的意见》,中国文化体制改革方案也正在进一步推进过程中。这些都为文化创意产业的发展提供了有利的天时条件。浙江从1999年就提出文化大省建设,2005年省委、省政府又出台了《加快文化大省建设的决定》,同时也出台了一系列鼓励文化创意产业发展的政策。2006 年 6 月浙江省又率先在全国成立了首个文化产业促进会,以“改善、加强、团结、促进”为目的进一步加快全省文化产业发展。杭州市作为浙江省会城市,把高新技术产业和休闲旅游产业作为城市产业发展规划的两大支柱产业。一种重视创新、支持创新、参与创新的良好氛围正逐步形成。

创意时代的到来,呼唤着创意资本的汇聚。创意产业园区的实践,呼唤着新的社会组织结构。它应该是一种连接过去(丰厚的文化遗产)、未来(创意的文化产业)、现在(社会共享的多元文化),以个人创意和产业化的组织形态作为核心的一种族群结构,是一种以文化为内核、以市场为导向的组织形式,是一种远比一般城市和村镇生活更能聚居创意资源的优良社会结构。2006 年世界休闲博览会在杭州举办,第一世界休博园是休博会的主场馆。休博会的举办方针是政府主办、企业主体、市场运作、社会参与、实现共赢。这一模式在政府与企业之间经过一定时间的磨合已经非常默契。这一模式同样可以运用到创意产业实验区的建设过程中。

点评:举办世界休博会本身就是成本高、效益低的昙花一现性的项目。

浙江省文化创意产业实验区是在“天时、地利、人和”三者具备的条件下,顺势而起的一个创意产业区。

点评:但现实证明,这只是当地政府的一厢情愿,在耗巨资举办了 2006 年世界休闲博览会后,如何处置闲置的第一世界休博园成了政府焦虑的问题,而对其进行空间的再生产,即利用有闲空间建设文化产业园,虽然是一种可行的尝试,但因其不佳的区位,是不会有企业大规模入驻的,“政府与企业之间的磨合”并不默契,“天时、地利、人和”并不具备。因此,规划中的这些文字,仅仅是美好愿望。

(3) 休博会举办为创意产业提供历史性机遇

2006 年 4 月 22 日至 10 月 22 日,以“休闲——改变人类生活”为主题的“杭州世界休闲博览会”在中国杭州举办。主办单位是世界休闲组织、国家旅游局、国家体育总局、浙江省人民政府、中华全国工商业联合会、中国商业联合会。支持单位是商务部、科技部、香港贸发局、世界旅游组织、世界旅游和旅行协会、亚洲太平洋旅游协会。承办单位是杭州市人民政府、萧山区人民政府、宋城集团。杭州通过举办 2006 年世界休闲博览会,正努力把杭州建设成为东方休闲之都。休博会提供了一个创意产品交流展示的大平台,提供了创意产业发展的有利载体。休博会的举办为创意产业发展提供了历史性机遇。

点评:政府行政干预经济规律,用纳税人的钱做不一定有可持续性和社会公益的政绩工程。

2) 建设浙江省文化创意产业实验区的目的

(1) 建设创意园是实现经济转型的迫切需要

中国社会正处在经济转型、社会转型、城市转型和管理转型的重要历史时期。人类经济社会发展面临一次新的浪潮。在经历了农业革命、工业革命、信息革命三次浪潮之后,创意经济成为世界经济社会发展面临的新浪潮。在当代信息社会,一个国家的经济和社会的命运将紧密地联系甚至取决于文化资源和文化、科技产品形式的创意能力。作为世界制造业大国的中国正从制造型向创意型发展和转型。可以预期,未来创意产业对中国经济的全面协调发展和产业结构的进一步调整将起到越来越重要的作用。胡锦涛总书记提出“把建设创新型国家作为面向未来的重大战略”。创新是一个民族生存与发展的灵魂，自主创新能力是国家的核心竞争力，也是企业生存和发展的关键。布莱尔1997年当选英国首相后所做的第一件事，就是成立“创意产业特别工作组”，分析英国创意产业的现状，并提出发展战略。以“创意香港”为例，前特首董建华曾经多次表示，要保持香港的竞争力，必须走高增值路线，要提高增值力，就要重视“创意”。上海、深圳、成都、北京等地积极推动创意产业发展，正在建立一批具有开创意义的创意产业基地，创意产业成为各地经济发展的新引擎。浙江省也正处于从投资驱动向创新驱动转变的重要时期，自主创新将促进产业优化升级，但目前却尚未有一个体系完整、功能齐全的创意产业园区。杭印 LOFT49 才刚刚起步，离大众日益增长的需求和经济发展的速度相比还有相当的差距，滨江动漫产业基地虽然起步晚，但目前发展态势良好，这正说明杭州发展创意产业有着巨大的空间和潜力。在杭州构建一个立足浙江，辐射长三角的文化创意产业实验区，建设各项硬件和配套设施，制定培育和发展创意产业的政策，引进各类创意型人才，填补浙江和杭州创意产业领域的空白，已是当务之急，是实现经济转型的迫切需要。

点评：创新和创意不是依靠建设一个文化创意产业园就可以达到的目标，其发展更多的是依靠创新人才的培养、创新知识产权的保护、创新创意的原动力和与之相关的配套制造业和销售市场等产业链的建立。而这四点，笔者认为，则是中国文化产业发展中亟待解决的当务之急，否则，任何一个城市文化产业园的建立和经营，都有可能最终沦落为新的房地产开发和物业管理项目。而许多的实例就是这样。

(2) 建设创意园是建设精神文明与和谐社会的必然要求

发展创意产业，建设创意社会，建设浙江省文化创意产业实验区，将是贯彻执行全面、统筹、协调、和谐的科学发展观的生动体现，是建设和谐社会和实现生活方式变革从而实现艺术化生存与数字化生存并行不悖、相互补充、互动发展的重要举措，是基于对本土文化的自信和理论创新的勇气，积极发掘和利用本土文化资源，弘扬民族优秀文化，传播中华文明的重要方式。因此，给“创意产业”准确定位，充分认识创意产业在浙江和杭州经济发展中的潜在优势和发展空间，充分认识创意作为资本的时候，是凝结为货币的一切非物质化的资本，其实质就是人的灵魂、精神、能力与诚信关系的集合，从而做好创意产业结构布局，使人力资本的高级形态——创意资本登上历史舞台，是建设和谐社会的必然要求。

点评：文化理想和市场现实之间的鸿沟是难以逾越的。城市文化产业园的很多规划似乎不是经济师、城市规划师或城市社会学者在调研、分析和基于社会公众的参与基础上制定的，而更多的是推进城市文化产业的部门工作人员在运作。这样的官样宣传性文件不能等同于客观、科学、严谨、务实、规范的科研报告或严格意义上的城市规划方案。其实施的后果是在追逐政绩的盲目冲动下，文字上轰轰烈烈，现实中空洞无物。

(3) 建设创意园是都市型产业发展的灵魂所在。在一些国家，增长的速度更快，美国达14%，英国为12%。创意产业创造的1美元财富，背后将是数千美元甚至数万美元的财富延伸。

各发达国家的创意产业以各自擅长的取向、领域和方式迅速发展，尤其是在都市领域，创意项目和创意产业纷纷登上历史舞台。

一个城市的综合竞争力，不仅体现为它的经济发展优势、环境优势、体制优势，还体现在它的文化优势。

一个缺乏文化竞争力的城市，就谈不上是一个具有综合竞争力的城市，而文化力的核心就是人的创造力，尤其是文化创意活力。未来商业的消费模式是这样的，当人均GDP在1 000美元以下的时候，人们是买产品，不会买服务，当人均GDP到3 000美元的时候，60%至70%是买服务，其次是买格调、买品位、买感觉。在解决了基本的生活需求之后，我们会发现，在我们的消费支出中，无形的体验消费的比例在逐步加大，比如享受一种服务，体验一种快乐等。我们也会看到，生产一种无形产品的企业正在成为经济发展中最活跃的部分，比如网游、动漫、出版、设计、软件、影视等，即便是像汽车、手机这样具体的产品，决定消费者购买的主要因素也已经变成了非功能型的设计和品牌文化，全球的领先制造商都已经把产品的设计放在了头等重要的位置，因为在技术趋同的情况下，设计正在成为决定该产品是否具有高附加值的核心。这一改变的背后是人们对于无形的体验消费的需求增长和由此催生的创意产业的崛起。

点评：首先，与最发达的欧美国家相比，本身就不切合我国的国情，尤其是消费国情；其次，国际品牌对中国消费品市场已经有很高的占有率，的确是以设计占优并占据着市场份额，但我国目前缺的就是这样的实力，且不是很快就能逆转过来的；再次，对文化产品的消费需要一个建构的过程——对消费群体的建构和对消费市场的建构，而在我国，目前的文化消费还不成熟，因为大部分的社会群体包括文化知识群体仍停留在物质消费的低水平上。购房、教育、医疗、养老等方面开支对消费具有巨大的“吸附泵”作用。

浙江省文化创意产业实验区正是顺应了这种需求的增长而创建的。

长江三角洲包括上海、苏州、宁波等16个城市，位于中国沿海开放带和长江经济带的T型结合部，构成“外通大洋，内联腹地”的战略枢纽点和中国第一，世界第六的大城市群。目前，长三角地区的人均GDP已超过4 000美元(其中杭州市人均GDP已超过5 000美元)。

长三角经济一体化热潮正在兴起，长三角经济圈正从竞争中走向融合，作为世界第六大都市圈的长三角都市圈正在崛起。它应该是强劲的“经济增长极”，也应该是活力澎湃的“文化核心圈”，是文化产品的消费中心、文化资源的配置中心、文化内容的创造中心和文化产业的发展中心，为经济和社会的可持续协调发展提供源源不断的动力，这个文化圈还必须是动态循环的。

文化创意产业正在长三角地区崛起，上海先行一步，已成立了创意产业发展领导小组，建立创意产业发展基金，建成18个创意工业园，计划用10年时间，建成亚洲最有影响力的创意产业中心之一，用20年时间，成为全球最有影响力的创意产业中心之一。目前创意产业产值占上海全市GDP的7.5%。南京创意产业也较为领先，亚洲创新文化产业集团与南京市浦口区政府举行中国南京亚洲创新创意产业园项目签字仪式，计划用5年时间，在浦口区珍珠泉旅游度假区打造一个“复合式”创意产业园。亚洲创新创意产业园由台湾亚洲创新文化集团独资建设，投资总额为12亿美元，占地面积1 300亩。项目建成后将重点在数字动漫、影音娱乐、市场运作、媒体整合及人才培育等五个方面做文章，同时还将引进包括动漫策划制作等相关业态的150家企业分批入驻。

因此，杭州作为长三角经济发展的南翼，应该抢抓机遇，构建与完善创意产业的产业链条，建设以当代艺术、创新设计为基础的文化创意产业园区，加强对创意项目的辅导、推动,改革和完善创意产业的投融资体制。尤其要注重创意人才的培养,尽快革新教育培训机制,以适应创意产业发展的需要,推动创意产业的健康有效发展。

引导人们不但消费物质产品,更多的是消费广告,消费品牌,消费欲望。建设与长三角地区发展相适应的文化创意产业实验区是杭州都市型产业发展的灵魂所在。

(4) 建设创意园将提升第一世界的文化内涵

第一世界作为休博会的主场馆,在休博会期间有数百项丰富的活动。其中,有中国丝绸博物馆、浙江科技馆、中国茶叶博物馆、浙江自然博物馆的展品展示和泰国泼水节、德国巴伐利亚啤酒节等互动项目,让游客领略博大精深的当代文化和科技实力;有大型实景演出,让游客置身光怪陆离、色彩缤纷的梦幻场景中,感受声光影电的震撼力和风情、科幻、杂技、服饰熔于一炉的动感体验;有中外100个城市独具魅力的文化、风情、工艺、表演展示馆,让游客品味丰富的文化大餐;还有第一世界游乐园、环球嘉年华等推出的各种精彩的游乐项目,让游客获得惊险、刺激、狂欢的体验和乐趣。

点评:和许多大型的所谓国际性文体活动一样,政府投巨资进行活动的策划、投资和管控,获得昙花一现的轰动性效果,但过后遗留下来的大面积的活动设施则因利用率低而闲置甚至废弃,造成巨大的浪费。

创意园的建设将进一步提升第一世界的文化品位,它是具有全方位辐集和辐射功能的文化创意产品孵化、生产、包装、营销的生态体系和创意产业园区,是为大众提供文化品牌和服务消费的集聚地。

(5) 建设创意园能创造利润之上的价值

从效益分析看,这个项目不能在当下产生直接的经济效益,但它能创造利润之上的价值,在前期,它需要投入、孕育,通过一定时间的孵化、培育、集聚和运作,将会形成一个文化力场——文化的内容可以生产、消费、积累、传播、继承、交易和转换,文化可以特定的符号资本形式在利益实现中被使用,文化资本将转换为经济资本和其他资本,文化力将转换为生产力。

此外,创意经济与休闲经济是相辅相成的,它们都是低消耗、高产出的循环经济,两者碰撞、"杂交"会产生能量的聚合与裂变,与杭州经济发展定位和城市定位相吻合。

3) 建设浙江省文化创意产业实验区的优势分析

(1) 浙江的优势

一是体制机制的优势:浙江主动率先建立了能够发挥各类人才创造性、积极性的体制机制,市场化改革的先发优势不断强化,创意人才的用武之地不断扩大,使浙江的社会经济迸发出较强的活力。

二是经济实力的优势:浙江经济持续快速发展,目前人均 GDP 已超过 3 000 美元。浙江雄厚的经济实力,为创意资本的投资和创意人才资源的集聚提供了良好的经济基础。

三是教育资源的优势:浙江教育基础不断夯实,中国美术学院、浙江大学、浙江工业大学、浙江理工大学、浙江传媒学院等一大批有影响、有实力的大学,每年输送给社会大量的艺术创作及创意设计人才,实现了高等教育大众化,教育投入加速了浙江创意人力资本的积累。

四是企业家资源的优势:企业家资源作为市场的创新主体,对一个区域的经济发展具有特殊的重要意义。浙江有丰富的企业家资源,有宋城集团、横店集团等有经验、有实力、积极投资文化创意产业的企业,是浙江开发、提升和利用创意人才资源,发展创意产业的领头者。

五是创意人才创业载体的优势:非公经济作为浙江经济发展的重要增长点,非公经济组织已成为市场经济条件下人才开发和创业的重要舞台。

国家文化产业示范基地、国家影视产业实验区、国家动漫产业基地等以民营经济为主体的文化创意人才载体发展势头强劲,为各类创意人才提供了广阔的创业平台和创新空间。

点评:的确,浙江经济中民营企业的地位和作用较为突出,但正是这种强势,企业家们不一定完全依照政府的主观意愿去行事,因为经济规律不同于政治规律,两者滑行在两个截然不同的社会行为轨迹上。

(2) 杭州的优势

杭州自然人文资源得天独厚,发展创意产业优势明显,一是有良渚文化、吴越文化、南宋文化等历史文化的优势;二是有“三江两湖一山”自然生态资源优势;三是与上海咫尺相隔的长江三角洲的区位和市场优势。

当然,一个城市建立文化创意产业实验区,就必须实现有关创意的“学术、技术、产业、人才”优势的全面整合。杭州深厚的文化底蕴、发达的民营企业、完善的产业链,还有著名的高等院校,资源整合和优势互补,就足以成为创建浙江省文化创意产业实验区的“杭州优势”。

目前,杭州已经有国家级文化产业示范基地,有国家动漫产业基地,拥有宋城集团这样的文化旅游企业,拥有中南卡通、影视时空、天畅科技等动漫游戏创作企业,还拥有了杭州光影科技等为创意设计和制作实施配套服务,也同时为城市规划、房地产开发、古迹复原等提供虚拟可视化技术的机构,运河边还出现了 LOFT49 艺术工作室,如今一个以中国美院、浙江大学、浙江传媒学院、浙江工业大学、浙江理工大学为依托的人才培养中心,以杭州艺术家个体和群体及艺术、设计专业机构为主体的艺术创作、设计创意制作生产、运营产业链已经开始形成,构筑了创意产业的“杭州优势”。

(3) 萧山的优势

萧山同杭州隔江相望,近在咫尺,较好的区位优势,使萧山经济快速发展,综合经济实力雄居浙江省县市区首位。作为杭州“跨江发展”重要战略布局的钱江世纪城基础设施建设已全面开工,将描绘出杭州由“西湖时代”走向“钱塘江时代”的蓝图。

萧山区将在这新一轮城市发展中发挥以民营经济为主体的体制机制优势、市场经济发达的竞争优势、东部工业城空间资源优势,以及先进制造业基础条件成熟优势,在产业更新换代、提升转型中,为创意产业链的延伸提供很大的空间。此外,改革开放以来,萧山从一个传统的农业县,发展成为一个发达的工业城市,经济实力大幅提升,但在长达 20 多年的高速经济增长过程中,主要依靠的是土地、普通劳动力、大规模投资等初级要素投入。和其他领先发展地区一样,现在的萧山也出现了资源瓶颈日益突出、环境与人口承载压力越来越大的问题,粗放的经济增长方式已难以为继。未来经济发展的根本动力,来自于创意,来自于创新。

未来的经济增长，就要转而依靠具有强劲创造力的人力资本，依靠经济主体的自主创新能力。这种以知识、文化与人力资源开发为主干的创造性发展战略，是一种内源性、可再生而且可以不断提升的新型发展战略，这种新型的发展战略将主宰萧山城市发展的未来。

点评：从浙江的优势讲到杭州的优势，再讲到萧山的优势，但哪些所谓的“优势”可以真正落实到该项目，是不明确的，甚至是毫无关系的牵强附会。

(4) 宋城集团的优势

宋城集团是中国最大的民营旅游投资集团，是中国先进休闲理念的倡导者和大型休闲文化社区开发的实践者。

近年来，宋城集团积极响应国家关于深化文化体制改革的要求，充分利用民营企业体制和机制上的优势，利用雄厚的资金实力和广阔的市场基础，大力发展文化产业。

2006年4月22日，总投资达35亿元的第一世界休博园正式开园，标志着宋城集团文化创意产业发展迈上了新的台阶。

宋城十年发展中积累了一定的文化创意项目运作的经验。第一世界本身就是全球化意境、产业化运作、创意性理念、自主性创新的产物，而创意园则是艺术家、设计师、策划人才发挥创造力和想象力的平台，是文化创意产品面向市场、走向大众的窗口。

此外非常重要的一点就是在全国整个经济发展大势与资源尤其是土地资源匮乏或者利用效率低下的矛盾日趋突出时，第一世界全部建设用地早在多年前就已经合法征用并开工建设，2006年4月22日休博会的开幕也正是第一世界休博园主体建设项目全面竣工之时。在休博会期间，第一世界承载着博览会举行所需具备的特定功能，而在博览会之后，我们应该更充分地发挥提升这个已经全面建成的、景观丰富、功能齐备的第一世界休博园的内涵，所以将浙江省文化创意产业实验区放在第一世界，可以说万事俱备。

点评：这一部分的文字是该项目规划和执行者宋城集团的广告词。该集团试图把这一没有后续经济效益的项目翻盘。

4) 建设浙江省文化创意产业实验区的总体思路

创建浙江省文化创意产业实验区需要整合各方资源。

首先要取得政府支持，成立由政府主要领导组成的创意产业园区管委会，争取一个良好的投资环境，把创意产业纳入“十一五”社会发展总体规划，并在政策、资金、税收、基础配套等方面对创意产业予以扶持，让各方客户主动、愿意落户创意产业实验区。一是争取省委、省政府支持，把创意园定名为“浙江省文化创意产业实验区”；二是争取省委宣传部、省文化厅、省科技厅等部门的支持，建立文化创意产业专项扶持资金，用于奖励和补助在文化创意产业方面有突出贡献的单位和个人；三是争取萧山区政府的支持，在培育和启动期，先行出台一系列的专项扶持政策，对进驻创意产业实验区的单位实施税收减免、房租补贴等优惠政策。其次，与浙江日报报业集团、浙江广播电视集团、浙江出版联合集团、杭州日报报业集团、浙江大学、中国美术学院、浙江工业大学、浙江理工大学、浙江传媒学院等在艺术创作、影视传媒、新闻出版、工业设计和建筑设计等方面联手合作，并策划系列活动和高峰论坛，形成产、学、研一条龙。还要与浙江省文化厅、浙江省科技厅等联手，进行创意人力资源和信息资源整合，吸引高端技术和艺术人士入驻创意产业实验区开展活动;与专业协会(如广告协会、服装协会)等联手发挥综合效应,实现共赢。

点评:这是宋城集团向政府有关部门要政策、要资助、要优惠、要权利。按照市场经济自由竞争的原则,任何企业都应该遵循自由竞争的规律经营行事,这样才能不断提高竞争力,优胜劣汰,而不是一味地寻求政府的政策保护和财政支持,甚至对这些政策和资助采取利用的态度。况且,政府财政投入的来源是社会、企业和百姓的税收,政府有权力用纳税人的钱去无限制地资助本应顺应市场竞争机制的私营企业吗?这征得纳税人的同意了吗?投入后的得益纳税人最终获益了吗?这都是社会公平正义的问题。毕竟,这些财政支持不是投入到了社会公共事业和公共服务中,而是投给了宋城集团这样的企业。

创意产业必须与市场相接轨,寻找持续发展的模式。

以行业协会和专业院校为依托,积极争取各方力量以各种形式参与创意园建设,如建立创意产品孵化服务平台,建立知识产权工作站,建立以商标注册、使用为主要内容的企业诚信资料册,建立设计培训中心,建立数码先进制造技术工作站等,着重推进专利、商标和音像制品版权保护等工作。浙江省文化创意产业实验区建设前期应成立筹备工作机构,由领导小组、艺术中心工作小组、设计中心工作小组、配套中介服务工作小组和策展活动部构成,引导园区走上正轨。

总之,创意园的发展总体思路是资源整合,协力共建。

5) 浙江省文化创意产业实验区主要业态

创意产业分研发设计业、建筑及平面设计业、艺术传媒业、咨询策划业、时尚消费业。

对部分概念予以说明如下:建筑设计是指为满足一定的建造目的(包括人们对它的使用功能的要求、对它的视觉感受的要求)而进行的设计,它使具体的物质材料在技术、经济等方面可行的条件下形成能够成为审美对象的产物。

在广义上,它包括了形成建筑物的各相关设计。按设计深度分,有建筑方案设计、建筑初步设计、建筑施工图设计;按设计内容分,有建筑结构设计、建筑物理设计(建筑声学设计、建筑光学设计、建筑热学设计)、建筑设备设计(建筑给排水设计、建筑供暖、通风、空调设计、建筑电气设计)等。

在狭义上是专指建筑的方案设计、初步设计和施工图设计。

广告设计、视觉传达设计是通过视觉媒介表现并传达给观众的设计,体现着设计的时代特征和丰富的内涵,其领域随着科技的进步、新能源的出现和产品材料的开发应用而不断扩大,并与其他领域相互交叉,逐渐形成一个与其他视觉媒介关联并相互协作的设计新领域。其内容包括印刷设计、书籍设计、展示设计、影像设计、视觉环境设计(即公共生活空间的标志及公共环境的色彩设计)等。广告设计、视觉传达设计多是以印刷物为媒介的平面设计,又称装潢设计。

从发展的角度来看,视觉传达设计是科学、严谨的概念名称,蕴含着未来设计的趋向。就现阶段的设计状况分析,其视觉传达设计的主要内容依然是 Graphic Design,一般专业人士习惯称之为"平面设计"。工业设计是一个外来名词,由英语 Industrial Design 直译而来。在我国曾被称为工业美术设计、产品造型设计、产品设计等。近年统一称为"工业设计"。国际工业设计协会联合会为工业设计下的定义:对批量生产的工业产品,凭借训练、技术、经验及视觉感受，赋予产品以材料、结构、形态、色彩、表面加工以及装饰一新的质量和性能。

当需要工业设计师对包装、宣传、市场开发等方面开展工作，并付出自己的技术知识和经验时，也属于工业设计的范畴。

工业设计的核心是产品设计。

批量生产的工业产品，无论是日常生活消费品还是生产资料，都属于工业设计的范畴。如：日用陶瓷、玻璃器皿、文具、家具；各类家用电器；机床、医疗器械、计算机；自行车、摩托车、汽车、火车、飞机、轮船；建筑物及其内外装饰等。工业设计是工业现代化和市场竞争的必然产物，其设计对象是以工业化方法批量生产的产品，工业设计对现代人类生活有着巨大的影响，同时又受制于生产与生活的现实水平。

浙江省文化创意产业实验区计划引进项目为艺术工作室、创意会所、画廊、创意产品展示馆、拍卖公司、书刊音像出版发行(包括书吧)、影视多媒体工作室、建筑设计、工业设计、园林设计、服装设计、广告设计公司等，形成创意产业链上下游产品孵化、中介推广、产品延伸、市场消费于一体的集约经营模式，成为浙江文化科技发展战略规划中“块状布局”的重要组成板块。

点评：但遗憾的是，截至 2013 年 7 月，园区内除了一两家较具规模的园林景观设计公司和服装设计企业外，大部分是属于小微企业的摄影作坊。离文中的期望差距甚远，且看不到未来进一步发展的前景。

6）浙江省文化创意产业实验区空间布局设计

根据创意产业的范畴，创意园内将吸引设计、影视、传媒、艺术、工艺等客户落户。在开展系列招商与合作过程中，应充分考虑门类的配置，突出主题，优化结构，合理规划布局。

以艺术中心和设计中心为两大重点和亮点，以点带面，分步实施。

创意园本身只是提供了一个概念，要真正形成集聚，个性定位很重要。

比如上海四行创意仓库，当初刘继东是想清楚了主要吸引建筑设计工作室的定性，才动手开始改造，改造过程中充分保留了建筑师们青睐的建筑个性元素，所以一亮相便好评如潮。

再比如上海建国中路上的八号桥，由上海工业旅游促进中心整体租下八号桥一万多平方米厂房，与香港黄翰泓先生共同斥资 4 000 万元改造开发，进行整体规划、设计(广川设计)、招商，由于八号桥区域优势明显，主题鲜明(入驻的主要以建筑设计、研发创意设计为主，兼有艺术、工艺、时装方面的工作室)，加之后援强，工业旅游促进中心的背景是上海市经委，香港合作方背后有强大的客户群。

还有管理上的措施得力，香港方面负责招商管理，上海工业旅游促进中心方面负责物业和保安管理。

他们还为创意师们度身定做了供展示的中庭、供“头脑风暴”的公共空间，还有商务中心、员工餐厅、休闲小屋、阳光屋顶等，很快被承租一空。创意本身是个性化的东西，如果一哄而上发展成重复建设，千园一面，最终只能是南辕北辙。

借鉴上述办园经验，浙江省文化创意产业实验区(一期)已有了很好的硬件基础——威尼斯水城是第一世界内已建成的最具有个性和特点的景观区域，所有的临水建筑以 3

千米的水道相连接,26 座风格各异的小桥为水城增添了浪漫风情,贡多拉小船在湖面上穿梭,迷人的歌声在河道间回旋。同时,创意园又依托第一世界大环境的配套,功能丰富、设施完善。在硬件基础之上,创意园建设仍需做好充分规划,"筑巢引凤"首先以威尼斯水城区作为切入点:

方案:

(1) 主题:创意引领未来,艺术改变生活

(2) 布局:公共空间

①创意产品展示馆 3 000 平方米,用于举办当代艺术大展、大型拍卖会、创意成果博览会和其他各种展览会,公共设施(包括水、强弱电、投影设备、宽带网线、闭路电视、电话线路等)配套齐全;

②创意会所 800 平方米,充满个性的装修风格,温馨舒适的阳光创意房,一杯清茶或咖啡里升腾出想象无限;

③书刊音像出版发行(艺术创意书吧)500 平方米;

④画廊 1 500 平方米;

⑤健身、游泳活动中心 4 000 平方米;

⑥创意园区精英公寓 30 000 平方米;

⑦建筑设计工作室(A 区)4 000 平方米;

⑧平面、广告设计工作室(B 区)3 800 平方米;

⑨工业设计工作室(C 区)3 000 平方米;

⑩影视文化工作室(D 区)3 000 平方米;

⑪时尚创意工作室(E 区)2 000 平方米;

⑫浙江重大历史题材美术创作基地(F 区,包括书法、油画、国画、雕塑、影像等)6 000 平方米。

此外,随着创意园的发展,二期拟建 11 万平方米的综合大楼。以上布局详见"浙江省文化创意产业实验区平面图",在布局上力图形成创意产业链上下游产品孵化、中介推广、产品延伸、市场消费于一体的集约经营模式,使实验区成为浙江文化科技发展战略规划中"块状布局"的重要组成板块。

点评:规划书以过多的篇幅只讲好的条件和他人的经验,而鲜有对自己项目和问题的深入客观科学的研究,很多设想只是主观愿望,且过于乐观和不切实际。这更像是一份宣传稿。"贡多拉小船在湖面上穿梭,迷人的歌声在河道回旋"更是子无虚有的臆想。

7) 浙江省文化创意产业实验区特色

宋城集团与浙江省文化厅、浙江省科技厅、浙江日报报业集团、浙江广播电视集团、浙江出版联合集团、杭州日报报业集团、中国美术学院、浙江大学、浙江工业大学、浙江理工大学、浙江传媒学院以及相关专业协会等联手搭建当代艺术家、创意人才一展风采的平台,借鉴卡塞尔文献展、威尼斯"双年展"、上海双年展等形式,打造具有浙江特色的文化创意大展,让中国,让亚洲乃至世界各地的人才参展、参赛,形成自己独特的展会品牌。

其次,建立"文化创意奖励基金",以权威机构对世界当代艺术家、创意人才及其作品

进行评选，并将奖金作为资助获奖人才游历中国，入驻创意园的费用，以此激励当代艺术的创作和创意产业的繁荣。

在浙江省文化创意产业实验区创建初期举办以“文化创意产业与休闲经济”为主题的首届浙江(国际)文化创意产业高峰论坛，形成良好的高端氛围；策划一次以“创意——改变人类生活”为主题的，大型的，集绘画、影像、装置、雕塑、新媒体于一体的展览。举办一场艺术品、创意作品拍卖会。

把上述系列活动作为浙江省文化创意产业实验区初创阶段亮点，探索出一条市场化运作的创意文化产业新路子。

创意园建设由各方力量共同实施，需要目标统一，即创建浙江乃至长三角地区最具影响力的创意产业实验园区。

打造浙江省文化创意产业实验区品牌，提升产业辐射力。

通过一定时间的探索，实现园区兴旺，多方共赢。

创意产业实验区建设主体应加强布局规划、配套建设和管理服务。

浙江省文化创意产业实验区将以浓厚的人文关怀的精神，为人们在可居、可游的真实世界中打开一个崭新的、具有冲击力的图像艺术空间，通过“艺术”这一存在的家园，让人们真正获得精神和心灵的休憩，也让创意的灵感在这儿转化为文化产业源源不断的动力！①

(六) 西湖创意谷 · 开元 198

1. 案例介绍

2007 年 4 月 22 日上午，由杭州市上城区和中国美术学院联手共同打造的“西湖创意谷”首个园区“开元 198”正式开园。位于杭州西湖大道与定安路路口的园区原是开元中学旧址。此举以高端创意为起点，具有鲜明的探索性、原创性和时尚性，迈开了“环美院创意产业带”建设的第一步。

根据省委《关于加快建设文化大省的决定》和市委创建全国创意产业中心建设的战略要求，“西湖创意谷”的建设是实现“中国美术学院创建世界一流大学”和“上城区打造杭州休闲旅游商务区(RBD)”两大目标的重要战略抉择。“开元 198”建筑面积 3 000 平方米，首批进驻的企业，有中国美院风景建筑设计研究院、东方国设计馆、中国美院色彩研究所、中国美院逸飞创意中心有限公司、渠晨明雕塑艺术工作室、杭州百年品牌有限公司、浙江风行传媒有限公司等。这些企业涵盖了时装、城市建筑色彩设计、建筑设计、影视媒体、网络、家居陈设、环境艺术、模特文化经纪等多种文化经营领域。园区将成为中国最新流行趋势的发布中心、浙江省最前沿的创意产业基地和时尚中心。园区将以“创新人才的集聚高地，创意企业的培育基地，创意产业的公共平台，产学研合作的联结纽带”吸引众多设计人才在此实现强强联合，真正成为品牌影响大、辐射范围广、竞争能力强、经济效益优的创意产业基地，从而实现“创意在西湖，设计在杭州，制造在浙江，市场在全球”，将杭州打造成为全国创意产业的中心。②

① 百度文库：“浙江省文化创意产业实验区”总体规划，http://wenku.baidu.com/link?url=fxY0tiIE08h8vOauO8yVNGGxAjEhlqnHWl6hzaLzKUdRKy4wOn6dOpz-2-JJMOR_UHjzeiQIiwNUPnMAgSfsmk9tYW6BA0YjShOxbRZ96vi，上传于 2010 年 11 月 3 日，下载于 2014 年 11 月 30 日。

② 杭州宣传网(上城区委宣传部)：西湖创意谷 · 开元 198 开园，http://old.hzxcw.gov.cn/article.html?id=621570，上传于 2007 年 4 月 23 日，下载于 2014 年 12 月 2 日。

由于园区地处闹市区,其发展必然与周边城区和社区产生紧密的关系。为此,规划者计划在目前园区区位的基础上,往周边扩展。范围北至解放路,东至中河中路,南至吴山广场,西至南山路。区内的劳动路将被改造为专营书画的涌金创意街,河坊街将延续过往的传统与古建筑,湖滨路与南山路被打造成内城的时尚消费街。[①] 因此,产业园与周边城区社区的相融整合是对城市发展的一个重要的社会功能建设。

图 5－110　西湖创意谷 · 开元 198 的对街入口

图 5－111　西湖创意谷 · 开元 198 园区建筑外墙

图 5－112　西湖创意谷 · 开元 198 园区内部建筑

2. 案例分析

这是一座位于城市中心闹市区的从空间到建筑都极为紧凑的小型城市文化产业园。因地处城市中心,园区的入住率极高。同时,由于杭州中国美院的介入,使园区的文化业态水平和文化设计品味相对较高,在管理上也较为规范,氛围安逸、融洽、和谐,是文化创意人在城市闹中取静的一处绿洲。这也使园区与城市社区自然地融为一体,方便了市民的发现、了解和融入。

(七) 西溪创意产业园

1. 案例介绍

西溪创意产业园有其地理位置上的天然优越性。自宋高宗赵构"西溪且留下"始,无数文人墨客为其千回百转的河湾不吝笔墨。如今,西溪创意产业园在公园东北角的桑梓漾区域诞生,被辞章与水彩浸染了八百多年的西溪不曾寂寞。

西溪创意产业园是西溪国家湿地公园的重要组成部分,位于杭州西溪国家湿地公园桑梓漾区域。园区隶属于西湖区委、区政府和西溪国家湿地公园管委会,是西湖区倾力打造"全省文创第一区"的重要基地之一。园区占地 0.95 平方公里,共有 59 幢建筑,建筑面积约 2.6 万平方米,投资近 2 亿元。园区依托不同时期遗存的建筑,按照"生态化、功能化、差异化"的标准进行修缮、新建,是一个具有西溪特色的原生态的创意设计艺术

① 艾莉. 就是爱杭州[M]. 北京:人民邮电出版社,2010.

庄园。创意园分两大功能区块、三大主力业态。两大功能区块分别是西区艺术村落区，主要由各类创意工作室、艺术创作和展示、艺术经营机构和配套商业组成；东区为创意产业区，主要由创意产业企业总部、创意产业机构和研发中心等组成。三大主力业态分为艺术创作及艺术经营类、创意设计类、总部基地类。西溪创意产业园2008年被列入杭州市十大文创产业园，2009年11月开园以来，先后被认定为"北京电影学院教育创作实践基地"、"浙江省影视创作拍摄示范基地"、"浙江省广播电影电视局电影审查中心"，并荣获全球文化产业特色园区"创新引领奖"。

西溪创意产业园坚持以"名人立园，影视强园"为发展战略，吸引众多人才和名人、大师，签约入驻有杨澜、潘公凯、余华、刘恒、邹静之、赖声川、朱德庸、蔡志忠、麦家等20位名人和国内"电视剧第一股"浙江华策影视股份有限公司、国内最大纪录片库制作公司长城影视股份有限公司、省内最大电影发行公司浙江省电影有限公司、省内影视产业龙头浙江影视集团、国内电影制作标杆企业金球影业等27家企业。

西溪创意产业园依托周边丰富的自然景观、深厚的文化沉淀和优异的人才资源，努力构建具有一定影响力的高端创意人才聚集地、影视产业的原创地和高端影片、电视剧的制作地，不断提升园区影视产业总体实力和竞争力，全力打造"西溪创意名家"、"影视西溪造"两大品牌，致力于成为国家级的影视创作拍摄示范园区，成为全国最美丽文化创意产业名园。

2009年11月开园以来，产业园的项目定位以影视和文学艺术产业为重点，已引进影视动漫企业24家，占园区内企业总量的近90%。产业园年产值超8亿元。

2011年产值达8.31亿元。创意园影视剧产量高达1 220集，占杭州市出品总量的70%以上，占浙江省的50%以上。已形成以剧本创作、影视拍摄、制作、电影发行、院线放映为主要特色的文化产业布局。①

2012年，西溪创意产业园围绕建设全国文创产业示范区的战略目标，突出特色，创新举措，加快产业升级。全年该园区实现总产值7.8亿元，同比增长11.5%。上缴税收5 300万元，同比增长17%。投资制作影视剧共计50部，出产电影3部、电视剧1 305集；新增影院23家，实现电影票房收入5.7亿元。该园区还荣获国内创意产业领域最具权威性和影响力的公益性奖项——中国创意产业年度大奖最佳园区奖，被列入浙江省文化产业发展"122工程"首批示范城市文化产业园区（省内仅5家），被认定为"杭州市服务业集聚区培育基地"等。

2012年度中国文化创意产业总评榜揭晓，西溪创意产业园荣获"2012年中国文化创意产业最受关注的十大园区"称号，这也是西溪创意产业园获得的第二个国家级文创产业大奖。

以"一核一链一带"为规划要求，加快推动影视产业基地集聚化、国际化、高端化发展。园区实施的"浙江影视动画题材资源库"项目已列入商务部、国家广电总局等国家六部委重点项目，并通过建立杭州市版权工作服务站，为保护入驻企业版权提供强有力的支持。

该园区创新工作举措，实现特色发展。依托得天独厚的人才和环境资源，坚持"名人

① 杭州市政府网：西溪创意产业园，http://www.hangzhou.gov.cnmainzwdtztzjwhcycy/sdwhcyyq/T413023.shtml，上传于2012年8月31日，下载于2014年12月2日。

立园、影视强园”的发展战略,坚持以市场为导向,以“名人、名企、名作、名园”建设为总体目标,激发名人的创作智慧,使园区成为中国文化名人高地。2012 年入驻名人共出席各类大型公益活动 32 次,创作原创作品 21 件,参加西溪名家讲坛 5 次。

该园区将按照西溪湿地“12348”工程总体部署,加快推动园区影视基地的产业化、集聚化和国际化发展。与上级部门沟通,出台实验区招商等配套政策;挖掘园区周边董湾、蒋村等地块,拓展园区发展空间并做好相关规划;加强与蒋村街道等相关单位合作,积极完善办公设施配套;建立西溪创意产业园管理服务中心以及文化公司,完善工作职责和流程,推进园区管理;加强工作管理,强化物业公司管理模式和内容创新,深化物业工作内容,积极做好道路维修、建筑设施保养等修缮工程。①

对外界来说西溪创意产业园并不容易为人所了解。或许因为名人入驻的关系,产业园在管理上较为严格,除了进园需登记外,也不允许楼房外景拍照。此外,对于园区包括租金等在内的经营状况,工作人员表示“我们的情况不同”而未予透露。②

图 5-113 西溪创意产业园内景

来源:杭州市政府网:西溪创意产业园,http://www. hangzhou. gov. cnmainzwdtztzjwhcycy/sdwhcyyq/ T413023. shtml,上传于 2012 年 8 月 31 日,下载于 2014 年 12 月 2 日。

图 5-114 西溪创意产业园内景

来源:杭州市政府网:西溪创意产业园,http://www. hangzhou. gov. cnmainzwdtztzjwhcycy/sdwhcyyq/T413023. shtml,上传于 2012 年 8 月 31 日,下载于 2014 年 12 月 2 日。

图 5-115 西溪创意产业园内景

来源:杭州市政府网:西溪创意产业园,http://www. hangzhou. gov. cnmainzwdtztzjwhcycy/sdwhcyyq/T413023. shtml,上传于 2012 年 8 月 31 日,下载于 2014 年 12 月 2 日。

---

① 杭州网:姚斌,应惠:西溪创意产业园特色发展之路越走越宽,http://www. wehangzhou. cn/wm/wmyq/wh_2998/201301/t20130130_117879. html,上传于 2013 年 1 月 30 日,下载于 2014 年 12 月 2 日。

② 中国文化创意产业网:黄云灵:西溪创意产业园:打造湿地上的艺术庄园,http://www. wehangzhou. cn/wmwmyqwh_2998/201302/t20130218_119282. html,上传于 2013 年 2 月 18 日,下载于 2014 年 12 月 2 日。

2. 案例评析

与西湖创意谷·开元198产业园开放、接地气的区位布局和开放相比，西溪创意产业园给笔者最大的印象是拒人于千里之外。鉴于曾经在2010年游览过西溪湿地的美好回忆，笔者带着两位调研的学生，本以为作为城市公共生态绿地一部分的西溪创意产业园是允许游人进入的。但在创意园区的入口处遭到了门卫的拒绝，他们的理由非常充分：这是私人领地，未经许可不得入内。笔者当即反驳道："整个西溪湿地都是属于国家，属于全体人民的，怎么可以归属个别人呢。这是公共生态用地，是公共物品，不是个人私产，我们有权进入！"但我们还是被拒之门外。从笔者对所掌握的材料分析看来，该城市文化产业园的问题有5个：第一，不应该在受国家保护的宝贵的湿地公园里建设城市文化产业园。因为，建设城市文化产业园意味着要建设人工环境，这会对西溪湿地的天然自然环境、自然生态、水体生态造成不可逆转的景观破坏和污染破坏。第二，即便是建设了文化产业设施，也不应该被据为个别人的私产，由个别人霸占大面积的公共物品和公共设施，包括珍贵的自然生态环境。这是社会不公平的表现。第三，从获取的资料和图片可见，一些所谓的名人、文人、艺术家以建设文化创意工场、作坊、办公室为名，行建设商住房地产之实。这也是中国城市文化产业园建设中的一个潜规则，只不过在西溪创意产业园表现为对个别特权阶层的"限量级"供给，是私欲通过权力对珍稀土地资源的掠夺。第四，假若该园区真的是城市文化产业园，作为位于市区的西溪湿地旅游区的一部分，也不应该对外封闭，自成体系，隔绝于包容、和谐的杭州。第五，在此，也验证了笔者的一个假设——城市文化产业园正孕育起新的城市"文化权贵精英阶层"。他们凭着所谓的名人影响力与权力、经济共谋，搭建一个新的"文化精英阶层"，并形成自己的"权利俱乐部"，借此最大限度地在发展文化创意产业的幌子下，获取个人在财富、权力、地位上的最大利益，不良社会后果是对城市稀缺资源的独占侵吞，激化社会矛盾。

杭州市规划局课题组的郑心舟、应联行、罗鹏飞对杭州市文化产业园做了以下分析。（见附二）

附二

文化创意产业园空间布局研究——以杭州市为例

1）杭州文化创意产业园区特色分析

（1）发展模式不同

作为创意产业载体的创意产业园区发展历程各不相同，从杭州目前的园区发展模式来看也有多种模式，归纳起来一般有以下四种：

①租赁改造，自行管理。由文化创意产业从业人员自发聚集，通过改造旧厂房和仓库，形成LOFT创意产业集群。如拱墅区的LOFT49、唐尚433等。

②政府推动，统一管理。通过政府规划开设新区，打造创意产业园区，将创意产业、创意文化和创意人才集聚在一起，推动城市发展。如西溪创意产业园、白马湖生态创意城、创意良渚基地等。

③依托科研、人才优势。创意产业园区依托高校和研发机构形成，直接具备人才和科研成果转化的优势，是产学研的结合体。如西湖创意谷、下沙大学科技园、之江文化创意园等。

④依托现有产业基础。在现有产业结构的基础上,进一步加强产业集聚,建立相应的创意产业基地,增强自身的影响力和辐射力。如西湖数字娱乐产业园、滨江区的国家动画产业基地等。

(2) 空间载体形式各异

①以老厂房、仓库等老建筑为载体。利用主城区企业搬迁后留下的工业厂房、仓库并加以改造,主要发展设计服务业、艺术品业等。如LOFT49、杭丝联166、唐尚433等。

②以商务写字楼为载体。依托商务中心,与总部经济和楼宇经济结合,如467创意产业联盟、ADA国际设计中心等。

③以"城中村"改造为载体。"城中村"改造中,在保留部分原住民的同时,进行村庄整治改造,将农居改造成具有杭州城市美学特征和文化创意内涵的创意建筑,吸引文化创意企业与团队。如滨江区的柴家坞创意农居等农居SOHO。

④以现有科技园区为载体。依托现有科技园区的产业基础,结合产业特点进行发展。如各城区的各类科技园中的创意企业。

(3) 发育程度有差异

各个城区(开发区)均具有一定规模和数量的文化创意产业园区,但发展程度不一。LOFT49作为杭州首个"LOFT"创意产业基地,到2005年底,区内已有创意企业25家,杭州LOFT49不仅在国内已具有相当知名度,其影响力已经延伸到国外。2005年6月,由杭州市西湖区人民政府创建的杭州数字娱乐产业园正式亮相杭城,主要为数字娱乐产业链上的企业提供发展空间、政策扶持和公共服务,吸引省内外数字娱乐类企业进驻园区发展。园区已有包括联梦娱乐、中国博客网、华人传媒等数字娱乐企业进驻。

(4) 以设计服务业、艺术品业为主导产业

总的来说,杭州市文化创意产业的门类比较齐全,几大文化创意产业园区根据自身条件和特点,集聚了一定规模的文化创意产业。然而,由于产业基础、依托要素的相似性,同时缺乏前期统一的规划考虑,各园区在发展定位、主导产业选择上出现一定程度的趋同现象,其中将设计服务业、艺术品业作为主导产业的园区最多。由于发展定位趋同,产业特色不鲜明,难以避免出现园区之间不必要的恶性竞争及资源浪费的现象。

2) 杭州文化创意产业园区空间布局研究

工业遗产老厂房、仓库、有特色的农居和古老历史街区,是目前杭州市文化创意产业园区建设的载体。伴随着杭州市文化创意产业快速发展,大学城、科技园区、楼宇经济、总部经济、新城和城市综合体等也将是杭州市文化创意产业园区建设的沃土。因此如何形成功能多样、规模各异、分布有序、特色鲜明的文化创意产业园,统一规划势在必行。根据目前文化创意产业空间分布特征及相关影响要素分析,未来杭州市文化创意产业园区将呈现"大分散、小集中"的分布态势。从市区范围来看,文化创意产业园区将环西湖、西溪、湘湖(白马湖),沿运河、钱塘江发展,总体上形成"三圈二带多点"的布局结构。"三圈"即环西湖、西溪、湘湖(白马湖),结合自然山水赋予的灵气和丰厚的历史文化底蕴,是充分发挥文化、景观、科技与创意的最佳结合地。"二带"即运河文化创意产业带和钱塘江文化创意产业带。运河文化创意产业带是以工业遗存、历史建筑的保护利用为特征;钱塘江文化创意产业带则依托江南副城、下沙副城、钱江新城、之江新城、江东新城、奥体博览城、大学城的科技及人力资源建设,体现了杭州大气、开放的新时代精神。"多点"就

是结合楼宇经济、总部经济和城市综合体的建设而培育发展的新兴文化创意产业园。从文化创意产业园区的总体布局可见，文化创意产业只有通过与城市空间布局、城市功能区和城市的自然人文环境融合，才能更好地融入到城市生活中来。

(1) 文化创意产业园区与城市空间的融合

结合城市中心区旧城更新，促使文化创意产业园区与旧城空间的融合。随着社会经济的快速发展，城市中心区旧城更新的步伐也快速推进，工业企业、大学纷纷从城市中心区搬迁。杭州市政府于2009年7月出台了《关于利用工业厂房发展文化创意产业的实施意见》，利用闲置的工业厂房、仓储用房等存量资源发展文化创意产业，一方面有利于积极保护工业遗产，传承历史文脉；另一方面工业、教育遗产的保留也避免了旧城更新中的因"过度"开发带来有限的城市增长空间和超容量的开发、不断增长的人口与滞后的公共服务设施和市政基础设施配套之间的矛盾。提升了城市品位，推动了城市有机更新，是对城市空间结构的优化。由于工业、教育类建筑特定的使用功能和空间要求，在改造上具有很大的使用灵活性，也为文化创意产业园的发展提供丰富的空间。

结合楼宇经济，实施文化创意产业园区建设。楼宇经济是以楼宇为载体的经济形态。狭义的楼宇特指商务楼宇即写字楼；广义的楼宇，包括商务楼宇、商业楼宇、城市综合体、科研楼宇、标准厂房、保护建筑、"农居SOHO"等。目前杭州楼宇(广义的楼宇)经济的业态已涉及现代工业、现代服务业和文化创意产业。因此文化创意产业园空间布局要与楼宇经济空间布局规划相结合，有利于培育具有市场竞争力的创意产业集群，通过规划调控在一定范围内形成产业集群化、业态互补化、区域平衡化，促使文化创意产业多种业态相互联动、互为补充的良性发展，避免同质化的恶性竞争，让楼宇经济(城市综合体等)形成有特色的产业集聚地。

(2) 文化创意产业园区与城市功能区的融合

文化创意产业以创意为核心，一方面需以科技为支撑，另一方面需要与企业、市场紧密结合，这样创意才能产出可观效益。杭州的文化创意产业早期之所以选择老厂房，主要是这些老厂房一般位于城市中心区，具有优越的区位条件、交通条件，而租金却相对低廉。但随着老城区土地价值的逐年上升，寸土寸金的城市中心区也使办公成本与日俱增。因此创意产业也将从早期依托老厂房逐步走向与科技、市场的结合。一方面将依托大学、科研机构、高科技园区集聚，如下沙大学科技园、白马湖生态创意城，以及未来江东科技园等，形成以产学研结合为一体的创意产业园，带动我市产业结构优化升级，借助创意的力量，把文化、科技融合到传统产业当中，推动"杭州制造"向"杭州创造"跨越。另一方面也将依托城市商务中心，结合楼宇经济、总部经济的建设，培育发展新兴文化创意产业园。

(3) 文化创意产业园区与城市自然人文环境的融合

自然人文环境是城市生态系统的重要的有机组成部分，以其生机盎然的特点赋予城市以生气与活力，城市的自然人文环境不但是城市重要的生态基础设施和历史文化资源，而且也是城市创意产业园区选址建设的理想场所。

与城市自然环境的融合。在杭州这座风景优美的城市中，文化创意正在成为提升人们生活品质的重要元素。西湖、西溪、湘湖(白马湖)优美的环境，深厚的文化底蕴，容易激发人们创意的灵感，因此自发地集聚了一批文化创意产业，如环西湖文化创意产业圈、环西溪湿地文化创意产业圈和环湘湖(白马湖)文化创意产业圈。但城市创意产业园区与城市自然环境的融合应以尊重和保护自然生态为前提,只有充分发挥自然山水赋予的灵气和丰厚的文化底蕴,才能打造杭州市文化创意产业的核心区。如白马湖生态创意城结合城中村整治改造,将农居改造成具有杭州城市美学特征和文化创意内涵的创意建筑,农居SOHO既利用了得天独厚自然环境资源,又避免了对自然生态环境的破坏。

与城市历史文化资源的融合。目前,世界上创意产业一般以城市现存历史建筑为载体,利用旧建筑空间的改造进行发展。这样,一方面节约旧城区空间,顺应了城市产业升级的需要;另一方面使城市历史建筑可以成为这个城市的文化景观永久保存下来。文化创意产业与城市历史文化资源的融合,实现了历史建筑形态与现代化商业功能的融合,历史建筑不但被保护而且成为新的经济增长点。延续了城市的文脉,解决了政府高成本保护历史建筑带来的各种问题。杭州城区内工业厂房曾是杭州经济成长的记忆。而老厂房为创意文化产业提供了充满历史记忆和文化想象的空间和可能。大批创意机构和人才的集聚与创造性实践,使工业旧址青春焕发,工业空间成为凝聚创造的产业契机和都市文化景观。为更好地保护利用城市历史文化资源,杭州市规划局组织编制了《杭州市工业遗产普查》和《杭州市区工业(建筑)遗产保护规划》,在编制工业遗产保护专项规划的同时,还开展了杭州市工业遗产建筑规划管理研究,构建杭州市工业遗产建筑的规划管理政策框架,推进工业遗产建筑保护的法制化。综观杭州文化创意产业园区兴起的历程,解析其发展特色与诸多影响要素,笔者认为科学构建杭州文化创意产业园区的空间布局,必须与杭州城市空间、杭州城市功能区、杭州城市的自然环境与历史文化资源互相融合,互相渗透,唯有如此,才能有效推进杭州文化创意产业园区更快更好地发展。①

五、长江三角洲城市文化产业园——苏州

"苏州是国务院首批公布的历史文化名城,也是中国沿海经济发达地区之一,文化资源积淀丰厚,文化与科技经济融合发展的历史基础和现实条件优良,发展文化产业的优势明显。'十一五'以来,苏州市按照中央和省有关加快文化建设的总体部署,把大力发展文化产业作为实现'文化强市'目标的一项重要任务着力加以推进,全市基本形成了多门类的综合型文化产业体系,2011年苏州文化产业的总产值已经超过1 000亿。崇文是苏州的城市精神之一。苏州在加快改善民生的同时,推进文化事业的发展,着力打造文化苏州品牌。胥江路原江南无线电厂厂区,厂房经过适度改造,目前已经有40多家文化创意型企业进驻,把这里变成了一个极富艺术气息与文化韵味的江南文化创意产业园。在不远处的南门路上有989文化创意园。据不完全统计,目前,仅沧浪区26平方千米的土地上,各类文化创意产业单位就已超过千家。苏州已经形成了昆山文化创意产业园、苏州沧浪文化创意街区、沙家浜江南水乡影视产业基地、苏州科技文化艺术中心、昆山省级动漫数字产业园、胥口书画全国文化(美术)产业示范基地、苏州国家动画产业基地和苏绣文化产业群8个示范基地。"②

文化产业基本形成了以文化艺术、印刷出版、影视传媒为代表的核心文化产业群,以

① 杭州市规划局课题组(郑心舟,应联行,罗鹏飞). 文化创意产业园区空间布局研究——以杭州市为例[J]. 杭州(我们),2012(2).

② 百度文库:整理的文化产业,http://wenku.baidu.com/link?url=ppzkL4PKJj9Mb_BACE327jt4Y06PWcHwaAPuN7gaAFNGtwnXXjK2eV5Pvpf4mQTNaL7SI1zNft1Uz3GwYCYC6nZAATo1eU2jyWl88sQPJEK,上传于2012年5月30日,下载于2014年12月2日。

文化旅游、演艺娱乐为代表的外围文化产业群，以文化用品、文化设施的生产制造和销售为代表的相关文化产业群，全市文化综合指数 94.16，列全省第一。2010 年，全市文化产业实现营业收入约 1 400 亿元；文化产业增加值约 350 亿元，在全市 GDP 中所占比重约 4%，在第三产业增加值中所占比重为 8.2%；文化产业从业人员约 30 万人。以下分别介绍分析 989 文化创意产业园、长桥街道创新创意产业园、创意泵站、江南文化创意设计产业园、容·创意园和桃花坞文化创意园。①

(一) 989 文化创意产业园

1. 案例介绍

2011 年 12 月，沧浪区“989 文化创意产业园”和“江南文化创意设计产业园”正式开园。

“989 文化创意产业园”位于护城河畔南门路 989 号，原是苏州丝绸进出口公司的仓库。经过改造建成“989 文化创意产业园”。到 2011 年，“989 文化创意产业园”(一期)已入驻 18 家企业，企业入驻率达 95%。其中不乏文化创意精英，如专业生产陶瓷产品的“太湖窑”，制作影视广告的“方向传媒”，还有室内装潢设计的“同明分所”和“零全设计”。②

989 文化创意产业园隔壁的一丝厂工艺展示区原是始建于 1926 年的苏州市第一丝厂有限公司，简称一丝厂。工艺展示区不仅是苏州丝绸业历史的实体记载，也是苏州工业企业实现“退二进三”转型的范例——一丝厂已不是单一的丝织企业，而是一个集缫丝、织造、成衣的生产、销售体系，结合工业旅游与旅游市场、酒店餐饮于一体。游客在一丝厂工艺展示区不仅可以欣赏从手工剥茧到拉制蚕丝被的生产全过程，还可以亲手体验。其旅游参观项目融历史性、知识性、文化性和参与性于一体，将传统工业与旅游相结合，把中国古老的丝绸传统工艺与现代旅游有机结合起来。

图 5－116　989 文化创意产业园入口处的原苏州丝绸进出口公司仓库的传达室被改造成了丝绵被的展览橱窗

图 5－117　原苏州丝绸进出口公司库区部分改为了“苏州市思进仓储运输有限公司”

① 苏州市发展和改革委员会，苏州市服务发展办公室：《跨越：苏州市服务业发展(2006—2010)》。

② 苏州市委宣传部网：沧浪区建成“989 文化创意产业园”和“江南文化创意设计产业园”，http://www.xcb.suzhou.gov.cnnewsszxc1/30/szxc-16-21-03-612.shtml，上传于 2011 年 1 月 30 日，下载于 2014 年 12 月 5 日。

图 5－118　989 文化创意产业园大门后所呈现的不像文化产业社区,倒像一个仓储区

图 5－119　园区入口右侧的一个饮用酒加工作坊

图 5－120　改造后的仓库和办公楼主楼外景

图 5－121　主楼主入口处缺乏秩序与整洁

图 5－122　主楼内某公司的内景,被隔断为两层,挑高空间被充分利用

图 5－123　主楼内某公司的内景,双层空间被利用为产品展示区

2. 案例评析

该城市文化产业园是典型的以单栋楼宇改造而成的城市文化产业园,所有的文化企业都集中入驻于一栋楼宇。

该城市文化产业园是所有笔者调研过的城市文化产业园中在管理和环境上最为混乱的一个。在园区内入口处，还有一个酿酒作坊及其运输中转站，环境杂乱。楼内各层的环境卫生也因不断有企业入驻装修而较为脏乱。一层部分空间还被用作物料仓库，苏州市思进仓储运输公司的运输业务很不协调地混杂于此。而入口处则成了楼内一些企业拆包堆货的地方。这些都体现了在管理上的不规范，使园区给人极混乱的印象。因此，产业园原单位的仓储业态已经影响了园区作为城市文化产业园的文化形象，但作为产业持有者，并没有受到规范的制衡。

（二）长桥街道创新创意产业园

1. 案例介绍

2009 年 10 月 16 日，作为吴中·太湖经贸合作洽谈会暨金秋经贸招商周系列活动之一，长桥街道举行特色城市文化产业园开园暨首批十家企业入园仪式。长桥有着深厚的历史文化底蕴，人文环境朴实，文化氛围浓郁，适合文化创意宽松的创作环境，2009 年以来街道依托动漫基地优势，发挥产业聚集效应，打造了长桥特色城市文化产业园，这是长桥街道全面融入苏州文化产业圈，加快经济转型升级的举措，街道优化企业服务，创新思路，强化管理，做大做强长桥动漫创意品牌。长桥街道特色城市文化产业园的开园，为吴中区动漫产业及相关创意产业的发展提供了一个交流、合作和展示平台，标志着长桥街道文化创意产业发展又迈出了新的步伐，文化产业结构调整进入了新的阶段，鼓励和引导动漫原创、加工、制作等相关企业进驻园区，实现资源的有效整合和优化配置，逐步建立和完善动漫产业链，紧跟市场发展方向，积极拓展吴中区动漫产业的内外生存空间，同时高度重视知识产权保护工作，提高产权保护意识。①

图 5－124 长桥街道创新创意创业园外景

图 5－125 长桥街道创新创意创业园外景

图 5－126 长桥街道创新创意创业园内景庭院

① 苏州吴中区城区管委会（长桥街道办事处）网：长桥特色文化产业园盛大开园，http://www.wzcq.gov.cn/Show.asp?id=223，上传于 2009－10－16，下载于 2014 年 12 月 5 日。

2. 案例评析

笔者在探访长桥街道创新创意创业园时,因逢周日,园区基本处于关闭状态,加之门禁拒绝,使调研无法深入。

但从入口大厅内展示的企业展牌和各企业的楼层分布看,楼宇内共有40多家企业,但大部分与文化产业无关,而主要是科技和研发类的企业,业态较杂。

从文献材料可知,该城市文化产业园是获得街道政府强力支持的一个文化园区,带有很强烈的官商色彩。同时,也是街道政府一厢情愿地将该区建设为文化创意区,但其真实效果,我们不得而知。

(三) 创意泵站

1. 案例介绍

创意泵站,又称Idea泵站,由苏州工业园园区科技局、苏州国际科技园联手推出,是苏州国际科技园六期工程,位于苏州工业园区金鸡湖西侧金鸡湖路171号,按照国际通行的LOFT概念,在格兰富水泵(苏州)有限公司旧厂房的基础上经过重新设计改造而成,于2007年8月竣工,建筑面积约2.2万平方米,是苏州工业园区科技自主创新的重要载体。

创意泵站以打造时尚园区,激发创意灵感为理念,旨在打造具有时尚个性的自由空间,它以涂鸦为外观墙面,钢结构为内部空间分隔,开放式室内空间设计,营造出充满艺术气息的氛围,孕育园区创意文化。在办公区外的休闲区则设置了泳池、茶室等设施。

创意泵站重点发展艺术、动漫、游戏、广告、传媒、出版、软件设计和集成电路设计等创意产业,通过低成本、高效率和配套设施健全的良好孵化环境,致力于成为具有现代创意产业特色、适合现代创意产业孵化和成长的集聚地,创意企业和艺术家研究、交流、展示其最新成果的重要基地。

截至2008年上半年,创意泵站已入驻动漫创作、网络游戏、广告创意、工业设计等创意产业企业31家,其中,动画漫画和游戏类企业13家、广告创意设计类企业15家、配套企业4家,从业人数约1 200人,上半年产值已突破5 000万元。包括国内最早从事3D网络游戏开发企业蜗牛电子,国内排名前五的拥有整车设计能力的汽车设计公司——奥杰汽车,3D电脑动画制作公司士奥动画,亚洲最具潜力科技创投公司100强——儒豹科技,以及以"小二网"为代表的一批具有创新活力的中小企业入驻。①

园区内的龙头企业苏州蜗牛数字科技股份有限公司(简称蜗牛公司)成立于2000年,是中国最早的3D虚拟数字技术研发企业。

十多年来,蜗牛公司一直坚持自主研发,70%以上的员工为研发人员,拥有多项自主知识产权的3D虚拟数字技术,始终保持着在3D虚拟数字技术领域的世界领先地位,业务涵盖网络游戏、数字电影、移动端等多个领域,是目前中国最大的数字文化娱乐生产企业之一。

2004年蜗牛公司研发出了中国第一款自主研发的3D网络游戏《航海世纪》;2007年,蜗牛公司首次将虚拟社区概念引入网络游戏,打造了中国首个虚拟社区网游《舞街

---

① 百度百科:创意泵站,http://baike.baidu.com/view/1252557.htm? fr=aladdin,上传于2014年10月18日,下载于2014年12月5日。

区》;2009年,在网页游戏市场充斥着粗制滥造的局势下,蜗牛推出精品网页游戏《英雄之城》,其世界领先的Flash技术和超级精美的画面,被业界公认为第二代网页游戏开山之作;紧接着,2010年蜗牛公司又推出了全球首款即时战略网页游戏《帝国文明》,开创了网页上即时战斗的先河;2012年,蜗牛公司历时五年研发的武侠网游《九阴真经》上市,凭借无等级无职业、空中打斗、江湖奇遇、永不离线在线江湖等一系列创新,还原了一个武侠世界,重新定义了武侠网游标准。

至今,蜗牛公司已在全球发行50多款不同版本虚拟数字产品,拥有8 500万用户,连续三届获得"中国十佳游戏厂商"称号,荣获"最佳原创企业奖""中国十大最受欢迎的网络游戏公司""中国十大品牌游戏企业"等近百个政府、媒体、行业奖项。

蜗牛公司一开始就布局全球。早在2005年,《航海世纪》率先出口韩国,成为中国第一个将国产网游返销韩国的民族网游,拉开了中国民族网游走出去的序幕。至今,蜗牛公司数十款产品先后出口韩国、日本、俄罗斯以及北美和欧洲等100多个国家和地区,在美国、俄罗斯分别设立了全资子公司,已经连续五年摘得"中国民族游戏海外拓展"的桂冠,是中国最大的3D数字文化娱乐内容出口企业之一,是国家文化出口重点企业。

十多年来,蜗牛用坚持追寻着梦想,用艺术诠释着行为,形成了蜗牛在业界独树一帜的风格和文化:充满创意的办公环境,另类独特的公开亮相,个性十足的COS派对,魅惑动感的比基尼派对……蜗牛人将创意、自由、个性展现得淋漓尽致,并追求极致,成为业内名副其实的最具创意的互联网企业。

"让虚拟世界和现实世界成为相互的起点和终点"是蜗牛公司的终极目标。这个与生俱来的梦想,将引领着全体蜗牛人,在虚拟世界可能实现的各个领域不断探索追求。①

苏州国家动画产业基地位于苏州工业园区西南角的苏州国际科技园(ww. sispark. com. cn),是国家广电总局在2005年5月命名的第二批国家级动画产业基地。苏州国际科技园总规划建筑面积155万平方米,投资额近70亿元,规划总面积达155万平方米,目前已建成一到四期工程、创意产业园(五期工程)和创意泵站(六期工程)共108万平方米。

经过六年多的发展,苏州国家动画产业基地集聚了游戏蜗牛、士奥动画、天润安鼎、天堂卡通、欧瑞动漫等五十余家动漫及相关文化创意企业,吸引各类创意产业人才三千余人,综合效益及知名度品牌度提升较快,初步形成了创意策划、研发制作、衍生产品开发、服务外包、市场运营、教育培训、投融资和技术服务一体化的动漫产业链格局。

2011年10月15日至16日,为满足创意企业对人才的需求,苏州国际科技园管理中心和科技园企业利用第三届创意泵站公众开放日的机会,为参展企业和创意人才搭建沟通桥梁。此次招聘面向在职人员和应届毕业生,共准备了近200个岗位。②

① 智联招聘网:苏州蜗牛数字科技股份有限公司,http://company. zhaopin. com/P1/CC1210CC121014708. htm,下载于2014年12月5日。

② 苏州国际科技园网:第三届"创意泵站"公众开放日,创意人才招聘会,http://www. o－hr. cn/web/cy/index2011. html,下载于2014年12月5日。

表 5-4　创意人才专场招聘会招聘信息表

企业名	岗　位	数　量
第九街良子	场景	5
	分镜	3
	Flash 制作人员	30
	三维特效师	3
	三维动画师	2
	灯光材质	2
天润安鼎	场景设定	2
	台本	1
	背景	1
	动漫衍生品,设计师	1
	商务助理	2
欧瑞动漫	场馆接待	5
	储备干部	1
	编剧	2
	MAYA 角色,动画师	2
	材质灯光师	2
	特效师	2
	脚本	2
	MAYA 骨骼设定	1
	市场专员	2
	企业宣传专员	1
	招生专员	5
	前期美术	2
	Flash 动画	2
	部门运行总监	1
	项目经理	1
	JAVA 工程师	1
	物业管理员	1
	3D 编剧	2
	3D 场景设计	2
	3D 动画特效师	5

续 表

企业名	岗 位	数 量
士奥动画	3D建模	5
	3D绑定	5
	市场/营销专员	5
	收银员/营业员	若干
	3D建模工程师	3
大好河山	网页美工	2
聚众网络	游戏界面设计师	2
	商务经理	2
	游戏服务端C++软件工程师	2
	游戏工具高级,研发工程师	2
	网站程序员	2
	高级2D原画,设计师	2
	C++软件工程师	2
	AS3/Flex软件,工程师	2
	网页设计师	2
	网络游戏策划	2
	PHP高级软件,工程师	2
	文案写作	2
	高级游戏3D场景设计师	2
	高级2D界面,设计师	2
	媒介专员	2
	游戏客服	20
游戏蜗牛	执行策划	20
	平面设计	1
若态科技	玩具设计	1
	文案策划	1
哇哇觅	美工	1
合计		约191

来源:苏州国际科技园网:第三届"创意泵站"公众开放日,创意人才招聘会,http://www.o-hr.cn/web/cy/index2011.html,下载于2014年12月5日。

因此,作为一个知识密集型的城市文化产业园区,能提供这个数量的就业岗位,实属难得。从提供的岗位类型看,大多是专业技术要求很高的制造类职位,对多数应聘者既有以电脑为核心的工科技术的要求,也要有一定的艺术鉴赏能力和意境想象力。这样的岗位适合于艺术院系学习工业设计和网络设计的大中专毕业生。

为期两天的苏州润星文化传播有限公司策划组织的公众开放日的目的是充分展示创意文化产业产品及其文化,加强创意文化的交流,让创意和科技真正被普通百姓,特别是年轻一代所认可,并通过交流和传播激发出创意的新理念。开放日的项目包括:

项目一:“打开创意的空间,放飞想象的翅膀”——苏州市院校动漫展系列活动。

项目二:“走进创意殿堂,感受创新魅力”——苏州国家动画产业基地企业精品展。

项目三:“‘泵’出创意,分享果实”——创意市集。

项目四:“寻找灵感源泉,走向创意征程”——苏州市创意人才招聘会。

这是城市文化产业园走出封闭状态,走向社会,实现社会经济功能价值的重要路径。

图 5-127 创意泵站(Idea 泵站)城市文化产业园入口

图 5-128 产业园内改造后的厂房,充满动漫激情的外墙

图 5-129 产业园内改造后的厂房内景,高大的厂房被隔成了两层

图 5-130 改造后的厂房内景,双层空间被隔断成了设计室和办公区

图 5-131 一层较宽敞的部分被布置成了产品展示厅

图 5-132 游戏蜗牛公司的大门

2. 案例评析

由于实行严格的门禁制度，该园区是一个对外相对封闭的社区。经过说明和承诺后，笔者的调研小组才得以进入。

该园区最突出的特点就是文化产业业态类型的高度单一化和集中化，园区内主要的文化创意产业是动漫创作。蜗牛公司是园区内最大的处于垄断地位的动漫创作企业。这在一定程度上实现了动漫产业的社区集聚，并起到了较好的整体辐射效果。因此，城市文化产业园形成的文化产业集聚效应对促进城市社会功能的发展极其重要。

产业聚集(Industrial Agglomeration Theory)是指在产业的发展过程中，处在一个特定领域内相关的企业或机构，由于相互之间的共性和互补性等特征而紧密联系在一起，形成一组在地理上集中的相互联系、相互支撑的产业群的现象。这些产业基本上处在同一条产业链上，彼此之间是一种既竞争又合作的关系，呈现横向扩展或纵向延伸的专业化分工格局，通过相互之间的溢出效应，使技术、信息、人才、政策以及相关产业要素等资源得到充分共享，聚集于该区域的企业因此而获得规模经济效益，进而大大提高整个产业群的竞争力。而城市文化产业有典型的产业集聚特征，这是它有力促进城市社会功能的力量所在。

此外，和桃花坞等城市文化产业园相比，创意泵站不是位于市区中心的城市文化产业园，而是位于苏州金鸡湖高新技术开发区，属老城区东部新开发的新城区，因此园区与城市社区和市民、游客的互动在平时是较少的。这也是园区至今已经举办了三次“创意泵站”公众开放日的原因。

美国城市社会学家早在上世纪 60—70 年代就总结出老城市复兴战略的三种模式：

外部变化战略(德语：Die Strategie der externen Diversifizierung)；

“火车头牵引”战略(德语：“Die Zugpfed” Strategie)；

内部变化战略(德语：Die Strategie der internen Diversifizierung)。

其中“火车头牵引”战略指通过一些文化性的、远近闻名的大型城市活动或设施建设，使某城市成为某一特定的中心或焦点，在公共舆论方面树立良好的社区形象。

在大型活动开展期间，会有大量的参与者和游客云集到这些老城市，从而形成新的消费需求和购买力。活动的组办者有意将活动安排在三天或一周以上,使来访者和游客需要在当地逗留和消费,这给城市带来旅游旺季和消费热。更重要的是,参加过活动的来访者和游客会把有关该城市的好印象传播开去,从而使城市对潜在的投资者形成良好的印象和投资环境,以赢得对老工业区和老城市的再发展至关重要的外来投资和文化、技术引进。①

内部变化战略是指将老城市中现有的自然资源,已具备的技术潜力和所有潜在的经济、社会、文化和人力潜能发挥和利用起来,它通常与"外部变化战略"联合使用。这一战略的优势是,充分利用现有资源,减少初始投资费用,有效防止现有人口外流。在"火车头牵引"战略中,技术和财政的投入以及大型项目的引力作用只是对老城市重建起到暂时的、局部的和阶段性的推动作用,而且有一个较长的适应过程,其后期发展还是要依靠老城市本身的后发性的创造力。② 如德国的爱姆施工业园的发展就是典型的成功案例。

而"创意泵站"的公众开放日就是"火车头牵引"战略的具体实践。

(四) 江南文化创意设计产业园

1. 案例介绍

江南文化创意设计产业园位于沧浪区冲胥江路 426 号,前身为 1956 年建立的苏州江南无线电厂,占地面积 19 526 平方米,建筑面积近 20 000 平方米。

由江南无线电厂有限公司打造,定位成以装饰设计业为主的城市文化产业园,是沧浪区首个比较成熟的文化创意产业园。到 2011 年,产业园已入驻了以装饰设计为主的企业 30 家,入驻率达 96%,文化产业集聚度达 73%。至 2012 年,该产业园入驻企业近 60 家,主要是文化产业类企业,其中工装类装饰设计企业占主要比例。园内云集了同明装饰、和氏设计、省建工设计院、华鼎装饰等名牌企业及公司,并且规模还在不断扩大中,养育巷装饰美居街等地的不少装饰设计类企业,经常来此咨询、考察,表达进驻意愿。胥江街道办事处主任孙俊麒表示,该产业园内已汇集了大批优秀的设计企业和人才,他们通过相互合作形成强大竞争力,装饰设计行业内逐渐打响"江南"品牌,产业园的凝聚力会更大。

2011 年 12 月 17 日,江南文化创意设计产业园正式开园,"文化沧浪 · 设计江南"正成为文化产业名片。

江南无线电厂副董事长钱仪珍描述当年办厂时的情形:"我们是国企,主要生产军需用品,在早些年代是非常辉煌的。"随着时间的推移,市场需求的转变,江南无线电厂开始面临技术落后、设备、人员老化、市场销售萎缩等问题,"最困难的时候,连工资都发不出来",钱仪珍说。

如果不是转型第三产业,走上创意产业之路,这个曾经辉煌的老厂房还将继续背负沉重的债务,在特困企业的旋涡里挣扎。

---

① Juergen Friedrichs. Revitalisierung von Staedten in altindustralisierten Gebieten Ein modell und Folgerungen [J]. Geographische Zeitschrift 82 Koeln, 1994, 3: 139.

② Juergen Friedrichs: Revitalisierung von Staedten in altindustralisierten Gebieten Ein modell und Folgerungen [J]. Geographische Zeitschrift 82 Koeln, 1994, 3: 140.

厂领导班子经过反复讨论和考察研究,决定放弃第二产业,进军第三产业。江南无线电厂董事长兼总经理杨崇明介绍说,刚开始他们对老厂房有过建游泳馆、文化娱乐设施等多种想法。在相关部门引导下,他们最终下决心建产业园,发展文化创意产业。2010年以来,厂里投入1 200万元对老厂房实施全面改造,13幢老厂房全部改造,还新建一个停车场,装上了监控探头。“现有的人员、设备、技术条件,继续做二产优势已经很弱了”,在钱仪珍看来,选择第三产业作为转型目标和落点,前景是可期待的:第三产业自身的产业前景是良好的;江南厂所在的苏州沧浪区服务业根基深厚;江南厂自身有着从国营企业传承下来的规范的管理体系和丰富经验,了解厂区情况;江南厂的地理位置、体量规格等硬件条件,有着转型第三产业、适应发展需求的基本条件。

转型的第一步,是硬件转型,从改善厂房条件开始。“第三产业对环境的要求很高,以江南厂当时的状况,难以适应需求,必须要改善”,钱仪珍说。

重铺基本水、电线路,硬化沥青路面,增容电力,改造网线,外立面粉刷,厂房内部翻新改造,建餐厅,修道路,栽绿化,增加停车位(投入30万元,新建一座室内停车场,又将原先的自行车库改造成汽车库。产业园停车位已达200个)。

改造阶段投入了800多万。2000年江南无线电厂被改制时,债务曾达两三千万。

蜕变后的江南无线电厂很快吸引了一大批企业的关注,以工装设计类企业为主。入驻园内三年的企业祥宇建筑负责人庞史钢说:“我们做设计的,对办公地点比较挑,环境要好,而且还不能吵。这里正好,幽静,很适合我们的创作氛围。”入驻的廊庭装饰设计工程公司设计总监方长东也表达了同样的观点:“对于设计企业来说,环境就是门面。公司所在地的外部环境良好,也会促使我们更加用心地做好内部环境。”

完善的物业管理服务则是维系客户、凝聚客户的内在动因。庞史钢说,园内的物业服务和安保管理很到位,有什么问题和需要反馈上去,很快就会解决了。祥宇公司今年重金装修室内环境,江南厂十分支持,并出资重新更换了窗户和栅栏。庞史钢说:“重金装修,就意味着我们打算长期驻留此地了,虽然合同还是一年一签,租金还可能逐年增长。这里的各方面都不错,我们一时还真找不到搬走的理由,而且公司这几年业绩一直不错,每年都在增长,这其中江南厂提供的环境和服务在某种程度上不能不说也起到了促进作用。”

很多企业还常常把自己的合作伙伴也拉进来,园区内不少企业相互间都是合作关系,聚集在一起,交流合作格外方便。

截至2012年,江南无线电厂已成功吸引了60多家企业,入驻率100%,其中装饰设计类企业占比高达73%,包括同明装饰、省建工设计院等企业。

2010年12月17日,江南文化创意产业园成功挂牌,并被沧浪区政府列为重点扶持对象,力争在创意产业的平台上发挥集聚效应,走在三产服务业的前沿,提出了“文化沧浪·设计江南”的品牌定位和发展目标,将江南厂打造成苏州城区最富于竞争力和影响力的专业工装设计园。

钱仪珍表示,2011年产业园将出资500万,进一步优化升级园区综合环境,推进二期建设。主要工作内容涵盖:优化入驻企业,把不属于设计类的企业淘汰出去,引进知名工装设计企业,增加产业园凝聚力;对厂房的外立面进一步改造,提升产业园的整体形象,营造产业园特色;改善餐饮中心、服务中心等平台,进一步提高服务水平等。园区还新开发 3 000 至 4 000 平方米的空间,在改造完成后推向市场。钱仪珍还透露,未来园区空间还要进一步扩大,向周边区域延伸。

产业园挂牌,最受益的当属园内企业。因为企业不仅有了好的办公环境,还有了可以发挥高效互动和聚集效应的平台。正如廊庭装饰总设计师方长东所言:“创意产业园的创建,对我们是绝佳的利好。在这个互动平台上,园内的企业、设计师们可以相互交流合作,资源互换共享;对外,园内的企业可以在平台上发挥集聚效应,合力谋求发展,产业园和企业都会从中受益。”

钱仪珍称,线下服务平台包含了政策咨询、税务服务、商务服务、法律咨询、金融服务、餐饮服务、后勤保障、活动、展示等九个中心的企业服务模式。中国建设银行苏州分行、解放军一〇〇医院等八家单位签订合作协议,驻点为园内企业提供合作服务。产业园将建立“设计师之家”,组织设计师互动交流,建立产业园公共网页,强化外宣服务平台,从而将品牌理念贯穿在运营管理和推广的每一个环节,真正发挥品牌效应,让舞台更宽广。

改善条件,适应发展需求。园区之所以吸引到大批装饰设计企业进驻,良好的环境条件功不可没。

因地制宜,选好发展方向。沧浪区历来是苏州市中心城区装饰设计类企业青睐的商业高地,辖区已有的养育巷装饰美居街闻名遐迩,商铺供不应求。但伴随近年来的快速发展,其载体有限、空间狭小、车位奇缺,日显发展空间的局限,众多装饰设计企业苦无立足和拓展之地,苏州中心城区对集聚强、档次高的专业装饰设计产业园的载体需求日益凸显。江南无线电厂顺应这一需求,变身装饰设计集聚地。[①]

图 5 - 133　江南文化创意设计产业园入口

图 5 - 134　创意园入口处左边遗留的老生产车间,还部分地进行着生产

① 时代.中国文化创意产业园网:苏州江南文化创意设计产业园争创省级知名产业园,http://yuanqu.ccitimes.com/index.php? m=yp&c=com_index&a=show&modelid=0&catid=48&id=259&userid=1229&page=1,上传于 2012 年 2 月 2 日,下载于 2014 年 12 月 5 日。

苏州市沧浪区胥江街道办事处网:苏州江南文化创意设计产业园(筹),http://xjjd.gusu.gov.cn/? cnw2863.html,上传于 2010 年 8 月 5 日,下载于 2014 年 12 月 5 日。

苏州市沧浪区人民政府网:老厂房变身创意天堂 沧浪区巧用闲置资产发展文化产业,http://www.subaonet.com/2011/0922/787860.shtml#,上传于 2011 年 9 月 22 日,下载于 2014 年 12 月 5 日。

图 5－135　创意园入口处右边的旅馆，靠近街道，容易被发现

图 5－136　园区内设计公司自己设计的小水景

图 5－137　某设计公司内部利用高挑的厂房进行的室内设计

图 5－138　某设计公司内部，设计师正在工作

图 5－139　某公司内分为上下两层的办公空间

图 5－140　园区内还有部分旧建筑处于改造装修的状态

2. 案例评析

该城市文化产业园内的主要业态是建筑设计和室内装潢设计业。但也掺杂着数码出版印刷、贸易公司、机电公司、丝绸服装厂、广告公司、礼品馆等。在园区内除建筑和室内设计公司外，还有与之相配套或相关的行业业态，如市政工程有限公司、岩土工程公司、隔热系统公司、室内环境工程公司、建筑材料公司、装饰材料公司等。这些相关企业间互通信息，互为客户、互为上下游企业，在园区内部形成一个房地产建筑行业的产业链。同时，也可以在以苏州为区位的业界产生一定的集聚效应。

笔者探访了园区内最大的同明装饰工程有限公司。该企业兼具室内建筑设计和室内装饰工程两大功能。公司充分利用了旧厂房的挑高空间，进行巧妙隔断，设计成两三层。配置有规模不同的办公室、大小会议室、设计室和公共空间。同明装饰工程有限公司也是复旦大学博物馆科研实践基地和复旦大学文物与博物馆学系教学实践基地。

园区甚至秉承国营企业的老传统，在园区内配置了一个公共食堂。

但该城市文化产业园和其中的主要业态存在一个未知的难以预见的隐患，正如与其他一些以建筑设计和室内装饰等业态为主建立起来的城市文化产业园一样，正好赶上了从上世纪 90 年代中期到 2013 年持续性的房地产建设高潮期。但随着国家政策的调整和社会民意转变对房地产的影响，在国家的其他替代性支柱产业形成后，房地产在不久的将来有可能式微，这必将使建筑设计、室内装饰设计等这些房地产产业链的上游产业也随着建筑施工、装修工程、材料生产等中游产业的衰败而出现衰退。这将会影响与此类行业业态有关的城市文化产业园的生存发展。因此，一个产业园内行业业态的高度集聚性存在对行业本身的发展的确有利，但对城市文化产业园本身来说有预期性的发展风险存在，没有一个行业业态可以永远以不断盈利的状态存在下去，始终会有增长拐点的出现。这需要城市文化产业园在“坐享其成”的同时，居安思危地研判园区内现有行业业态在国际经济社会发展中的地位和预期，从国家社会的经济、政治、人口、文化、科技、生态六个大的方面的新生态复合体①不断进行预研，以适时进行调整，这即可顺应国民经济社会发展的总体需求和趋势，又可以维持和发展城市文化产业园的区位集聚效果。因此，城市文化产业园中单一性行业业态集聚度越高，行业业态出现衰退时其所承担的风险也就越高。

(五) 容·创意园

1. 案例介绍

容·创意产业园是原电力电容器有限公司的旧厂区改造而成，位于平江里市街区的白塔东路，附近有耦园、拙政园等文化遗产。容·创意产业园留存了工业化的痕迹。容·创意产业园的(间隔空间——笔者加)面积从 30 多平方米至 1 000 多平方米，层高有 3.2 米至 6.25 米，可灵活自由分割。创意企业商务沙龙有创意 LOFT 自由空间、创意休闲酒吧区、艺术设计沙龙、动漫软件研发工作室、民族特色工艺品、原创手工艺品展示区、配套商务酒店、青年旅社、咖啡吧、书吧等。平江区还专门出台有关支持文化产业发展的实施意见等扶持政策，政府以 500 万元引导资金扶持新兴文化产业发展。创意产业培育时间较长，平江区十分注重文化事业与文化产业联动，为创意产业发展造势。该区与相关创意园联办书画展、“创意集市”等各类公共文化活动，并策划区域性软件开发、创意设

---

① 邓肯(O. D. Ducan)：生态复合体(POET)，1959 年.

计大赛等活动，助推创意产业蓬勃发展。[①]

图 5－141　容·创意产业园入口，左边是国际青年旅社，靠近街道，容易被找到

来源：健康生活博客网：容·创意园，http://www.huabei360.com/?post＝106，上传于 2014 年 6 月 9 日，下载于 2014 年 12 月 5 日。

图 5－142　园区内的每个角落都充满创意和闲暇的气氛

图 5－143　在南方气候温暖潮湿城市的文化创意园里，大多建有这样的玻璃暖房

图 5－144　园区内的一所武术学校

① 苏州市人民政府网：13 个创意园扎堆平江，http://www.suzhou.gov.cn/news/szxw/201110/t20111014_24668.shtml，上传于 2011 年 10 月 14 日，下载于 2014 年 12 月 5 日健康生活博客网：容·创意园，http://www.huabei360.com/?post＝106，上传于 2014 年 6 月 9 日，下载于 2014 年 12 月 5 日。

图 5－145　旧厂房墙壁上遗留的“文革”时期的口号，但也许是艺术家们在整修时涂上去的

图 5－146　陈旧的消防安全铁梯被保留了下来

2. 案例评析

以容·创意产业园为典型，大部分苏州城市文化产业园由于其相对的封闭性，基本上是和周边城市社区相互隔绝的，周边的产业、行业和产业园内的业态没有直接的相关性，即产业园基本不会在产业链上对周边产生很强的辐射作用。

城市文化产业园的建筑布局都有一个共性，就是都只有一两个狭窄的大门入口，文化企业都隐藏在深深庭院中，这俨然如原来厂区的布局，使得城市文化产业园与当地社区的联系割裂。城市文化产业园不应设围墙，让居民和游客可以从各个方向视觉上直接找到，并具备最高的通达性。这既便于城市文化产业园提高知名度和吸引力，同时也便于文化产业的功能辐射。城市文化产业园必须是开放式的，成为城市社区的一部分。

苏州市目前的许多城市文化产业园未能实现通达性和相邻性，使文化公共物品、文化产品、城市文化产业园等难以形成某种程度上的区位整合。但这种情况通过人为规划的设计是可以改变的。如在城区区位上相邻的容·创意园—拙政园—平江路老街—耦园—昆曲博物馆—苏州博物馆可以遵循通达性和便捷性原则，通过公共旅游专线和步行街引导，有机地链接整合在一起，形成一个文化产业集聚区，这对于不了解苏州的外地人和外国游客来说尤其重要。

(六) 桃花坞文化创意园

1. 案例介绍

桃花坞文化创意园是由坐落在桃花坞大街上的原苏州新光丝织厂改造而成，2007 年 7 月落成。文化创意园中有木刻年画、刺绣、苏扇、玉雕、漆器、瓷画、石壶等不同工艺类别的名家的工作室。一种工艺入驻一位大师，最后形成特色“大师坊”，其中的桃花坞木刻年画就诞生在桃花坞，已有 400 多年的历史，这条街和木刻年画有着深厚的渊源，明清时期许多木刻年画庄就集中在这里。

桃花坞地处石路商贸区与北寺塔旅游景点之间，有唐伯虎等历史文化名人的故居遗存和故事传说，又曾经是闻名国内外的苏工木刻、木雕、玉雕、制扇、漆画等苏帮手工艺艺人和制品集聚地。该地具备了打造苏州特色的文化创意产业园所需的历史文化内涵、文化创意的想象空间、设计制作和展示销售的一切必备条件。桃花坞文化创意产业园内的大师坊、时尚生活社区、创意办公区是悠久文化艺术传统与现代文化创意产业相互交融的创造。作为展示工艺大师精湛技艺的大师工作室，采用店坊结合的形式，让参观者全程体验手工艺品制作的激情与创意。借助桃花坞大街独特的人文和区位优势，将文化创意产业园打造成为苏州工艺美术传承基地。规划建设者的设想如下：

第一，形成苏州文化特色集聚。在桃花坞将所有与苏州文化相关联的如戏曲、餐饮、民间手工艺聚集在一起，以弘扬展示苏州传统文化、手工艺术为核心，运用现代策划创意理念进行文化艺术再创作，增强互动体验性，苏州居民和旅游者进入园区进行精神与物质的消费，听评弹，看戏曲，吃苏州的小吃，回味老苏州茶馆，参观并参与民间大师的工艺制作过程，打造看、听、吃、购物一条龙旅游休闲区。

第二，实现苏帮手工艺作品集中展示销售。将散落在苏城各处的民间手工艺艺术家和作坊汇聚在此，通过引进日本、中国台湾的设计理念进行创新，提高文化产品质量，创作生产更多艺术精湛的文化精品。建设开放性的手工艺作坊，为国内外旅游者提供一个了解、观赏、品鉴和参与手工艺作品制作的体验区，使旅游者欣赏并感受到苏工制作工艺的精巧、细腻和作品的深沉、内敛之美。开发礼品并建立销售渠道，形成苏帮手工艺作品的创作、制作、展示、销售的产业链。

第三，建立桃花坞文化创意设计产业园公共平台。设计建立市场信息交流、新闻发布、成果或新品推出、产品展示和拍卖等公共媒体平台，让服装设计、建设设计、旅游设计、工艺品设计同台展示，相互促进，互动互补，激发灵感，形成新的文化创意。

第四，打造“苏州文化创意设计产业园”的品牌形象。创新文化传播方式，通过品牌策划和媒体宣传，将苏州文化创意设计产业园的影响扩大到全国和全世界，让更多人向往苏州，到“文化创意设计产业园”体验苏州文化。

这样一个苏州特色文化创意设计产业园既满足了苏州老百姓的精神生活，增强凝聚力和创造力，又是苏州的一张新名片，用文化产品带动文化产业，用文化产业带动旅游经济，让更多的人了解苏州，喜欢苏州，真正做到繁荣发展文化事业和文化产业，实现经济效益和社会效益有机统一。①

2009 年初春，为期一个月的“同心同行”桃花坞——绵竹年画联展活动，在新落成的桃花坞文化创意产业园举行。展出来自绵竹及苏州地区数十位工艺大师的二百多件年画作品。

苏州桃花坞木刻年画和绵竹年画同盛于明清时期，并列为“中国四大年画”中的两种，在 2006 年同被列为国家非物质文化遗产。两地年画在技术上均采用雕版印刷，有所不同的是绵竹年画只有轮廓线条是刻在木版上印刷的，其他部分由手工着色，而桃花坞年画从头至尾都是雕版印刷。这次两地年画的首次对接，不仅是苏州支援绵竹年画产业的一项重要工作，而且对于保护传统文化遗产、促进文化交流起到了推动作用。联展举

① 李芳. 关于在桃花坞地区建设苏州文化创意设计产业园的建议[EB/OL]. http://www.suzhou.gov.cn/asite/lh2013/zx-onepage1.asp? bh=350，上传于 2012 年 10 月 31 日，下载于 2014 年 12 月 5 日。

办“同心同行”年画联展、两地年画交流研讨会、慈善拍卖会三大主题活动。[①]

图 5 - 147　桃花坞文化创意产业园入口的牌匾

图 5 - 148　桃花坞文化创意园的大师坊园区

图 5 - 149　大师坊园区一角

图 5 - 150　大师坊园区某公司内景

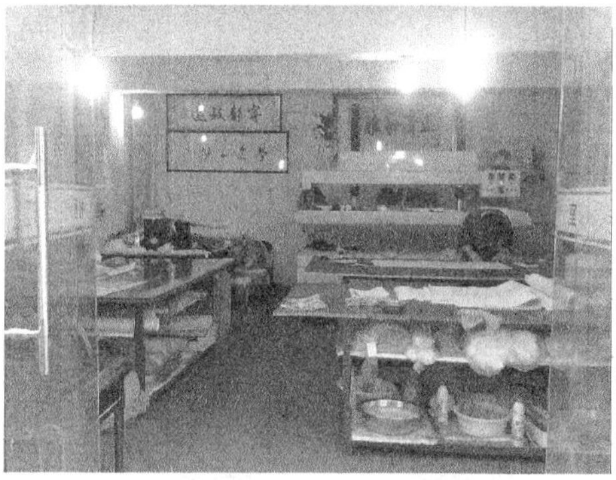

图 5 - 151　某公司内正在工作的工艺师

图 5 - 152　位于园区入口的国际青年旅舍

① 中国古建筑网：文化创意产业园落户桃花坞，http://www.yingzao.nethtml15/n-3915.html，上传于 2009 年 3 月 9 日，下载于 2014 年 12 月 5 日。

图 5 - 153 园区内的创意汽车宾馆，提供一房一车库的服务，建于旧的半地下停车库内

图 5 - 154 桃花坞城市文化产业园外桃花坞大街的街景，仍保留着低矮的老平房

图 5 - 155 桃花坞附近的江南水乡水道

图 5 - 156 桃花坞路边现场制作销售苏扇的两位老艺人

图 5 - 157 桃花坞大街 166 号的苏州市非物质文化遗产保护中心

图 5 - 158 桃花坞大街 127 号的苏州桃花坞木刻年画博物馆体验馆

图 5-159　挂着“苏州桃花坞木刻年画”招牌的小店

图 5-160　桃花坞街道上还可见到的亲密邻里关系

图 5-161　桃花坞街道上休闲的居民

图 5-162　在桃花坞大街上一口还在使用的公共水井,居民们用它做饭洗衣

图 5-163　从桃花坞大街通向唐伯虎故居的小巷

图 5-164　在通往唐伯虎故居的道路上途径的一片拆迁后的废墟

图 5－165　拆迁废墟上挂着“把桃花坞历史文化片区打造成‘吴文化的重要窗口’”横幅

图 5－166　几位在被拆除的房屋废墟旁打牌的老太太

图 5－167　桃花坞旁的唐伯虎故居外景，正处于改造装修中

图 5－168　改造中的唐伯虎故居内景

图 5－169　唐伯虎故居外充满传说的一口池塘

2. 案例评析

该园区对唐伯虎遗址改造工程就是上文提到的老城市复兴战略的第三种模式"内部变化战略"的具体实践。

桃花坞文化创意园是笔者所见的最具中国民族文化特色的一个城市文化产业园。其民族文化特色由三部分组成:苏州当地传统的年画、刺绣、苏扇等传统工艺品,当地保留完好的民俗街道,唐伯虎故居。这些都是老城复兴改造中具有的内在的文化潜力和历史遗产。至今,当地政府仍较好地将其保留了下来,并进行保护性再利用。如果设计规划合理,可以形成三位一体的大文化园区,其吸引力要比由单纯的一个旧工厂区改造而成的城市文化产业园大得多。

六、西部城市文化产业园——潜力巨大而滞后的西部

中国西部地区城市中的城市文化产业园相比东部地区城市发展极为缓慢。一是西部大中型城市较少;二是城市中的第二产业一定程度上在当地经济社会发展中仍处于主导地位,对其进行旧工厂区改造转型仍为时过早;三是除成都、重庆、昆明等城市外,城市居民对于文化产业和文化产品消费仍持较为保守的态度,不具备较高的消费能力。

在笔者调研过的成都和贵阳,城市文化产业园较少。即便是成都,较为成熟的城市文化产业园也仅有一家以原军队宣传印刷厂改造过来的规模有限的"红星路35号文化创意产业园"。

红星路35号文化创意产业园

1. 案例介绍

红星路35号文化创意产业园由军队闲置印刷厂和原成都大学成人教育学院两个部分组成,分别于2008年和2011年租赁改造后开始营运。红星路35号文化创意产业园原属成都军区印刷厂(中国人民解放军第7234工厂)。该厂始建于1939年,1955年由重庆迁至成都。目前位于红星路一段35号的厂区还有3栋大楼,总建筑面积约15 000平方米。

2008年,根据国家"开发中国西部,大力发展文化创意产业"的指导思想,在各级政府支持下,由文创投资发展有限公司斥资,对原军区7234印刷厂厂房进行改造,以空间折点为理念,打造出中国西部首个文化创意产业园"红星路35号"。园区建筑面积17 000平方米,9米的层高、近700平方米的展示大厅、有视觉冲击力的LOFT结构、具有后工业时代美感的创意设计。钢筋水泥空间保留了建筑质朴的本质,既个性化,又能与各种策展风格相融合。9米层高适合摄影展出、时装发布、唱片宣传等活动;两侧走廊不但丰富了观展角度,而且为展厅布展方式增添了创意空间。玻璃幕墙的墙体构造为展厅提供了充足的光线,对需要暗度的活动又能以幕布处理,达到可亮可暗的效果。位于35号园区内部,地处春熙路商圈,与成都市报业集团为邻是其外部优势。

而在成都大学成人教育学院原址建立起来的新园区建筑外形继承了军印厂硬朗的工业气息,由德国MV建筑设计事务所设计。在改造的过程中运用"空间折点"的理念进行外观改造,采用以三角体为延展点,整体建筑浑厚,不拘一格,是成都市地标性景观建筑之一。

园区企业涵盖传媒、设计、广告、印刷、出版、网络等业态。如四川长虹设计中心、洛可可设计公司、浪尖设计公司、嘉兰图设计公司和艾玛设计公司入驻园区,国内顶尖工业

设计公司悉数入驻。长虹和洛可可的入驻，是园区在打造工业设计聚集地、汇聚成都创意力量上的一个突破。红星路35号已聚集近百家创意企业，基本形成工业设计、数字娱乐和设计广告三大主力产业集群。

2010年5月19日，成都市文化产权交易所在园区内挂牌成立，这是除上海、深圳之外国内第三家文化产权交易所。园区在三号楼一楼开放“兔脚TOJO”空间作为新的创意孵化平台，又成立了红星路35号版权工作站。同年，园区工业设计成型平台加入了中国工业设计技术服务联盟。该联盟由国内外从事工业设计产业关键技术研发生产的一流制造商、技术应用和服务商、高校研发机构、工业设计代表企业等共同组成，联盟首批成员35家。联盟建设有工业设计技术服务联盟门户网站，打造国内首家工业设计产业电子商务平台；构建工业设计技术服务标准，和国际技术服务标准接轨；探索资源协作服务创新模式，整合工业设计技术服务产业上、中、下游产业链资源。红星路35号因此建设成工业设计快速成型、文化产权交易、版权保护、孵化和展览展示五个服务平台。

2010年底园区招商率达100%，解决1 000余人的就业，年产值过亿元。红星路35号以“立足西部，推动文化创意产业发展”为己任，以有效整合并聚集全球创意力量，服务西部地区，助推西部产业结构调整和经济发展方式转变为目标。

2012年8月27日，西南地区首家以广告与传媒等上下游产业相融合的产业链式特色聚集园区——成都红星路35号广告创意产业园区挂牌，园区开始重点发展成都广告创意产业。

包括四川大学和西南交通大学在内的成都六所高校与广告创意园区签订战略合作发展协议，助力园区发展。

省市政府通过规划引领，政策及机制保障，促进园区广告业发展，将广告产业作为发展现代服务业和文化产业的重要内容，采取系列扶持政策。锦江区出台了《加快推进红星路35号广告产业园建设，促进广告产业发展若干扶持政策(试行)》。该扶持政策从七个方面28条，对红星路35号广告产业园区及服务区域的广告产业发展提出扶持政策。七个方面为：对园区内新注册登记的广告企业，免收工商、税务、机构代码登记费；对园区龙头、重点企业发展给予贷款贴息及担保费补贴；对新入驻园区龙头、重点企业一次性奖励和人才奖励；对新入驻园区龙头、重点企业、公共服务平台和广告专业楼宇运营商等给予房屋租金补贴；对园区广告企业获国内外广告大奖及组织举办大型会展活动等项目给予经费补助；对园区管理服务平台、园区广告信息平台和园区广告交易平台等公共服务平台建设给予资金补助；对开展公益性和公共性广告展示交流活动提供资金补助。

同时，成都市级相关部门及企事业单位从资源倾斜、企业引进和广告交易等方面对园区广告业发展给予支持。作为与广告业及广告企业密切联系的部门，成都博览局支持红星路35号创意产业园区的建设、支持入驻园区的广告类企业的发展。从2013年起，博览局把每年年初的全年会展计划信息在红星路35号广告园区内发布，并在博览会展活动中，优先与园区内企业合作。

园区建设的进展获得中国广告行业组织的关注，2012年7月26日，中国广告协会将中国艾菲奖论坛活动安排在锦江区举行，并邀请园区承办论坛活动。

四川省、成都市广告监测中心即将入驻园区。

西南联合产权交易所已经与红星路35号广告创意园区签订合约合作，筹备建立广告产权交易平台。

成都锦江区现有广告类企业900余家,占成都广告企业数的25%以上,主城区内综合实力排名前60位的广告企业,在锦江区域内超过1/3。在红星路35号文化创意产业园区周边城区,已形成省、市重要的广告传媒出版走廊。四川广播电影电视局、四川报业大厦、成都传媒集团大厦和亚太大厦等主流媒体机构和企业楼宇聚集于此。走廊外围还有仁恒置地广场、成都时代8号等众多关联楼宇资源。包括红星路35号广告传媒出版走廊、锦江创意产业商务区在内约3 100亩的成都市红星路35号广告创意产业园及周边城区内,众多楼宇正在成为发展广告业及关联产业的载体,汇融国际、博瑞·创意成都、红星国际、川报传媒大厦等楼宇已具备广告专业楼宇资格,可新增7.5万平方米用于广告企业引进。该区域广告业及关联产业的资源、人才及市场等要素已形成。

截至2012年8月27日,已有1 200余家广告及关联企业入驻园区,从业人员达2万余人,累计实现产值35亿元,初步建成了红星路35号广告创意产业园区、锦江创意产业商务区等广告及广告关联产业发展聚集区域。

未来将把"红星路35号广告创意产业园区"建设成为第二批国家广告产业园区。根据《成都市红星路35号广告创意产业园区的发展规划(2012至2016)》,红星路35号广告创意产业园区将争取到2016年末,建成"西部领先、国内一流、具有一定国际影响力的广告产业示范园区"的园区。

根据规划,红星路35号将加快广告产业转型升级,实现广告产业与印务、传媒、网络数字、电子出版及创意产品产权交易等上下游产业相结合的全产业链式发展。2016年末,园区力争集聚3 000家以上广告及关联企业,培养5 000名各类各层次广告专业人才,带动区域就业10万人,促进区域广告及关联产业经营额达到150亿元。

在空间和产业功能布局上,成都市红星路35号广告创意产业园将以"红星路35号广告创意产业园区"为核心,形成涵盖"红星路广告传媒出版走廊"、"锦江创意产业商务区广告产业园"和"成都东村广告产业园"等点位的"一廊两园"格局。将依托红星路广告出版传媒走廊及其周边区域、锦江创意商务总部基地的众多楼宇,打造四至五个符合广告企业需要的专业化特色楼宇,拓展广告产业发展空间;以"成都市红星路35号广告创意产业园"周边昭忠祠街、玉皇观街、城隍庙街、五世同堂街和五昭路为主要空间,形成"二横一纵"特色街区,满足园区广告企业和人员商务洽谈、创意交流、休闲娱乐等服务需求;利用西南产权所等机构和企业,完善园区广告交易功能,运用数字化网络技术,提供产品询价、产权交易等一体化服务。利用数字网络技术,搭建园区信息网络服务平台和技术研发服务中心,为园区企业及区域广告及关联企业和客户提供广告创意的网络展示、推广其他信息功能服务,实现广告创意新动向信息、知识的分享等。

图 5－170　成都红星路 35 号文化创意产业园大门

图 5－171　成都红星路 35 号文化创意产业园大院内景

图 5－172　成都红星路 35 号文化创意产业园大院内景

图 5－173　园区以“空间折点”理念进行外观改造后的建筑景观

2. 案例评估

该园区于 2008 年 12 月 28 日正式开园运营，成为中国西部首个文化创意产业园。由此也可见，中国西部城市文化产业园从发展时间到规模及成熟度上，都显然落后于东部的长三角、珠三角和北京等地。但中西部的城市文化产业园虽然发展慢，却由于其发展在短期内的相对集中，使其发展具有很高的速度和密度，且可以在短时间内寻找出其相对的资源优势和行业优势，从而形成产业业态的高度聚焦，如该产业园只集中于发展成都和中国西部的广告产业。

第六章　城市文化产业园社会功能的实证分析(定量分析)

在定量研究部分，笔者分别对江苏南京、苏州，浙江杭州，广东广州，北京，四川成都的城市文化产业园进行了实地探访和调研，在参考政府统计资料和网络文献资料的同时，现场拍摄照片和收集园区信息，并对南京、杭州、广州和北京四个城市的城市文化产业园分别进行了问卷调查。在南京获取有效问卷 194 份，在杭州获取有效问卷190 份，在广州获取有效问卷 300 份，在北京获取有效问卷 202 份，累计获取有效问卷 886 份，已达到社会学中型调查的问卷数。在此数据库基础上，对中国城市文化产业园的社会功能进行了实证定量分析。

本实证研究还将南京和杭州的共 384 份问卷、北京的 202 份问卷和广州的 300 份问卷的定量分析结果进行比较，试图对长三角地区城市的城市文化产业园和北京及珠三角地区城市的城市文化产业园进行比较性研究。

一、被访者基本的样本信息

就总体而言，在 886 位被访者中，女性占了 56.9%，男性占了 43.1%。作为以知识和创意为开发主体的文化产业，更适合于女性广泛就业，这为城市女性开辟了一个新的就业市场空间(见表 6－1)。

在年龄方面，18～25 岁的被访者占 45.9%，26～35 岁被访者占 42.4%，合计占 88.3%，即青壮年劳动力是城市文化产业园最主要的人力资源组成。36～55 岁的中年人共占 11.1%，几乎没有老年职工。在对城市文化产业园的调研中发现，除几位企业的所有者或经理为中年人外，大部分的职工都是青年人。

在所有被访问的城市文化产业园从业者中，仅有 25.5%的被访者是土生土长的本地人，而 34.6%为本省外地人，更有 39.9%为外省人，即外地人合计为 74.5%。一方面反映出文化企业在人事用工方面的开放性，不存在某些家族企业那样的乡土意识，也反映出企业内部职工籍贯来源的多元化。这也可能是由企业招收大量在本市或外地大专院校毕业的外地大学生而形成的职工地域和籍贯来源结构。这说明文化企业和城市文化产业园具有较大的吸收大学生就业的市场容纳量。

在被访者受教育程度方面，大专学历占 31.8%，本科学历占 41.1%，合计 72.9%。而硕士学历的有 4.8%，博士学历的仅占 1.1%。这说明城市文化产业园企业中大部分职工的受教育程度为大专和本科，但具有硕士以上高学历者很少。从中可能说明，目前中国城市文化产业园里从业人员的知识储备有限，高层次创新和管理人才缺乏，这也反映了当前文化产业的技术含量、创新能力和研发潜力都较低，且缺乏长期的知识储备和创新潜力，属于中低端的文化产业业态。大部分职工为中国本土院校培养的人才(归国人员有 29 人，仅占 3.3%)，企业从业人员缺乏国际化视角和理念。

作为以年轻人为主体的企业职工群体，其在城市中的居住水平也处于中低层次，主要是租住房屋，其中合租者占 26.0%，独租者占 30.0%，仍住在父母家里的有 17.0%。有 6.7%是住在公司提供的宿舍——这是由一些企业的私营性和家族化决定的。被访者中已经买房的仅有 14.3%。83.5%的被访者需要在将来成家立业后购买自己的住宅，购房压力较大。

有意思的是，75.4%的被访者所从事的首份职业不一定是在文化企业，21.3%的被访者的上一份职业是白领工作，18.2%是大学毕业后就从事这一工作，18.1%的人原来是从事技术性的工作，还有 12.0%的人原来是在服务行业工作。

就此看来，大部分被访者从第一份职业到目前这一职业的社会垂直流动的幅度不太大，在水平流动的同时基本上是在同质性的城市职业领域工作，社会地位和社会威望也没因此有大的改变。在某种程度上说明，在文化产业园中的企业里工作的从业人员的社会垂直流动的可能性和范围是较为有限的。

30.9%的被访者的月收入在 2 001～3 000 元，30.2%的人月收入在 3 001～4 000元，10.3%的人月收入在 2 000 元以下。据国家统计局统计，2013 年中国城镇居民人均收入 29 547 元，即月均收入 2462 元。由于笔者调研的城市文化产业园都是在北京、广州、杭州和南京等大城市，这样的收入水平应属于城市中的中低收入，即有 71.4%的被访者属于大城市中的中低收入阶层。2013 年 5 月 29 日，有国内人力资源研究调查机构发表 2013 年第一季度全国各大中城市人均薪资榜。据统计，从第一季度城市人均薪水排行数据来看，平均月薪排名前十的城市分别为上海、深圳、北京、广州、杭州、南京、大连、苏州、成都、厦门。上海以平均月薪 7 112 元居首；其次为深圳，平均月薪为 6 787元；本研究中涉及的北京排名第三，平均月薪为 5 453 元；广州为 4 917 元；南京作为非一线城市，以人均月薪 4 460 元跻身第六。① 本研究被访者中 4 001～5 000 元月收入的有 13.0%，属于城市中的小白领，6 000 元以上月收入的有 10.0%，这些人往往是高层管理者或高级设计师等。

因此，在城市文化产业园的文化企业就业的主要是 80 后和 90 后的年轻人，大中专受教育程度，大多属无房族，职业流动的范围领域较为固化——有一定的“天花板效应”，多为中低收入群体。由此看，这个社会群体作为一个职业群体来看，其不稳定性和流动性依然较大，但也因自身的条件形成了某种阶层分布上的固化。以上是文化产业从业群体基本的人口社会结构，即年龄组成、性别结构、受教育水平、住房收入等由个体到群体的状态。

① 东方网：2013 年全国人均月薪排行，上海人均 7112 元居首，http：//eladies。sina。com。cn/news/2013/0530/15111225488。shtml，上传于 2013 年 5 月 30 日，下载于 2014 年 10 月 2 日。

表 6-1　城市文化产业园职工调查样本分布情况($N=886$)

变　量	选　项	人　数	有效百分比
性别	男	380	43.1
	女	501	56.9
	合计	881	100.0
年龄	18～25 岁	407	45.9
	26～35 岁	376	42.4
	36～45 岁	63	7.1
	46～55 岁	35	4.0
	56 岁及以上	5	0.6
	合计	886	100.0
籍贯	本市人	223	25.5
	本省外地人	302	34.6
	外省人	349	39.9
	合计	874	100.0
受教育程度	初中及以下	25	2.8
	普通高中	80	9.1
	职高/技校/中专/综合高中	81	9.2
	大专	280	31.8
	本科	362	41.1
	硕士	42	4.8
	博士	10	1.1
	合计	880	100.0
是否归国留学人员	是	29	3.3
	不是	853	96.7
	合计	882	100.0
目前住宿	企业宿舍	59	6.7
	合租	229	26.0
	独租	265	30.0
	自己买的房子	126	14.3
	住父母家	150	17.0
	住朋友家	16	1.8
	直接住在工作单位	18	2.0
	其他	19	2.2
	合计	882	100.0

续　表

变　量	选　项	人　数	有效百分比
是否是首份职业	是	216	24.6
	不是	661	75.4
	合计	877	100.0
上一份职业	技术人员	153	18.1
	农民工	26	3.1
	农民	11	1.3
	企业工人	51	6.0
	白领职员	180	21.3
	干部	14	1.7
	其他行业的业主	31	3.7
	服务业从业者	101	12.0
	失业	11	1.3
	刚毕业的学生	154	18.2
	其他	112	13.3
	合计	844	100.0
收入	2 000 元以下	89	10.3
	2 001～3 000 元	266	30.9
	3 001～4 000 元	260	30.2
	4 001～5 000 元	112	13.0
	5 001～6 000 元	48	5.6
	6 000 元以上	86	10.0
	合计	861	100.0

二、工作条件

这一部分的统计分析结果可以为被访者在文化企业中的去留，即职业流动以及城市文化产业园内文化企业职工的工作状况提供基本的参考。

首先，在每周工作日方面，56.2%的人回答说每周工作 3～5 天，即有超过一半的被访者在国家规定的每周法定工作日里工作。另有 37.9%的人每周需工作 6～7 天。总体看，文化产业园中的企业职工的每周工作时间还是比较长的(见表 6－2)。

在每天工作时间方面，75.5%的人回答说每天工作 6 至 8 小时，有 21.2%的人每天需工作 9 小时以上。即大部分人每天需要工作较长的时间(见表 6－3)。

如按每天工作 8 小时、一周工作 5 天算，那么每周工作时间为 40 小时；按每天工作 8 小时、一周工作 6 天算，那么每周工作时间为 48 小时；按每天工作 8 小时、一周工作 7 天算，那么每周工作时间为 56 小时。这远超过了一些西方福利国家的职工每周工作 30 至

35 小时的基本工作时间。

表 6－2　您每周工作日有几天？(*N*=876)

	频　数	有效百分比	累积百分比
3 天以下	52	5.9	5.9
3～5 天	492	56.2	62.1
6～7 天	332	37.9	100.0
合计	876	100.0	

表 6－3　您每天工作几小时？(*N*=878)

	频　数	有效百分比	累积百分比
6 小时以下	29	3.3	3.3
6～8 小时	663	75.5	78.8
9 小时以上	186	21.2	100.0
合计	878	100.0	

如果按每周工作 40 小时算，一个月工作 160 小时(暂且按每月四周算)，基本工资为普遍的每月 4 000 元计，那么每小时工资为 25 元；如果按每周工作 48 小时，一个月工作 192 小时，基本工资为普遍的每月 4 000 元计，每小时工资约为 21 元；如果按每周工作 56 小时，一个月工作 224 小时，基本工资为普遍的每月 4 000 元算，每小时工资约为 17.9 元。因此，较为固定的工资和不可预计的长时间工作或加班工作，会对文化企业职工利益形成相对性的损害。

统计显示，大部分的职工加班没有加班费，占 62.3%，有加班费的仅 25.8%(见表 6－4)。

表 6－4　如加班是否有加班费？(*N*=872)

	频　数	有效百分比	累积百分比
有	225	25.8	25.8
没有	543	62.3	88.1
不知道	104	11.9	100.0
合计	872	100.0	

“如果其他一切条件都相同，剩余价值率取决于再生产劳动力价值所必需的那部分工作日和为资本家效力的剩余时间或剩余劳动之间的比。所以，剩余价值取决于工作日的延长在多大程度上超过工人只再生产他的劳动力价值，只抵偿他的工资所花费的劳动时间。”[①]图 6－1 中 O 和 A 之间的向上斜线代表的是常规的劳动时间和纯收入之间的函数关系。A 和 B 之间继续向上延伸的斜线部分代表的是延长的劳动时间和上升着的纯收入之间的函数关系。可见：劳动时间延长了，但 C 和 D 之间所显示的纯收入并没有相

① 戴维·格伦斯基. 社会分层[M]. 北京：华夏出版社，2005.

应地大幅同步增长。因此说明，尽管有一定的加班费，但通过延长工作时间从而相应缩减每小时的收入。45度角的虚线代表的是劳动时间和纯收入之间绝对合理平衡的理想化的相互关系(见图6-1)。

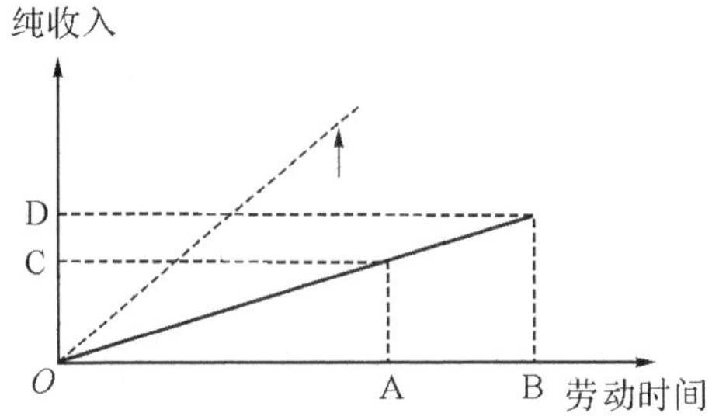

图6-1　延长劳动时间与实际纯收入之间的关系

大部分的被访者认为自己的收入属于中等收入，占68.1%，认为属于高收入和低收入的分别只占11.6%和20.3%。被访者对个人收入水平的定位总体来说还是准确合理的(见表6-5)。

表6-5　在行业中，您觉得您的收入属于：(*N*=842)

	频　数	有效百分比	累积百分比
高收入(6 000元以上)	98	11.6	11.6
中等收入(3 000～5 000元)	573	68.1	79.7
低收入(2 000元以下)	171	20.3	100.0
合计	842	100.0	

住房是困扰城市工薪阶层的最大生计问题之一，有72.1%的被访者认为以目前这份工作的收入是难以在5年内买房或付购房款首期的(见表6-6)。

表6-6　从事目前这项工作，是否可以在今后5年内贷款买房或付首期？(*N*=863)

	频　数	有效百分比	累积百分比
可以	241	27.9	27.9
不可以	622	72.1	100.0
合计	863	100.0	

因此，收入低的问题可以从几个方面反映出来：第一，30.9%的人月收入在2 001～3 000元之间；第二，62.3%的人加班没有加班费；第三，72.1%的人不可以在今后5年内贷款买房或付首期。第四，感知自己是高收入阶层的只占11.6%，而认为属于低收入的达20.3%。

30.9%的被访者收入在2 001～3 000元之间，32.4%的人认为现在买房每月房贷在2 001～3 000元之间，因此，房贷压力很大(见表6-7)，所以，也不难理解，有72.1%的人认为不可能在今后5年内买房或付贷款首期(见表6-6)。认为每月房贷在1 001～2 000元的被访者，应是低估了当前房贷的月还款额(见表6-7)。

表 6-7　假设您现在买房子,请问您每月的房贷将会是多少?(N=710)

	频　数	有效百分比	累积百分比
1 000 元以下	108	15.2	15.2
1 001～2 000 元	191	26.9	42.1
2 001～3 000 元	230	32.4	74.5
3 001～4 000 元	91	12.8	87.3
4 001 元以上	90	12.7	100.0
合计	710	100.0	

被访者中认为自己属于社会中层和社会中下层的同样占 40.4%。认为自己属于社会中层以上的仅 9.2%,自认为社会中层以下的达 50.4%(见表 6-8)。

表 6-8　和其他行业的业者相比,您觉得您的社会地位属于:(N=847)

	频　数	有效百分比	累积百分比
社会上层	13	1.5	1.5
社会中上层	65	7.7	9.2
社会中层	342	40.4	49.6
社会中下层	342	40.4	90.0
社会下层	85	10.0	100.0
合计	847	100.0	

尽管是在中小型的企业,但仍有 42.9%的人认为有升迁的可能,几乎占被访者的近一半,这个比例是较高的(见表 6-9)。首先被访者多为年轻人,刚涉足职场,对自己的事业前途仍持有较高的期待和自信;文化产业园中的企业不少是新兴企业,确实需要逐步组建起自己完整和稳定的工作团队和企业组织,因此对能人贤才的需求较大,让被访者产生期待;中小型企业的职工人数较少,升迁的机会较多,升迁的审核程序较简约,其过程也较为公正合理,所以给予大部分的青年从业者以有希望升迁的积极印象。这可能也是能持续吸引年轻人到文化产业园中企业从业的原因之一。

表 6-9　您觉得在您的企业里是否有升迁的可能?(N=879)

	频　数	有效百分比	累积百分比
可能	377	42.9	42.9
不可能	205	23.3	66.2
不知道	297	33.8	100.0
合计	879	100.0	

81.8%的人认为在文化企业中可以学习到新技术和积累工作经验(见表 6-10)。被访者中大部分是有大学学历的年轻人,他们认为在具备一定专业知识、特种技术和文化内涵的企业里是可以学到和积累他们所急需的技术和经验的。这也是相当一部分人愿意留在城市文化产业园的企业中工作的重要原因之一,即使这种意愿是暂时

的。因为这对年轻从业者来说，学到新技术或积累工作经验是比工资收入更重要的长远收益。

从另一个角度看，现有大专和大学的知识和技术教育并不能直接满足企业的职业素养需求。大部分在企业供职的年轻人还必须在工作实践中从头学起。

表 6-10　您觉得在您目前所在的企业里可以学到新技术或积累工作经验吗？（*N*=879）

	频　数	有效百分比	累积百分比
可以	719	81.8	81.8
不可以	160	18.2	100.0
合计	879	100.0	

以下是受教育程度与工作满意度、是否可以学到新技术或累积经验和升迁关系的柱状图。低学历群体和博士群体均面临“天花板”现象。

以下三图的共性在于，在文化产业中，依据受教育程度，可将文化产业从业人员分为三个群体：高中及高中以下群体，大专、本科和硕士群体以及博士群体。在这三个群体中，大专、本科和硕士群体的工作满意度更高，认为能在当前工作中得到很好的锻炼，并且对未来的发展空间持积极评价。另一方面，高中及高中以下的低学历群体和博士群体对所从事的职业评价却相对较低，它们面临着共同的“天花板”（见图 6-2）。

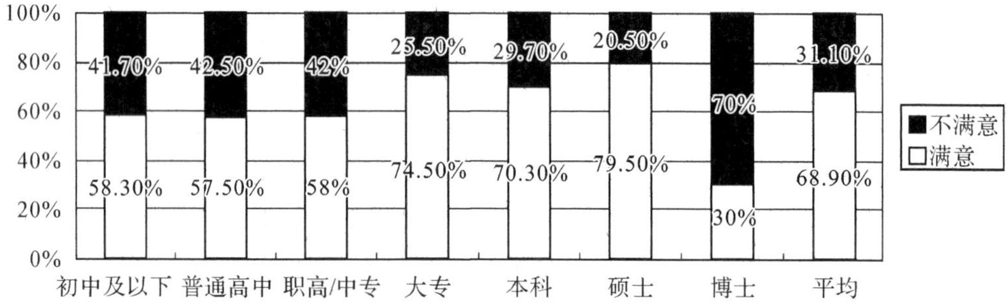

图 6-2　受教育程度与工作满意度关系

高中及以下群体和博士群体对能够学到新技术或积累经验的认可度低于大专、本科和硕士群体（见图 6-3）。

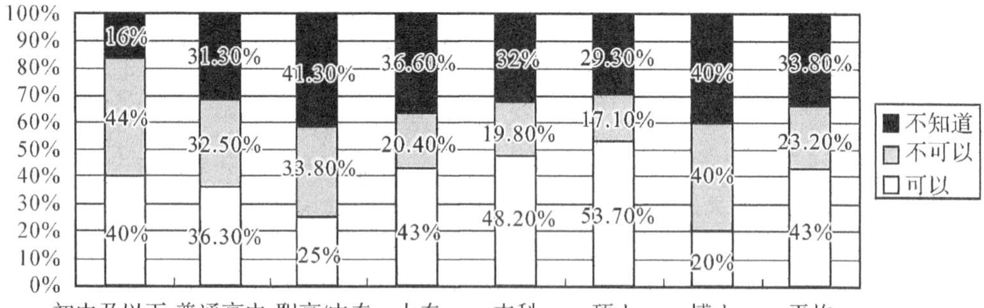

图 6-3　受教育程度与是否可以学到新技术和积累经验的关系

在对未来的预期上，大专、本科和硕士群体有更为乐观的期待，而高中及以下群体和博士群体认为得到升迁的可能性低于大专、本科和硕士群体（见图 6-4）。

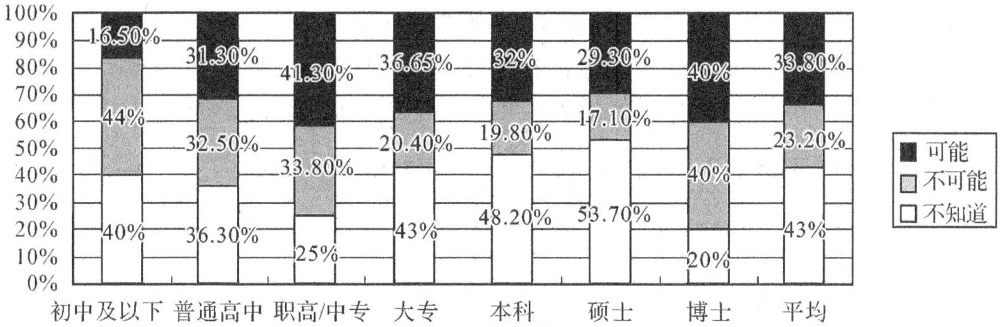

图 6-4　受教育程度与未来升迁的关系

调查显示，尽管文化企业大多数属于私人中小企业，但相当部分从业者都拥有"五险一金"的社会保障。其中五险的保障额度较高，即被访者中 94.4%的人有医疗保险，89.2%有养老保险，75.8%的人有失业保险，75.5%的人有工伤保险，67.9%有生育保险(见表 6-11)。

表 6-11　您是否有以下险种?

	频　数	百分比	个案百分比
养老保险	620	20.1%	89.2%
医疗保险	656	21.2%	94.4%
失业保险	527	17.0%	75.8%
工伤保险	525	17.0%	75.5%
生育保险	472	15.3%	67.9%
住房公积金	291	9.4%	41.9%
总计	3 091	100.0%	444.7%

但住房公积金的保障比例较低，仅达 41.9%，即被访者中超过一半人要完全依靠自己的经济收入或家庭的资助购买住房。这也可能是表 6-6"从事目前这项工作，是否可以在今后 5 年内贷款买房或付首期?"中 72.1%的人回答不可以的原因之一。

此外，除最基本的"五险"得到基本保障外，大病保险、意外保险、残疾保险等情况则不甚了解，而这些却往往是因病、因故致贫的重要原因。但这些特殊险种缴费较为高昂，一般只能凭自己或家庭的财力选择性地、有条件限制地购买。因此，按目前公众对保险的模糊认识和忽视态度看，年轻人购买此类高额保险的应该还不多。

文化产业园内的企业或产业园本身都缺少职工的基层民主组织，如工会或职工代表大会等；即使有，也不能起到很有效的社会功能作用(见表 6-12)。

表 6-12　企业或园区里有工会或职代会组织吗?(*N*=868)

	频　数	有效百分比	累积百分比
有	184	21.2	21.2
没有	403	46.4	67.6
不知道	281	32.4	100.0
合计	868	100.0	

在以下的多选题中,就单选频数来说,在所有被访者中有 296 人认为高收入是其在文化产业园中的企业工作最重要的原因;弹性的工作时间也很重要,因为作为后工业社会业态的文化产业的工作内容和性质确实使得弹性的工作时间成为可能(见表 6－13)。

表 6－13　您觉得在文化产业园中的企业里工作,什么对您是最重要的?(限选三项)

	选项一频数	选项二频数	选项三频数	总频数
可以发挥自己的知识专长	77	158	179	414
弹性的工作时间	251	141	0	392
企业文化	118	179	45	342
高的收入	296	0	0	296
稳定的就业岗位	30	39	171	240
能为国家社会的文化繁荣做贡献	27	42	12	81
其他	34	6	17	57

注释:该表的频数是在 868 位被访者对 7 个选项选出选项一、选项二、选项三的频数总量作的统计。

但从总的选项频数累计看,在文化企业里工作最重要的优势前三位分别是可以发挥自己的知识专长、弹性的工作时间和企业文化,收入仅排在第四位,而寻求稳定的就业岗位并不是被访者对文化企业最大的个人诉求。因此,头三项选项既是由文化企业业态的工作内容和工作性质决定的,也反映出文化产业从业者们作为一个青年知识群体所显现的工作和职业理想和追求:对自己所学知识的尊重和潜力的发挥;除工作外充裕的休闲娱乐时间;富有人文、人情和社会氛围的活泼轻松与和谐竞争的企业文化。但其中选择"能为国家社会的文化繁荣做贡献"这一崇高工作价值的也有 81 人次。

从文化企业中的大多数从业者为低中等收入(在 2 001～5 000 元之间),没有加班费,5 年内无法贷款买房或付贷款首期,社会地位也不高,但他们对工作的满意度却较高(见表 6－14)等统计结果看。我们可以认为,吸引他们从事此行业的主要不是经济原因。可以学到新的技术积累、新的经验(见表 6－10),失业后相对容易地实现再就业(见表 6－27),以及可以发挥自己的知识专长、弹性的工作时间、企业文化等均是使其愿意从事此行业的重要原因。

三、工作满意度

关于对工作满意度的统计,主要是对就业者在整体满意度、工资收入和工作单位文化环境,如企业文化环境的满意度方面的统计。

有 68.9%的被访者表示对目前在企业里的工作表示满意,满意度是较高的(见表 6－14)。

表 6－14　您是否满意自己目前的工作?(N=870)

	频　数	有效百分比	累积百分比
满意	599	68.9	68.9
不满意	271	31.1	100.0
合计	870	100.0	

基于此,调查发现,对工资收入持非常满意和比较满意态度的共占 39.1%,虽不过半,但也是较高的比例。而较不满意和非常不满意的共占 14.4%。但对工资收入满意度抱一般态度的却有 46.5%,这是个摇摆的群体,按中国人的语气和心态,所谓的一般包含了一些无奈和默认,还有一些期许和郁闷,也就是说也带有一丝不满意的情绪(见表 6-15)。

表 6-15　您对目前的工资是否满意?(N=874)

	频　数	有效百分比	累积百分比
非常满意	68	7.8	7.8
比较满意	274	31.3	39.1
一般	406	46.5	85.6
较不满意	85	9.7	95.3
非常不满意	41	4.7	100.0
合计	874	100.0	

将性别、年龄、籍贯、学历、是否归国留学人员这 5 个变量分别与工资满意度进行卡方检验,其中,年龄、籍贯、学历、是否归国留学人员这 4 个变量都与工资满意度不存在相关关系。只有性别这一个变量与工资满意度呈现出相关关系。男性对工资的满意度比女性的高(见表 6-16)。

表 6-16　性别与工资满意度的交互分类

性别与工资满意度的交互分类表						
	工资满意度					合计
	非常满意	比较满意	一般	较不满意	非常不满意	
男性	52.2%	48.2%	40.5%	27.4%	41.5%	42.6%
女性	47.8%	51.8%	59.5%	72.6%	58.5%	57.4%
合计	100.0%	100.0%	100.0%	100.0%	100.0%	100.0%
	$X_2=14.701$, df=4, Sig=0.005					

表 6-17　是否为首份职业与收入之间的交互分类

收入				
是否首份职业		均值	N	标准差
dimension1	是	2.87	202	1.434
	不是	3.08	650	1.399
	总计	3.03	852	1.409

表 6－18 是否为首份职业与收入的方差分析

是否为首份职业与收入的方差分析					
收入					
	平方和	df	均方	F	显著性
组间	7.035	1	7.035	3.553	0.060
组内	1 683.231	850	1.980		
总数	1 690.266	851			

笔者分析了是否为首份职业与收入之间的关系。相关显著性水平大于 0.05(见表 6－17和表 6－18)。说明当前职业为首份职业的群体和不是首份职业的群体之间的收入不存在显著差异,前者并不显著低于后者的收入。这从侧面说明,在文化产业园中的企业里工作,没有论资排辈和经验积累上的优势,一般都是一视同仁,按照业绩给予报酬,即职工相互间的收入竞争是较为公平的。

不同收入水平群体与工作满意度的关系是基本的分析视角。实际收入与工作满意度之间呈现相关关系,Gamma 检验显示,收入越高者,对工作满意的比例就越高,收入越低者,对工作不满意的比例就越高(见表 6－19)。

表 6－19 被访者实际收入与工作满意度的关系

实际收入与工作满意度的交互分类表								
		实际收入						合 计
		2 000 元以下	2 001～3 000 元	3 001～4 000 元	4 001～5 000 元	5 001～6 000 元	6 000 元以上	
工 作 满意度	满意	69.0%	61.8%	65.6%	77.1%	73.9%	83.7%	68.6%
	不满意	31.0%	38.2%	34.4%	22.9%	26.1%	16.3%	31.4%
合计		100.0%	100.0%	100.0%	100.0%	100.0%	100.0%	100.0%
		(87)	(259)	(259)	(109)	(46)	(86)	(864)
		$X_2=20.002$, df=5, Sig=0.001, Gamma=−0.186						

不同收入水平群体与工作满意度成相关关系。收入越高的社会群体,对工作越满意,收入越低的社会群体,对工作不满意的情况越高。这个结果也并无意外(见表 6－20)。

表 6－20 不同收入水平群体和工作满意度的关系

		不同收入群体			合 计
		高收入(6 000 元以上)	中等收入(3 000～5 000 元)	低收入(2 000 元以下)	
工 作 满意度	满意	83.3%	68.3%	63.5%	69.0%
	不满意	16.7%	31.7%	36.5%	31.0%
合计		100.0%	100.0%	100.0%	100.0%
		(96)	(564)	(167)	(827)
		$X_2=11.757$, df=2, Sig=0.003, Gamma=0.228			

笔者还分别从性别、年龄、籍贯、不同受教育程度、是否归国留学人员与工作满意度的关系进行了分类比较。

将性别、年龄、籍贯、不同受教育程度、是否归国留学人员这5个变量分别与工作满意度进行卡方检验发现,性别、籍贯、不同受教育程度这3个变量和工作满意度呈现出相关关系,年龄和是否归国留学人员这两个变量与工作满意度不存在相关关系。因此,将性别、籍贯和不同受教育程度这3个变量与不同工作满意度建立回归模型。

分类变量做如下处理:性别(男、女);籍贯(本市人、本省外地人、外省人);不同受教育程度(初中及以下、普通高中、职高/技校/中专/综合高中、大专、本科、硕士、博士)。分类变量作虚拟变量处理,当职工属于某一类别,则取1,不属于某一类别,则取0。将工作满意度设置为因变量。因变量取值为1=不满意,2=满意。根据样本总体情况,确定参照组的情况,参照组选择女性,本市人,教育程度为本科(见表6-21)。

由表6-21可知,与参照组相比,外省人和本市人之间对工作的满意度没有差别,初中及以下、大专、硕士与本科生之间对工作的满意度差异不显著,所以,在籍贯分类指标中把虚拟变量X_3和参照组合并为一组。在学历分类指标中把X_4、X_7、X_8与参照组合为一组,得出回归方程为:

$$Y=1.711+0.102X_1-0.109X_2-0.119X_5-0.13X_6-0.404X_9$$

结论:第一,从性别上来看,与女性相比,男性的工作满意度比女性高。

第二,从籍贯来看,外省人和本市人对工作的满意度没有差别,但本省外地人比本市人和外省人的工作满意度低。

第三,从学历上来看,初中及以下、大专、硕士与本科生之间的工作满意度差异性不明显。普通高中、职高以及博士的工作满意度比参照组低。

表6-21　各因素和工作满意度的回归模型

自变量		B	Std. Error	Beta	t
	(常量)	1.711	0.039		43.598***
性别(女)	X_1 男	0.102	0.031	0.110	3.253***
籍贯(本市人)	X_2 本省外地人	−0.109	0.041	−0.112	−2.681***
	X_3 外省人	−0.033	0.040	−0.035	−0.819
学历(本科)	X_4 初中及以下	−0.130	0.096	−0.047	−1.355
	X_5 普通高中	−0.119	0.056	−0.075	−2.101**
	X_6 职高	−0.130	0.056	−0.082	−2.319**
	X_7 大专	0.050	0.037	0.050	1.343
	X_8 硕士	0.067	0.078	0.030	0.856
	X_9 博士	−0.404	0.146	−0.094	−2.776***

F=4.869,Sig=0.000,调整R^2=0.39,***代表在1%的水平下显著,**代表在5%的水平下显著

再考察不同工作岗位与工作满意度之间的关系(见表6-22)。

表 6－22　不同工作岗位与工作满意度的交互分类

		所在岗位										总计
		研发设计	生产制作	内部管理	市场营销	仓储物流	广告媒体	法律咨询	财务会计	人力资源	其他	
工作满意度	满意	76.0%	40.4%	70.1%	81.5%	53.8%	69.2%	40.0%	69.4%	67.6%	68.1%	643
	不满意	24.0%	59.6%	29.9%	18.5%	46.2%	30.8%	60.0%	30.6%	32.4%	31.9%	285
总计		(129) 100.0%	(57) 100.0%	(117) 100.0%	(151) 100.0%	(13) 100.0%	(133) 100.0%	(20) 100.0%	(49) 100.0%	(71) 100.0%	(188) 100.0%	(928)

对工作满意的岗位有研发设计、内部管理、市场营销、仓储物流、广告媒体、财务会计、人力资源。满意度最高的是市场营销，这可能和较高的提成收入有关；其次是研发设计，这是在文化企业里受到重视和尊重的岗位，因为它基本上是文化产业发展的关键核心部门；第三是内部管理部门，这应该和较为轻松的办公室工作环境有关。

对工作不满意的岗位有：生产制作和法律咨询。前者可能是因为身处生产第一线，工作场所的环境不尽人意，如粉尘污染、体力活累、工资低廉等原因。而作为律师，常常在需要通过法律途径解决问题时才被重视，在有些情况下会有被忽视和遗忘的感觉。

笔者重编受教育程度(new2edu)，再次检验受教育程度与工作满意度之间的关系。

将初中及以下，普通高中，职高/技校/中专/综合高中重新编码为高中及以下，将大专和本科重新编码为大学，将硕士和博士重新编码为硕士及以上。

方差分析表(表 6－23〈1〉)说明不同受教育程度群体对目前工作满意度存在显著差异。由均值比较表(表 6－23〈2〉)可知，高中及高中以下群体的不满意度最高，大学群体的满意度最高，硕士及硕士以上的群体满意度居中。表 6－23〈4〉也显示工作满意度与受教育程度呈负相关关系。

表 6－23〈1〉　案例处理摘要

	案例					
	有效的		缺失		合计	
	N	百分比	N	百分比	N	百分比
new2edu * 是否满意目前工作	865	97.6%	21	2.4%	886	100.0%

表 6－23〈2〉　重编受教育程度群体工作满意度的组内均值比较

new2edu		均值	N	标准差
dimension1	高中及以下	1.42	185	.495
	大学	1.28	631	.449
	硕士及以上	1.31	49	.466
	总计	1.31	865	.463

表 6-23〈3〉　重编受教育程度与是否满意目前工作的方差分析

	平方和	df	均方	F	显著性
组间	2.914	2	1.457	6.885	0.001
组内	182.431	862	0.212		
总数	185.346	864			

表 6-23〈4〉　重编受教育程度群体工作满意度的相关系数

			是否满意目前工作	new2edu
Spearman 的 rho	是否满意目前工作	相关系数	1.000	−0.109**
		Sig.(双侧)	.	001
		N	870	865
	new2edu	相关系数	−0.109**	1.000
		Sig.(双侧)	0.001	.
		N	865	880

**. 在置信度(双测)为 0.01 时,相关性是显著的。

我们还应该检验工资满意度、每周工作天数、每天工作时间、是否有加班费、升迁可能、能否积累工作经验和社会地位与工作满意度之间的关系。

回归模型是:对于城市文化产业园中文化企业职工对工作的满意度,选取了 7 个变量对其进行测量,分别是工资满意度、每周工作天数、每天工作时间、是否有加班费、升迁可能、能否积累工作经验和社会地位。具体定义如下表(见表 6-24)。

表 6-24　城市文化产业园中文化企业职工工作满意度的回归分析定义

变　量	变量解释及赋值
X_1 工资满意度	1=非常满意,2=比较满意,3=一般,4=较不满意,5=非常不满意
X_2 每周工作天数	1=3 天以下,2=3～5 天,3=6～7 天
X_3 每天工作时间	1=6 小时以下,2=6～8 小时,3=9 小时以上
X_4 是否有加班费	1=有,2=没有
X_5 升迁可能	1=可能,2=不可能
X_6 能否积累工作经验	1=可以,2=不可以
X_7 社会地位	1=社会上层,2=社会中上层,3=社会中层,4=社会中下层,5=社会下层
Y 是否满意自己目前的工作	1=满意,2=不满意

把上表中的“是否满意自己目前的工作”作为因变量,采用多元线性回归方法构建式(1)的计量模型,揭示工作满意度与各自变量之间的线性关系。

$$Y=A+B_1X_1+B_2X_2+B_3X_3+\cdots+B_PX_P \tag{1}$$

式(1)中 X 为影响因素变量,B 为回归系数,表示当其他解释变量保持不变时,X 每变动一个单位所引起的被解释变量 Y 的变化情况。本研究使用 *SPSS* 18.0 中的“进入法”进行计量分析。具体结果如下表(见表 6－25)。

表 6－25　城市文化产业园中文化企业职工工作满意度的回归分析

模型一		模型二		模型三	
自变量	B_P	自变量	B_P	自变量	B_P
(常量)	－0.023	(常量)	0.087	(常量)	0.176**
X_1	0.127***	X_1	0.139***	X_1	0.144***
X_2	0.035	X_2	0.098	X_4	0.096*
X_3	0.017	X_4	0.160*	X_5	0.155***
X_4	0.093	X_5	0.310***	X_6	0.312***
X_5	0.165***	X_6	0.041***	—	—
X_6	0.330***	—	—	—	—
X_7	0.029	—	—	—	—
R^2(调整后)＝0.273		R^2(调整后)＝0.275		R^2(调整后)＝0.277	
***:$P<0.01$　**$P<0.05$　*$P<0.1$					

由模型可知,当所有变量全部进入后,回归方程中单个参数的检验有 3 个变量,即每周工作天数、每天工作的时间和社会地位归属感(X_2、X_3、X_7)没有通过检验,即它们在回归方程中的回归系数为 0。因此,当剔除这两个变量后,模型三建立的回归方程中,单个参数全部通过检验,且调整 R^2 达到 27.7%,回归方程是有意义的。回归方程的表达式为:

$$Y=-0.144X_1+0.096X_4+0.155X_5+0.312X_6+0.176 \tag{2}$$

由回归方程可以得出以下结论:工作满意度与工资满意度、是否有加班费、升迁可能性以及能否积累工作经验这 4 个变量存在相关关系。与每周工作天数、每天工作时间以及社会地位这三个变量不存在相关关系。因此,职工对工作时间的长短没有很敏感的判断。工资满意度越高,工作满意度越高;有加班费比没有加班费,工作满意度高;升迁可能性越大,工作满意度越高;工作越能够积累工作经验,对工作的满意度越高。其中,能否积累工作经验这个变量对于工作满意度的影响程度最大,是否有加班费这个变量对于工作满意度影响程度最小。由此看来,作为以年轻人为主体的城市文化产业园内企业的职工,不会太注重收入、工作时间长短等短期性利益,而是注重较长远和积累性的利益。

四、文化产业引领就业(社会流动)

(一) 研究意义

本节继续研究城市文化产业园和文化企业对社会发展的影响,研究视角是城市文化产业对劳动就业的引领作用。

自 2006 年以来,文化产业在各地兴起发展,创造了新的经济社会价值。虽然占总产值的比例还不高(还未超过 20%),但作为迅速城市化后的政策性推动产业之一,在政策构建、经济规律和文化产业自身的深厚发展基础和巨大潜力的共同推动下,文化产业已成为重要的城市经济组成部分。自十七大七中全会提出把文化产业提升为国家支柱产业以来,文化产业迅速发展。通过发展产业经济促进就业是政府社会工作的核心之一。但关于文化产业尤其是城市文化产业如何促进就业,仍为研究文化产业和劳动社会学领域中一个滞后的空白。同时,学界和政府部门对城市文化产业园对社会发展的引领作用,尤其是对关系国计民生和社会稳定的劳动就业领域的作用的研究和关注还不够。

和英国、日本与美国相比,城市文化产业在我国还存在规模偏小、低端分散及产业链松散等问题,不能为劳动就业市场创造大量的就业岗位,社会效益尚未彰显,还未能作为城市未来的支柱产业引领促进劳动就业。在这种背景下,通过调研和创新,积极寻找城市文化产业园引领社会发展尤其是就业发展的合理路径已迫在眉睫。

现代城市已由传统的生产、居住、政治、教育、科技、商业、交通、社会、生态、文化等多功能的中心集中到居住、政治、教育、商业、交通、社会、文化和生态 8 大功能上。居住、政治、交通是城市最基本的功能,教育是城市的必要功能,商业是城市的传统功能,而社会功能、文化功能和生态功能则是城市中最本源、最深刻、最活跃、最长远且最有代表性的功能。其中,文化功能的日渐增强和产业化对城市的劳动就业具有逐渐递增的作用,即对社会功能的日益增强的影响作用;而文化的产业化的另一个直接效益是城市生态效益即生态功能的改善;在此需求下,是对教育功能的提高和促进,进而是对现代文化型城市居住功能即居住环境的改善,从而是对城市网路系统即交通功能的现代化需要;这一系列的城市基本功能体系的现代化需求最终需要城市管理制度的改革和更新,即城市政治功能的修正和完善。这既是一个连续系统,也是一个递进式的循环发展过程。

城市中的基础设施业、能源供应业、金融业、酒店餐饮服务业、物流业、商贸业、公共服务业、建筑业、教育业、科技业、城市管理业、交通邮电业、旅游业、环保业、保险福利业和网络电讯业等,是实现城市各基本功能的十六大行业,它们虽然有部分行业属于第三产业,但最主要和关键的还是提供了规模化、集约化就业岗位的第二产业即生产制造业。对生产制造业等传统就业市场的研究已有相当的成果,但对于城市新兴的支柱产业——文化产业所建构的劳动就业市场还是缺乏系统和深入的研究。

基于社会功能、文化功能和生态功能等范畴标准下的宜居城市的建设,许多城市实施“退二进三”政策,“二”指第二产业,“三”指第三产业,就包括新兴的文化产业(前文中笔者认为是属于第五产业)。文化产业正局部地接替城市第二产业和传统型第三产业的角色,部分地成为城市中的主导产业,其所构建起的城市新型劳动就业市场对快速城市化和城市人口已过半的中国社会具有重要意义。在 2014 年 3 月 16 日发布的《国家新型城镇化规划(2014—2020)》中,计划要安置三亿新增城市人口的就业,包括旧城改造的一亿人、来自农村的两亿人。还有城市新增人口、高等院校毕业生和转业军人等。这是城市发展的人口压力,也是人力资本,更是社会任务。

因此,城市文化产业是知识、技术和资本密集产业,其创造的直接就业岗位数量虽不及第二产业和传统型第三产业,但就业潜力较大和就业链较长。在全球经济持续低迷的阴影下,面对城市不断增加的外来流动人口、自然增长人口和高校毕业生就业压力,城市文化产业能否有效分流城市就业人口日显重要。

(二) 研究的基本内容

为使研究全面深入,将对问题的客体——文化产业创造就业——从宏观、中观和微观三个层面展开实证研究。

1. 宏观层面

这是对我国城市文化产业的就业政策和政府统计数据的研究。

对 2006 年文化产业在我国兴起以来，各地政府部门有关文化产业促进就业和再就业的政策的分析、研究及相关宏观数据和资料，属于历史文献研究，为中观和微观研究奠定基础。首先理清文化产业的规模和和与之相关的政策，包括文化产业的企业数量、从业人员数量、管理人员数量和各部门颁发的有关促进就业的法规和政策。然后分析文化产业的功能结构，包括相关企业的类型、业态的组成结构、规划理念和实际实施的就业政策。

2. 中观层面

这是对有代表性的城市文化产业园的个案研究。选取文化产业建设得较好的有代表性的城市中有典型意义的城市文化产业园进行研究，包括剖析文化企业的结构、制度和组织特点、业态类型、管理形态和模式、区位特点、从业人数和岗位结构、企业自身内部的劳动分工体系和创造就业的增长点，揭示文化产业创造就业的内外动力、建构途径、运作机制和普遍规律，运用到工业社会学和产业集聚的理论。

据笔者的调研和所掌握的资料，每个城市文化产业园本身所能直接创造的就业岗位一般在 500 至 4 000 个，少有超过 5 000 个。如南京市的晨光 1865 创意产业园共创造就业岗位 4 000 个。4 000 个就业岗位是就业规模较大的。

3. 微观层面

微观层面的研究主要是基于笔者对南京、杭州、广州、北京四个城市的文化产业园中文化企业职工的问卷调查。

微观层面进一步研究文化产业从业群体的人口结构与社会结构，即年龄组成、性别结构、受教育水平、专业体系、职业培训、家庭背景、文化环境、原来的工作、工作满意度、就业满意度、生活满意度、幸福感、社会流动和社会网络等，从个体反证企业的就业促进机制。

在对文化产业从业群体就业态度的研究中，从微观角度分析从业者从事文化产业的主客观原因，是否为终身职业，收入满意度，升迁满意度，企业文化满意度，流动意向(是否想转行？为什么想转行？想转到什么行业？什么原因?)以及社会地位的自我评价等。对文化企业的招聘制度与文化产业专业学生的就业取向及教育体系作比较研究。

还将依托产业集聚理论、劳动就业理论和社会政策理论，论述文化产业是否能创造规模化就业，城市文化产业链可能创造规模化就业的各个节点，及其失业风险和抵御社会风险的机制等。

最后研究城市文化产业创造劳动就业和构建劳动就业市场的动力、路径、机制和规律。

这一系列研究的前提和基础是对现有的文化产业的就业结构进行调研，按逻辑程序，所涉及的主要研究内容按以下 8 个方面排序阐释：文化企业职业岗位的划分，职工转行意愿及其原因，已有、潜在和未来就业类型，创造就业的机制路径，与传统就业市场的关系，原有企业职工的再就业途径，基于新职业新流动的社会分层，失业风险与应对机制。但因研究资源有限，本研究仅集中在城市文化产业园中企业职工的职业类型、是否愿意转行和愿意在文化企业就业的原因三个方面。

(三)微观层面研究分析

1. 文化企业职业岗位的划分

要研究文化企业职业岗位的划分和城市文化产业园中企业所形成的就业层次,必须对文化企业所能创造的就业职业和岗位先作界定;同时研究城市文化产业园企业中形成的就业层次,即其行业结构所构成的不同层次的职业阶层和职业类别。

与城市文化产业园相关的职业类别主要产生于城市文化产业园企业的内部、与之直接相关的服务性领域和在外部的间接相关产业链形成的领域。

首先,在城市文化产业园内部本身,就其规划、建设、管理服务的三个过程,就可创造出系统性的就业岗位和职业类别。

在城市文化产业园的规划阶段,规划城市文化产业园的设计部门需要聘用建筑设计师、城市规划师、土木工程师、园林规划师、交通规划师等,属于知识密集型工作。在建设和改造阶段,需要建筑工程部门、室内装饰部门和园林工艺公司的参与,会雇用大量的建筑工程师、工艺美术师、建筑工人(瓦工、木工、水电工、管道工,油漆工、运输工等)和室内装修工人,属知识密集和劳动密集整合型工作。

在城市文化产业园建成后,作为一个多元化和多领域企业集聚的社区,需要有专业和高效的管理服务部门。园区的管理部门主要包括物业销售和物业管理。在管理服务部门里,拥有最基本的物业管理职业类别:各级物业经理、水电维修工、清洁工、保安人员、园林绿化工和人力资源等其他公司内部管理人员。在管理服务部门还可能有其他的较高级的行业职业领域,如园区房地产的市场销售人员、法律顾问、财务人员等。如果园区内有自己独立的食堂、宾馆、宿舍等内部服务设施,就会有更多的相关服务人员,如食堂工人、宾馆和宿舍的服务员和管理员等。

当然,在城市文化产业园内部,最大量和最有效的就业岗位和职业类别提供者是入驻园区内的文化企业。就文化企业的特殊产业结构而言,其所能提供的职业类别有:各层面的公司企业经理、部门主管,内部管理(包括人力资源、财务、培训和法律咨询),研发设计人员,市场营销人员,网络工程师,仓储物流专员,税务报关专员,广告媒体人员,生产制作工人等。而动漫设计师、室内装潢设计师、园林绿地设计师、工业产品设计师、包装设计师、广告媒体设计师、音乐作品后期制作、影视作品后期制作、摄影师、画师、雕塑师、版画师、陶工和其他大量的专业性和异质性很强的各类艺术品工匠等成为城市文化产业园就业的主体,这与第二产业和传统第三产业有所区别。

最后,在一些城市文化产业园里,还提供了各类附属性的休闲服务业职业岗位,如咖啡馆里的服务员、调酒师,餐厅里的厨师和艺术学校或培训班里的指导教师等。

与城市文化产业园直接相关的附属领域职业类别主要是那些满足城市文化产业园内部其他服务性功能需求的,处于相邻区位的服务部门体系的职业类别。能够因城市文化产业园的存在衍生的直接外部附属职业有:仓储运输部门的仓库、运输管理人员,包括当前日益重要的快递业务中的职业快递员——他们负责对城市文化产业园的货物进行存储和运输;园区周边的餐饮、超市和旅馆等的服务人员——他们为园区内员工的基本生活提供保障;为园区提供垃圾清理搬运服务的环卫部门职工——他们定期清运园区内的各类垃圾。

在城市文化产业园外部的间接相关产业链包括三大方面:一是与园内企业有业务往

来的其他文化企业所创造的就业岗位，如相关互补的行业企业所设置的职业岗位，这是和城市文化产业园中的文化企业同质的职业类型。双方企业基本上是一种对等的和水平方向的业务往来。二是将城市文化产业园中成功开发的作品转化为产品的各种生产平台，如生产性的工厂企业和作坊等创造的职业岗位，这里有工匠、技师、生产工人等。这类企业和城市文化产业园里的企业是一种纵向或垂直方向的业务关系，属于产业链中的中下游。三是将文化产品转化为商品的市场交易平台，如批发零售文化产品的各类公司、商场、经销点甚至路边摊等创造的职业岗位，如市场策划人、销售经理、批发商、销售员、网购营销员、经纪人、电商、微商、摊贩等。这类企业和个人是文化企业中以设计研发为主要任务的企业目标的最后实践者，是文化创意、文化产品最终成为商品、消费品，形成商品价值，实现其使用价值、商业价值乃至经济和文化价值的终端。

就文化产业园内企业所创造的就业岗位类型的角度，从被访者在文化企业中从事的具体工作看，从事市场营销工作的占 16.1%，从事广告媒体工作的占 14.3%，从事研发设计工作的占 14.1%，从事内部管理工作的占 12.6%，而从事生产制造的仅占 6.1%。其他的是从事人力资源、财务会计、法律咨询和仓储物流等支持性、服务性的工作。由此可见，我国文化企业的主要就业结构属于带第三产业性质的劳动力就业市场。就 886 位被访者来看，仅 133 人的研发设计人员构成也佐证了我国文化产业仍处于较低的创新阶段和创新水平；而多达 151 人的最高比例的市场营销人数则印证了产业园文化企业目前更多的是短期经济利益驱动的生产营销型企业（见表 6-26）。

表 6-26　您目前从事的是什么岗位的工作？（$N=886$）

	频　数	百分比	个案百分比
研发设计	133	14.1%	15.4%
生产制作	57	6.1%	6.6%
内部管理	118	12.6%	13.7%
市场营销	151	16.1%	17.5%
仓储物流	13	1.4%	1.5%
广告媒体	134	14.3%	15.5%
法律咨询	20	2.1%	2.3%
财务会计	50	5.3%	5.8%
人力资源	72	7.7%	8.3%
其他	192	20.4%	22.2%
合计	940	100.0%	108.9%

注：此题为多选题，因此会有合计 940。

2. 职工转行意愿及其原因

对城市文化产业园的基本就业现状进行实证分析，获取基本的客观信息。主要从城市文化产业园中企业职工是否愿意转行及其原因进行分析。

对于大部分的被访者来说，如果失去目前的工作，还是可以胜任其他与文化产业无关的其他种类的工作的（见表 6-27）。这说明三点：第一，目前就业者的知识和技术技能具有一定的共通性,可以较轻易地转行;文化企业劳动就业市场所提供的就业机会也较多。第二,文化产业的从业者大部分为青年人,社会适应力较强、有基本的知识储备、向上流动的自信较高,流动能力较强,基本不惧怕转岗乃至文化产业萧条的风险。部分年轻人,可能根本没有把在这一行业或某个企业工作作为终身目标,而是存在着较大的流动性和"跳槽"意愿。第三,在产业园企业中工作的大部分年轻人为80后和90后,他们仍有足够的时间、精力乃至技术能力对自己的职业和事业进行不断地再定位和再出发,他们具有自由选择的资本和条件,因此也具有自主选择职业的信心和勇气。

表 6-27　如果您失业,您觉得您可以从事与文化产业无关的其他种类的工作吗?(*N*=850)

	频　数	有效百分比	累积百分比
可以	441	51.9	51.9
不可以	111	13.1	64.9
不知道	298	35.1	100.0
合计	850	100.0	

但有意思的是,当问到"如有其他行业的工作,月工资高出现有工资200元的,会否转行或转工作单位?"时,绝大部分的人还是选择留在现在的企业而不准备"跳槽"(见表6-28)。对此的猜测性分析有三种:一是认为仅为200元就重找工作不值得,嫌麻烦。二是觉得目前的工资待遇可以接受,且即使再"跳槽"也不会有大的改变。而且要注意的是,被访者中有75.4%以上的人已经"跳槽"过一次以上(见表6-1),他们大部分人因此已有换工作的"经验",可能相对比较珍惜目前的工作机会和工作环境。三是被访者愿意留在现有企业工作还涉及除工资收入外的其他因素,如企业文化、学习技术、积累经验、工作环境、上班时间、离家距离等其他非物质化的吸引力。

表 6-28　如有其他行业的工作比现有月工资高出200元,会否转行或转工作单位?(*N*=871)

	频　数	有效百分比	累积百分比
会	144	16.5	16.5
不会	727	83.5	100.0
合计	871	100.0	

3. 愿意在文化企业就业的原因

愿意继续留在文化企业从业的主要原因依次是工作有乐趣、企业文化良好、可以发挥知识专长、工作时间自由、城市文化产业园的氛围好、同事关系好。而因为"收入高"留在文化企业工作的仅有78人次(见表6-29)。

"工作有乐趣"。一是由文化产业中"文化创意"这一基本的工作性质和职业特点决定的。二是由企业中从业者的年轻化决定的。即年轻人都喜欢从事自己喜欢的、有新意的、有兴趣的、不枯燥的工作。这也是吸引年轻从业者能够较长期地在文化企业工作的重要的就业心理原因。同样,因为"工作单调没有发展前途"而想离开的人也有119人(见表6-31)。

"公司的文化氛围好"。文化企业作为一种集文化、智慧、创意、创新、协作、宽容等元素的中小型企业,没有大型工矿企业、政府部门等传统单位那样严格的科层制、苛刻的组织纪律、单一的价值观念、压抑的工作环境。文化企业里没有高压的管理制度、没有僵化的时间限制、没有阴暗压抑的厂房仓库、没有肮脏有害的工作环境,同事的受教育程度较高和较为同质化,这些都是企业构建良好文化氛围的条件(见表6-29)。但在下面的问题中,也有84人次表示由于企业文化不好而想离开(见表6-31)。

可发挥知识专长。这是年轻知识分子在职场上最希望实现的心愿之一。文化企业基本上属于知识型产业,需要从业者的智慧、创意、创新,这就为从业者发挥知识专长提供了基本的环境条件。企业也鼓励员工充分发挥想象力进行设计和创作(见表6-29)。相比较的是,认为不能发挥自己专长而想离职的也有83人次(见表6-31)。

"工作时间自由"。虽然一些文化产业有固定的上下班时间和打卡等考勤制度,但总的来讲,大部分是以充分发挥职工的积极性,以产品研发成果论绩效,职工可以较为自由地安排上下班时间。而且,也基本允许职工在工作时间稍事休息,没有工厂里那样严苛的考勤制度。这使得天性较为慵懒的年轻从业者对此较为追崇(见表6-29)。而作为佐证,认为"工作时间长而受限"的则有117人次(见表6-31)。

城市文化产业园的氛围好。这是被访者愿意留在文化企业工作的排行第五的理由。许多城市文化产业园是由原老工业厂房改造而来,既带有历史的凝重感,更有轻松活泼、简洁明朗的空间设计。而且,园区内较为安静祥和、绿荫婆娑,一些设计新颖别致的咖啡厅、餐厅和休闲场所平添了一种小资式的文化氛围,这是受过高等教育的年轻人们的最爱(见表6-29)。

同事关系好。在文化企业里,没有过于苛刻的纪律监督,也没有死板的官僚作风,同事之间的关系呈现某种扁平化倾向,即大家都是平等的员工,做着类似的工作,拥有较合理的报酬,各自相对独立地完成自己的工作;加之大多为同龄人和具有相近的受教育程度,兴趣爱好和言谈举止近似,因此较容易磨合和沟通,仅有少数人会因为同事间关系不好而选择辞职(见表6-29)。

表6-29　您会一直在文化产业里从业的原因

	原因1(频数)	原因2(频数)	原因3(频数)	总频数
工作有乐趣	148	106	9	263
公司的文化氛围好,有企业文化	62	111	46	219
可以发挥自己的专业知识	45	77	77	199
工作时间自由	160	33	2	195
喜欢城市文化产业园的氛围	24	51	85	160
同事好,人际关系简单	13	28	114	155
收入高	78	0	0	78
老板人好	5	30	40	75
是受人尊重的白领工作	59	11	0	70
其他	26	3	6	35

注:此题为多选题。

4. 留在或离开文化企业的矛盾点分析

但与上面的两组问题的回答相矛盾的是,也有21.8%的被访者不愿意一直从业于文化产业,即未来有转行的可能。高达49.6%的被访者视情况而定(见表6-30)。

表6-30　您会一直在文化产业里从业吗?(N=867)

		频　数	有效的百分比	累积百分比
有效	会	248	28.6	28.6
	不会	189	21.8	50.4
	看情况	430	49.6	100.0
	总计	867	100.0	

而想离开文化产业而转行的原因中,占比例最多的是工资收入低,其次是觉得工作辛苦,第三是工作单调没有发展前途以及工作时间长而受限、企业文化氛围不好、难以发挥专业知识等。因此,转行的主要原因是基于个人对这一工作的切身感受,属于涉及个人直接利益的范畴;而老板不好、同事关系复杂、不好的城市文化产业园氛围等外在性的因素并不是转行的主因(见表6-31)。

表6-31　您想离开文化产业而转行的原因?

	原因1(频数)	原因2(频数)	原因3(频数)	总频数
收入低	163	0	0	163
工作辛苦	82	48	0	130
工作单调没有发展	32	59	28	119
工作时间长而受限	48	52	17	117
公司里的文化氛围不好	22	38	24	84
难以发挥自己的专业知识	14	38	31	83
老板不好	8	21	40	69
同事关系太复杂	6	3	45	54
其他	36	4	13	53
不喜欢城市文化产业园里的氛围	5	2	13	20

注:此题为多选题。

而下述的六类主要的个体性的转行原因都较能解释文化产业园内的年轻从业者一般性和基本的待遇诉求(见表6-31)。

就"收入低"而言,已经成人化的年轻人在城市的生活压力较大,有成家的经济压力,需要买房买车,需要满足城市里的消费水平和消费欲望。

觉得"工作辛苦",是大部分青年从业者的普遍感受,大部分处于职场底层的年轻人往往需要承担企业更多的工作、绩效考核、升迁诱惑和同事间的竞争,而其有限的能力、智慧和意志使得其对工作的承受力总是处于濒临崩溃的状态。

“工作单调没有发展”前途，这也是大部分年轻从业者较为普遍的感受，他们往往在入职时对企业和工作有过高的预期值，但职场现实与自我预计却相差甚远。且文化产业有相当一部分是私营性的中小型企业，从企业本身和结构看不可能有太多太大的发展机会和空间。

“工作时间长而受限”也是困扰企业内青年从业者的一大问题。他们是年轻人，充满自由奔放的精神，有精力活力和一定的消费能力去参与休闲活动，如体育运动、读书深造、文化交流、交友择偶、远足旅行等，这是这个年龄段的年轻人的生活方式。但不断的工作任务、超时加班的压力和自身能力的限制，使他们不得不牺牲个人的休闲时间来完成永无止境的工作任务。

“公司里的文化氛围不好”是作为从业者的个体在职场和企业这一整体中的个人感受。相比制造业、服务业、政府机关等单位，文化企业已经可以给予从业者相当大的个人发挥空间和较简单轻松的人际关系，但却难以满足年轻从业者个人更高的企业文化氛围期望。笔者在调研中发现，大部分文化企业的从业者基本上是从事着较为单一和重复的劳动，往往较为密集地集中在室内空间面对电脑，或长时间与老板、经理和为数不多的同事待在较为狭小的空间里。企业的小型化也使企业难以有资源经常组织大型的职工集体活动。

“难以发挥自己的专业知识”是由大部分文化企业的业态、体制和产品性质决定的。文化企业的业态普遍仍较为低端，主要是动漫、设计、网游、装潢、传媒和信息等领域，只要大专一级的毕业生就可基本胜任。文化企业的体制主要是中小型私人企业，缺乏研发动力和资本，对自主知识产权的新品的研究开发还不够重视，而是以低成本的仿造复制为主，无需员工太多的智慧和创新。文化产品基本缺乏高科技和高附加值，也就无需员工有太多创造性的工作。因此，以本科和大专毕业生为主体的职工们的主要工作是对低端文化产品的简单开发和复制。这是不符合年轻从业者创新和探索的心理规律的。

将所有自变量分别与因变量进行卡方检验可知，性别、年龄、籍贯、不同受教育程度、是否归国留学、收入均与因变量是否愿意一直在文化企业工作不存在相关关系。工作满意度、是否有升迁机会对愿意一直在文化企业工作存在一定的影响，这两个自变量分别对因变量都存在一定的相关关系。工作满意度高，愿意留在城市文化产业园里从业的意愿强（见表 6 - 32）。有升迁的机会，愿意留在文化企业里从业的可能性增加（见表 6 - 33）。

表 6 - 32　工作满意度与愿意一直在文化企业工作的交互分类

		是否会一直在文化产业里从业			合　计
		会	不会	看情况	
工　作满意度	满意	82.2%	46.8%	71.3%	69.1%
	不满意	17.8%	53.2%	28.7%	30.9%
合计		100.0%	100.0%	100.0%	100.0%
		$X_2=64.237$, df=2, Sig=0.000			

表 6－33　是否有升迁的可能与是否会一直在文化企业从业的交互分类

		是否会一直在文化产业里从业			合　计
		会	不会	看情况	
是否有升迁的可能	有	53.9%	38.6%	39.5%	43.4%
	没有	18.4%	38.1%	19.5%	23.3%
不知道		27.8%	23.3%	40.9%	33.3%
合计		100.0%	100.0%	100.0%	100.0%
		$X_2=47.098$, df=4, Sig=0.000			

除上述研究外，以下六点也是研究城市文化产业园就业问题和劳动力就业市场的切入点。因缺乏相应的实证材料和研究成果，暂且作为可供深入的研究角度做简单的说明。

第一，已有、潜在和未来就业类型。在定义文化产业职业类别的概念的基础上，研究城市文化产业所能创造和构建的直接就业岗位的限度。设计可估算文化产业已有就业人员类型、数量，潜在就业人员类型、数量和未来就业人员类型、数量的数学模型；进而设计可估算文化产业链或文化产业集群所创造的直接就业岗位、间接就业岗位、临时就业岗位和未来就业岗位的类型与数量的数学模型并完善劳动就业理论和创新研究方法。

第二，创造就业的机制路径。通过以上实证研究，探索城市文化产业创造就业、构建劳动就业市场可持续发展的动力、路径、机制和规律，揭示城市文化产业所形成的新产业链及其相应的就业链结构和就业增长点的系统图。城市文化产业构建的劳动就业市场在城市化的过程中具有重要的社会意义。判断城市文化产业在目前和未来城市劳动就业市场中的地位和作用，研究文化产业所形成的就业链构建过程和可持续发展的动力，探索文化产业带动就业的路径、机制和发展规律。

第三，与传统就业市场的关系。主要分析城市文化产业从业人员的职业流动与传统劳动就业市场的关系。研究文化产业链与城市传统产业和其他新兴业态在孕育、形成、构建和发展城市新劳动就业市场中的互动关系和网络结构。研究文化产业从业人员的职业流动规律和对城市劳动就业市场所产生的影响，论述文化产业的人才供需关系。进行文化产业与相关人才培养及充分就业的研究，解析文化产业与相关专业教育体系的就业供需关系。

第四，原有企业职工的再就业途径。探索文化产业原企业职工的再就业安置途径。关注城市文化产业园所在地原有业态即第二产业从业人员及亲属子女的就业和再就业状况及相关政策的绩效评估。这一问题常被有意识地忽视。

第五，基于新职业新流动的社会分层。在以上研究的基础上，深究文化产业就业群体本身及在城市引发的新的社会分层结构。研究文化产业的就业结构和社会流动是否已形成新的城市职业分层体系、社会群体和社会分层。

第六，失业风险与应对机制。最后，要关注文化产业的失业风险与应对机制。研究文化产业保持和创造就业岗位的可持续性和可能出现的产业断裂、低潮和衰退所造成的就业泡沫、就业低谷和失业群体；预研文化产业从业人员失业或低度就业的原因和再就业问题；提出文化产业就业的相对性研究：部分文化产业在创造就业的同时使另一部分人群丧失就业能力或就业兴趣，如因迷恋网游而丧失职业能力和放弃工作的社会群体。

（四）总结

城市文化产业园中的就业群体是相对年轻的从业群体，大多数从业人员在文化产业中的从业时间不会超过十年。也就是说，他们是第一代的文化产业经营者和职工，他们的就业履历还会因环境而发生变化。因此，要对城市文化产业园职工个人和群体的生活变迁史进行跟踪研究。我们要研究其年龄性别、知识结构、职业周期、创新能力、人生时间、业态转变、就业市场和产业发展之间的关系。即研究第一代文化产业从业者从专业学习、入行、从业、上升到衰竭和隐退的过程。研究在城市文化产业园和文化产业背景下他们的社会流动和社会分层过程。最终发现作为城市新兴产业和新兴生产组织的文化产业和城市文化产业园对城市新就业群体、就业市场和社会变迁的社会功能作用。

城市文化产业园中的大部分文化企业是知识型的企业，但就目前我国文化产业的技术层次和创新领域看，仍然是中低端的知识层次，因此只能称作中低端知识型产业。因此不可能接受高端的博士学历或同等资历的相关人才就业，但同时也不可能吸纳大量的农村剩余劳动力就业。文化企业只能适应部分的本科生和大中专技术类毕业生就业。因此，这样的产业结构造成了其基本就业吸纳面不广泛。

最后，城市文化产业园中的文化企业大部分是中小型企业乃至家族企业，许多还是处于艰难的创业或转型阶段，且上升的空间还不明朗。因此，企业的发展前景也不清晰，企业也不可能盲目地扩大经营和广泛吸纳就业。

五、城市文化产业园的社会功能

论及所在企业、文化产业和城市文化产业园对城市的经济和社会贡献，大部分被访者都作出了积极的回答。

被访者在评价所在企业对城市的经济和社会贡献时，“创造就业”的总得分是 1 277 分，“上缴利税”的总得分是 873 分，“促进产业集聚”的总得分是 652 分，分别位列第一，第二和第三。“改变城市面貌”得分 650 分，“传承传统文化”得分 626 分，“提高百姓文化素质”得分 409 分，分列第四、第五、第六位。这说明，作为直接的受益者，被访者对所在企业“创造就业”的功能自然深有感触，至于“上缴利税”排在第二位，这与企业自身的宣传和从业者的自豪感密不可分，而第三位的“促进产业集聚”说明被访者可以在园区内找到相当数量的同类型企业。而“改变城市面貌”和“传承传统文化”两项纯社会性的功能作用，被访者也给予自己的企业相当高的评价（见表 6－34）。

被访者在评价作为一个城市新兴产业的“文化产业对经济和社会发展最大的贡献”时，“传承传统文化”的总得分是 932 分，由上一题的第五位（表 6－34）上升为第一位，“创造就业”的总得分是 894 分，下跌到第二位，“改变城市面貌”的总得分是 776 分，由上一题的第四位上升为第三位。而“提高百姓文化素质”“促进产业集聚”和“上缴利税”分获第四、第五、第六位，比上一题分别上升两位、下降两位、下降四位（见表 6－35）。

因此，被访者对自己所在企业和文化企业的经济社会功能的价值判断是在变化的。对所在企业看重的是其经济价值，对文化产业更倾向的是其社会和文化价值。但总体来说，对文化产业的价值判断要低于对自己所在企业的价值判断。

表 6-34　您觉得您的企业对经济和社会发展的贡献

	最大(频数)	得分	其次(频数)	得分	再次(频数)	得分	总得分
创造就业	256	768	219	438	71	71	1 277
上缴利税	201	603	86	172	98	98	873
促进产业集聚	90	270	102	204	178	178	652
改变城市面貌	109	327	114	228	95	95	650
传承传统文化	95	285	120	240	101	101	626
提高百姓文化素质	58	174	70	140	95	95	409
对公民的教育	15	45	57	114	49	49	208
其他	20	60	8	16	22	22	98

表 6-35　您觉得文化产业对经济和社会发展最大的贡献

	最大(频数)	得分	其次(频数)	得分	再次(频数)	得分	总得分
传承传统文化	169	507	159	318	107	107	932
创造就业	185	555	139	278	61	61	894
改变城市面貌	136	408	140	280	88	88	776
提高百姓文化素质	101	303	127	254	128	128	685
促进产业集聚	62	186	92	184	163	163	533
上缴利税	115	345	41	82	71	71	498
对公民的教育	34	102	71	142	75	75	319
其他	9	27	3	6	16	16	49

最后,就城市文化产业园对城市的经济和社会贡献的排序得分而言,被访者的评价发生了某种“回归”:“创造就业”的总得分是 1 018 分,重新位列第一。“促进产业集聚”的总得分是 932 分,上升至第二位,可谓名副其实。“改变城市面貌”得分 839 分,位列第三,可谓实至名归。“传承传统文化”得分 664 分,“上缴利税”的总得分是 534 分,“提高百姓文化素质”得分 409 分(见表 6-36)。

表 6-36　您觉得城市文化产业园对经济和社会发展最大的贡献

	最大(频数)	得分	其次(频数)	得分	再次(频数)	得分	总得分
创造就业	210	630	156	312	76	76	1 018
促进产业集聚	169	507	129	258	167	167	932
改变城市面貌	145	435	163	326	78	78	839
传承传统文化	88	264	141	282	118	118	664
上缴利税	115	345	47	94	95	95	534
提高百姓文化素质	47	141	80	160	108	108	409
对公民的教育	14	42	50	100	53	53	195
其他	10	30	3	6	18	18	54

因此，大部分被访者对城市文化产业园的价值判断是比较客观、合理的，较准确地理解到了城市文化产业园各项社会、文化、经济功能的重要意义。

利用在南京、杭州、广州、北京四地城市文化产业园获得的问卷数据，我们分别对长三角地区、珠三角地区和北京的城市文化产业园中文化企业职工对所在企业、文化产业和城市文化产业园所做出的经济社会贡献的感知度进行比较。

统计显示，在三个地区共七个选项中，无论是本企业、文化产业和城市文化产业园，创造就业、上缴利税、促进产业集聚、改变城市面貌、传承传统文化、提高百姓文化素质这六项的选择率较高，其中“创造就业”的选项最高。笔者选取选择率最高的前三项列表如下（见表 6 - 37）。

表 6 - 37　企业、文化产业和城市文化产业园对经济社会所做的最大贡献(取前三)

	企　业	文化产业	城市文化产业园
长三角地区	创造就业/改变城市面貌/传承传统文化	创造就业/传承传统文化/改变城市面貌	创造就业/改变城市面貌/促进产业集聚
珠三角地区	创造就业/上缴利税/促进产业集聚	改变城市面貌/创造就业/传承传统文化	创造就业/改变城市面貌/促进产业集聚
北京	创造就业/传承传统文化/上缴利税	传承传统文化/创造就业/提高百姓文化素质	促进产业集聚/创造就业/传承传统文化

在研究园区和企业与周边街道和相邻城区的社会关系方面，被访者认为自己所在的城市文化产业园与园区周边的街道或人群有密切联系的占了 33.6%，但认为没有密切联系的也占了相应的 33.1%，再加上表示“不知道”的 33.3%，说明被访者对城市文化产业园对周边社区的影响和关系持客观保守的态度，即认为影响和关系不大。这也说明，从人们的主观角度看，城市文化产业园和文化产业对所在城区的影响力不是太大（见表 6 - 38）。

表 6 - 38　您觉得您所在的城市文化产业园或您的企业与园区周边的街道或人群有密切的联系吗？（*N*=846）

	频　数	有效百分比	累积百分比
有	284	33.6	33.6
没有	280	33.1	66.7
不知道	282	33.3	100.0
合计	846	100.0	

根据以下多选题中被访者对现实的判断，如果说与园区周边街道有联系的话，具体的联系形态、内容和强度如下：联系最多的是园区周边的餐饮业，其次是公共交通系统，其三是超市小卖部，其后是旅馆业这四项。因为，许多城市文化产业园内没有自己经营的食堂，职工午餐或待客必须到周边餐馆和小食摊等解决，因此园区职工们认为与周边餐饮业的联系最密切。其次，园区中许多职工需要使用公共交通工具上下班，与公交系统的互动较为密切。其三，园区内的职工工间休息或下班后需要去超市或小卖部购物，

这些服务设施也是他们常用的。其后是旅馆业，因为园区内的企业需要给来访的客户、同行、朋友等就近安排住宿，所以与周边旅馆酒店的互动也会较多(见表 6-39)。

在我们的调研中发现一个有趣的现象，在至少三个城市文化产业园中，我们发现，在园区的大门入口附近，会有至少一个连锁性旅店，如 7 天连锁酒店、国际青年旅社等。这些旅店是由园区内原来的工厂靠马路的办公大楼改造的。这一方面是改造成本低，另一方面是旅店在临街位置容易招揽旅客、吸引人气。这也是文化产业园催生多种经营的一种表现。

表 6-39　与园区周边街道下述哪些服务部门有联系?

	频　数	百分比	个案百分比
周边的餐饮业	483	36.5%	71.2%
旅馆业	202	15.2%	29.8%
公共交通	334	25.2%	49.3%
超市小卖部	244	18.4%	36.0%
中小学幼儿园	62	4.7%	9.1%
总计	1 325	100.0%	195.4%

我们以南京、杭州、广州、北京四城市文化产业园为代表的长三角地区、珠三角地区和北京的城市文化产业园中的企业职工对所在产业园与周边街道和人群关系的感知度再做比较。

从有效百分比看，在北京，城市文化产业园与周边街道或人群有密切联系的情况所占比例明显高于长三角和珠三角地区，后两者与周围街道或人群没有密切联系的情况所占比例则较高(见表 6-40)。

笔者认为，第一，这可能与北京城市文化产业园发展时间长、成熟度高等有关；第二，笔者在北京调研的 798 城市文化产业园区位于闹市区，开放管理，通达性强，市民和游客可以随意进出参观游览，人流量较大，较为热闹，这就给平时在园内工作的被访者园区和周边关系密切的直观印象；第三，知名度颇高的 798 城市文化产业园已经成为北京市城市文化生活的一个组成部分。

表 6-40　您觉得您所在的城市文化产业园或您的企业与园区周边的街道或人群有密切的联系吗?

	长三角地区		珠三角地区		北京	
	频数	有效百分比	频数	有效百分比	频数	有效百分比
有	112	31.3	87	29.8	85	43.4
没有	124	34.6	107	36.6	49	25.0
不知道	122	34.1	98	33.6	62	31.6
合计	358	100.0	292	100.0	196	100.0

从长三角地区、珠三角地区和北京三地区城市文化产业园职工对所在产业园与周边不同服务部门关系的感知度比较看，并没有较大的差别。当然，其中联系度最高的都是周边的餐饮业、公共交通系统和超市小卖部(见表 6-41)。

表 6-41 与园区周边街道下述哪些服务部门有联系?

	长三角地区		珠三角地区		北京	
	频数	有效百分比	频数	有效百分比	频数	有效百分比
周边的餐饮业	200	71.9%	182	69.2%	101	73.7%
旅馆业	78	28.1%	80	30.4%	44	32.1%
公共交通	147	52.9%	112	42.6%	75	54.7%
超市小卖部	113	40.6%	85	32.3%	46	33.6%
中小学幼儿园	28	10.1%	17	6.5%	17	12.4%
合计	566	203.6%	476	181.0%	283	206.6%

六、长江三角洲地区、珠江三角洲地区和北京城市文化产业园的比较研究

利用在南京、杭州、广州、北京四城市文化产业园获取的问卷数据，我们将城市文化产业园按长江三角洲地区、珠江三角洲地区和北京再进行异同性的比较研究，以探究城市文化产业园主要集中地域中不同地区城市文化产业园企业职工相同的和不同的工作生活现状。

（一）城市文化产业园在三地区呈现的共同方面

首先，三地中均有半数以上的被访者表示没有加班费，珠三角地区的情况最为严重，这反映出珠三角地区城市文化产业园劳动用工中违反《劳动法》的情况更普遍，职工的权益得不到保障，这似乎也是珠三角地区企业长期以来的问题了(见表 6-42)。

表 6-42 如加班是否有加班费?

	长三角地区		珠三角地区		北京	
	频数	有效百分比	频数	有效百分比	频数	有效百分比
有	105	28.2	63	21.0	57	28.5
没有	216	58.1	202	67.3	125	62.5
不知道	51	13.7	35	11.7	18	9.0
合计	372	100.0	300	100.0	200	100.0

三地区城市文化产业园文化企业中从业人员 5 年内贷款买房或付首期的可能性都较小，买房压力都比较大。其中长三角压力最大。由于调研的样本都采自北京、广州、杭州、南京一二线大城市，得出这样的结果不足为奇(见表 6-43)。

表 6-43 从事目前这项工作，是否可以在今后 5 年内贷款买房或付首期?

	长三角地区		珠三角地区		北京	
	频数	有效百分比	频数	有效百分比	频数	有效百分比
可以	94	25.5	94	31.6	53	26.8
不可以	274	74.5	203	68.4	145	73.2
合计	368	100.0	297	100.0	198	100.0

在城市文化产业园的文化企业中，职工升迁的可能性长三角地区和北京的情况比较

相似,认为有升迁可能的达到总体样本人数的三分之一左右,而珠三角地区的被访职工认为在企业中升迁的可能性较高,为 54.7%。这反映出珠三角地区城市文化产业园中企业有较为可能、可行的升迁机制、路径通道和管理体系,这或许与珠三角地区相对宽松自由的用工环境和较为公平合理的晋升机制有关(见表 6-44)。

表 6-44　您觉得在您的企业里是否有升迁的可能?

	长三角地区		珠三角地区		北京	
	频数	有效百分比	频数	有效百分比	频数	有效百分比
可能	137	36.2	164	54.7	76	37.8
不可能	105	27.8	50	16.7	50	24.9
不知道	136	36.0	86	28.7	75	37.3
合计	378	100.0	300	100.0	201	100.0

统计显示,城市文化产业园内的企业职工认为能够在企业里学到新技术或积累工作经验的可能性较大,三地所占比例均较高。笔者认为这可能是大部分被访者都愿意暂且留在现单位工作的重要原因之一。因为对这些年轻人来说,除工资收入和发展前景外,是否能在职业生涯的初期学到新的实用知识和积累到工作经验,对其未来长远职业生涯是至关重要的。而作为以知识和技术为特征的文化产业是可以为青年职工提供这方面的机会的(见表6-45)。

表 6-45　您觉得在您目前所在的企业里可以学到新技术或积累工作经验吗?

	长三角地区		珠三角地区		北京	
	频数	有效百分比	频数	有效百分比	频数	有效百分比
可以	300	79.2	252	84.0	167	83.5
不可以	79	20.8	48	16.0	33	16.5
合计	379	100.0	300	100.0	200	100.0

三地中,企业或园区有工会或职代会组织的所占比例均较低。北京的文化产业园或文化企业没有工会的情况最为严重,占到 62.4%,高于其他两地。而珠三角地区则是不知道的情况居多。总体来看,三地文化产业从业者认为没有和不知道工会或职代会的居多,其利益都缺乏合法合适的代表组织和诉求团体(见表 6-46)。

表 6-46　企业或园区里有工会或职代会组织吗?

	长三角地区		珠三角地区		北京	
	频数	有效百分比	频数	有效百分比	频数	有效百分比
有	90	24.5	61	20.4	33	16.3
没有	167	45.5	110	36.8	126	62.4
不知道	110	30.0	128	42.8	43	21.3
合计	367	100.0	299	100.0	202	100.0

(二) 城市文化产业园在三地区呈现的不同方面

长三角地区城市文化产业园内的企业的从业人员主要是由本市人和本省外地人构

成的。在珠三角地区，城市文化产业园中的从业人员中本省外地人所占比例最大，其次是外省人。而在北京，在城市文化产业园内企业工作的外省人占到了77.7%，本市人的比例非常少，仅为9.9%(见表6-47)。笔者认为，长三角地区的文化产业多接纳本省人和本市人就业，这主要是南京、杭州两地是二级城市，是地方大城市，而不是全国性的大城市。而珠三角地区的文化产业从业者以本省外地人和外省人居多，这与珠三角地区以广州为主的城市吸纳外来人口就业的传统分不开，且广东人一般不愿意离开家乡。而北京是一个国际化的开放型大都会，极大地吸引着全国各地的优秀人才；同时，调研中涉及的宋庄画家村也涵盖了大量的外地来京谋生的艺人和工匠们。

表6-47　您是哪里人？

	长三角地区		珠三角地区		北京	
	频数	有效百分比	频数	有效百分比	频数	有效百分比
本市人	139	37.3	64	21.3	20	9.9
本省外地人	145	39.0	132	44.0	25	12.4
外省人	88	23.7	104	34.7	157	77.7
合计	372	100.0	300	100.0	202	100.0

北京城市文化产业园中企业职工的保险覆盖率明显低于其他两地。长三角保险覆盖率为82.3%(N=316/384)，珠三角为84.0%(N=252/300)，北京为62.9%(N=127/202)。除养老保险和医疗保险外，北京文化产业园从业者的失业保险、工伤保险、生育保险和住房公积金的持有比率都显著地低于长三角地区和珠三角地区。

从表6-48的纵向看，养老保险和医疗保险是缴存率最高的两个险种，住房公积金的缴存率最低。从表6-48的横向看，除住房公积金一项外，长三角地区从业者的保险种类缴存率是最高的，其次是珠三角地区(见表6-48)。

表6-48　您是否有以下险种？

	长三角地区 (N=316/384)		珠三角地区 (N=252/300)		北京 (N=127/202)	
	频数	个案百分比	频数	个案百分比	频数	个案百分比
养老保险	305	96.5%	219	86.9%	96	75.6%
医疗保险	307	97.2%	237	94.0%	112	88.2%
失业保险	267	84.5%	192	76.2%	68	53.5%
工伤保险	267	84.5%	202	80.2%	56	44.1%
生育保险	238	75.3%	183	72.6%	51	40.2%
住房公积金	109	34.5%	144	57.1%	38	29.9%
合计	1 493	472.5%	1177	467.1%	421	331.5%

注：此题为多选题。

从社会地位的感知来看，和其他行业的从业者相比，北京的被访者有将近一半的人认为自己处于社会中下层，占46.2%，高于其他两地。长三角地区和珠三角地区的情况比较相似,认为自己处于社会中层的人所占比例最多,各占42.7%和40.8%,同时,这两地也有相当的被访者认为自己属于社会的中下层。三地中自认自己属于社会中上层的被访者都很少(见表6-49)。

表6-49　和其他行业的业者相比,您觉得您的社会地位属于

	长三角地区		珠三角地区		北京	
	频数	有效百分比	频数	有效百分比	频数	有效百分比
社会上层	7	1.9	5	1.7	1	0.5
社会中上层	27	7.5	24	8.3	14	7.1
社会中层	154	42.7	118	40.8	70	35.5
社会中下层	136	37.7	115	39.8	91	46.2
社会下层	37	10.2	27	9.3	21	10.7
合计	361	100.0	289	100.0	197	100.0

第七章　城市文化产业园的城市空间社会重建和经济溢出——以爱姆施工业园和晨光1865创意园为例

一、城市文化产业园的城市空间社会重建——以爱姆施工业园为例

在城市空间的社会经济变迁问题上，城市社会学芝加哥学派的麦肯齐（R. D. Mckenzie）曾有经典的阐述。他认为，在大都市里，不同民族、不同文化、不同经济收入的人，往往居住在不同地区。随着时间的推移，他们将经历竞争、淘汰、分配、顺应的过程。竞争力、顺应力强的向富裕地区迁移，竞争力、顺应力弱的则被淘汰。麦肯齐提出了生态过程论（Ecological Processes），揭示城市社会变迁的各种过程。

人类社会群体和建筑群按生态学原理分布于城市的不同区位，而这些区位不是一成不变的。地理、经济、文化和技术、政治等因素会促使人类社会群体和建筑群发生区位移动。这种社会群体和建筑群在城市位置的移动称为空间移动（Spatial Movement）。[①] 空间移动由七种生态过程确定：集结（Concentration）、分散（Dispersion）、中心化（Centralization）、非中心化（Decentralization）、分隔（Segregation）、侵占（Invasion）、继承（Succession）。[②]

城市文化产业作为城市中的新型产业业态，其新兴的职业群体和作为产业集聚区的城市文化产业园，同样经历着社会群体和建筑群在城市位置的转变，即空间移动过程。城市文化产业园的空间移动也经历了分散、侵占、继承、集结、中心化、非中心化、分隔和消散的生态过程。

长久以来，城市文化企业遵循着地租规律和就近就便原则，呈点状分布在城市各处，是分散的状态。文化企业以私有制或集体所有制为主要的所有制方式，有些甚至是家庭作坊式的个体经营，技术水平和从业者的受教育水平较低，管理方式和管理水平较为滞后，占地规模较小，经济效益较低，在国民生产总值、上缴利税中所占比例不高。其原因如下：

第一，文化物品的博物馆化和非产业化使得大量的文化物质遗产散落在城市的博物馆、展览馆以及各有归依的文化古迹或文化遗址中，成为仅有观赏价值和旅游开发价值的活化石，而没有实现产业化传承，经济潜力没有被充分地评价和发挥。第二，由于文化

① 顾朝林. 城市社会学[M]. 南京：东南大学出版社，2002 年：P154.
② 顾朝林. 城市社会学[M]. 南京：东南大学出版社，2002 年：P154 - P155.

产业在规模上多属小微企业，财力有限，其在城市寻租过程中的竞争力较弱，只能零星散布在租金低廉的有限空间里，并相对独立。第三，许多代表中国文化传统的物质文化遗产和非物质文化遗产也散布在离市中心较远的近郊、乡间、山区甚至边远地区，虽得以继续保存下来，但难以作为强势的文化艺术角色进入城市，更未能实现产品化和商品化。第四，相反，长期以来，伴随着商业繁荣和居住需求而不断加速的土地开发，城市中可以代表历史和传统的文化物质遗留被不断地破坏、遗弃和忘却，更未能以产业业态的方式存在。第五，和其他有着悠久文化历史的国家相比，中国对历史传统、民族文化和现代文化艺术的尊重和重视还不够。第六，文化类型之间具有异质性和多元性差异，直至21世纪初，与文化有关的城市产业业态的空间分布在中国是分散的，从业人员也分散在中小微型的文化企业里。

随着近年来文化艺术和历史传统的回归越来越受到重视，文化的生产资料价值和商业价值逐渐显现；随着城市中第二产业的衰落和工厂的迁移，城市发展面临新的产业业态替代和老城区的复兴；而文化艺术人才的教育培养，为文化产业的专业化生产提供了人力资源保障。在这三个基本条件的促使下，城市文化产业的兴起成为必然。而文化企业的小微性、分散化和低竞争力则使城市文化产业园的建立成为一个必要选择。城市中第二产业退出迁移后空置的厂房、仓库和码头等老工业设施成为文化企业首先占有的城市用地空间。因为，这些老工业设施有足够大的区位空间和建筑空间，且建筑坚固耐用，深具历史集体记忆——这是文化企业一个重要的人文意涵——继承。同时，这些首批淘汰的老工业设施大多在城市中心，且地租廉价，与城市中文化企业的区位需求正好吻合。在这样相对应的区位供给和需求前提下，城市文化企业入驻老工业区成为一个自然的选择。德国鲁尔区的爱姆施工业园的成功经验成为全世界老工业区遗址创新改造发展的典范。在爱姆施工业园的案例中，老工业设施没有被简单地推倒拆毁，而是采取了具人文历史关怀的保留、继承、改造、复兴的模式——将原老工业设施保护性保留，传承了德国工业革命的历史，维持其外观，但对其进行内部现代化改造，植入新的文化产业业态，使老工业区最终得以复兴，焕发新的发展活力。现就爱姆施工业园的成功之路作分析并与我国老工业设施改造后的城市空间社会重建进行比较。

鲁尔老工业区的停滞和衰落主要是由工业社区中几个重要工业行业和企业部门在市场销售额、产品产量的减少和失业人数及生态破坏的增加等方面的因素引起，具体表现特征如下：

第一，主要工业产品销售额和就业人数的减少。

第二，劳动力市场所需的劳动者的技术能力水平和当前劳动力所能提供的技术能力不足之间的不平衡。

第三，过高的财政赤字，政府要为维持居民的基本生活支付大量的非创造性开支。对增加税收却没有任何帮助。

第四，老工业社区人口有选择性地向外迁移，人口大量流失。

第五，社区中有关社团组织、社会活动者（如投资商、捐助者等）、企业家、工会和政治活动者对当地的经济社会发展失去信心和兴趣。老社区给予外界和舆论一个不良的形象，对外失去吸力。①

第六，城区、城市和国家甚至欧共体、世界银行等经济金融机构要对社区中的主要工业行业和企业部门提供非生产性和非盈利性的补助津贴，以维持其基本生存。

第七，对社区中的新企业和新居民区缺乏必要的投资；对没落中的企业缺乏有效的行政和财政措施。

第八，社区公共基础设施的不足和陈旧及工业社区中科学技术水平的滞后。

第九，环境生态破坏。

在我国，除第四点即人口从老工业区或老城区的大规模外迁没有发生外，其他八个特点都相应地出现于中国没落中的老工业区和老城区。

德国爱姆施工业园(IBA Emscher Park)是老工业区和老城市再复兴，即城市空间社会重建的一个较典型的例子。

爱姆施地区位于德国传统的煤钢老工业区鲁尔区的北部，包括从杜伊斯堡(Duisburg)和波特罗普(Bottrop)到卡斯特罗普-劳塞尔(Castrop - Rauxel)的长条形地带，其包括的17个中小城市里分布着200万居民。

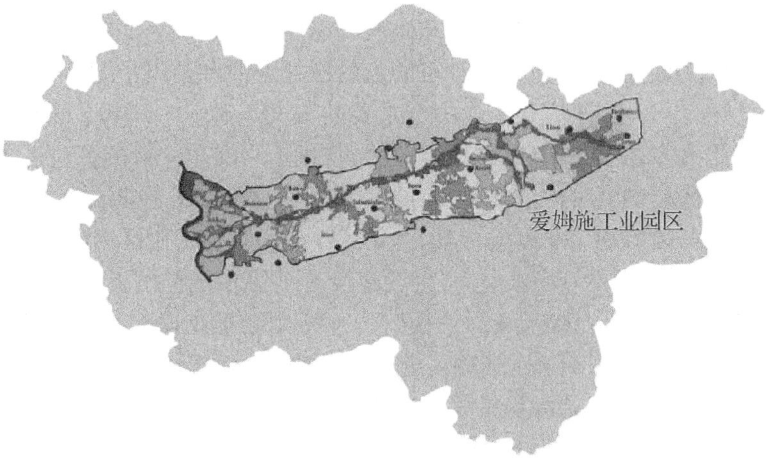

图7-1　爱姆施工业园区在鲁尔区的区位

来源：**Claudia Schrenkenbach，ChristelTeschner：IBA—Emscher-Park**

二战后，该地区是联邦德国的重工业中心和推动德国“50年代经济奇迹”的火车头。其发展的最高峰是上世纪50年代，当时该地区是德国人均社会产值最高的，其主导性行业是钢铁冶金业。但进入20世纪60年代后期，随着世界工业结构和技术模式的转型，爱姆施地区如同鲁尔区和所有西方老工业区一样，迅速走入下坡路：老工业企业衰败导致大量失业人员，过剩陈旧的工业设施，留下被污染的环境，被毒化的土壤，破败萧条的城市及缺乏维修保养的基础设施。② 这样的情况同样发生在我国，只不过在我国老工业发生大规模衰退的时间滞后，是在20世纪的90年代中后期。

在实施鲁尔老工业区改造的过程中，德国政府先要克服妨碍实现城市复兴的四种社会

---

① Jürgen Friedrichs. Revitalisierung von Städten in altindustrialisierten Gebieten Ein modell und Folgerungen [J]. Geographische Zeitschrift 82，Koeln，1994，3：134.

② W. Siebel 1996，S. 98

阻力。这些社会阻力是西方所有国家在工业区复兴过程中所遇到的。这些因素迟滞了城市复兴和社会重建的速度，导致老工业企业和老城市长期处于停滞状态，延误了复兴的到来。

第一种阻力来自老工业企业的工会组织。鲁尔工业区中冶金煤矿等重工业的联合工会长期以来具有强有力的组织性、深厚的群众基础和很大的影响力。工会坚持认为冶金煤矿业是国民经济的关键和支柱，在历史上有过重大贡献，是国家发展的主导性企业。工会成员即产业工人的社会地位、工资福利等权益理应得到尊重和保护，抵制资方裁减工人和降低工资，要求政府继续对本行业提供补助和津贴。反对合理化建议和在企业中的改组、技术更新、技术引进。

但在我国，国营企业改制和城市改革是作为国家的政策从上至下强力推行的，随着大量低产值、低效益、低价值的重型和轻型工业企业被强制性地关停并转，大量城市企业衰败和大量企业职工待岗，而他们中的大多数人在仅获得一次性赔偿付款后，全部流入城市社会自谋职业，仅仅得到非常有限的社会福利保障。因此，与德国鲁尔区的工人相比，我国城市企业失业职工的境遇要艰难得多，他们为经济结构的转型和城市的复兴付出了巨大的牺牲。笔者在调研所有的城市文化产业园期间，也鲜有找到关于安置城市文化产业园区原工厂企业职工的信息和材料。这自然为以后城市文化产业园在老工业区的建立减少了地租成本和人力赔付成本。或政府承担起了产业转型中的社会成本，为新的文化产业资本的发展创造了社会条件。在鲁尔区，老工业区是作为具有高价值的老工业文化和工业革命遗产被保护下来的；而在我国城市，老工业区则常常作为无人问津的建筑废墟和烂摊子被转手出让——尽管在任何一项旧厂房的改造中都宣称保护工业遗址。

第二种阻力来自老工业区所在地有影响的政治活动者。老工业区中老一代的政治寡头或多或少地和老工业集团及财阀势力有千丝万缕的联系，或受到这些老企业、大财团的政治、财政支持，或本身就是大企业家。其政治经济利益与老工业企业有密切的依存关系，其政治生涯是建立在大企业财阀的利益基础上的。作为老工业、老企业代言人，政治家们自然在决策上反对引进有竞争力的新技术和新行业。

这种政治现象在我国却不会发生。随着政企分开和企业改制的推行，政府官僚体系与国营企业之间传统的血脉关系已经不存在，各级政府和特权政策已不是企业的保护伞。相反，国营企业的衰败已经成为城市管理者沉重的经济和社会负担。同时，我国的城市政府官员是受上级任命，他们不会反对来自上级的关于企业改革和城市改革的政策决定，反而是最坚定的执行者。

第三种阻力来自以冶金采矿等老工业为基础的企业家和金融寡头。老工业区中这些有家族企业背景的工业财阀们是不会轻易放弃他们长期积累和建立起来的工业帝国的。面对新的技术和新的管理及市场体系，他们要么拒绝，要么有目的、有限度地利用它们维持自己日薄西山的工业体系，并向国家甚至国际金融机构申请财政援助，并采取公司合并、并购兼并、裁减员工、申请倒闭破产、搬迁工厂等措施苟且生存。

在我国，一些老工业企业，尤其是大型的重工业国营企业，也有过较长时期的在产业结构、经营模式和就业制度上的艰难选择、挣扎和徘徊，但人的情感和管理尝试以及技术努力，最终不能抗拒经济规律和市场竞争的压力，企业的领导者及要“生存”的职工们，最终选择退出老工业历史的舞台，因为时代的变化就是社会的变化，社会的变化就是人的变化，人必须适应。

最后一个阻力来自老工业区中相关行业的所有在职和失业的员工及家属们。仍在职的工人们面对工厂倒闭和失业的危机及逐渐降低的工资、生活待遇，会在工会的带领下采取有组织的反抗行动(罢工、封锁工厂)，反对裁员，要求增加工资，维护社会威望，保障失业工人福利，反对延长劳动时间(实际上许多工人为求生存都被迫接受资方强加的延长工时的压力)，要求保留养老金、退休金、付酬休假和各种繁多的福利津贴，并以新技术会剥夺人的劳动权力这一直观的态度，坚决反对新的自动化技术在本企业部门中使用。

在我国的老工业企业，不可能发生这样的有系统的反抗活动。

鲁尔区的已失业的人员由于缺乏有组织的再教育过程，加之许多中老年的失业者难以接受再就业培训(或缺乏这种培训的基础知识能力)，从而使他们保留了对老工业的依赖性，一旦不能回到老企业或进入新型企业及服务性行业再就业，便会出现从社会地位、经济水平到人格、价值观上的一系列崩溃。作为一名失业者和社会救济接受者，增加了政府的负担和社会的压力。

长期以来，城市文化产业园中原国有企业的待岗工人都去哪了？他们在从事什么工作？他们的生活如何？他们的社会福利如何？他们的第二代的受教育状况如何？这些似乎在社会学界的研究里鲜有触及。

在企业改制和城市改革的冲击下，我国原企业待岗工人的境遇总体堪忧。据笔者的一般性了解，他们待业后有以下三个基本出路：下海，即彻底放弃在国营企业被雇佣的被动就业方式，选择从事个体经营和经商等，一部分人得以成功。大部分人则转行分散于城市里各种业态和工作岗位，如进入第三产业服务行业工作。在城市各个角落的小微企业、商品零售业、出租车业、餐饮业、旅游业、市政服务业、五金行业和家政服务等，都是他们新的、最后的落脚地。最后，还有一部分因年迈、伤残或其他家庭原因等而彻底丧失工作能力和择业条件的待岗工人，只能靠政府救助和家人的帮助生活。总之，他们作为曾经的国民经济主导部门的“工人老大哥”，已经基本完成了极为痛苦的社会角色转变，逐渐退出城市经济社会发展的历史舞台。而在这期间，他们并没有给国家、社会造成过太多的困扰。这当然也是我国的城市文化产业园得以在原老工业遗址上低成本地建立和运营的重要的社会原因之一。

爱姆施地区采取了以下八个主体项目，以实施老工业社区的社会重建与复兴计划。

第一，自然环境的重新调整，以开发一个新的适合定居的环境，其具体项目是一个横贯杜伊斯堡和贝格卡门(Bergkamen)的园区，这也是爱姆施工业园名称(IBA)的由来。

第二，改建世界上最大的生态性污水处理系统，380千米长的污水渠被改建成清洁、蜿蜒流畅的自然河流。

第三，改建莱茵-赫尔纳(Rhein－Herne)运河，把50个运河码头改建成具有居住、工作和休闲等新功能的中心小区。

第四，把古老的、有历史价值的老工业设施改建为工业历史文物纪念地或博物馆。这一项目不仅保留了当地传统的工业化时期的宝贵历史遗产，还使弃置的工业设施变为促进旅游业的新的经济社会文化发展的增长点。

第五，在花园里工作计划。老的工业设施和厂区被改造成空气清新、树木成荫、绿地遍地的崭新的工业新村和办公花园。

第六，提倡新的生活方式和居住方式，引导新的消费潮流。

第七，为对社会、文化和体育各方面感兴趣的人们提供有吸引力的服务项目。

第八，为独立经营者和生活自助者创造条件和提供各种有效的服务。

爱姆施工业园的改造项目是一个持续了 20 年的长期性的、全区域性的巨大工业城市带的改造工程。中国城市中老工业区改造的时间和规模自然不能与之相提并论。但其主体项目的各要点，则是适用于全世界各地老工业文化遗址改造，包括中国城市文化产业园改造的成功经验。

从这一个案分析看，在运用城市复兴战略时，城市复兴和社会重建过程大都采用了四类措施：

第一，在原有钢铁厂、矿山等老工业废墟的基础上，通过改造，建立促进技术革命的新兴工业园和技术园。老工业区的用地被出租、出卖和清理，新企业使用新的或更新了的工业园或绿地作为新型企业的办公用地、储存仓库和生产车间。

第二，改变老工业区和老城市的对外形象，以吸引投资者和新移民。

第三，复兴过程实际上就是技术更新的过程。因此，高校和研究机构在整个过程中具有特殊的意义。其任务之一是对新技术进行开发和评估，并使其转换到实际领域；另一方面是培养掌握新技术的劳动者。学术部门在城市复兴进程中，相对于管理部门和企业来说，在咨询和决策领域具有更重要的甚至指导性的作用，这是由其科学性和客观性决定的。

第四，新的移民点或工作和居住混合体往往是建立在更现代化、更生态化和更适合定居的基础上，以尽可能地吸引新的拥有专业知识的年轻居民。

判断老工业社区实现城市空间的社会重建和复兴，基于以下 14 个衡量指标：

——来自企业的财政税收增加。

——高额的建设投资。

——通过新的工作移民和定居计划增加新人口。

——社区形象得以改善，并因此有效地吸引新的企业和投资。

——失业人口减少，现有的工作岗位得到保护，使人口外流得到阻止，创造新的就业机会，年轻职工具有较高的积极性。

——新的政治社会条件更有利于投资者和企业。

——新的移民区提供了良好的生态环境并形成新的购买力和消费力。

——最新技术被引进，并在一个较长的时期里充当经济社会发展的火车头。

——在复兴社区里，人们具有较高的工作动机和更现代化的生活方式，对年轻人有很高的吸引力以及新社区高度的人口异质水平。

——新建立的大学、研究所和在老大学中出现新的知识和技术群。

——出现了新的环境污染问题，如废旧微电子产品垃圾。

——一些特定社会群体的挫折感的持续和相对贫困化，如那些只拥有陈旧知识的公民和新的结构性失业。

——由于从电子邮件到国际互联网的发展，造成区内人际关系的疏远、隔离和孤独感及伴随而来的精神疾病等新病源。

——多元文化社会出现，但随之而来的是对外来人口（如外国人和外地人）的疏远、歧视和相互误解。

最后四点是老工业社区社会重建和复兴后伴随出现的负面现象。

这既是城市文化产业园之于老工业区空间的入侵和继承分析，也是文化企业在中国从分散到集结的重要的转折性阶段的基本条件和要素，更是城市文化产业园促进实现城市复兴和社会重建的基本路径。

最后谈谈促成城市空间社会重建的城市文化产业园的产业集结或产业集聚。对于城市文化产业园的产业集聚，在狭义上的解释是在城市文化产业园中，各种相对同质性的文化产业从原来空间分散的状态相对集中在一个稳定的城市固定空间里，并形成企业的集聚。这一集聚包括一般意义上的文化产业各元素的集聚：相关企业的集结、知识技术的融合、信息的交流互通、相应专业人员的集中、相似文化产品的流通和服务体系的集体供给。集聚的本质意义包括通过相关文化产业在城市文化产业园中的集结，形成作为产品和商品的文化生产的最高形式的空间集中，即文化在空间上的集结；文化产业及文化创意从此成为城市和国家强有力、接近一体化的新型生产力，即文化在生产方式上的集结；作为文化产业发展原动力——人类创意能力、技术和经验等主观能动性的高度整合，即文化智力和思想的集结。因此，城市文化产业园可以实现文化企业在空间、物资、财富、产能、知识、技术、经验和意志等方面的集结。

城市文化产业园的产业集聚在广义上有两层含义。一是指文化产业通过在城市中一个固定的地理区位空间的集中，使文化产业第一次通过空间集聚成为国民经济中独立的生产要素、独立的生产力和独立的生产方式。笔者在此称其为继第一产业（农业）、第二产业（工业）、第三产业（中高端服务业）、第四产业（科学、技术和知识）外的第五产业——文化产业。因此，城市文化产业园凸显了文化产业作为国家第五产业的现实存在。

广义解释的第二个方面是，由于文化产业同第二产业、第三产业和第四产业一样，在世界各地的城市都有其共性的存在，就如在上海的大众汽车制造基地和在沃尔夫斯堡的大众汽车制造基地一样，在香港的证券交易所和在伦敦的证券交易所同步，在亚琛工业大学的机械课程和在麻省理工学院的机械课程雷同，在中国的作为第五产业的北京798文化产业园和纽约的SOHO社区神似。也就是说，城市文化产业园的集聚，是同一种世界文化现象或共同的文化生产形态在不同空间的集聚。

需要说明的是，如果说农业具有地域性、狭隘性，第二产业具有竞争性、垄断性，第三产业具有排他性、专业性，第四产业具有专利性、政治性的话，第五产业——文化产业可以是最具国际性、最具普遍性、最具共享性、最具包容性、最具广延性但也最具特殊性的产业。

最具国际性：文化产业已经成为世界各国尤其是发达的后工业化国家和地区最普遍发展的国家产业经济类型，甚至在不发达的发展中国家也有发展文化产业的基础和资源，是为世界各国所承认的新型产业业态。

最具普遍性：只要有文化的地方，只要有智慧聪敏的文化创意者，就可以发展出璀璨多样的文化和文化产业。而文化，是任何国家民族都具有的，而绝不受国家经济、技术发展水平和政治、经济制度及教育标准的限制。

最具共享性：由于各国的文化既属于本民族，同时也属于全人类。对优秀民族文化资源的继承、推广和产业化，是世界各国人民乐享其成的。文化是属于全人类的，文化产业也同样如此。

最具包容性：文化，尤其是民族的、民俗的、民间的文化，不具有太多的意识形态和政治意涵,但却可能具有涵盖人类文明和良知的深刻精神和伦理信仰,值得全人类不分国籍、不分种族、不分宗教、不分意识形态、不分政治制度、不分受教育程度的各阶层人民共同尊重和接受,这使得文化本身具有很强的包容性。而文化产业则是这种包容性的商业化和推广。

最具广延性:综上各点,文化是全人类都值得信赖和尊重的最高非物质文明的意识存在,超越政治偏见、经济壁垒、宗教藩篱、国界阻隔、种族歧视和阶级剥削,在各民族、各种族、各地区国家之间的穿透力、渗透力和影响力最强,是最无形的沟通语言和交流桥梁。而文化产业则是文化得以更广泛传播的可持续动力。

最具特殊性:文化是基于各个民族国家和地区的,源于其漫长的发展历史和广袤的国土,有着深刻的民族文明烙印、文化价值观和历史传统。因此它又是特殊的,而文化产业就是这种特殊性在物质上和生产上的表现。

因此,文化产业的国际性、普遍性、共享性、包容性、广延性和特殊性,使之在集聚于世界各地的城市文化产业园时,也同样具备了这样的特性,即城市文化产业园在世界各地应该也是具有这六个共性的。因此,在这个意义上,世界各地的城市文化产业园就是一种带有共性的新型文化生产单位在地球上的点缀分布。城市文化产业园的集聚是世界意义上的现代文化集聚、人类文明集聚。

还要说明的是,中心化、非中心化是城市文化产业园在城市空间集聚的两种动态过程和结果。城市文化产业园的中心化、非中心化有两层含义。

第一层含义是指,城市文化产业园的建立是文化产业的集聚,形成产业集聚效应,形成产业集群和产业链,即中心化。但在城市文化产业园不再能提供原有的相应的优势条件或文化企业本身需要扩大发展时,一些文化企业会选择离开城市文化产业园,再次独立发展,即非中心化。

第二层含义指,城市文化产业园在一般情况下是建立在城市中心地区甚至核心城区,如核心区中原有的老工业设施中,即中心化。但因更便宜的地租地价原因,也有城市文化产业园是建立在城市的近郊区或城市新区,即非中心化。

二、城市文化产业园的城市空间经济溢出——以晨光 1865 创意园为例

(一) 晨光 1865 创意园附近各街道经济指标的空间分布情况

如上所述,城市文化产业园是文化产业在城市中的空间集聚,但集聚本身不是最终目的,集聚后的功能溢出才是根本性的目标。因此,本节主要以实证方法研究城市文化产业园的城市空间社会功能和经济功能溢出。由于条件所限,我们难以找到与下述软件分析完全匹配的有关城市文化产业园的社会功能溢出的数据资料,只能在经济功能溢出上进行一个案例研究,也算是在城市社会学研究方法和研究工具运用上的一次尝试。我们选取了具备数据资料采集条件和研究底图基础的南京市老秦淮区作为研究对象。

南京市最重要的城市文化产业园分布在老秦淮区,而在老秦淮区内部文化产业园主要分布在中华门街道。笔者尝试运用城市规划专业常用的一种分析软件 GeoDa 软件来研究文化产业园对城市街道或者说对社区的经济功能影响,也借以丰富本书的研究方法。GeoDa 是一个实现设计栅格数据、进行空间数据分析(ESDA)的软件工具。它向用户提供一个人机关系友好的和可图示的界面,用以形象地描述空间数据分析,如自相关

性统计和异常值指示等。

为分析城市文化产业园的建立对区域经济发展的影响，笔者选取了南京市中华门街道的晨光1865创意产业园为分析案例。晨光1865创意产业园区建立于2007年，坐落在中华门街道。

根据《秦淮年鉴》2005至2012年的数据，笔者选取了四个变量对该区域各街道经济状况进行分析，分别用不同字母表示(表7-1)。TZ是固定资产投资总额，LS是社会消费品零售总额，CZ是规模以上工业总产值，(由于在2010年前后规模以上产值标准有变化，所以不同年份数据表示有一定的实际误差)CH是出口创汇总额。

表7-1　南京老秦淮区年鉴数据整理

组　合	街道/年份	秦虹街道	夫子庙街道	红花街道	双塘街道	中华门街道
TZ固定资产投资总额(万元)	2005	50 052	41 401	40 052	43 124	32 778
	2007	106 686	25 064	46 742	24 560	101 236
	2008	118 367	33 566	43 122	34 733	56 860
	2010	71 182	52 200	72 000	50 230	52 950
	2012	80 000	41 220	60 700	40 800	30 000
总计		426 287	193 451	262 616	193 447	273 824
LS社会消费品零售总额(万元)	2005	133 405	100 737	77 044	60 134	48 227
	2007	237 097	163 305	109 219	99 672	105 890
	2008	295 418	207 091	148 286	123 057	138 689
	2010	551 719	289 115	211 081	177 656	224 432
	2012	811 382	363 852	269 659	246 771	329 680
总计		2 029 021	1 124 100	815 289	707 290	846 918
CZ规模以上工业总产值(万元)	2005	307 383.3	10 709.28	54 260.37	7 171.82	13 459.23
	2007	285 168	18 595	57 417	346 178	39 095
	2008	302 760	12 292	59 653	419 062	49 746
	2010	340 560	20 195	71 882	621 798	110 670
	2012	387 968	5 103	7 238	736 876	119 371
总计		1 623 839	66 894.28	250 450.4	2 131 086	332 341.23
CH出口创汇总额(万美元)	2005	4 068.9	—	70	770.8	427.6
	2007	6 090	327	1 220	1 179	297
	2008	9 105	553	1 142	1 150	328
	2010	4 835	1 050	4 890	2 920	1 226
	2012	6 807	2 505	6 513	4 213	2 502
总计		30 905.9	4 435	13 835	10 232.8	4 780.6

从表 7-1 可以看出，首先，各街道固定资产投资额 2005 至 2012 年的发展趋势有较大波动，特别是在 2008 年开始有下滑趋势，这与 2008 年国际金融危机全球经济趋势变化具有一致性，其中文化产业园所在街道中华门街道发展变化具有特殊性，相比之下该街道的固定资产投资额在持续下滑，这似乎与经济发展态势不符，但通过实际了解，笔者发现中华门街道的文化产业园不完全属于固定资产投资。固定投资额的下降并未造成该街道规模以上工业总产值的大幅下滑，而在 2008 年后持续上涨，呈现一种负相关。凸显出该街道的发展在国家发展规划纲要的指导下，主打经济转型、旧城区改造，调整辖区内产业结构，所以，固定资产投资并未如笔者预设那样增长，但工业总产值在显著增加。

而秦虹街道这几年的固定资产投资额在五个街道中位居首位，但是规模以上工业总产值却未能达到相应水平。对比五个街道的投资与产出，相比之下文化产业的社会经济贡献具有一定的能耗优势。其次，各街道社会消费品零售总额在 2005 至 2010 年都经历了较大的增长，而 2008 至 2010 年增量尤其明显，2008 至 2012 年增量基本保持不变。笔者通过考察晨光 1865 创意产业园建立前后社会经济发展增长量的变化来观察城市文化产业园的建立对城市经济发展的影响。通过图 7-2，可以发现，中华门街道固定投资增长下降趋势明显，但是从图 7-2 中可以明显看出 2005 至 2007 年中华门街道、秦虹街道相比其他街道固定资产投资额的走势变化更加明显。自 2007 年晨光 1865 产业园落户中华门街道后，该街道经济发展呈现固定投资额下降趋势，这与该经济发展模式相一致，即对固定投资的需求不大，转型为产业结构的智创模式。但是，就目前掌握的数据而言，部分投资增长趋势的发展变化难以解释，如为何数据显示 2008 年双塘街道、夫子庙街道投资额呈现持续增长趋势，这在国际金融危机的影响下是否同样可以理解为经济转型对投资需求的变化，但就目前掌握资料来看，两个街道的发展主要是靠社会消费品零售等。而秦虹街道的投资发展在 2008 至 2012 年总体处于下降趋势，期间也反映出受金融危机的影响。

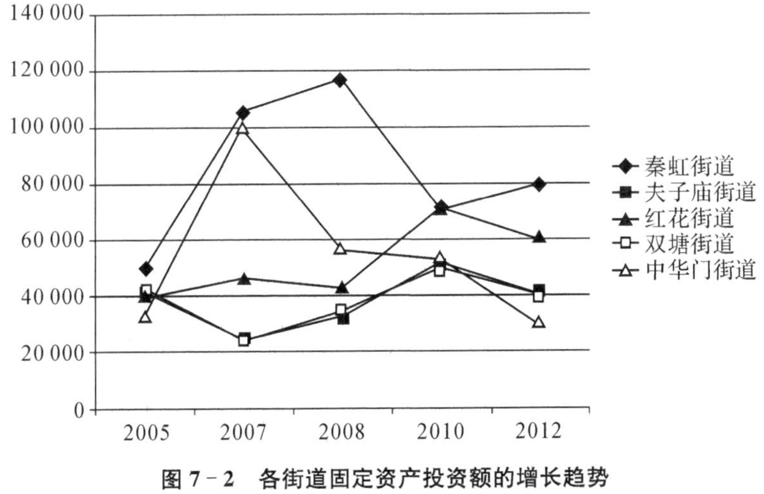

图 7-2　各街道固定资产投资额的增长趋势

由图 7-3 所示，中华门街道投资变化在 2007 年发生转变，社会消费品零售总额在 2008 年后有了明显增长。因此分析文化产业园 2007 年建立的贡献，其产值增长应该带动了较大的消费发展，但是就目前数据所示内容来看，对比其他街道产值、零售增长量，短期内效果并不明显。这可能与该行业特点有关，由于文化、创意行业的收益周期较长，其发展首先需要在理念上形成认同并在推行的基础上进行操作化，即投入生产和建构消费市场及消费群体，所以其发展效果在当时尚不能显示出来，或者是由于数据局限等其他干扰因素的存在。

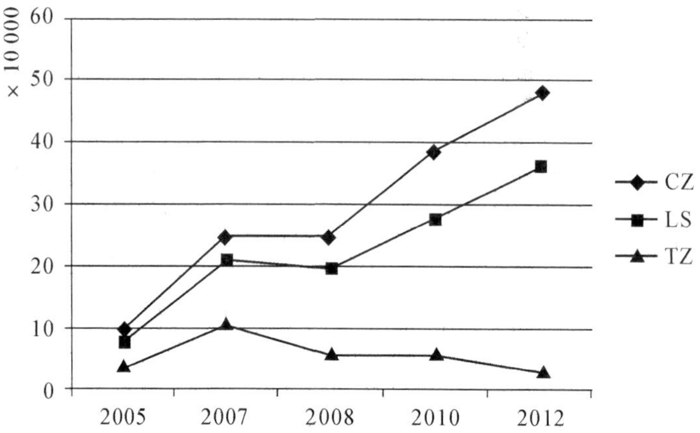

图 7－3　中华门街道经济发展趋势

通过比较中华门街道与秦淮区各街道 2005 年和 2007 年产值的变化，笔者发现秦淮区规模以上工业产值在 2007 年发生了巨大的增长。通过上面的数据分析，可以明显看出在同时期内，由于发展策略的不同，一定程度上可以认为中华门街道对秦淮区域经济发展的贡献较大。而在这五个街道所管辖的地域内中华门街道内新增了文化产业园，可知该数据发展态势间接反映了文化产业园对该城区引进投资的直接促进作用。

从图 7－4 中我们可以发现，秦虹街道与双塘街道的年产值发展趋势相似，而其他三个街道由于产值与前两个街道存在级别差异，所以无法在同一个折线图上显示出其发展趋势。从图中，我们注意到在 2010 年之后这三个街道（中华门街道、红花街道以及夫子庙街道）的产值呈现下降趋势。

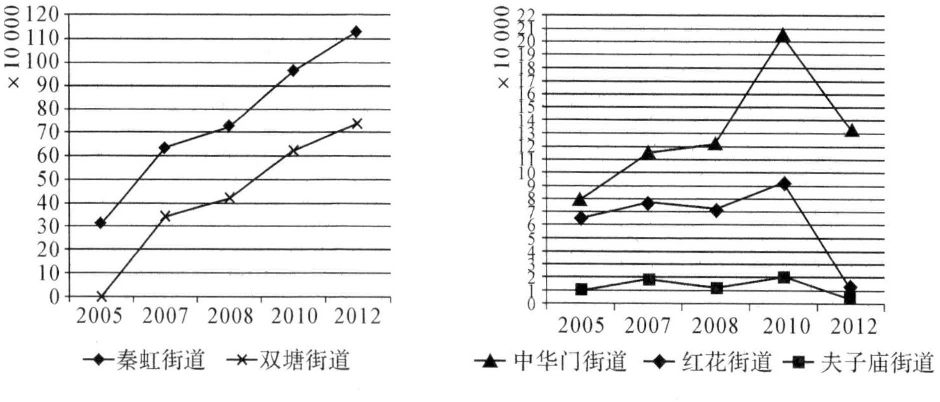

图 7－4　秦淮区各街道年产值增长趋势

（二）文化产业园推动城市经济增长的作用机理

1. 文化产业园促进城市产业结构的调整

文化产业园对产业结构调整发挥直接和间接的作用。首先，城市创建文化产业园主要是依靠政府引进企业投资发展新兴产业，特别是文化和服务类产业，对城市内第三产业尤其是文化产业的发展具有直接的促进作用，依据国家发展规划，调整产业结构，增加第三产业在总体产业结构中的比例。其次，文化产业园大多是建立在老旧企业厂房的基础上，是对老旧、落后产业的直接改造升级。再次，大多数文化产业园以打造创新科研设计行业为主导，创新带来的新产品或新技术不断顺应、引导着消费者的需求，而消费结构的变化也会刺激市场资本的运作，即资本转向新兴产业，进而改变着产业结构，促进产业结构的升级。

2. 文化产业园的空间经济溢出效应

经济学一般认为新投资具有溢出效应，即不仅进行投资的厂商通过不断积累生产经验、改进技术提高生产率，其他厂商也会在市场竞争中采取生产管理改进、科技创新等手段以提高生产率，正是这种连带的影响作用促进了整个行业在区域中的发展。不同地区间全域性的空间相关性与局域性的空间相关紧密相连，经济发展的地理空间效应对地区经济发展起着不可忽视的作用，经济功能效应在更大程度上是局域性的空间溢出。①

（三）工业产值增长率变化的空间依赖与自相关

在实际研究中，应观测数据与地理空间之间常呈现的相关性，即空间依赖性。空间依赖意味着观测值由于某种空间作用而在地理上集聚，这些不同聚集点的作用具有溢出效应以及在其他社会经济过程中的交互作用。传统的回归分析假定空间中事物是无关联的，因此忽视了空间效应。最小二乘法进行模型估计就可能存在模型的预设偏差。而空间计量经济模型可以解决这一问题，其基本操作是将地区或机构间的相互关系引入模型，通过空间权重矩阵对基本线性回归模型进行修正，从而得到更有效的估计系数。

GeoDa 软件中的 Moran's I 指数值（范围在－1，1 之间）和散点图用来测量研究指标在区域间的聚集和扩散程度，从而研究其空间自相关情况。Moran's I 指数可以看做是观测值与它的空间滞后之间的相关系数。使用 Moran's I 指数的值检验区域之间是否存在空间上的自相关。若 Moran's I 值等于 0，说明不存在地理上的自相关；若 Moran's I 值在 0 至 1 之间，说明存在正的地理上的自相关，区域内集聚了相同发展程度的点；反之，则说明存在负的地理上的自相关，区域内集聚了不相同发展程度的点。笔者通过 Moran's I 指数值和散点图来分析该城市空间中规模以上工业产值增长率的集聚效应。

Moran 指数②在利用空间计量经济模型对我国生产性服务业进行估计和检验之前，首先利用 Moran 指数进行变量的空间相关性检验。Moran 指数定义如下：

$$\text{Moran's I} = \frac{\sum_{i=1}^{n}\sum_{j=1}^{n} W_{ij}(Y_i - \bar{Y})(Y_j - \bar{Y})}{S^2 \sum_{i=1}^{n}\sum_{j=1}^{n} W_{ij}} \tag{1}$$

其中，$S^2 = \frac{1}{n}\sum_{i=1}^{n}(Y_i - \bar{Y})$，$\bar{Y} = \frac{1}{n}\sum_{i=1}^{n} Y_i$，$Y_i$ 表示第 i 地区的观测值；n 为地区总数；W_{ij} 为二进制的邻接空间权值矩阵，表示其中的任一元素，采用邻接标准或距离标准，目的是定义空间对象的相互邻接关系。一般邻接标准：

① 潘文卿：中国的区域关联与经济增长的空间溢出效应[J]，经济研究，2012(1).

② 王雪瑞，葛斌华. 我国生产性服务业空间效应研究——基于 SLM、SEM 模型的实证[J]. 中央财经大学学报，2012(4).

$$W_{ij}=\begin{cases}1,\text{域 } i \text{ 和域 } j \text{ 相;}\\0,\text{其他。}\end{cases} \tag{2}$$

式中，$i=1,2,\cdots,n$；$j=1,2,\cdots,m$；$m=n$ 或 $m\neq n$。当目标区域数据在空间区位相近同时也有相似的属性值时，空间模式整体上就显示出正的空间自相关性；而当在空间上相邻却具有不相似的属性值时，就呈现为负的空间自相关性；零空间自相关性出现在当属性值的分布与区位数据的分布相互独立时。对应空间自相关或空间集聚性，空间计量经济模型主要包括空间滞后模型与空间误差模型两种。

空间滞后模型(Spatial Lag Model，SLM) 用以考察变量在地区是否有扩散现象(溢出效应)，其表达式为：

$$Y=\rho WY+X\beta+e \tag{3}$$

式中，Y 为因变量，即扩散程度；X 为 $n\times k$ 阶的外生解释变量矩阵；ρ 为空间回归系数，反映了样本观测值中的空间依赖作用，即相邻区域的观测值 WY 对本地区观测值 Y 的影响方向和程度。W 为 $n\times n$ 阶的空间权值矩阵，对于模型而言，权重矩阵 W 的元素是非随机的、外生的，可基于一个距离衰减函数、社会网络结构、经济距离、k 个最邻近、经验流量矩阵等确定，最常用的是邻接矩阵(Contiguity Matrix)和距离矩阵确定。WY 为空间滞后因变量；e 为随机误差项向量。参数 β 反映了自变量 X 对因变量 Y 的影响，空间滞后因变量 WY 是一内生变量，反映了空间距离对因变量的作用。由于 SLM 模型与时间序列中自回归模型相类似，因此 SLM 模型也被称为空间自回归模型(Spatial Autoregressive Model，SAR)。

空间误差模型(Spatial Error Model，SEM) 的数学表达式为：

$$y=X\beta+e;\ e=\lambda We+\mu \tag{4}$$

式中，e 为随机误差项向量，λ 为 $n\times 1$ 阶的截面因变量向量的空间误差系数，为正态分布的随机误差向量。SEM 模型中参数 β 反映了自变量 X 对因变量 Y 的影响。参数 λ 衡量了样本观察值中的空间依赖作用，即相邻地区的观察值 Y 对本地区观察值 Y 的影响方向和程度，存在于扰动误差项之中的空间依赖作用度量了邻接地区关于因变量的误差冲击对本地区观察值的影响程度。由于 SEM 模型与时间序列中的序列相关问题类似，也被称为空间自相关模型(Spatial Autocorrelation Model，SAC)。

为了衡量各个具体街道的地理相关程度，采用 Moran's I 散点图对老秦淮区固定投资情况进行描述，如图 7－5。老秦淮区固定资产投资的 Moran's I 指数为－0.251 169，即该地区的投资增长呈现地区性的负相关，具体来讲即该区各街道之间的投资呈现不同趋势，并非是集中增长，而且这种负相关效应并不明显。

从图 7－6 可以看出，2007 年工业产值增长率的空间集聚程度中，五个街道大都位于第二、第四象限，呈较为明显的负相关。而且 Moran's I 指数为－0.42 598，负相关作用较为明显。而图 7－7 显示，到 2012 年，有两个街道位于第一象限，Moran's I 指数为 0.123 961 显示它们存在正相关的空间效应。而中华门街道在散点图中一直位于第四象限，证明它对于周边的溢出影响是负作用。通过文化创意产业的产值市场分析来看，对于空间的溢出效应是不同的。文化产业园的服务对象不考虑其所在地的远近，而是在于行业的服务对象性。文化产业园的服务对象较为广泛，对于其周边临近地区的经济溢出作用反而不明显。

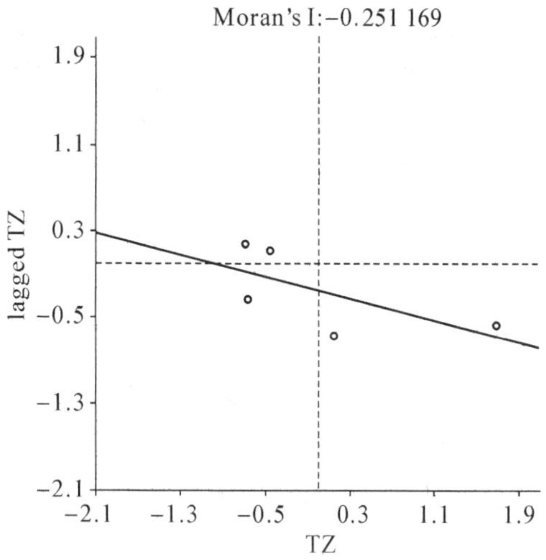

图 7-5　老秦淮区固定资产投资的 Moran's I 指数

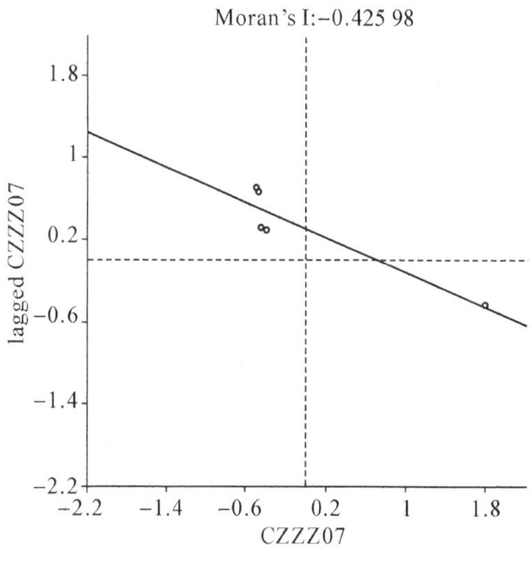

图 7-6　2007 年工业产值增长率空间集聚程度

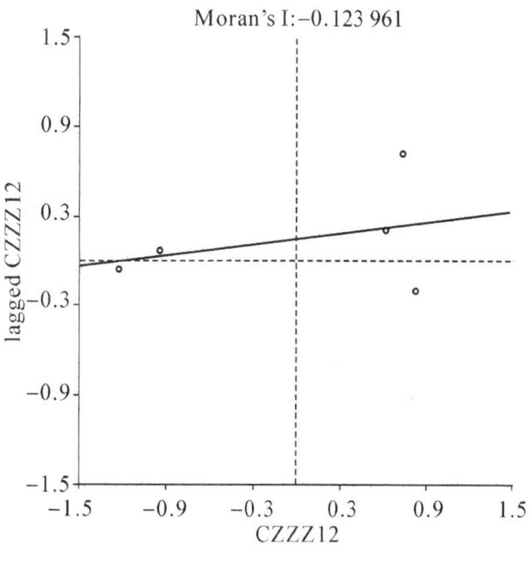

图 7-7　2012 年工业产值增长率空间集聚程度

（四）解释工业产值增长率的空间计量模型分析

传统的计量模型不能反映研究指标在空间上的相互关系，使得模型估计结果与实际有偏差，在计算空间模型的估计时必须考虑空间因素的影响，常用空间滞后模型和空间误差模型。如表 7-2 所示，笔者以工业产值增长率（CZZZ）为因变量、固定资产投资增长率（TZZZ）和社会消费品零售总额增长率（LSZZ）为自变量做回归分析，分别建立 OLS 模型、SLM 模型和 SEM 模型。对比可以发现，SEM 模型的拟合度更高，$R^2=0.978\ 469$ 表示引入的空间联系效应变量对解释工业产值增长率的变化作用显著，总体而言固定资产投资增长率、社会消费品零售总额增长率对工业产值的增长率存在空间溢出效应。

表 7-2 对工业产值增长率影响效应的模型检验结果

模型	OLS	SLM	SEM
CZZZ	−3.588 274(0.830 51)	4.702 743(0.531 57)	−16.503 63(0.000 03)
TZZZ	−27.742 72(0.340 53)	−16.136 86(0.182 19)	−68.787 98(0.000 00)
LSZZ	22.412 52(0.546 10)	12.782 2(0.379 92)	59.613 11(0.000 00)
λ			−1.832 001(0.000 00)
R^2	0.444 837	0.766 071	0.978 469
Log L	−14.820 8	−13.379 3	−12.198 653
AIC	35.641 5	34.758 6	30.397 3
SC	34.469 8	33.196 3	29.225 6
空间依赖性检验			
LM(lag)	1.183 7(0.276 60)		
LM(error)	1.706 1(0.191 49)		

总体来看,空间的溢出效应需要考虑其研究对象。如这里的文化产业园属于文化创意型产业,其服务对象不直接针对本地,甚至产业的客户来源于五湖四海,对当地的发展所起的作用仅仅是一种经济增长量,对于带动地区经济发展效果有限。因而在分析空间经济方面的作用时需要考虑该行业的特殊性,尽管数据无法显示文化产业园对于该地区的经济正增长作用,而且由于经济产出周期较长,导致文化产业园的优势不明显。但这不意味着文化产业园的发展不具有优势,更不能认为这是一种产业调整的失败。相反,在考虑社会功能、环保能耗以及整个社会效益方面后,我们会发现,文化产业园的作用体现在社会效益的整体性,而非单纯的经济作用。

(五) GeoDa 软件之于城市社会学研究方法上的应用意义

本研究结合文化产业园的空间地理意义,采取了一种研究工具的创新尝试。

本研究采取了城市规划学中关于城市空间分析方法的软件即 GeoDa 软件、GIS 软件进行分析。以往城市社会学理论中关于城市空间的研究主要以列斐伏尔、哈维为代表的空间政治经济理论为主导,但对于城市空间中所负载的较为中观、微观的城市社会经济数据的分析不足。而本研究借用上述城市规划学中的研究工具,尝试在研究方法上有一定的突破。以往社会学研究的数据分析常借用于 SPSS 软件,侧重于人口和社会群体等研究对象,在空间数据上的思考不足,本研究的空间数据分析方法部分实现了空间理论与数据分析的结合。

在本研究中,笔者借助地利优势对南京市老秦淮区文化产业园的空间社会经济研究进行了尝试。在数据分析中笔者发现,文化产业园与工业园区在功能溢出效应上具有不同的特点。工业园区由于经济理性,追求投资效益和利润产出的最大化,因而经济周期较短,回报率相对较高;而文化产业园则由于文化创意理念需要认同、创意设想提出以及创意理念与生产制造的结合等因素影响,特别是经济效益、市场份额和企业竞争对于文化创意的刺激作用相对有限,因而其经济效益的产出周期较长。所以短期内在经济统计数据上是较难显示出其优势性的。回顾本研究在数据搜集与分析过程中的问题来看,数据源的搜集具有一定的客观困难：一方面是由于商业机密等影响，难以获得完整真实的数据；另一方面则是由于经济数据的动态特殊性。因而，在数据搜集上的局限导致一系列分析受到限制。此外，客观的现实因素也给本研究带来了较大的限制，空间底图的获取与制作都有一定的困难。文化产业管理归属的职责不清也给数据搜集也带来了一定的困难。

本章的研究并非是要证明文化产业园的社会经济效应有多大，其功能如何，而是肯定了采用一种新的研究方法的可能。在一定程度上为城市社会学在空间计量研究分析中提供了一种方法参考。首先，笔者尝试将文化产业园的功能与空间结合起来考察，这种新的方法提供了这一研究的思路，城市地图的直观显示往往给笔者更多关于城市空间的思考，并且以一种更加清晰可见的方式呈现出来，可读性大大提高。其次，城市社会学中的空间政治经济学往往在整个城市发展甚至国家以及全球的层面展开论述，而这一空间计量经济学的方法可以将研究对象缩小到区域如城区的层次，并且用一系列的变量和相应的数据来展示城市空间以及城市中不同地域空间的发展变化，这为笔者的文化产业园的社会经济功能研究提供了新的思路。

第八章　城市文化产业园的管理与功能发展

一、城市文化产业园的政府管理体制紊乱

通过对政府有关部门的访谈、对政府网站的浏览和对城市文化产业园的实地调研发现，城市文化产业园的管理体制混乱无序，表现在以下六个方面：

第一，城市文化产业园的政府部门管理归属不明确。文化宣传、工商等不同系统的部门都对日新月异的文化产业和城市文化产业园实施管理，但造成管理机制上的重复或者冲突。这是从行政组织结构的官僚主义角度分析。2011 年 1 月，笔者在苏州市统计局查阅关于苏州市文化产业和城市文化产业园的资料时，统计年鉴仍然以传统的文化事业单位的标准对文化事业进行统计，而新兴的文化产业和文化企业的统计数据并未包括。中国城市文化产业园和文化产业的主管机构有宣传部（有的城市设市文化创意产业发展专门机构）、发改委、文广新局、科技局等，其中宣传部，以及文广新局、科技局是最常见的管理部门。这是典型的多头领导，至今缺乏统一的、专业化的又具服务导向的文化产业管理部门。

第二、文化产业的管理机制缺乏准确的定位和职能分工。文化本身的定义复杂多样，文化产业的定义更是远未最终确定，而其多元化、复杂化和活跃性是无可争议的，但文化产业的管理仍然依循着原有的传统管理机制、管理部门和管理模式，显然已滞后。这是从管理体制结构的滞后性的角度分析。

第三，上述因素使文化产业恰恰缺乏应有的管理，或管理范围不合理，或管理功能缺失。如苏州市各级统计局缺乏对文化产业的普查统计，使相关统计数据严重缺失，不利于研究和政策制定。这是从管理体制落后造成的管理项目缺失的角度分析。

第四，文化产业的管理缺乏权威有效的监管机制。文化产业目前处于迅速发展的时期，但其发展中也存在各种问题和乱象，如有的城市文化产业园最后并未成为真正的文化产业的平台，而蜕变为低端服务行业的集聚区，这是监管机制缺失的后果。这是从管理机制中有效监督的角度分析。

第五，还要关注文化产业管理体系中管理人员的构成机制。文化产业管理体制的管理模式、管理方法、管理水平和管理效率是依赖于管理体系内各级各类人员的素质、能力、知识和经验的。需要对管理人员的选拔、任用、监督、奖惩制定一系列有效的制度，才能真正使管理体系得以正常运转。这是从管理体系中人的因素和人力资本的角度分析。

第六，管理体制的人才构建与培养。需要针对目前国内外文化产业发展的现状和趋势，制定相应的人才教育培养制度和计划，以适应和推动文化产业这一新兴知识经济的

繁荣发展。这是从人才培养的角度分析。

这些体制和管理问题应及早解决，否则城市文化产业园的发展势必因为管理体制的滞后而被严重阻碍。

首先，要了解、理清目前管理文化产业的最新体系和机制，掌握管理的组织方式、组织结构和组织模式。其次，此基础上，了解目前管理体系的运行机制，包括管理运作实施的过程和手段。其三，对当前文化产业管理机制模式的管理效力和绩效进行必要的评估和研究，发现体制运作中的问题和深层次的原因。其四，必须在深入调研和咨询的基础上，发现并明确对文化产业目前和未来的发展能起到有效管理功能作用的管理体制和模式，加以理论的解释和政策上的完善。同时对于滞后和阻碍性的管理体制和模式提出改进或剔除，并防止以后再次发生。需要对优劣各异的体制模式产生的文化、历史、政治、经济、意识和社会背景做出解释。其五，研究如何分解、整合和建构全新的文化产业管理体制，在有条件地解组旧有体制的同时，根据不同文化产业业态、所在地区和不同的运行特点，建设起新的、功能多元化的、高效的、可持续的管理体制模式，既能对文化产业起统领的作用，又具备从管理层面解决各种综合性具体问题的能力。其六，需要对新的管理体制进行理论的解释和方法论的说明，但更重要的是需要与各利益相关方的沟通。因此，根据各方需要，提出不同的管理模式，以供参考比较，这是一个实践和检验的过程。

要对主要的文化产业类型进行梳理分类，掌握管理不同类型文化产业的独特的或共同的管理体制和模式；分别对这些模式的体制特征、组织结构、工作模式和实施手段进行研究，发现其优劣点，并提出理论解释和政策分析；然后提出能推动文化产业目前和未来发展的有效管理体制模式，既有对现有体制中好的方面的传承和发扬，也有新体制的创新，以及新旧体制合理优化后的整合。

为此应关注三个方面：理清、分类和归纳当前管理文化产业的管理体制和模式；分析其优劣性；在此基础上构建新的可持续运作的管理体制模式，并尝试对其进行必要的理论解释和实践检验。发现现有管理体制模式中的问题，需要突破现有既得利益群体的控制，从实践上对现有体制的弊端进行规避，并找出症结所在，而这恰恰又是当事者和相关利益部门不愿涉及的。其次，新构建的管理体制模式是否可行，是否满足各利益相关方的需要，是否最终能保护发展文化产业，需要在实践中通过时间的检验。

综上所述，我国当前城市文化产业园的管理体系大都沿用旧有的体制和模式，部分已不能满足日益发展的、多元化的、复杂化和活跃的文化产业的需要，必须进行改革；管理体制的功能和分工仍然不明确，必须进行深入地合理化重构；旧有管理体制的存在有其深刻的文化、历史、政治、经济、意识和社会背景等因素，这些制度化或固化的大环境可能是阻碍制度模式创新的深刻原因；新的管理体制必须得以确立，其基本的功能要求是结合国际先进经验，根据我国的社会特点和文化产业的规律，满足、保护和推动文化产业发展的需要。新的管理体制模式应具备以下特点：合理简约、高效灵活、公正透明、法治规范、功能明确、人员优化。

具体的政策建议或建议假设有：文化产业和城市文化产业园管理体制必须不断进行自我梳理，在摒除部门利益的基础上，对管理部门进行优化组合，实现分工明确，提高效率；同时在不同的部门制定相应的管理制度和管理规范，为制定最终的管理法规奠定基础；还要加强管理人员的结构优化和素质提升。所有这些改革都是以文化产业的发展为依归，而不是以部门利益为借口，争取实现新的管理体制尽快到位，并可有效地实现管理体制、运行模式和制度政策的稳定性、可持续性。

就目前现状看，今后的研究可能还需要对以下理论和观点进行分析检验，如管理部门简约化，管理部门间的结构功能主义解释，管理部门的经济导向，管理模式的多元化和实用主义基础上的合理选择理论，管理部门和企业单位利益相关方的博弈，以及文化产业管理人才优化和培养的路径等。

二、城市文化产业园内部管理落后

为适应国家发展文化产业的趋势，各地纷纷建立数量众多的文化产业园。但经笔者多次、多点考察调研，发现真正意义上有质量的、成功的文化产业园并不多。一些城市文化产业园在管理运行中以“二房东”居多，以赚取房租为主要目的，更有文化产业园变成了房地产商的圈地招牌。在文化产业园的产业形态上，由于入驻门槛低，又享有优惠政策，相当一部分入驻企业是冲着优惠政策而来，加之“园主”急于收回投资，并不在意企业的性质，产业园内的文化企业出现结构多元化、异质化。运行方式和内涵的不足，使得一些城市文化产业园难以形成品牌，难以实现创意设计人才和企业的集聚，违背了建设文化产业园的初衷。

通过笔者的调研和分析，总结出我国城市文化产业园的管理体制、组织结构和运行模式基本上有三种。

第一种是以原有老企业管理部门为主导的物业企业管理体制。文化产业园的管理者和所有者是原来老工厂的管理部门，主要采取低端物业管理和中端业态管理。低端物业管理指房产物业的一般职能管理，如楼宇整修、水电维护、停车管理、路灯维修、绿化保洁、治安防范、仓储物流和其他公共设施设备维护等。中端业态管理指为保障和促进园区内文化企业的生存和发展，园区管理部门所采取的管理和服务行为，如建设公共网站平台、举办推广活动和提供知识产权保护等。但这一管理体系的主体是经纪人化了的原“工厂厂主”，其所追求的是园区租金和分成收益的最大化，将园区空间作为获取高额地租的容器。因此，他们会在利用政府关于文化产业园的优惠政策的同时，逐渐地对新申请入园的企业提高租金即准入门槛。在必要情况下，为填补空缺，他们还有可能不顾园区的入园原则，准许非文化创意企业的进入。更有甚者，为获取更大利润，他们还可能和房地产商合谋，将处于权力弱势的园区内的文化企业施压驱逐，将土地再次变卖，将土地使用权再次高价转让给开发商，并在新的房地产项目基础上获取巨大的利益。这样，文化企业只是成为他们解决老企业困境的过河桥，而不是要真正长久地发展文化产业。

第二种是以街道管理部门为主要管理主体的城市文化产业园。在上级政府部门的政策性指令下，基层部门基于创造利润、增加税收、改造城区和增加就业等经济社会目的，与相关房地产开发商合作，把旧工厂、旧仓库等老工业设施改造升级为文化产业园，由基层政府部门委任专人负责园区的管理工作。这种管理模式最大的问题是管理者有不懂经济和企业管理之嫌，且有以权谋私的可能。

第三种是以原村委会为主要管理方的文化产业园。管理者作为并不具专业行政管理能力但有权有势的一方，必须和村民、入驻文化企业及文化知识群体、上级行政管理部门三方长期打交道。随着城市化进程和郊区的城市化，对大量建立在宅基地和农村用地上的文化企业的用地管理，日益成为主要的矛盾问题，加之国家仍不承认农村宅基地、农村建筑的小产权和转让权力，使得问题更加复杂。而这些，不是管理方所能管控的。

在城市文化产业园内部，其具体的管理水平和管理质量也普遍较为低下。具体表现在以下方面：

第一，城市文化产业园管理部门的管理功能陈旧滞后。许多城市文化产业园的园区管理形同普通的小区物业管理，其功能包括设施维修、清洁保安和停车泊位等。这是较为基本和普通的管理范畴，没有针对性的管理和服务。

第二，即便是最基本和普遍的管理领域，一些城市文化产业园的物业管理也未尽其责。园区内的消防隐患多、卫生死角多、房屋欠维护、车辆乱停放，永远都有没完没了的装修和持续空置的破旧建筑等，常给人萧条破败的印象。

第三，基于利益追求，园区管理者不断增加租金，对园内文化企业造成成本压力，迫使一部分企业离开，不利于文化产业的孵化和成长。同时，在租金至上的理念下，园区内入驻许多与文化产业无关的业态，如餐饮业、美容美发、武术健身、仓库转运、印刷和其他业态等。这不利于文化产业和文化群体的集聚互动。

第四，许多城市文化产业园的管理者本身就是区政府或下属公司的干部。这造成官商合一的政经联合体，不利于文化产业发展的独立性和自主性。在管理上不利于遵循经济规律和文化产业的发展特点，会导致官员滥用职权和贪污腐败。

第五，对园区的服务较为欠缺。虽然许多管理部门对园区内企业提供各类促进项目和活动，但多是阶段性、临时性和权宜性的作为，不能持久地专业化地坚持下去。园区内的企业难以获得在诸如市场进入、税务法律、产业链接等方面的高质量服务。虽然身处产业园区，但每个企业基本上是单独经营，难以形成群体效应。

第六，园区内文化企业间的横向互动和沟通较为匮乏。最基本和最常见的是从业人员在园区内的咖啡屋小憩时的沟通和共同举办一些公益性的活动。在大部分园区内，鲜有企业组织起来的专业行会、工会或联谊会等非正式组织。在 798 文化产业园，一位老业主告诉笔者，园区内至今都没有一个横向跨界的文化产业行业组织，反而园区内的韩国人企业有联谊会。由此看来，城市文化产业园可能只是完成了相关文化产业在区位和空间上的器物性集聚，而在经营和流通领域的集聚和社会心理上的整合并未真正出现。

第九章　城市文化产业园的问题和发展趋势

从2000年到2015年，中国城市文化产业园的发展已历时15年，对其现状和问题进行分析总结势在必行。笔者通过对全国6个城市30多个城市文化产业园的实地调研和问卷调查，总结出其面临的共同问题和困难，也剖析了不同地区城市文化产业园的特殊矛盾点，从中试图预研其发展趋势。

一、中国城市文化产业园的问题

在经过了15年的发展后，我国城市文化产业园所面临的共同问题和困难如下。

（一）城市文化产业园在新常态下的模式困境

面对国民生产总值增长的新常态化和新的制造业产业危机，对工业遗址进行活化利用的"城市文化产业园"模式已不适用于"后世界工厂时代"的制造业产业区。因为，我国正面临着"后世界工厂时代"的来临，"世界工厂"中的"中国制造"正面临着严峻的危机和挑战。

上世纪60至70年代，欧美国家通过旧城复兴战略，将老工业城市逐步蜕变为人文生态城市。经此世界分工，中国自80至90年代以来，以其外贸导向型的制造业（多为来料加工或外包代工）为主体，成为"世界工厂"。但2008年金融危机后，因改革瓶颈、创新乏力、结构落后、成本提高、内需不足、投资匮乏、环保控制、技工缺失和新兴产业挤压等诸多内部因素的影响，以及世界经济复苏缓慢、国际分工调整、贸易保护主义、地缘政治和大国博弈等外部因素的制约，我国制造业已陷入"后世界工厂时代"的经济社会危机，表现在产值下降、产能过剩、外资撤离、外贸减速、投资乏力、竞争力弱、市场萎缩、利润下降、税收减少、设施落后、失业上升、环境污染及劳资矛盾加剧等。

"中国制造"正面临衰退，进入笔者认为的"后世界工厂时代"。据国家统计局数据，2014年国民生产总值增7.4%，创1990年以来新低；第二产业产值增7.3%，第三产业产值增8.1%，制造业产值下滑，智能型和高端服务型产业产值上升。2012至2014年，6.2%、7.6%和3.4%的进出口总额年增速都未达标，而中国在全球市场的进出口总额已占12%，在国际市场竞争日益激烈的环境下，出口导向的"中国制造"已很难再做大。部分外资企业从中国撤资撤厂，迁至生产成本更低的地区。但"后世界工厂时代"中的城市仍需保增长、保就业，保民生、保稳定。

虽然国家及时地提出了"一带一路"的全球性大战略，也建构了具体推进这一全球性经济发展战略的亚洲基础设施投资银行，简称亚投行（Asian Infrastructure Investment

Bank,简称 AIIB)。但这一战略和金融组织的实际成效仍需一段时期的检验和等待,其复杂程度高,变数很多,作为区域性乃至国际性的发展计划和金融机构,所受到的不可测的外部不利影响因素会很多,甚至会有敌对势力的阻挠和作梗乃至破坏。这是个长期性的"国家风险投资",不是我们所能完全把控的。因此,艰巨的中国问题还是要在庞大的中国内部解决。但问题是"后世界工厂时代"制造业产业的规模大、人员多、业态复杂,"城市文化产业园"的老模式已经难以应对。

(二) 城市文化产业园模式已陷发展瓶颈

"中国的文化创意产业集群发展仍然存在不少不足之处,主要体现在以下几方面:首先,将发展文化创意产业园区作为集群发展的唯一模式。产业园区只是文化创意产业集群的模式之一,但国内其他集群发展模式尚未形成规模。单一的园区发展模式在一定程度上带动了文化创意产业的发展,但这种模式存在一定的缺陷。它虽然可以促进园区内部产生集群效应,但与园区外部及其他行业的互动性较差,促进效果有限,而且很难与周围社区居民产生交互作用。文化创意产业包含的范畴是极为丰富的,产业内各行业的发展模式各不相同,而单一的产业园区发展模式很难适应国内文化创意产业的整体发展需要,多种模式共存才是发展文化创意产业的最终选择。

"其次,中国文化创意产业集群区域发展不平衡。国内文化创意产业集群集中在经济发达地区。经济发达地区经过早期自发发展阶段,文化创意产业已经具备了一定的规模,政府已经把文化创意产业作为未来发展的产业,并制定了一系列文化创意产业发展的政策。一些经济欠发达地区尽管有着深厚的历史文化资源,但发展文化创意产业方面的意识淡薄,不仅民间对文化创意产业认识不足,政府相关部门也未能认识到发展文化创意产业的重要性,政策及配套措施不健全。从产业集群内部来看,城市与农村、南部与北部发展不均衡。以长三角文化创意产业集群为例,如由于江浙两省南北部差异都比较大,北部发展相对较弱。杭州、嘉兴、南京、苏州等地文化创意产业迅速发展,规模急剧扩大,但浙北、苏北等地文化市场初步形成,文化创意产业还是很陌生的概念。

"再次,产业集群的功能和定位不清晰,重复建设严重。大多数产业集聚区遵循政府导向的模式,盲目跟风建设,集聚区内缺乏领军式的企业,缺乏特色。纵观各地已建或将建的各类文化创意产业园区,产业形态相似,势必造成集群的资源分散和产业的恶性竞争,最终不利于文化创意产业的发展。目前的现状是只要谈到文化创意产业就是动漫和数字娱乐,各地的动漫产业园层出不穷。据不完全统计,仅国家新闻出版广电总局、文化部规划的各类动漫基地多达 42 个,而真正产生集聚效果的不多。

"如果把创意产业、产业链内部和传统产业链的内部进行比较的话,可以发现,创意产业在微观上也呈现出同传统产业各异的鲜明特点:首先,创意产业的市场需要培养。传统产业的市场是既存的,但创意产业的市场不是既存的,而是需要激活和培养的。实际上,就是将消费群体潜在的社会和心理需求通过一种手段将其挖掘和激活出来,并给予充分满足的过程。其次,创意产业链和中间环节的不可或缺。创意产业往往是由多种技术、生产和服务组成的,从前端到后端的产业链很长,除了前端的创意、策划、生产和后端的营销、传播等,还有中间环节的金融、法律、服务、专业媒体等,它们对于创意产业的成长是缺一不可的。再次,创意产业的创新性至关重要。任何时代都需要具有原创能力的思想家,提出新的概念来界定和指引那个时代的学术和文化。文化创意产业更是强调创新性和前导性，只有不断地创新，才能始终保持领先的地位，否则就会被市场淘汰。”①

通过笔者三年来对三个东南沿海省、一个西部省和一个直辖市共六个城市的三十多个城市文化产业园的实地调研，笔者赞同以上的客观判断。

（三）国家对文化产业的概念定位不清

新兴的文化产业如动漫、工业品设计、建筑设计、园林设计、室内装潢、工艺品设计和创意产品、网络产品和民族文化产品等现代文化产业业态在城市管理部门中仍未得到合理准确的定位，它们在管理归属上也难以定性。如在江苏省苏州市的统计年鉴中没有对现代文化产业业态的统计数据。各级统计部门仍把现代文化产业归属于文化、新闻出版、广电甚至宣传部门管理，而不是归属于工信、科技和工商行政部门。上述新兴的文化产业仍与传统的文化事业如新闻媒体、出版业、影视文化、文艺表演甚至教育文化等相互混淆。

因此，城市文化产业园的概念判断还处于低端水平，城市文化产业园的管理内涵大部分也就处于物业管理的层次，不能提供更全面的有针对性的兴业促进服务。

（四）文化产业和城市文化产业园还不是城市发展的主要动力

城市文化产业还未受到城市管理者和规划者的足够重视，该业态并未被作为城市新经济增长点和支柱性产业看待。它甚至只是在进行老城区和老企业改造，或有房地产开发利用价值时才被纳入城市规划者和管理者的视线。在笔者的调研中，大部分文化产业和城市文化产业园都落户于工业废墟、衰落的游乐园或空心化的农村村落。

研究中要解决的一个问题是，从经济学的角度看，文化产业到底是属于制造业、服务业还是文化艺术？或属于这三者的一种逻辑上的自然链接：文化艺术—文化产品制造业—流通和服务。笔者认为，属于这三者的一种自然的链接，而文化产业园则是这一链接的一个重要节点。

但在城市文化产业园的现实发展中，却是这三者的断裂或断续。如南京的“世界之窗”城市文化产业园，原来的规划设计的确是科学地将这三者逻辑地链接在一起，形成理想的文化产品（如动漫）研发—生产制造—市场销售链条。产业园里应有设计部门、生产车间、产品展览、销售区和演播区等。但直至 2011 年，“世界之窗”的发展基本只停留在动漫产品的设计和基本展示上，即产销脱节。生产和销售功能并没有按规划设想在园区内展现。同时，园区处于城市的半边缘和半封闭的状态，不能与周边社区和城市居民融为一体。笔者认为，文化艺术—文化产品制造业—流通和服务业这一产业链条中，最薄弱的是文化产品的流通和服务即市场营销这一环节。这是文化产业和文化产业园能否发展下去的一个重要的宏观经济议题。在这样的情况下，相对于第二产业、第三产业和第四产业，作为第五产业的文化产业及其城市空间载体城市文化产业园，仍难以成为重要的产业业态。

（五）城市文化产业园改造建设中的社会伦理问题

城市文化产业园模式部分牺牲了原企业职工的就业和福利权益，也未创造规模化的就业，大范围的社会效益受到限制。

在调研中可以明确地证实：旧的衰败的工业区、工厂在被改造后，并未为原有工人提

① 邵培仁，杨丽萍. 中国文化创意产业集群及园区发展现状与问题[M]//武汉大学. 中国媒体发展研究报告. 武汉：武汉大学出版社，2010(12).

供足够的新岗位,其新的产业和业态类型大部分不适合当时年过四十的中老年职工重新就业,即便对年轻工人,由于专业知识和技能要求的不同,也不可能在短期内通过进修或学师的方式很快掌握新产业和新业态的专业技能。因此不可能妥善有效地在改造后的城市文化产业园中为失去工作岗位者重新大规模地安置就业,只能是提供诸如清洁工、保安、门卫之类的小规模、低技能的临时性工作。

这对于拥有稳定工作、稳定收入和社会福利的原企业职工来说,无疑是砸了他们的饭碗。这对于长期拥有工人阶级光荣历史和崇高社会地位的产业工人来说,无疑是人生的一次重大转折。

这是在社会和经济发生重大变迁的时刻,伴随着社会体制和产业结构等的巨大变化,使社会的整个阶层发生如"泰坦尼克"号巨轮沉没一样的整体社会阶层的集体性的向下流动。这是一种具有时代性的不可逆转的整体性的社会阶层的社会流动变化。对于个体而言,就是个人阅历的转变、个体社会角色的转化。当然,这种变化在缺乏社会政策有效保护、缺乏个人资本和社会资本支持的情况下,往往是持续性地向下社会流动,一些人甚至陷入生活的谷底,滑进社会的边缘。

问题是,各级政府历来多关心农村经济的发展,关心农村剩余劳动力、关心进城务工的农民,但对城市中广大的待岗职工再就业,做出的应对性社会政策相对是较少的。这是一个社会伦理的问题。

（六）文化企业创新能力低

城市文化产业园中文化企业的创新能力低表现在以下方面。

第一,城市文化产业园中的产业业态主要是较低文化消费水平和消费方式的产品设计,如动漫设计、室内装潢和工艺品设计等。其本身不需要太多的科技积累和工艺创新,而是基于头脑风暴式的新理念的构想,取决于工作者的灵感和机会。

第二,文化企业所设计的一些文化创意产品有相当程度上的理念偏差。如许多文化企业的工艺、礼品设计是以"文化大革命"时期红卫兵的工作生活方式作为创作灵感的来源。这一方面反映了一种对特殊甚至畸形的文化历史的深刻记忆,也反映了城市文化产业园中的文化企业有相当一部分那个年龄段的艺术家们的思想观念和意识形态难以摆脱"文革"时代的烙印。但其实这对于作为城市文化产业园"常客"的现代 80 后、90 后青年来说,是否具有真正的使用价值和社会价值的吸引力,实属疑问。

第三,城市文化产业园中文化企业的创新意念、创新技术和创新样品,有多少能转化为可供使用的产品或商品,实现创新驱动,可以产生多少价值并规模化经营,这些都是值得商榷的。

第四,许多城市文化产业园中的所谓文化创意产业最后只是较为低端地顺应大众消费,局限于满足市场消费需求和获取有限利润的作用下,长此以往,创新和创意的动力自然会衰退。

第五,一些文化产业热衷于抄袭和模仿。由于网络的便利和计算机技术的提高,使得这种在全球范围内对新创意新产品的搜寻、模仿和复制变得极为快捷便利,尤其在我国还严重缺乏知识产权保护意识和严格执法的情况下。

第六,城市文化产业园中的从业者们所学专业基本是以工业设计、艺术设计、绘画、雕塑、音乐制作、网络工程等专业为主,知识结构较为单一,尤其缺乏应有的历史、美学、民俗、宗教、哲学等知识。从业者较为年轻，人生阅历浅，社会经验缺，不能对人类社会有深刻和深远的认识和理解，其产品也就只能停留在较为肤浅甚至“弱智”的幼稚水平上。偶尔出现的“奇葩”或“愤青”型作品也不能代表城市社会百姓的社会情感。同时，这些本有一定天赋的设计师们，缺乏田野调查和社会观察的经历和训练，加之其上层管理者如企业主、经理们的指令性设计要求，他们不可能有真正意义上的自由和独立的创新意识和创新环境。

（七）城市文化产业园创意能力低

创意不等同于创新，应是两个不同的概念。许多城市文化产业园里的入驻企业文化创意能力低。如有记者曾对南京市创意东八区的调查发现，有不少与文化创意不相关的企业，如南京嘉源市政工程有限公司、南京同达资产管理工程有限公司、南京农垦旅行社等。南京“世界之窗”创意产业园一名副总经理曾对媒体记者这样说过，园区的招商并没有具体的门槛。政府也并没有具体的限制和要求，园区会对通过政府立项支持的企业优先安排。目前，园区内入驻的企业共有100多家，通过政府立项支持的大概有三分之一。

因此，企业热衷进驻文化产业园，披上“创意”的外衣，就能享受园区各项优惠。以创意东八区为例，园区外围的招商价格曾经是每天每平方米4元左右，而园区内每天每平方米不会超过2元。在一些城市中心地段，园区内外房租成本更是相差3倍以上。很多园区打着创意产业的噱头，找政府拿补贴。

迫于招商压力，很多文化产业园对于入园企业来者不拒。园区主要的盈利模式还是通过收取租金加上税收返还，运营企业只是扮演“房东”的角色，本身并无选商需求。实际运营中，个别文化产业园干脆变成了以餐饮为主的休闲娱乐街区，离“创意”初衷相差甚远。园区管理者把自己的角色局限于物业租赁者。除租金外，盈利主要来源三个方面：一是园区接收设计订单后分发给创意公司，赚取信息费；二是为设计公司介绍对接订单，收取中介费；三是与制造企业合作开发新产品，由园区付给创意公司设计费，制造企业销售产品后与园区分成。① 但这些都是制约创意潜力和能力发挥的负面因素。

（八）园区封闭的空间形态对城市周边社区影响有限

大部分城市文化产业园以原来工厂的围墙为界，封闭性高，和周边社区相互隔绝，园区周边街区的产业与行业和产业园内的业态没有直接相关性。产业园基本不会对园区周边形成产业链上的辐射作用。

城市文化产业园的建筑群都有一个共性：只有一两个狭窄的大门入口，企业都隐藏在深深庭院中，俨然如原来厂区的布局，使得城市文化产业园与当地社区的联系割裂。城市文化产业园的封闭空间形态表现在以下的六个方面：

第一，城市文化产业园基本上是基于原有工厂企业的园区面积和范围，改造时难以突破原有空间格局。

第二，城市文化产业园大多是用围墙环绕封闭起来，只有几个较狭窄的入口，因此，一般人在不了解和没有目的性的情况下，是不会轻易“自然”地进入到园区内的。

第三，城市文化产业园一般在城市内城中呈块状散布，孤立地如马赛克一样镶嵌在城市里。在调研中，笔者没有发现有两个以上的城市文化产业园是相连在一起成为一个

① 王世停，张晨，黄伟，等. 创意园：为何美容房产混迹其中[N]. 新华日报，2012-12-17(A5).

整体的，即便有时候它们相互间就近在咫尺。

第四，城市文化产业园一般来说是一种内敛型的经营方式，就如同一个独立的社区，内部有自成一体的基本管理和服务体系，和其周边社区不会发生过密的联系。

第五，城市文化产业园基本上与原来的工厂一样，内部基本没有居住功能，使城市文化产业园的企业在职工下班和进入晚间后，基本处于“静止”和“休眠”的状态，也就是产业园和城区两大社区之间在功能上的部分分离。

第六，除了以上器物上和静态上的与城市社区之间的相互封闭的状态外，城市文化产业园在动态层面上也是较为被动和内敛的。城市文化产业园内很少举行诸如开放日之类的与城市、城市居民和外地游客互动的活动，其对周围的经济、文化和消费供给是有限的，也缺少积极的公益性活动等。

但不可否认的是，每个城市的城市文化产业园对所在城市的文化消费影响是显著的，这样的影响力甚至超越了所在城市，乃至成为国家的文化产业标杆。

大型的开放型城市文化产业园，可以吸引包括大学生、知识分子、中产阶级白领在内的文化产品消费者对城市文化产业园的关注和互动。但对于城市的其他市民，则基本上是与之无关的一个特异的社区。

园区有限的空间规模对旧城改造的作用有限。城市文化产业园一般见诸于大中型城市中，而大中型城市的人口规模都在 500 万以上，且巨大的城区面积仍在不断扩张。而城市文化产业园相对狭小的空间面积无足轻重。

从城市文化产业园管理的对外开放程度来看，主要有三种类型。

大部分城市文化产业园虽有围墙和门禁，但对来访者都较为开放，甚至欢迎市民的参观，如南京晨光 1865 创意产业园、广州 T. I. T 文化产业园、杭州理想 · 丝联 166 创意园等。园区中一些文化企业甚至允许来访者直接进入其中参观。

但一部分城市文化产业园对非专业来访者有一定的限制，甚至对我们这样的科研工作者也有不必要的戒心，如广州的羊城城市文化产业园和成都的红星路 35 号文化创意产业园。

极个别的城市文化产业园甚至将原属公用地的产业园区地域当成了私人地产，禁止除本园区所谓“业主”和工作人员外的参观者进入，采取严格的对外防范和驱离手段，如杭州的西溪城市文化产业园。

因此，各城市文化产业园的对外开放程度取决于园区管理者和园内企业的公共关系理念和管理措施。

（九）城市文化产业区缺少与周边城区的有机整合

城市文化产业区的规划缺乏体系，缺少与周边城市社区的有机整合。

如南京总统府附近的以民国文化为主题的建筑群落的相互区隔化。总统府主要是吸引外地游客，1912 酒吧一条街是吸引本地游客，各有不同的消费群和文化群，但各文化建筑群之间却因此相对独立，没有形成整体文化体系。需要通过道路可达性、视觉通畅性和空间通达性促进整体性的构建，使各功能得到整体发挥，其中一个解决手段是设立明显有效的、统一的、没有视觉障碍的旅游标志牌。借此引导，1912 酒吧一条街可吸引参观总统府的外地游客，在白天也可高效经营，而不仅仅是南京人的夜生活去处。

总统府周边可局部实行机动车限行，保护总统府、市图书馆、中央饭店和1912酒吧一条街的静宜，更使这几个部分形成整体文化体系。最终，南京的总统府—中央饭店—梅园新村—1912文化街—南京市图书馆—江苏省美术馆等可以通过路面地下化和绿化带步行区的建立而重新连成一体。我国很多地区现在的文化硬件建设已完成，需要的是冲破利益分割，实现体系整合与管理理念的提升，这就提出了城市文化产业链和文化生态区位的理念。

城市文化产业园应通过城市区位规划，遵循相邻原则，使公共文化产品、公共文化空间及文化产业园等形成某种程度上的区位整合。如苏州的容·创意园—拙政园—平江路街区—耦园—昆曲博物馆—苏州博物馆可以通过通达性和便捷性——如通过公共旅游专线和步行区——有机地整合在一起，形成一个文化产业集聚，构建整体文化体系，这对于不了解苏州的外来游客来说尤其重要。但我国城市文化产业园独立封闭的存在形态是不适合这一整合要求的，这不单是城市文化产业园的自我孤立，也使其难以与相关街道、城区乃至整个城市融为一体。

（十）城市文化产业园可创造的就业岗位有限

通过三年多的调研，笔者认为我国文化企业目前存在着小型、低端、同质、重复、异质、隔离、耗散、封闭、低产出、不可持续十个结构性问题，这些问题也决定了城市文化产业园所构成的劳动就业市场的基础。虽经过15年，文化产业还处于中期孕育发展阶段，还未形成大规模、大集群和高水平，因此在当前也限制了创造规模化就业岗位的可能。分析原因如下。

第一，文化企业由于相互间的竞争、排斥和高度同质性，还未能形成系统、规模、稳定、规范和可持续的产业链，也就未能形成创造规模化就业的强大动力及合理机制，这还需要从经济体制、产业结构、文化环境、消费市场和用工制度方面寻找原因。

第二，作为知识和资本密集型的城市文化产业，其劳动就业市场具有较强的排他性和竞争性，仅适宜于城市中某些专业群体和资本阶层从业、创业，即文化产业直接创造的就业面仍然有限，需与其他行业合成就业链。

第三，中国社会还处于物质经济发展的中期阶段，还未形成较强的文化产业经济的消费群体和消费市场，对文化产品需求的疲弱会持续抑制文化产业经济的发展，从而难以创造规模化的文化产业体系和相应的劳动就业市场。

第四，文化产业的发展在我国虽受政府主导，但在其就业的社会意义上并未得到足够重视；统计部门仍没有将文化产业单列为一项产业行业，而是滞后地将其与文艺体育、电影出版等传统文化事业混淆，缺乏系统准确和独立的统计标准及数据，更未能凸显其在创造就业上的作用和潜力。

第五，城市文化产业发展仍不成熟，业态较为低端、重复和单一，面临着国外文化产品进口和国内恶性竞争的双重压力，文化产业的劳动就业市场仍不稳定，存在失业风险和社会风险；文化产业的就业提供与高校毕业生的专业适应、教育体系适应和就业适应之间也存在供需关系的矛盾。

城市文化产业园的劳动就业市场研究仍有很多未知的领域需要探索。关于城市文化产业引领劳动就业的理论研究在国内外都较欠缺，还需创造性地理清文化产业创造就业的内在动力、路径、机制和规律，需要对大量假设作科学验证；要对文化产业本身及其就业范围作一个明确的范畴界定，这不但会出现与第二产业尤其是传统型第三、第四产业的概念混淆，也不易制定划分标准，乃至对传统劳动就业理论可能进行修正；由于文化产业结构、规模和发展周期的特殊性，较难对其劳动就业市场的兴衰波动及判断标准制定统一指标。这需要长时间的历史性的跟踪研究。

（十一）城市文化产业园的消费方式和消费水平

城市文化产业园的消费群体包括两大类：一类是前来城市文化产业园进行旅游的游客和市民消费群体；另一类是使用和消费园区内文化企业所生产的产品的更广泛的消费者。

这里主要阐述在城市文化产业园内进行文化消费的游客和市民群体。

基于我国居民目前的消费能力、消费财力和消费取向，旅游者和市民的旅游消费层次有三：物质消费、心理消费和文化消费。物质消费指对旅游物质商品和各种服务设施，如手工艺品、绘画雕刻、文化展览、艺术演出、传统食品、咖啡酒吧等的软硬件的消费。心理消费指游客和市民在园区的游览、购物、品鉴消费过程中所体验的身心的放松、愉悦和宁静感，对人们的社会心理和社会人格的塑造可以起到正面的积极作用。文化消费指人们在园区内的游览、购物、品鉴消费过程中能潜移默化地接触、获取、学习到各种具有历史意义和文化价值的信息和理念，可以提高人们的文化鉴赏力和审美水平。

在著名旅游景点，往往会由于普通游客人数的总量大，造成服务质量下降。但纵观作为城市旅游目的地之一的城市文化产业园，当前还没有出现这样的窘况。相反是游客的数量还不够。

城市中的工作和生活压力以及各种“城市病”使城市居民积极寻求就近就便的放松方式和休闲空间，包括城市文化产业园在内的休闲娱乐资源的供给就极为重要。文化旅游作为一种文化消费行为更可以体现公民社会人格的多元性。

笔者认为，旅游者的权力资本和文化资本决定了其文化旅游的效果，也决定了城市文化产业园的文化传播和文化消费效益。

旅游者的权力资本包括游客对进入旅游消费地如城市文化产业园的准入门槛、权力权益、消费成本和便捷性等。

例如，德国的许多具有历史教育意义的景点都是免费的，运营成本由联邦政府或当地政府补贴；为适应居民上下班时间，德国的许多博物馆实行晚间开放；旅游点都有便捷的水陆交通抵达；通过脚印地标的方式引导游客进入重要的历史文化景点，并有免费的资料提供给游客。因此，旅游的准入门槛低，权益得到充分保障，消费成本低，便捷通达。旅游者的权力资本实现最大化。

旅游者的文化资本是进行文化旅游消费的重要资本。这包括旅游者的受教育程度、文化鉴赏能力、历史文化知识和经济支付能力、可供支配的消费时间和消费意愿等。这也体现了旅游者的消费理念和消费方式。总体来说，我国旅游者的个人文化资本还是较低的，即对文化旅游和文化消费的能力和意愿不高。游客在景区的旅游行为的形象特点是抬头走路，低头看石头。游客尤其是外地游客，在旅游时往往是在赶路，像完成任务。景区中最吸引人的不是历史文化景点，而是各种小吃摊和廉价工艺品。在国外旅游，不少中国游客是“上车睡觉、下车拍照、停车撒尿，回家全忘掉”。有些游客只对逛免税店、买名牌、吃喝感兴趣，对当地的文化、历史、宗教、建筑、人文、地理等既没兴趣也不易理解。基于旅游者这样的个人文化资本，旅游的文化消费只能退让给物质消费。这在对城市文化产业园的文化消费中也会有相应的体现。

因此，为达到在城市文化产业园游览过程中对国民进行文化教育的目的，可以采行以下的具体措施：第一，在较大的园区入口处的显著位置放置介绍小册子，配以导游图，语言要简单易懂。第二，在园区内的重要历史文化景点配注简要清晰的文字，过于冗长和繁体的文字介绍是难以留住游客的脚步的。第三，通过脚印地标的方式引导游客进入重要的历史文化景点。第四，增加免费的历史文化景点，彻底清除阻隔游客的准入门槛，实现文化的通达性和大众化（或把票价适当降低）。第五，采取措施，让游客的脚步“慢”下来。如在园区附近就近设置通达市中心、火车站、机场、地铁站和主要公交站点的旅游专线，或在园区旁直接设立地铁站，使得游客有对时间的可控感，从而从容出游，深度体验。

使用和消费文化产业园文化企业所生产的产品的更广泛的文化产品消费者是更具意义的消费群体。

（十二）作为城市文化产业园存在基础的文化消费

城市文化产业园和文化产业的发展要实现其经济和社会功能，首先是其在城市存在的合理性，这就需要消费群和产品市场。而文化消费属于高端消费，服务对象是社会的不同阶层，其受教育程度不同、年龄段不同、购买力不同，还有性别差异。这是需要城市文化产业园中的经营者和管理者考虑的问题。通过对多地城市文化产业园的考察，发现其产品的使用价值因其非必要性而受到限制，从而不易实现其商品价值和经济价值，即市场需求不高，这最终会影响到其存在的合理性，进而有损其社会功能的实现。

笔者认为，人类的消费品分为三类：低端物质消费（基本消费），指衣食两大基本需求。中端物质消费，指居住、出行和教育消费，如购买住房、汽车和子女教育。高端消费指文化产品消费，如参与各种类型的文化活动以及旅行、体育运动等文化休闲消费。目前我国百姓收入较低，住房、教育、医疗和养老负担过重，物价持续上涨，大部分人的消费主要还集中于低端物质消费。而中产阶级或进入到成家立业人生周期的社会群体将消费投资主要集中在住房和教育这类中端物质消费品上。因此，低中端物质消费消耗了大量的收入，占据着较高的支出比例。在这两种消费类型的挤压下，高端文化消费成为一种非必要性的消费。

文化消费者和文化消费品之间会因文化消费意愿、文化消费时间、文化消费能力及文化消费财力四者间相互缺位而发生异化：文化消费者有消费的意愿、时间和能力，但没有消费财力（如大学生）；另一部分消费者有文化消费财力，但没有消费的意愿、时间和能力（如忙碌的工薪阶层），或有消费的意愿、时间和财力但没有消费的能力（如炫耀性消费的暴发户）。换一句话说，文化消费者与文化消费品之间会因消费的意愿、时间、能力、财力而发生异化。其结果要么是文化消费品市场的萎缩，要么是消费方式的扭曲。

根据恩格尔系数，笔者建立了文化消费系数，以计算公民每个月用于文化消费的支出的百分比是多少：

文化消费系数＝文化消费支出/消费总支出（低端物质消费支出＋中端物质消费支出＋文化消费支出）×100%

如果考虑到许多文化消费是免费提供的话，可以计算公民每月的文化消费时间系数：

文化消费时间系数＝每月文化消费时间(小时)/总体休闲时间(小时)×100%

这两个系数都要对什么是文化消费做一个严格的定义和规范，以便确定文化消费的经济支出和时间支出。

通过研究民众对文化产品的消费意向、消费能力和消费潜力，我们可以了解文化产品的消费群体、消费结构和消费市场。这对于城市文化产业园的生存发展及其经济社会价值的实现具有重要意义。

文化消费也是一个动态的过程，有的文化消费是封闭和短暂的，如观看网络视频，而有的文化消费是可以带动文化产业链的，如远途旅游。

值得指出的是，城市文化产业园可通过文化商品的产业化，强调文化消费品的使用价值即相应的商品价值和经济价值，却不可能充分地注重社会价值。而文化消费品作为一种影响到人群社会心理、社会行为和个体、社会精神的直接作用物，其社会价值却有着至关重要的影响作用。如网络游戏“魔兽”和动漫中的色情内容，就会潜移默化地影响文化消费者群体的身心健康，起到误导作用。文化产业的主要从业者是中青年，并趋于年轻化，他们的产品会对社会群体尤其是同龄人和年轻消费者起到引导的作用。而这个年龄段的从业者还缺乏足够的价值判断能力，缺乏产业和产品的社会功能意识，因而在意识形态、价值观和社会行为领域存在着一定的产品设计风险。这也是文化消费中的价值消费内涵。

二、城市文化产业园的发展趋势

(一) 城市文化产业园发展趋势的六个分析维度

文化产业和城市文化产业园作为发展已有 15 年的业态和业态空间，其未来前景仍具有很大的不确定性。按笔者的分析，目前我国城市文化产业园的发展趋势可以从地区、类别、质量、规模、就业、管理六个角度分析。

1. 地区

从我国东西部地区比较看，城市文化产业园在东部地区尤其是长江三角洲和珠江三角洲两个经济、文化、社会发展最快而行政控制较弱的区域发展较广、较快也较好。两个地域的城市文化产业园类别较多，面积规模较大，吸纳的就业人数较多，文化产品质量较高，管理水平也较高。文化产业已经成为一个较为稳定的业态，城市文化产业园已度过了立足阶段而扎根发展。但西部地区的城市文化产业园发展滞后，基本还未形成规模体系的城市文化产业园。有些地区连城市文化产业园的概念也不知晓。这样的东西差异性分布结果是不言而喻的。

令人稍感意外的是北方和南方的城市文化产业园的发展差异。笔者调研的结论是北方地区城市文化产业园发展乏力，日渐萧条；而南方沿海地区的城市文化产业园增长迅速，日臻成熟。

北方的城市文化产业园以北京的城市文化产业园为例，笔者的 11 人调研团队在三天时间里走访了北京 9 个主要城市文化产业园中的 6 个，但结果发现，真正还在运行的仅剩 798 文化产业园和宋庄画家村。

在朝阳区城中村落户的七棵树城市文化产业园仅集中了摄影创作艺术业态，其中最为活跃的仅一两个婚纱摄影公司，其他的企业均惨淡经营，有活力的企业已经不多。

北京环铁艺术区主要从事动漫游戏产品研发，但除一家自称有约500员工的动漫游戏公司外，其他企业基本迁移。

北京尚8文化创意产业园已经基本关门倒闭。

总之，这些集中于北京城市中心的城市文化产业园经过几年的沧海桑田，基本上都以失败告终。

而值得说明的是北京通州区宋庄的画家村，这个还顽强生存的松散的以村落形式表现的城市文化产业园也许可以反映北京城市文化产业园发展的路径。因为，如果说北京上述的城市文化产业园都最终难逃萧条倒闭厄运的话，宋庄画家村目前的现状可能就是过往挣扎生存过程中的一个活例子。

最具发展潜力和发展势头的是长江三角洲和珠江三角洲地区的城市文化产业园，这里的文化产业既有继续发展的能力，也有继续存在的需要。

这是基于以下的存在基础和条件。

第一，这两个地区是我国改革开放最早的地区，已经在经济上完成了巨大的价值财富积累，奠定了厚实的物质基础。而这是城市文化产业园所必备的先决条件。

第二，作为远离政治中心、相对自由开放、首开风气之先的两个地区，当地艺术家和工匠乃至文化消费群体的思想较为活跃开拓，文化社会氛围较为宽松包容，这为文化企业创作发展中的文化创意和特立独行提供了社会环境和政策条件。

第三，这两个地区既是中国老工业文明最早的发源地区，也是新中国成立后现代工业生产的集中地，这为老工业区和老厂房的改造利用创造了历史性的机遇，为城市文化产业园的建立提供了廉价的、优良的城市区位和土地空间。

第四，这两个地区已经形成巨大的城市集群和都市带，人口高度密集，人口素质高，消费能力强，从而形成了规模化和高标准的文化消费群体和文化消费市场。这是文化产业和城市文化产业园得以继续生产发展的市场条件。

第五，这两个地区尤其是长三角地区有着丰富的人文历史和文化传统，人杰地灵的地域文化环境是塑造文化产业、建构文化创意空间的最重要的文化基础，是其他地区不可替代的唯一性的文化资源。

第六，在这两个地区教育发达，高校集中，各类相关专业院校云集，为文化产业的发展和城市文化产业园的管理运作提供了有效的智慧支持和人才供给。

因此，从地区看，长江三角洲和珠江三角洲地区的城市文化产业园和文化产业将获得持续性的发展和扩大。

2. 类别

目前中国城市文化产业园的主要类别有三种：以旧工厂仓库改造而成的城市文化产业园、以楼宇改造而成的城市文化产业园、以村镇改造而成的城市文化产业园。

旧工厂仓库和楼宇改造而成的城市文化产业园的发展主要取决于城市今后的产业政策和文化产业自身的发展。以下可能出现的情况会导致该类城市文化产业园发展的困境。第一，城市需要发展价值更高、更具市场份额和产品竞争力的产业业态，从而将城市文化产业园现有的区位空间进行再生产——文化产业被逐出，新的业态形成。第二，城市文化产业园中的文化企业在发展扩大后，需要更多的廉租空间，从而不得不迁移到其他地区，造成城市文化产业园的空心化。第三，因国内外竞争压力，一些文化企业出现衰退，直至倒闭。这也会造成城市文化产业园出现空心化，园区逐渐衰败，从而需要其他城市功能替代。

而楼宇型的文化产业园由于占地空间不大（基本上是垂直性地占用有限的城市空间），被其他业态和城市功能冲击的可能性反而较小。但由于对楼宇物业管理的简单化，其被物业或楼宇所有者逐出的可能性也是存在的。

村镇改造的城市文化产业园取决于村民住宅和宅基地的产权归属和未来农村土地使用权的变化。至今，农村住宅的小产权不被承认，入驻于老村舍的文化产业从业者的产权地位不清，时常发生纠纷，从而影响村镇改造的城市文化产业园的稳定性。这些文化艺术村多位于城郊，也是城市未来发展的土地用地，很可能被城市化进程所兼并，从而将如画家村这样的由村镇改造的城市文化产业园区拆除迁移。

3. 质量

在笔者调研过的城市文化产业园中，就入驻的文化企业的资质来说，有一部分是存在瑕疵的。一些文化企业没有创新能力，只能因循抄袭，走模仿和剽窃的老路，在此叠加重复下，相关企业间不断进行以压价为手段的恶性竞争循环，直至一些企业亏损倒闭。城市文化产业园如果不把控入驻企业的类型和资质，会自毁门户，将城市文化产业园降为普通的产业园，最后蜕变为以出租商住房为业的普通地产管理者，从而违背了集聚发展高质量文化产业的初衷。

同时，城市文化产业园的一个重要功能就是让创新型文化企业汇聚，并以法律的形式保护其知识产权，一旦这一功能丧失，城市文化产业园的一个重要的经济社会功能也就丧失，从而对文化企业失去吸引力。因此，城市文化产业园的管理服务职能的改进和提高是影响园区项目稳定的一个重要因素。

4. 规模

城市文化产业园可以按其入驻企业数量、单个企业规模、从业人数、园区面积、建筑面积和所创造的利润价值这六个标准衡量其规模的大小。

按笔者了解，在所有城市文化产业园中，少有园区的入驻企业是超过 300 家，企业的规模大部分为中小微型企业，每个城市文化产业园内的从业人数一般不超过 5 000 人，园区的面积大小不一，而所创造的利润相比其他产业也占较小的份额。在未来，一些规模较小、缺乏大品牌企业的文化产业园很可能被其他城市功能以城市空间再造的形式替代。而规模较大的城市文化产业园，若经营不善，则也将是城市管理当局新的成本负担。

城市文化产业园作为一个集聚文化产业的开放的公共平台，一旦出现企业大规模向外离散的倾向，则意味着园区出了问题。因此，园区的企业入驻率、园区内企业的进出流动和等待入驻的企业数量等，都是衡量产业园生存发展的重要衡量指标。所以，根据其相关数据可分析判断产业园的业态组成性质，从而预测其发展和变化趋势。

5. 就业

城市文化产业园创造的就业岗位应始终是城市管理者最需要关注的。在目前，城市文化产业园本身所能提供的就业岗位数量和类型都相对有限，但不能忽视其衍生出来的文化产业链所扩展提供的更加广泛的就业岗位。我们需要对文化产业中能最大限度地创造就业岗位的行业业态有持续性的了解，以确保这类企业的生存和发展。一些企业不以产品创意、财富积累和科技创新为主，而是以维持和创造就业岗位为主，这类社会性的文化企业也应该在城市文化产业园里获得其应有的尊重和地位。相关部门应对可以创造就业岗位的文化企业加以扶持，以达成社会政策的有效推行。

6. 管理

城市文化产业园的管理水平和管理能力直接影响着城市文化产业园的未来。城市文化产业园的管理者如果只是简单的物业管理者，其所管理的城市文化产业园的发展可能不会持久，或环境得不到改善提升。要使城市文化产业园能持续良好地发展，管理者必须把城市文化产业园当做实体企业和文化资源来管理，而不是物业。因为前者的内涵是不断地创造价值，提高竞争力；后者是维护价值，保持现状。只有是前者，才可能做到居安思危，不断发现危机，不断正视挑战，不断赢得竞争，坚定传承文化。

长期发展中的城市文化产业园本身，也可能面临周期性的转型，即园区内部产业结构的变化和服务功能的变化，以及更为重要的外部环境的变化，如整个城市经济格局的变迁。这需要城市文化产业园的管理制度、管理模式和管理能力随之发生转变，或发生超前的适应性转变。否则，温水煮青蛙的滞后衰败后果是城市文化产业园在不知不觉中逐渐凋敝。

（二）城市文化产业园发展的未来趋势

城市文化产业园的发展趋势取决于三方面的因素以及相互间的作用。

1. 政府的政策决策

现阶段，国家决策对经济的主导作用依然存在。因此，国家经济政策中对城市文化产业园的价值判断和政策供给是影响其发展的一个制度性因素。除非在城市中出现有巨大经济价值和利润利益以及就业福祉的新型、新兴产业业态，否则，城市文化产业园在未来的一段长时期里仍应继续存在，并得到政府的保护扶持。政府对城市文化产业园的重视程度是一个价值判断和文化定位问题。

2. 文化产业本身的发展潜力和发展后劲

文化产业是文化消费产业，其发展取决于国内外消费市场和消费群体的消费意愿及消费能力。由于目前文化产业的同质性和竞争性较强，且数量庞大庞杂，仍在大部分领域里供过于求，这将导致在经过一段时期的竞争后，部分文化企业或倒闭破产，或转行转型。这将直接影响到城市文化产业园的高质量发展。开拓国内外市场、培育消费群体、促进后物质主义意识的建构，是文化产业和城市文化产业园发展的市场环境条件。

3. 城市中强势经济政治集团的意识行为取向

当前有些房地产商和大型企业凭借经济实力和利益集团合谋，肆意占用城市有限的土地资源，圈地抬价，盲目地发展房地产业。地处市中心的城市文化产业园的地价正不断上升，自然成为房地产商追逐的目标。有些地方政府以城市发展、城市改造和经济发展为由，把土地出让作为敛财的手段，并与房地产开发商们实现共谋。而对此进行抗拒的，除园区内的文化企业外，还有具有文化保护意识的普通市民们，他们的集体存在和合理合法的争取是保护城市文化产业园的基本力量，其权益必须得到尊重和维护。

因此，城市文化产业园的未来发展可能有以下三类结果或趋势。

第一种结果或趋势：许多城市文化产业园虽然仍叫城市文化产业园，仍以文化产业、文化创新和文化创意为其宗旨，但由于竞争压力，园区内掺杂着许多非文化类产业和业态，使得城市文化产业园的宗旨名存实亡，成为万花筒般的各种企业共存的工业园区，成为城市中各类中低端企业的落脚地。这是最可能出现的情况。

第二种结果或趋势：城市文化产业园被城市规划者和市政当局拆除重建。城市文化产业园大部分建立在东南沿海市场经济发达的大城市的城市中心地带。这些城区地价高、地租高、房价高；而城市文化产业园在城市中的经济和政治地位却相对较低。这往往会成为开发商和市政当局进行城市空间改造，以赢取更大经济、政治利益的首批牺牲品。如果城市文化产业园内的企业不具备足够的凝聚力和组织团结性以及维权意识的话，这种情况很可能会发生。况且，很多城市文化产业园由当地政府部门或下属单位管理经营。在这样的利益博弈下，城市文化产业园本身的去留和其中的文化企业的存亡，就取决于市政当局的意志及其对文化产业的价值定位。

第三种结果或趋势：城市文化产业园真正达到在某一文化特色产业上的高度集聚和高度专业化，并为城市创造出较高的经济价值和社会价值，如上缴高额利税、创造出规模化的就业岗位、改善城市的社会文化氛围等，使之成为城市文明沙漠中一块块不可替代的文化绿洲。但要达到这一目标，需要园区管理者、园区企业和市政当局共同的努力，需要对文化的包容，也需要时间的积淀和实践的考验，更需要观念的更新。

第十章　城市文化产业园研究的理论总结

综合全书的研究，笔者尝试做一些理论性的归纳总结，概有以下方面的观点。

一、城市生产方式的转型

城市文化产业园中的产业完全不同于工业制造业。工业制造业的生产资料主要基于化石燃料等各类自然原料的供给，如石油、铁矿、煤炭，以及棉花、板材、水体等；其产品是可视的物化器物，如钢铁、机械、家电、汽车、家具、服装等，是工业生产链的下游产品；产品的使用具有一定的耗损和折旧，即器物在长期使用后的陈旧、破损乃至销毁；劳动力就业市场主要为劳动密集型，需要大规模的从业人员进行集约生产；工业制造业就业人口的社会结构受限不多，可以为不同受教育受训练程度、不同年龄段和不同性别的求职者提供各类从技术型到非技术型的从业岗位；工业制造产品的消费主要属于物质性消费，消费市场和消费受众涉及社会的各个阶层和社会群体，基本没有种族、宗教、性别、年龄和受教育程度之分；产品的生产和消费过程会产生相当规模的环境污染，且一些污染是不可逆的。

但文化产业发展的主要生产资料是人类的知识和智慧，即特殊的以知识密集型为表征的人力资本的运用；其产品分为可视产品和不可视产品。可视产品指由设计人员设计出来的样品乃至生产出来的产品等，不可视产品主要指设计人员的设计理念、设计思想和设计方案等，这些设计样品和研发意念都属于文化产业和相关制造业产业链中最上游的部分。因此，文化产业的设计意念和样品是没有损耗和折旧之说的，只有理念的陈旧和新颖之别，且这样的在人们头脑中的“产品”的更新可以是瞬息万变的；劳动力就业市场主要为知识密集型和思想密集型，从业人员的规模数量有限，更强调的是从业者的知识结构、经验积累和创造能力；对就业人口的社会结构有一定的限制，主要是具有文化产业产品设计知识、工作经验的专业人员或传统工匠，有将传统和现代文化元素与先进科技和制造产业相互融合的“才力”；文化产品的消费主要属于文化性和心理性消费，消费市场和消费受众只涉及社会的部分阶层和局部社会群体，可能有种族、宗教、性别和年龄及受教育程度之分；文化产品的生产和消费过程也会产生一定规模的环境污染，但较工业制造业较少。

传统工业制造业代表了工业社会文明和工业城市文化，文化产业代表了后工业社会文明和城市多元文化。

二、文化产业——基于文化元素的思维创意生产

传统工业制造业生产过程中的生产资料是基于物理性、化学性或生物性的原材料，其制作过程是基于科学技术和生产工艺，其产品目标是基于物质使用功能的各种生产和生活用品。但文化产业无需直接的物理性原材料，它需要的是工匠和设计者对物质的或非物质的文化、历史和传统元素的认识和理解，以及将其转换为可使用、可消费的物质产品、商品的思维创造能力。

文化产业的生产过程在本质上是某个专业人员或某个专业群体集聚在一起，单独或共同通过思考、设想、设计的脑力劳动过程。这一思想过程多少不同于科学研究和理论研讨等抽象逻辑思维，它更多需要的是洞察力、想象力、创造力和必要的行动力，并较快地转化为实物样品。工匠和设计者们的工作空间必须具有高挑、宽敞、自由、灵动、轻松、绿色、水韵、宽容等创意环境特征。这是完全不同于工业制造业车间和手工作坊那样的工作空间。

每位工匠或设计者都是一个独立的文化生产者个体，他们自己领导自己的思维方式和工作行为，有最充分自由的想象和创造空间。他们提供的产品不是耐用物质消费品，而是理念、构思、概念和想象。其作品代表了他们及其社会的某些特定的理想、价值、宗教、文化、趋势，乃至意识形态。这是文化生产方式和文化生活方式。

因此，文化产业的生产是基于特定的专业人群通过思维建构特定的文化产品和文化消费品的新型思维创意生产。

文化产品可以分为文化物质消费品和文化精神消费品两类，或两者的融合。如同样是音乐消费品，一架钢琴是文化物质消费品，而用它演奏出来并录制在 CD 或 MP3 上的柴可夫斯基作曲的《降 b 小调第一钢琴协奏曲》本身则是文化精神消费品。

三、城市文化产业园的新生态复合体理论(EPPCTE)

城市文化产业园的新生态复合体理论(EPPCTE)是指由经济(E - Economic)、政治(P - Political)、人口(P - Population)、文化(C - Cultural)、技术(T - Technical)、生态(E - Ecological)六个元素组成的城市文化产业园的新生态复合体。

邓肯(O. D. Ducan)早在 1959 年提出了生态复合体理论(POET)，邓肯认为，人文区位的四个变量和相互关系是人口、组织、环境和技术(POET)，即影响社区变迁的主要因素包括人口因素、社会组织、自然环境和科学技术。这是研究社区时可以借鉴的四个相互依存、相互制约、相互影响的要素。

人口因素(P)：人口结构影响社区组织的规模、层次和管理

社会组织(O)：社区群体和组织影响社区的阶级阶层等。

自然环境(E)：自然环境和资源影响人口、技术和生产。

科学技术(T)：知识体系，其发展水平决定着自然和社会(社区—城市)的变迁。[①]

笔者先以人口(P)、组织(O)、环境(E)、技术(T)四个变量的相互关系简析文化产业园中四个不同变量间的互动转化关系，如以下四例路径。

---

① 邓肯(O. D. Ducan)：生态复合体(POET)，1959 年.

路径 1. 组织 → 技术 → 环境 → 人口(北京宋庄画家村人口聚集)
宋庄乡村复兴发展政策 → 绘画技术 → 由农村向艺术家聚居村的环境转变 → 画家与其他艺术家群体的人口聚集

路径 2. 组织 → 人口 → 技术 → 环境(南京晨光 1865 创意产业园建立)
南京市政府的改造意志、政策和改造计划 → 吸引文化产业人士入驻 → 旧厂房建筑改造技术运用 → 晨光 1865 创意产业园区的建立

路径 3. 组织 → 人口 → 环境 → 技术(苏州 Idea 创意泵站动漫技术集聚)
苏州市政府建构文化产业的意志和规划 → 动漫专业人才的高度集中 → 对旧厂房和旧仓库的环境改造 → 动漫产业技术的集聚

路径 4. 技术 → 环境 → 人口 → 组织(羊城城市文化产业园管理委员会成立)
各类文化产业的引进 → 文化产业投资环境改造 → 文化产业专业人才集聚 → 羊城城市文化产业园管理委员会的成立

邓肯的生态复合体理论(POET)是一个非常实用的解释社区结构和变迁过程的理论。但笔者认为,从宏观和复杂性看,该理论缺少经济、政治和文化这三个指标,在解释社区和社会结构及其变迁时也会变得不全面、不科学。因此,笔者提出了所谓的新生态复合体理论(EPPCTE),包括经济、政治、人口、文化、科技、生态。除保留了邓肯生态复合体理论原有的四个元素外(其中组织相当于"政治",环境相当于"生态"),增加了"经济"和"文化"两个要素。

新生态复合体理论(EPPCTE)可用以分析城市文化产业园这一特殊城市社区的结构和发展变迁,笔者认为,经济、政治、人口、文化、技术、生态既是可以影响国家社会发展进程的六个基本要素,也是影响城市和城市文化产业园的重要基本要素。

(1) 经济

在经济全球化、科技进步和市场竞争三大社会历史变迁因素影响下,一个国家国民经济的结构变化速度和周期在不断加快,这使得包括城市文化产业园在内的文化产业经济也快速发展。文化产业和城市文化产业园的兴起,是老工业企业衰退的历史背景下的产物,是城市新型工业化的表现。但其现在和今后的发展,也与国民经济的总体发展密切相关,一些城市文化产业园可能因为自身经营问题和城市经济发展战略的转变而重新陷入危机,如一些城市文化产业园被拆除改建为金融区、中央商务区或商品房区等。如果从 2000 年作为我国城市文化产业园和文化产业的起步年开始计算,至 2015 年,其发展已经历了 15 年的历史,现在需要密切地关注和研究文化产业是否也会像其他产业一样进入衰败甚至没落。也许,基于民族传统文化的文化产业可以延续较长的时间,因为这类民族化的文化产业具有唯一性和普适性。但一些与其他周期性的经济产业密切相关的文化产业业态则会面临着随时可能发生的产业危机。笔者认为,如建筑设计、室内装饰、动漫设计、工业设计、影像出版和园林设计等都会出现这样的阶段性、间歇性甚至长期性的产业发展萎缩期。

(2) 政治

我国宏观经济的计划性、政策性和国家主导性仍然较强,这是基于国大、家大、业大的必然选择，是社会主义市场经济的基本运行模式。城市文化产业园的兴起，就是依据地方政府对旧工业厂区的改造，“退二进三”政策推进的结果。当然，当前国家主张弘扬历史文化和传统价值观，振兴国家和民族，为国家社会发展奠定正确的价值观和意识形态，即社会主义核心价值观。在这样的政治文化条件下，根基于历史文化和传统价值之核心文化的许多文化产业及城市文化产业园，必有其发展的巨大现实可能性。

(3) 人口

人口是一个国家、一个城市社会结构中最核心的基础和出发点。人口问题所关注的是人口结构，包括人口的数量规模和人口的社会结构。我国城市的人口数量在城市化进程下持续增长，这是不争的事实，但其最显著和最关键的变化是人口社会结构的变化。人口的社会结构包括年龄结构、性别结构、受教育程度、婚姻家庭、宗教信仰、种族民族、就业收入、社会分层和社会流动等。城市文化产业园在15年的发展中所考虑的人口社会结构问题实为消费群体问题，包括消费意愿、消费取向和消费能力。城市文化产业园的主要消费群体是来自城市的、有中高等受教育程度的、在读和已就业的中青年人群体，其中具体以大中学生、职业白领、知识分子、艺术从业者、国内外中青年游客和各类“小资”群体为主。但随着老龄化社会的到来，城市文化产业园就应该关注中老年消费群体的需要。在文化多样性和民族多元化及外来移民基础上，也要照顾各民族和族群的文化消费需求。

(4) 文化

一个国家、一个民族、一个城市，都具有自己独特的、不可替代的文化特质。这里所指的文化与城市文化产业园相关的领域有六个层次：

第一层次的文化指城市文化产业园基于我国具体类型的民族文化形态进行建设。如一些城市文化产业园中的文化企业立足于传承传统中国文化中的绘画雕刻、盆景茶艺、丝绸印染、文房四宝、民族服装、音乐舞蹈等。

第二层次的文化指入驻的文化企业的文化内涵和文化结构。有些文化企业的内涵和结构是继承中国传统历史文化，有些则追寻现代都市文化和先锋派艺术等。在其影响和引导下，形成城市文化产业园独特的文化氛围和文化气质。高雅的和大众化的文化产品也会形成不同的文化产业链和文化消费市场，甚至起到对文化消费的引导和推动作用。

第三层次的文化指文化产业和文化产品所要面对的文化消费受众。社会消费群体的消费意愿、消费取向和消费能力决定着文化产品、文化产业和城市文化产业园的存在和发展。总体来说，在我国社会仍处在物质主义意识形态和物质主义消费需求为主的时代下，对文化产品的消费是有限的和片面化的，尤其是对民族的、民俗的、高雅的、精致的文化产品的消费更是如此。这限制了文化产品的市场拓展，需要公民树立文化意识和提高文化修养。

第四个层次的文化是指城市文化产业园的建设者和经营者本身对文化的理解和标准。这一理解和标准取决于建设者和经营者的文化定位和价值判断。许多城市文化产业园只是以文化作为符号，为尽快回收建设成本和获取租金盈利，产业园中充斥着很多非文化的产业，使得产业园不仅达不到文化产业集聚的效果，反而成为异质性很高的各类业态的低价寻租区。

第五个层次的文化指文化产业从业人员对文化遗产和文化产品之间关系的价值判断。城市文化产业园中一些文化产业从业者是以文化鉴赏、文化传承和文化传播为己任，通过文化产业和文化产品获得文化意义和社会价值的实现，并维系自己的生存和发展。但有的文化产业从业者只是把文化作为敛财的工具，仿造伪造、粗制滥造，不但没有维护文化遗产，还逐渐地在产业化和市场化的侵蚀下，丧失和玷污了文化的纯洁性，也最终破坏了所在城市文化产业园的社会声誉。

最后一个层次，文化之于城市文化产业园的一个重要层面是所在城市的文化价值判断，即这个城市乃至国家对文化的定位和态度，具体表现为国家的文化政策。这决定了文化在城市发展中的地位和作用，直接影响着作为文化载体和活化利用平台的城市文化产业园的生存和发展。

(5) 技术

技术是文化形态产品化、市场化和商业化水平的一个重要的衡量指标。现代文化产业和文化产品，很多是传统古老文化与高新技术融合产生的新文化产品结果。这决定了文化产品在市场上的质量、技术和竞争力，也是我国文化产品和西方文化产品在争夺市场份额时竞争力较弱的原因之一。高精尖的技术可以将传统文化形态提升到极高的境界和角度，其产品的附加值也将是难以估量的。当今，没有技术含量的文化产品在消费市场上只能是粗制滥造的代名词，没有创意和简单模仿只能是盗版知识产权的后果。缺乏技术支持，传统文化形态也难以得到普遍性的弘扬和活化利用。而技术，作为最为活跃的六个要素之一，其开发潜力是无止境的，而文化形态随之出现的形态变化和发展也是无止境的。

(6) 生态

不能忘记，城市生态环境保护是促成城市文化产业园建设的一个重要原因和砝码。在欧美国家，城市文化产业园的建设就是政府和社会为改造污染重、耗能高、效益差的旧企业工厂而创造出来的旧城改造复兴的成功模式。这种模式在我国同样合理地得到了效仿。但任何产业生产都会造成污染，文化产业也概莫能外。在许多城市文化产业园，同样会产生废弃物、污染物，从而污染其周边乃至其产业链生产过程中所涉及的土壤、水体和空气，并有可能形成与工业制造业所不同的污染类型，如废弃的电脑设备、辐射污染等。

四、中国文化产业发展的内敛性

西方国家文化产业的外向性相对强于中国。美国的好莱坞影视文化、星巴克咖啡文化，日本的动漫文化，韩国的“韩流”文化，法国的红酒文化、装饰品文化，德国的啤酒文化、足球文化，意大利的绘画、雕塑文化等都长期影响和占领着中国的相关文化产业市场。在以前我们称之为文化侵略，现在是文化经济侵略，但归根到底还是一种侵略。

这是基于目前西方国家暂且拥有的经济优势、创新优势、竞争优势、文化优势、价值观优势和宣传优势，这六个领域的优势使得包括日本在内的西方国家的文化产业在中国以经济产品存在的形式，长期处于主导性和垄断性的侵略地位，而中国的文化和文化产业则处于内敛和停留于国内消费市场的阶段，这同样是由中国文化产业在市场、创新、竞争、文化、价值观和宣传这六方面的长期劣势决定的；同时，中国文化产业难以积极主动地走出国门的原因是国内消费市场较大，走出去的动力和能力不足。动力指中国文化产业靠满足国内文化消费市场的需要就可以生存发展下去，而无需依赖和开发海外市场。能力指文化产业、文化产品的海外推广需要从业者的意志和能力——包括意愿、市场、文化、语言、集团化等，而这又是目前中国文化产业从业者所缺乏的。在意愿上，国内相当一部分文化产业从业者没有进入国际市场的强烈意愿，仅仅把文化产品作为一种可以把玩的、聊以生计的民间艺术。在市场上，没有强有力的国际市场意识和行动能力，许多文化产业的销售链止于国内，止于小商品，止于小规模。在文化上，对国外客户的文化传统不甚了解，闭门造车，违背国外文化消费者的社会文化价值观。在语言上，从业者和企业缺乏专业外语人才，难以进行对外国际宣传，在推广上守株待兔，不能主动建构国际文化产品交易平台或网络。在集团化上，文化产业在中国目前仍处于“诸侯论战，各自为战”的状态，还难以通过竞争筛选出具有国际竞争力的品牌化、市场化、规模化的文化产品，也就无从形成集团化的竞争力和推广力。这一切，都使得最具民族内涵、历史渊源、文化传统、普世意义的中国文化难以通过文化产品的形式扬名世界，这实属可惜。这也使得中国的文化和价值软实力长期以来不及美国、日本等国家。至此，笔者将城市文化产业园和文化产业的竞争力提升到国家利益和国家安全的角度去考虑。过于内敛的文化产业发展使得中国失去了在国际文化市场和国际政治舞台上应有的话语权。文化本身是内敛的，但文化产业可以帮助其脱颖而出。

五、城市文化产业园和文化产业的意识形态作用

城市文化产业园中文化企业的产品具有一定的意识形态作用，因此，城市文化产业园也是生产和传播意识形态的载体和工具。

二战以后，美国称霸世界的三大支柱是：军队、经济和文化软实力。其文化软实力的一个重要表现就是文化产品和文化产业的对外输出。

美国、日本和韩国的文化软实力表现在以下方面，涉及人类社会生活的主要领域，现以列表概括说明（见表 10－1、表 10－2、表 10－3）。

表 10－1　美国文化软实力的覆盖范围

类　型	覆盖领域	具体表现	输出手段	社会效应
影视文化	电影文化	好莱坞电影	电影版权销售	宣传美国价值观
游憩文化	休闲度假	迪斯尼乐园	建立分园区	大众化的感官刺激
休闲文化	日常休憩	星巴克咖啡	建立连锁店	追求城市生活享受
餐饮文化	日常餐饮、快餐行业	麦当劳、肯德基	建立连锁店	“垃圾食品”
教育文化	高等教育、海外留学	留学生招生，奖学金	高校网站、中介	人才流动，价值观再造
流行文化	音乐欣赏	流行音乐	CD，MTV	宣扬美国生活方式

表 10－2　日本文化软实力的覆盖范围

类　型	覆盖领域	具体表现	输出手段	社会效应
色情文化	成人色情行业	AV 色情视频	网络非法传播，DVD	侵害身心健康、性犯罪
动漫文化	动漫产业	日本漫画	书籍、网络、手机	心智弱化，生活虚幻

表 10 - 3 韩国文化软实力的覆盖范围

类 型	覆盖领域	具体表现	输出手段	社会效应
音乐文化	流行音乐	流行歌曲	电视、电台、MTV	哈韩群体
电视文化	影视行业	偶像剧	电视、网络	哈韩群体

这三个国家，虽然都不完全是与中国睦邻友好的国家，甚至存在着领土争议和意识形态冲突，但却不妨碍这些国家对中国通过文化入侵进行潜移默化的意识形态影响。其途径就是通过有国家支持的强大的文化产业的产品输出。其入侵是具有规模性和系统化的，其文化已经在世界各地获得了立足之地，在海外当地社会尤其是青少年社群和知识分子社群中具有较大的影响力。其影响范围广泛、深刻、持续。我们不反对国际文化碰撞，但反对对正确社会价值观、国家利益乃至国家安全有不利影响的文化入侵，因为，一些文化入侵具有不合法元素，甚至具有攻击性和颠覆性。

而中国的对外文化产品输出和文化覆盖范围相比上述三国，其覆盖范围更广，多样化更明显，但影响力却有限(见表 10 - 4)。

表 10 - 4 中国文化软实力的覆盖范围

类 型	覆盖领域	具体表现	输出手段	社会效应
表演艺术	民族特色表演	杂技表演	杂技团出访	传播中国国粹
戏剧艺术	民族戏剧	京剧演出	京剧团出访	传播中国国粹
音乐文化	民族音乐	民乐表演	民乐团出访	传播中国国粹
绘画艺术	中国绘画艺术	画展	国外画展	传播中国国粹
餐饮文化	中国餐饮文化	中餐馆、茶馆	海外中餐馆	传播饮食文化
考古文化	中国历史文化	文物展、考古展	国外文物巡展	传播中国国粹
宗教文化	儒教、佛教、道教文化	宗教活动	宗教团体外访、少林寺出访	宗教文化理解
语言文化	汉语言、中国文学	汉语教学、小说	孔子学院、中文经典外译	语言文学交流
体育文化	体育交流	武术展示	武术团出访、少林武僧出访	传播中国国粹

由此看，中国对外输出的 9 类文化艺术除餐饮文化外，实际上都因其文化表现形式和形态的特殊性，并不会深入影响到所在国的日常社会生活，对当地的社会、文化影响不具有持续性和深入性。许多文化艺术都是表演性的，并且不具备即时的模仿可能，也就是说不容易在当地国像流行歌曲和咖啡屋那样很快流行起来。因此，从这些角度看，中国的文化产品和文化产业对国外社会不具备显著的侵略性和渗透性，反而对当地社会文化的和谐、多元、共荣发展，具有一定的催化作用。这也是中国文化和文化产品对世界长期以来所做出的有目共睹却被忽视了的贡献。

六、城市文化产业园的“墙文化”

如何解释前文提到的中国城市文化产业园的对外封闭状态？国人的文化中有画地为牢的“战国”思想，即每个机关、每个单位、每个厂区、每个校区、每个居民区甚或每个家庭，在拥有自己的建筑群后，都会用混凝土、铁丝网、铁栅栏或河道圈围尽可能多的土地，从而出现大量难以再充分利用的毫无价值的被权力固化的碎片化的土地。这种习惯在国内已不显性，但放在国际比较的视角下却是非常突兀诡异的城市圈地怪相，只是长期未被发现和重视。

究其原因：第一，各单位的本位主义、以权力圈地，是权力占有的符号象征；第二，对社会和他人的不信任感，也是对地权、物权、财权缺乏安全感的表现；第三，近乎动物自卫本能的习惯性条件反射，别人建围墙了自己也要建；第四，权力保护这一传统文化在现代城市中的僻陋体现——国人喜欢造墙自卫，从长城的墙文化就可体现；第五，因长期的物质贫乏，国人有囤积霸占的心理，对城市中的稀缺资源——土地更是如此，即占据地权的地主心理；第六，蔑视自然的"人类中心主义"的权力欲表现。

画地为牢、围墙圈地的经济社会后果是：第一，累加起来，围墙与护河本身面积和划归的"多余"土地占用了土地资源，这两类土地是城市里大量不显性的零价值区；第二，大量"以我为主"、罔顾城市整体规划的围墙阻隔了城市公共空间中行人和车辆的通达性和便利性，是违反勒·柯布西埃(Le Corbusier)的城市道路通达性原则的；第三，这种地理空间上的阻隔显性地转化为城市在政治、社会、经济和文化上的阻隔，甚至撕裂社会群体，强化社会分层和阶级冲突，影响社会稳定。如别墅区与安置房的对立、政府部门与市民社区的分割。

因此，在空间上独立封闭的城市文化产业园甚至对城市的发展会起到一定的社会阻隔效应，这也是城市文化产业园的社会后效，即通达阻隔、社会阻隔、文化阻隔、经济阻隔、政治阻隔、生态阻隔、价值观阻隔和城市规划阻隔(表 10－5)。这里的城市社会阻隔效应是指在一定的城市空间内，形态、功能、性质完全不同的城市社会功能区在相互间毫无相容关系与整合潜力的情况下，将城市功能布局碎片化、私有化和对立化，造成城市各子空间、子系统、子功能的区隔性、排他性和利己性。①

表 10－5　城市中的"墙文化"所造成的功能阻隔效应

通达阻隔	指因城市文化产业园的利益区隔和权力保护造成城区的碎片化、封闭性和排他性，使得城市的整体性受损，交通体系和区间通达性被非合理地阻断分割，城市各子功能系统间的空间、功能、体系和社会心理也被分割
社会阻隔	指连续的和单独破碎的单一性功能的城市文化产业园区会形成或强化城市社区中的社会分层与社会隔离，甚而出现与城市整体功能体系相悖的特权社区和特殊社区，使社会政治矛盾在城市特定背景下更显性化
文化阻隔	指连续的和单独破碎的单一性功能城市文化产业园区使城市社区中文化形态、文化传统和文化模式断裂和破碎。如被城市特权群体的利己功能割裂占用的原历史文化景区、工业文化遗址区，使城市的历史、文化和传统的整体性、连续性与权威性受到破坏，阻绝了公众进入传统工业历史文化的"入口"
经济阻隔	指在经营不善和园区再次衰退的情况下，城市文化产业园区作为城市文化生活形态中最具文化意义、商业活力和经济价值的城市社区会出现局地性和间歇性的经济停滞或经济衰退，并使这些局地与周边和整体经济发展水平和进程脱节甚至阻滞了城市和区域的长远发展
政治阻隔	指功能性质高度差异或扭曲的局地性城市文化产业园社区的政治功能与周边乃至整个城市的政治文化氛围间有不可调和的政治异质性。甚而造成城市中不同政治思想和意识形态的区隔冲突，是城市空间区隔在精神意识层面上的区隔表现

① 何志宁. 城市失用地的实证性研究[J]. 南京社会科学，2013(4).

续 表

生态阻隔	指原本属于人类生存环境一部分的自然生态环境系统被非合理的和生态不友好的人工环境入侵、分割、排斥、异化、占据和驱离。使本属自然一部分的人类生存于与自然生态隔绝的被污染的人工环境中;自然环境的生态链被阻断,导致植物链、动物链和微生物链在城市的瓦解崩溃,被人工环境彻底取代。这种情况也会发生在基于乡村环境改造而成的城市文化产业园中
价值观阻隔	指以上社会、文化、经济、政治和生态在城市社区空间中的破碎性阻隔,会最终对城市居民的价值观和意识形态产生负面刺激,尤其是对生活水平、社会地位和受教育程度较低的社会群体,会激起他们针对城市文化产业园所造成的新的社会不平等的反抗,出现相对的负价值社区精神和亚政治文化群体
城市规划阻隔	指以上七种阻隔的固化的结构性存在,会对城市规划师和管理者在城市文化产业园规划管理过程中的自律和他律起作用的观念性阻隔。自律的观念性阻隔是指城市规划者和管理者对已有错误规划理念的固化和认同;他律的观念性阻隔是指强势的城市局地功能区或权力利益群体如城市文化产业园中的既得利益群体对城市规划者和管理者的超越法律公正的负面影响制衡作用。这样变异的自律和他律都使城市规划者和管理者不能按社会规律、生态规律、文化规律和经济规律依法进行科学的城市规划,只能屈从或规避,从而形成城市规划阻隔现象。这是在意识理念上的负价值效应,是人们规划城市时产生的"思想黑洞"

因此,与古典人类生态学派的帕克、伯吉斯和文化生态学派的费雷等较成体系的城市功能观不同的是,笔者认为,城市的功能区虽然从宏观总体规划看是整体性的,但因为权力、文化、利益、理念等制度化和固化的作用,在实际城市发展中却是碎片化、封闭阻隔和社会对立的,其根源是城市中各种权力场和权力欲作用使然。其社会阻隔表象的背后是权力间的阻隔,是权力文化生态和权力文化意识的表现。而表现在城市文化产业园上,则是一种与城市大众文化和生活方式格格不入的文化霸权主义。因此,城市文化产业园不应设围墙,应让居民和游客从各个方向在视觉上直接找到,并有舒适的通达性。这既便于城市文化产业园提高知名度和吸引力,也便于文化产业的社会功能辐射。城市文化产业园必须是开放式的,融为城市社区的一部分,不是权力垄断,而应是权力分享。

七、文化产业区位理论

城市文化产业园是城市中由传统工业文明向现代工业文明转变的一种空间区位机制。

A. 韦伯的工业区位理论解决了工业制造业中工厂企业的区位选择问题,是工厂如何选址的数学逻辑规律,即在两种以上生产原料和成品数量重量确定、每单位重量运费确定、产品的销售利润或售价确定的情况下,可以推算出运输两种以上生产原料和运送一种产品的路程半径,以两个生产原料产地和一个产品市场为圆点划出的三条路程半径的交汇点,就是工厂企业的区位选址点。

由于城市文化产业园大多是在原来工业制造业的旧工厂企业的旧址上改造而来的,因此它在先天上与工业区位有着密切的关联。但由于文化产业基本不依赖生产原料提供,因此其主要关注的是产品的市场流向。

由于文化产业的产品主要包括图纸、模型、软件等为表征的人类的思维形态,不存在重量、质量等物理性问题,即不存在在工业区位理论看来很重要的运输距离和运输成本问题。且利用互联网系统和快递公司,思维意念产品可以通过图像的形式和 3D 打印的形式及快件方式传输到地球的任何地方。因此，可以说文化产品的产地区位选址是全方位的。这也决定了城市文化产业园并不是文化企业最终和唯一的区位选址。这也不难理解城市文化产业园中的文化企业会出现较频繁的进出流动现象。从理论上说，文化企业可以在任何地方以自己为圆心，确定自己的区位选址，而不受过多的经济地理空间因素的干扰。

八、构建主义下的文化产品消费市场

农业产品是人类的生存和生活必需品，在社会需求持续存在的前提下，其流通和消费可以不经过任何促销渠道即可完成，因为每个人都需要最基本的各类农产品维持身体的健康和生命的延续。因此，在人类很长的一段历史时期里，农业生产方式是自给自足的、不含商品市场的自然经济模式。只有当农产品过剩时才出现农产品的销售商品化、市场化。

而工业产品则是人类在满足除生存外的日常生活的基础上，完成对人类各种生活方式和各类消费类型的需求供给，是除吃以外的各式各样无空间范围限制的日常生活用品的消费。而人类之所以持续性地追求各种日用消费品的档次、水平和数量，这完全是资本主义市场经济里“经济永动机”中对工业产品的广告效应起着决定性的推波助澜作用。就如同样是个人通讯工具，从最早的“大哥大”、BP 机，到后来的摩托罗拉、诺基亚，再到现在的苹果 iPhone、华为和三星手机，都是企业通过不断的广告推介刺激，促使人们乐此不疲地去购买具有同样基本功能的“老玩具”。

但是，文化产品则可能是历史上第一次的可供选择的消费品。即它既不是人类的生存必需品，也不是人类的日用消费品。它有较大的可选择性和可替代性甚至时间性。文化产品进入消费市场，往往需要更多的广告和推广，即便如此，其所能涉及的消费群体和消费市场在空间上和时间上也可能是有限的。它更多地需要其生产者的市场构建工作，甚至要有意识地培养和孕育一代代文化产品的消费者。而这些消费群体的消费能力和消费意愿除了取决于其所拥有的购买力高低外，在一定程度上更取决于他们的受教育程度和文化鉴赏力。这恰恰决定了文化产品的消费者群体只占人口中的少数，尤其在中国这样的发展中国家。

就促进文化产业的消费推广，笔者提供一些解决理念。

第一，可以通过举办文化产业博览会宣传推广，逐步使文化产业真正成为继农业、工业、服务业之后的一个新型而相对独立的产业。

第二，构建文化产业的消费群体，这主要集中在城市的白领和知识阶层，构建他们对文化产业的消费能力。

第三，给拥有文化产业消费能力的群体以消费的时间，如保障其节假日闲暇时间。

第四，构建完善、通达和便利的交通体系，将文化产业的消费群体和城市文化产业园最便捷地连接起来。

第五，根据文化产业的生产流程和消费特点，让城市文化产业园本身就成为一个消费区，即改变以往产业产、供、销互相脱节的旧模式，将这三个环节尽可能地直接在城市文化产业园内完成，既节约了物流成本，也直接提供了文化产业的经济和社会效益。

第六，通过电视台、电台、网站、报刊等媒体，重点推销文化产业中的文化、历史、传统和价值观等要素，一是提升文化产业的形象和知名度，二是对文化产业消费者的鉴赏和消费取向进行指导。

最后，一个城市要发展文化产业，不仅要遵循城市文化发展的逻辑顺序，循序渐进，有目标和针对性地去发展，而且还要就文化产业的定位、管理、区位、规模、法律以及劳动力就业等多个方面综合全面考量，扬长避短，才能使文化产业的社会功能得到最大限度地发挥。

九、城市文化产业经济的非经济因素

城市文化产业园的建设在许多地方都是在城市管理当局的意志和政策授意下，经过主观性决策、规划和政策支持等过程建立起来的，既带有较强的计划经济的色彩，又投射着凯恩斯主义经济政策的影子。为了降低文化产业入驻的成本，实现对第二产业设施的功能结构改造，政府往往提供优惠的税收政策和相应的建设资金。带有政府背景的企业或老工厂企业本身有时就是城市文化产业园建设的投资者和管理者。老企业往往拥有旧厂区老厂房的所有权和土地权等，对入驻的文化产业拥有租赁权和停租权。城市文化产业园和文化产业不属于工信部、商务部等经济部门管辖，而是属于宣传部和文化部等党务系统所辖的文化事业部门管理。这更增加了城市文化产业园的国有色彩甚至政治色彩。因此城市文化产业园和文化产业具有过多的非经济因素。

但是，当城市文化产业园建成后，其运行机制和运行规律则完全遵循市场经济规律，其中的文化企业更是如此。文化一旦成为产品，成为商品，就进入市场经济的运作，和其他商品并无二致。因此，文化产业的经济制度体系是一种“城市官僚主义文化下的产业经济”。

十、城市文化产业园是城市内生性的新历史文化空间

城市文化产业园是现代城市中继景观公园和步行街后第三个具有城市地标性意义的新型旅游目的地。城市文化产业园具有创新性、时尚性、知识性、趣味性、群众性等特点。它是代表城市传统与现代、古典与新颖、历史与现状的较为完美的结合体。在此，可以看到城市的过去、历史的记忆和传统的价值，也可以体验到城市的未来、社会的时尚和现代的趋势。我国的城市文化产业园基于原来的国有企业的旧址，承载着从上世纪50年代到本世纪初期的整段集体历史记忆，跨越了新中国建立初期重工业企业创业、中苏社会主义盟国友好互助、“大跃进”“文化大革命”、改革开放初期和体制改革大潮等重要历史时期，蕴含着我国从计划经济到社会主义市场经济的变迁史。其中也饱含了中国企业、中国工人阶级、中国现代城市、中国工业和中国经济乃至中华人民共和国的发展成长历史，其中体现着诸如“大庆精神”“铁人王进喜精神”“自力更生，艰苦奋斗”精神等至今都具有正面影响意义的精神意念和价值观。

这些具有中华人民共和国乃至民国、清朝时期文化历史遗迹的文化产业园存在于高度城市化的都市，是其他城市功能都不可替代的历史空间和文化空间。

总之，城市文化产业园已经不是一个简单的产业问题或城市土地空间利用问题，而是关系到一个现代化城市或后工业社会城市如何发展和延续的问题。对城市文化产业园的研究，就是对城市未来发展的探索，就是对人类文明的终结点——都市的关注！

在全书结束前，笔者重申，由于调研和研究中的各种问题和困难，本研究并没有完全达到笔者预想的最佳效果，如在样本城市中上海市的缺失、问卷样本不足 1 000 份、样本抽样不够科学、SPSS 的统计分析过于简单化、对 GeoDa 和 GIS 软件的尝试性使用还不熟练、对城市文化产业园的研究有一定遗缺等，不一而足。谨希望此书可以抛砖引玉，并对其他想继续研究中国城市文化产业园的同行们有所启发和借鉴。

附　　件

附件 1：

文化产业园职工调查问卷

问卷编号：____________________

调查地点(产业园名称和城市名称)：____________________________________

尊敬的____________________文化产业园的企业职工，您好！我们是东南大学人文学院的师生，受教育部人文社会科学基金委员会的委托，我们正在进行有关城市文化产业的社会与经济功能的研究工作。

文化产业园中的企业职工们对本市的社会经济发展具有重要的意义，你们辛勤劳动，为社会创造价值，为城市的社会经济繁荣做出了贡献。

为保证研究工作的科学性和客观性，我们需要收集有关的信息和资料。因此需要访问文化产业园中的企业职工，烦请您在百忙中抽出时间，填答下面一些简单的问题。

您给我们提供的信息资料非常宝贵。所有的访问内容都会被严格地保密和匿名管理。您的回答以后将以统计的形式来处理，纯为科学目的而使用。我们仅仅是对产业园和企业的全体职工总体的就业和教育等感兴趣，而不针对个人。

请您理解和支持我们的工作，谢谢您！

联系电话：025－52090954　何志宁博士

第一部分　个人信息状况

1. 您的性别：

①男　　②女

2. 您的年龄：

①18～25 岁　②26～35 岁　③36～45 岁　④46～55 岁　⑤56 岁及以上

3. 您是哪里人？

①本市人　②本省外地人　③外省人

4. 您的受教育程度：

①初中及以下　②普通高中

③职高/技校/中专/综合高中　④大专

⑤本科　⑥硕士

⑦博士

5. 您是否归国留学人员？

①是　②不是

6. 您目前住在哪里？

①企业宿舍　②合租
③独租　④自己买的房子
⑤住父母家　⑥住朋友家
⑦直接住在工作单位　⑧其他：________

7. 该职业是您的首份职业吗？

①是　②不是

8. 您的上一份职业：

①技术人员　②农民工
③农民　④企业工人
⑤白领职员　⑥干部
⑦其他行业的业主　⑧服务业从业者
⑨失业　⑩刚毕业的学生
⑪其他：________

9. 您上个月的实际工资(扣税后的纯收入)收入是多少？

①2 000 元以下　②2 001～3 000
③3 001～4 000　④4 001～5 000
⑤5 001～6 000　⑥6 000 以上

第二部分　工作意愿

10. 您对目前的工资是否满意？

①非常满意　②比较满意
③一般　④较不满意
⑤非常不满意

11. 您是否有以下险种？

(五险一金指:养老保险、医疗保险、失业保险、工伤保险和生育保险,住房公积金)如有,请在下表中打钩。

①养老保险	②医疗保险	③失业保险	④工伤保险	⑤生育保险	⑥住房公积金

12. 您每周工作日有几天？

①3 天以下　②3～5 天　③6～7 天

13. 您每天工作几小时？

①6 小时以下　②6～8 小时　③9 小时以上

14. 如加班是否有加班费？

①有　②没有　③不知道

15. 您目前从事的是什么岗位的工作？(指在企业内的工作岗位,可多选)

①研发设计　②生产制作　③内部管理　④市场营销　⑤仓储物流
⑥广告媒体　⑦法律咨询　⑧财务会计　⑨人力资源　⑩其他：__________

16. 您是否满意自己目前的工作？

①满意　②不满意

17. 如有其他行业的工作，月工资高出现有工资 200 元，会否转行或转工作单位？
①会 ②不会
18. 从事目前这项工作，是否可以在今后五年内贷款买房或付首期？
①可以 ②不可以
19. 您觉得在您的企业里是否有升迁的可能？
①可能 ②不可能 ③不知道
20. 您觉得在您目前所在的企业里可以学到新技术或积累工作经验吗？
①可以 ②不可以
21. 企业或园区里有工会或职代会组织吗？
①有 ②没有 ③不知道
22. 您会一直在文化产业里从业吗？
①会(转到 23a) ②不会(转到 23b)
③看情况
23a. 您会一直在文化产业里从业的原因：(限选三个)
①收入高 ②是受人尊重的白领工作
③工作时间自由 ④工作有乐趣
⑤公司的文化氛围好，有企业文化 ⑥可以发挥自己的专业知识
⑦喜欢文化产业园的氛围 ⑧老板人好
⑨同事好，人际关系简单 ⑩其他：________
23b. 您想离开文化产业而转行的原因：(限选三个)
①收入低 ②工作辛苦
③工作时间长而受限 ④工作单调没有发展
⑤公司里的文化氛围不好 ⑥难以发挥自己的专业知识
⑦不喜欢文化产业园里的氛围 ⑧老板不好
⑨同事关系太复杂 ⑩其他：________
24. 您觉得在文化企业里工作，什么对您是最重要的？(限选三个)
①高的收入 ②弹性的工作时间
③企业文化 ④能为国家社会的文化繁荣做贡献
⑤可以发挥自己的知识专长 ⑥稳定的就业岗位
⑦其他：________
25. 如果您失业，您觉得您可以从事与文化产业无关的其他种类的工作吗？
①可以 ②不可以了 ③不知道
26. 和同行业的其他从业人员相比，您觉得您的收入属于：
①高收入(6 000 元以上) ②中等收入(3 000～5 000 元)
③低收入(2 000 元以下)
27. 假设您现在买房子，请问您每月的房贷将会是多少？
①1 000 元以下 ②1 001～2 000 元
③2 001～3 000 元 ④3 001～4 000 元
⑤4 001 元以上

28. 和其他行业的从业者相比，您觉得您的社会地位属于：
①社会上层 ②社会中上层 ③社会中层 ④社会中下层 ⑤社会下层

第三部分 产业园的社会功能

29. 您觉得您的企业对经济和社会发展最大的贡献是________，其次是________，再次是________。
①上缴利税 ②创造就业
③改变城市面貌 ④传承传统文化
⑤提高百姓的文化素质 ⑥对公民的教育
⑦促进产业集聚 ⑧其他：________

30. 您觉得文化产业对经济和社会发展最大的贡献是________，其次是________，再次是________。
①上缴利税 ②创造就业
③改变城市面貌 ④传承传统文化
⑤提高百姓的文化素质 ⑥对公民的教育
⑦促进产业集聚 ⑧其他：________

31. 您觉得文化产业园对经济和社会发展最大的贡献是________，其次是________，再次是________。
①上缴利税 ②创造就业
③改变城市面貌 ④传承传统文化
⑤提高百姓的文化素质 ⑥对公民的教育
⑦促进产业集聚 ⑧其他：________

32. 您觉得您所在的文化产业园或您的企业与园区周边的街道或人群有密切的联系吗？
①有(如有，请回答问题 33) ②没有
③不知道

33. 与园区周边街道下述哪些服务部门有联系？(可多选)
①周边的餐饮业 ②旅馆业
③公共交通 ④超市小卖部
⑤中小学幼儿园

非常感谢您的合作，您对我们帮助很大。祝您生活愉快，工作顺利！

附件 2：

文化产业园企业主问卷

问卷编号：____________________

调查地点(产业园名称和城市名称)：______________________________________

尊敬的____________________文化产业园企业业主，您好！我们是东南大学人文学院的师生，受教育部人文社会科学基金委员会的委托，我们正在进行有关城市文化产业的社会与经济功能的研究工作。

文化产业园和文化产业对城市的社会经济发展具有重要的意义，它们为社会提供了大量的就业和培训机会，为城市的社会经济繁荣做出了贡献。

为保证研究工作的科学性和客观性，我们需要收集有关的信息和资料。因此需要访问文化产业园中的企业主们，烦请您在百忙中抽出时间，填答下面一些简单的问题。

您给我们提供的信息资料非常宝贵。所有的访问内容都会被严格地保密和匿名管理。您的回答以后将以统计的形式来处理，纯为科学目的而使用。我们仅仅是对产业园和企业业主们总体的工作和生活感兴趣，而不是针对个人。

请您支持我们的工作，谢谢您！如您愿意，我们会送给您访问研究的结果。

1. 被访企业主性别：

①男　②女

2. 被访企业主年龄：

①18～25　②26～35　③36～45　④46～55　⑤56 以上

3. 您在创建您的文化企业时，如何融资？(多选)

①向家人借钱　②向朋友熟人借钱
③银行贷款　④私人钱庄(高利贷)
⑤个人储蓄资金　⑥其他渠道：________

4. 您为什么选择在该产业园落户？(多选)

①租金低　②市场位置适中
③园内服务管理好　④同类行业集聚
⑤园区物业管理成本低　⑥容易找到价廉质高的职工
⑦本市的名城优势　⑧交通便利
⑨园内只有我的企业从事这类生产经营，没有其他竞争者
⑩周边公共基础设施完善
⑪其他原因：________

5. 您的企业目前有多少职工？(请在合适的选项上打钩)

①无　②1～3 人　③4～6 人　④7～10 人　⑤11～20 人
⑥21～30 人　⑦31 人以上

6. 您的企业目前和多少家企业有密切的业务联系？(请写数字)

____

7. 您的企业和哪些类型的企业和机构有业务联系？分别是多少家？(多选)

①同类企业(多少家：________)

②批发商(多少家:________)

③原材料商(多少家:________)

④研发部门(多少家:________)

8. 您的企业主要和哪些地区的企业和机构有业务联系？分别是多少家？(多选)

①本市内(多少家:________)

②本省内其他地区(多少家:________)

③其他省份(多少家:________)

④国外客户(多少家:________)

9. 您的企业主要和本省内哪些县市有联系？(请写明县市的名称)

____

10. 您的企业主要和国内哪些省市有联系？(请写明省市的名称)

____

11. 您的企业主要和哪些国家有联系？(请写明国家的名称)

____

12. 您的企业是否有自己的研发机构或部门？

①有(如有,主要研发______________________________)

②没有

13. 您的企业的新产品的设计主要的信息来源是什么？(可多选)

①国外同行的设计　②国内同行的设计

③本企业研发人员的自主创新　④市场调查

⑤网上搜索　⑥专业刊物

⑦其他:________

14. 您创立文化企业的原因:(可多选)

①更高的收入　②满足个人的生活情趣

③失业找不到合适的工作　④提高自己的社会地位

⑤觉得该行业有发展前途　⑥发挥自己的专业知识和特长

⑦为社会创造就业岗位　⑧为社会创造财富

⑨其他:________

15. 您的企业到目前为止是否已经盈利？

①已盈利　②还未盈利　③长期亏损中

16. 您的企业是否有迁出该园区的计划？无论回答是或否,都请您告诉我们为什么要迁出和不迁出？

____

____

17. 您觉得您的企业将来还会雇用新工人吗？如是,还会雇用多少人？

____

18. 您觉得您的企业对经济和社会的发展最大的贡献是什么？(限选三个)

①上缴利税　②创造就业岗位

③改变城市面貌　④传承传统文化

⑤提高老百姓的文化品位和素质 ⑥对公民的教育作用
⑦同类文化产业集聚 ⑧其他:________

19. 您觉得文化产业对经济和社会的发展最大的贡献是什么?(限选三个)
①上缴利税 ②创造就业岗位
③改变城市面貌 ④传承传统文化
⑤提高百姓的文化品位和素质 ⑥对公民的教育作用
⑦同类文化产业集聚 ⑧其他:________

20. 您觉得文化产业园对经济和社会的发展最大的贡献是什么?(限选三个)
①上缴利税 ②创造就业岗位
③改变城市面貌 ④传承传统文化
⑤提高百姓的文化品位和素质 ⑥对公民的教育作用
⑦同类文化产业集聚 ⑧其他:________

21. 您觉得文化产业是一个长期性的可持续发展的行业,还是只会昙花一现?
①会长期持续 ②不可能长期持续
③不知道

22. 和其他行业相比,您认为您的企业对社会的贡献大吗?
①大 ②较大 ③一般 ④较小 ⑤小

23. 在入驻文化产业园之前您是做什么工作的?(单选)
①国家干部 ②其他行业的业主
③企业工人 ④教师和科研人员
⑤失业者 ⑥大学生
⑦农民 ⑧服务业从业者
⑨其他:________

24. 您现在有同时经营其他公司企业吗?
①有 ②没有

25. 万一文化企业经营不善或倒闭,是否还可以转行经营其他产业?
①可以 ③很难 ③不知道

26. 您认为您的文化企业属于家族式企业吗?
①是 ②不是 ③不知道

27. 您雇用职工的先决条件是什么?(限选三个)
①工资低 ②人品好
③本市本地人 ④有能力
⑤有专业知识 ⑥有创新能力
⑦自己的亲戚朋友 ⑧有团队意识
⑨其他:________

28. 您以后会将企业转给下面哪些人?
①转给自己的孩子、家人、亲戚
②转给有经营能力的人
③转给有经营能力的自己的孩子、家人、亲戚

29. 您认为您的企业最需要哪类人才?(限选三个)

①规划管理　　②产品研发

③市场营销　　④物流仓储

⑤网络资讯　　⑥律师

⑦财务会计　　⑧人力资源管理

⑨产品制造工人

30. 您最需要哪个层次的人才?(限选两个)

①博士　　②硕士　　③学士　　④大专　　⑤中专

⑥高中

31. 您觉得产业园建成后对园区周边街区有积极的影响吗?

①影响很大　　②影响较大　　③一般　　④影响较小　　⑤没有影响

32. 您的企业和大学及科研机构有工作、业务方面的联系吗?

①很多　　②较多　　③一般　　④较少　　⑤很少

33. 您觉得您的企业自主研发的产品在园区内是否比在园区外受到更好的产权保护?

①是　　②不是　　③不知道

34. 您认为文化产业和文化产业园的发展是否会催生出一个新的城市精英阶层?

①会　　②不会　　③不知道

35. 您认为您所在的文化产业园内是否有过多的与文化产业业态不符的企业?

①是　　②不是　　③不知道

36. 您觉得您所在的文化产业园或您的企业与园区周边的街道有密切的联系吗?

①有(如有,请回答问题 37)　　②没有

③不知道

37. 与园区周边的街道有哪些联系?(可多选)

①周边的餐饮业　　②旅馆业

③公共交通　　④超市小卖部

⑤中小学幼儿园

38. 您认为园区需建独立的服务体系(如食堂),还是使用园区周边的市场化服务?

①园区内需建立独立的服务体系

②使用园区周边的市场化服务

③不知道

我们的访问现已结束。您对我们帮助很大。感谢您的合作!最后我们还想访问一下您的职工,因为我们还要调查一些诸如教育、就业的问题。

联系电话:025－52090954　何志宁博士

附件 3：

文化产业园管理部门问卷

问卷编号：____________________

调查地点(产业园名称和城市名称)：______________________________________

尊敬的______________________文化产业园管理部门负责人，您好！我们是东南大学人文学院的师生，受教育部人文社会科学基金委员会的委托，我们正在进行有关城市文化产业园的社会与经济功能的研究工作。

文化产业园和文化产业对本城市的社会经济发展具有重要的意义，它们为社会提供了大量的就业和培训机会，为城市的社会经济繁荣做出了贡献。

为保证研究工作的科学性和客观性，我们需要收集有关的信息和资料。因此需要访问文化产业园中的管理部门，烦请您在百忙中抽出时间，填答下面一些简单的问题。

您给我们提供的信息资料非常宝贵。所有的访问内容都会被严格地保密和匿名管理。您的回答以后将以统计的形式来处理，纯为科学目的而使用。我们仅仅是对产业园和企业感兴趣，而不是针对个人。

请您支持我们的工作，谢谢您！如您愿意，我们会送给您访问研究的结果。

1. 请问目前园区管理部门共有多少职工？(包括办公室人员、保安、清洁工、司机、水电工等)

   ____

2. 文化产业园自建立到目前的管理部门就业人员的流动情况变化数据或图表？(如职工主要的祖籍地、主要年龄段、进入文化产业园工作的原因)

   ____

3. 管理部门以后还会雇用新的职工吗？计划还雇用多少人？

   ____

4. 园区物业费管理与园内企业的配合度如何？(如企业是否按时交纳物业费)

   ①去年物业费上缴率达到 60%　　②去年物业费上缴准时率达 60%

   ③去年泊车费按时缴交率达 60%

5. 文化企业入驻园区的措施规定，即企业准入门槛和准入制度如何？(是否有文件提供)

   ____

   ____

6. 请介绍园区的物业管理机制？(如各级部门的称谓和关系结构)

   ____

   ____

7. 园区管理部门雇用职工的受教育程度如何？(如中小学、大专中专、本科毕业和硕博士毕业的分别有多少人)

   中小学毕业：____________

   大专中专毕业：____________

   本科毕业：____________

   硕士毕业：____________

博士毕业：＿＿＿＿＿＿

8. 管理部门与企业业主的关系如何？相处得怎样？（如是否有正式的沟通渠道、是否定期开会磋商、是否经常见面沟通等）

＿＿＿＿＿＿＿＿＿＿＿＿＿＿＿＿＿＿＿＿＿＿＿＿＿＿＿＿＿＿

9. 文化产业在园内的流动情况如何？数量是否稳定？（如现有多少家入驻企业）

＿＿＿＿＿＿＿＿＿＿＿＿＿＿＿＿＿＿＿＿＿＿＿＿＿＿＿＿＿＿

＿＿＿＿＿＿＿＿＿＿＿＿＿＿＿＿＿＿＿＿＿＿＿＿＿＿＿＿＿＿

10. 该文化产业园是否有一个主题或主要产业？您认为是否达到了某类文化产业集聚的效果？

＿＿＿＿＿＿＿＿＿＿＿＿＿＿＿＿＿＿＿＿＿＿＿＿＿＿＿＿＿＿

＿＿＿＿＿＿＿＿＿＿＿＿＿＿＿＿＿＿＿＿＿＿＿＿＿＿＿＿＿＿

11. 文化产业园管理部门雇用了多少本市人？雇用了多少外地人？

本市人：＿＿＿＿＿＿

外地人：＿＿＿＿＿＿

12. 文化产业园是否有以下自己独立的服务体系(请把有的设施打钩)

(1) ①公共食堂　②会议中心
③提供给管理部门职工的宿舍　④提供给入驻企业职工的宿舍
⑤园区接待访客的酒店　⑥停车场
⑦公共咖啡厅　⑧公共休闲绿地

(2) ①园内有银行或 ATM 机　②仓库
③原料产品的运输车队　④园内职工上下班班车
⑤律师事务所　⑥会计师服务
⑦外文翻译　⑧保安部门
⑨清洁部门　⑩医疗站

13. 园区有哪些吸引企业的优惠政策？（是否有文件提供?）

＿＿＿＿＿＿＿＿＿＿＿＿＿＿＿＿＿＿＿＿＿＿＿＿＿＿＿＿＿＿

＿＿＿＿＿＿＿＿＿＿＿＿＿＿＿＿＿＿＿＿＿＿＿＿＿＿＿＿＿＿

14. 园区计划共有多少可供出租的物业？其中空置的店面、办公室、仓库等还有多少处？

＿＿＿＿＿＿＿＿＿＿＿＿＿＿＿＿＿＿＿＿＿＿＿＿＿＿＿＿＿＿

＿＿＿＿＿＿＿＿＿＿＿＿＿＿＿＿＿＿＿＿＿＿＿＿＿＿＿＿＿＿

15. 园区和政府对园区内企业有哪些融资、政府补助等财政方面的支持？

＿＿＿＿＿＿＿＿＿＿＿＿＿＿＿＿＿＿＿＿＿＿＿＿＿＿＿＿＿＿

＿＿＿＿＿＿＿＿＿＿＿＿＿＿＿＿＿＿＿＿＿＿＿＿＿＿＿＿＿＿

16. 请问园区内每个企业每月(或每年)的物业费平均是多少？

＿＿＿＿＿＿＿＿＿＿＿＿＿＿＿＿＿＿＿＿＿＿＿＿＿＿＿＿＿＿

17. 目前园区店面、办公室、仓库的租金每平方米平均多少元？

店面：＿＿＿＿＿＿

办公室：＿＿＿＿＿＿

仓库：＿＿＿＿＿＿

18. 管理部门职工的平均工资是多少？（请分别说出办公室各级主管人员、一般办公人

员、保安员、清洁工、司机、仓库员、水电工的月毛收入)

各级主管人员:____________

一般办公人员:____________

保安员:____________

清洁工:____________

司机:____________

仓库员:____________

水电工:____________

19. 管理部门职工是否有五险一金?(养老保险、医疗保险、失业保险、工伤保险和生育保险,住房公积金)如有,请在下表中打钩。

①养老保险	②医疗保险	③失业保险	④工伤保险	⑤生育保险	⑥住房公积金

20. 该文化产业园 2010 年上缴的利税是多少元?

____

21. 产业园中的企业是否形成了产业链?

____

22. 目前园区内入驻企业共有多少职工?(加上不直接在园区内上班的职工)

____

23. 招收工人最多的企业有多少职工?

____

24. 入驻企业中的女职工有多少人?男职工有多少人?

____

25. 您认为园区对周围街区有什么积极的经济和社会影响?

____

____

26. 您认为园区对本市的发展有什么积极的经济和社会影响?

____

____

27. 如果园区有空置的铺位,有以下 8 类企业申请入驻,您首先选哪类企业?(限选两个)

①咨询类企业　　②制造业

③服务业　　④文化类企业

⑤旅店业　　⑥餐饮业

⑦有污染影响但能很快盈利的企业

⑧和文化产业无关但能很快盈利的企业

28. 如果园区还有空置但难以出租的铺位,有以下 8 类企业申请入驻,您首先选哪类企业?(限选两个)

①咨询类企业　　②制造业

③服务业　　④文化类企业

⑤旅店业　　⑥餐饮业

⑦有污染影响但能很快盈利的企业

⑧和文化产业无关但能很快盈利的企业

29. 如果园区经营不善,出现亏损,有以下8类企业申请入驻,您首先选哪类企业?(限选两个)

①咨询类企业　　　　　　　　　　②制造业

③服务业　　　　　　　　　　　　④文化类企业

⑤旅店业　　　　　　　　　　　　⑥餐饮业

⑦有污染影响但能很快盈利的企业

⑧和文化产业无关但能很快盈利的企业

30. 您觉得文化产业园的四个作用哪个最重要?(只能选一个答案)

①上缴税收　　　　　　　　　　　②创造就业岗位

③美化城市　　　　　　　　　　　④提供培训岗位

31. 如果园区经营不下去了,您会继续改善管理,坚持经营下去吗?

①会　　　　　　　　　　　　　　②不会③看情况而定

32. 您对文化产业园发展的前景总的看法:(只能选一个答案)

①乐观　　　　　　　　　　　　　②不乐观

③改进后会有好的发展　　　　　　④最终会衰落

非常感谢您的合作!您的回答对我们帮助很大。祝您生活愉快,工作顺利!

联系电话:025-52090954　何志宁博士

参考文献

著作

[1] (美)刘易斯·芒福德. 城市发展史[M]. 宋俊岭,倪文彦,译. 北京:中国建筑工业出版社,2005.

[2] (美)刘易斯·芒福德. 城市文化[M]. 宋俊岭,李翔宁,周鸣浩,译. 北京:中国建筑工业出版社,2009.

[3] (英)查尔斯·兰德利. 创意城市:如何打造都市创意生活圈[M]. 杨幼兰,译. 北京:清华大学出版社,2009.

[4] 张鸿雁. 城市文化资本论[M]. 南京:东南大学出版社,2010.

[5] 李向民. 精神经济时代的文化产业[M]//叶朗. 中国文化产业年度报告(2004). 长沙:湖南人民出版社,2004.

[6] 全国经济地理研究会. 全国经济地理研究会第十一届学术年会暨中国区域协调发展学术研讨会论文集[C]. 北京:2007.

[7] 张京成. 中国创意产业发展报告(2006)[M]. 北京:中国经济出版社,2006.

[8] 郑杭生,等. 社会指标理论研究[M]. 北京:中国人民大学出版社,1989.

[9] 唐晋. 大国策——文化产业发展战略[M]. 北京:人民日报出版社,2009.

[10] 蔡禾. 城市社会学:理论与视野[M]. 广州:中山大学出版社,2003.

[11] 中国大百科全书总编辑委员会. 中国大百科全书[M]. 修订本. 北京:中国大百科全书出版社,2004.

[12] 于显洋. 社区概论[M]. 北京:中国人民大学出版社,2006.

[13] 艾莉. 就是爱杭州[M]. 北京:人民邮电出版社,2010.

[14] (美)戴维·格伦斯基. 社会分层[M]. 第 2 版. 北京:华夏出版社,2005.

[15] 顾朝林,于涛方,李王鸣. 中国城市化格局·过程·机理[M]. 北京:科学出版社,2008.

[16] 单霁翔. 从"功能城市"走向"文化城市"[M]. 天津:天津大学出版社,2007.

[17] 付宝华. 城市主题文化与名牌城市战略[M]. 北京:中国经济出版社,2008.

[18] 余明阳,姜炜. 城市品牌[M]. 深圳:广东经济出版社,2004.

[19] (德)哈贝马斯. 公共领域的结构转型[M]. 曹卫东,等译. 上海:学林出版社,1999.

[20] 彭立勋. 文化软实力与城市竞争力[M]. 北京:中国社会科学出版社,2008.

[21] 陈友华,赵民. 城市规划概论[M]. 上海:科学技术文献出版社,2000.

[22] (美)凯文·林奇. 城市形态[M]. 林庆怡,等译. 北京:华夏出版社,2001.

[23] (美)帕克,伯吉斯,麦肯齐. 城市社会学[M]. 宋俊岭,吴建华,王登斌,译. 北京:华夏出版社,1987.

[24] 汪民安,陈永国,马海良. 城市文化读本[M]. 北京:北京大学出版社,2008.

[25] 叶辛,蒯大申. 城市文化研究新视点[M]. 上海:上海社会科学院出版社,2008.

[26] (英)诺南·帕迪森. 城市研究手册[M]. 郭爱军,王贻志,等译校. 上海:上海人民出版社,2009.

[27] 顾朝林. 城市社会学[M]. 南京:东南大学出版社,2002.

[28] (加)杰布·布鲁格曼. 城变——城市如何改变世界[M]. 董云峰,译. 北京:中国人民大学出版社,2011.

[29] 邵培仁,杨丽萍. 中国文化创意产业集群及园区发展现状与问题[M]//武汉大学. 中国媒体发展研究报告. 武汉:武汉大学出版社,2010.

[30] 杨红文. 文化产业发展与就业关系的探讨[C]//北京文化论坛文集编委会. 论北京文化产业发展——2009北京文化论坛文集. 北京:首都师范大学出版社,2009.

[31] 罗道全:文化产业促进就业的国际经验及启示[C]//北京文化论坛文集编委会. 论北京文化产业发展——2009北京文化论坛文集. 北京:首都师范大学出版社,2009.

[32] Scott A J. The Cultural Economy of Cities: Essays on the Geography of Image-Producing Industries[M]. London: SAGE Publications Ltd,2000.

[33] Graham B, Ashworth G, Tunbridge J. A Geography of Heritage: Power, Culture and Economy[M]. London: Hodder Arnold Publication,2000.

[34](美)R. 马克·罗杰斯.《经济指标》[M]. 黄国富,译. 北京:经济科学出版社,2012.

[35] 奚洁人. 科学发展观百科辞典[M]. 上海:上海辞书出版社,2007.

[36] 联合国教科文组织. 文化、贸易和全球化[R]. 巴黎:联合国教科文组织,2012.

[37] 中华人民共和国国家税务总局. 企业会计制度[R]. 北京:中华人民共和国国家税务总局,2000.

[38] 高鸿业,刘文忻,冯金华,等. 西方经济学[M]. 北京:中国人民大学出版社,2007.

[39] 中华人民共和国文化部. 文化部关于支持和促进文化产业发展的若干意见[R]. 北京:中华人民共和国文化部,2003.

论文

[1] 何志宁."城市失用地"的概念、类型及其社会阻隔效应[J]. 南京社会科学,2013(4).

[2] 谢晓萍. 创意产业之父霍金斯:知识产权是新世纪货币[J]. 中外企业家,2009(9).

[3] 甘霖,唐燕. 创意城市的国际经验与本土化建构[J]. 国际城市规划,2012(3).

[4] 叶南客. 人文关怀体现城市现代化新概念[J]. 城乡建设,2004(7).

[5] 赖丹. 文化产业的特征与功能探析[J]. 科技广场,2009(10).

[6] 郭妍琳. 文化产业园区建设中的相关问题——以江苏为例[J]. 艺术百家,2010(1).

[7] 马力辉,张润利,范昀阳. 专利价值及影响因素[J]. 工程机械文摘,2009(9).

[8] 钱夙伟. 对低就业率专业亮红牌是教育责任感[J]. 四川劳动保障,2014(10).

[9] 李屹,叶思瑶,章帆. 白马湖生态创意园区产业转型调查研究——基于产业生态链视角[J]. 知识经济,2011(4).

[10] 潘文卿. 中国的区域关联与经济增长的空间溢出效应[J]. 经济研究,2012(1).

[11] 杨宏海. 深圳文化产业的调查与思考[J]. 社会学研究,1993(4).

[12] 赵秋成. 从产业和行业层面解析中国的经济增长与就业[J]. 社会科学辑刊,2006(3).

[13] 钱紫华,闫小培,王爱民. 西方国家文化产业的就业特点[J]. 城市问题,2007(9).

[14] 李斌,彭星. 文化产业竞争力影响就业水平的 FDI 效应研究[J]. 东岳论丛,2011(5).

[15] 苑洁. 文化产业行业界定的比较研究[J]. 理论建设,2005(1).

[16] 李建盛. 文化与文化产业发展的理论思考[J]. 新视野,1998(3).

[17] 张玲. 文化产业发展中存在问题及其对策[J]. 科技和产业,2006(2).

[18] 王婧. 中国文化产业经济贡献的影响因素[J]. 统计与决策,2008(3).

[19] 王林,顾江. 文化产业发展与区域经济增长[J]. 中南财经政法大学学报,2009(2).

[20] 胡惠林. 论中国文化产业发展的"走出去"战略[J]. 思想战线,2004(3).

[21] 马国柱. 我国文化产业发展的战略思考[J]. 辽宁大学学报(哲学社会科学版),2004(5).

[22] 李峰峰,周意. 文化产业可持续发展与文化管理体制改革——兼论四城市文化产业发展模式[J]. 重庆工商大学学报(西部论坛),2004(2).

[23] 张晓明. 认识文化产业发展不平衡规律科学制定文化产业发展战略[J]. 理论与当代,2006(1).

[24] 冀晓东:论后金融危机时代我国文化产业的现状和发展对策[J]. 重庆科技学院学报(社会科学版),2011(18).

[25] 邱明丰. 发达国家文化产业管理模式研究——以美、英、法为例[J]. 学理论,2010(25).

[26] 方彦富. 国内外文化产业管理若干模式探究[J]. 亚太经济,2009(6).

[27] 黄辛猗. 论文化产业管理中的政府行为[J]. 社会科学,1989(5).

[28] 傅守祥. 文化经济时代:中国文化产业的发展与管理[J]. 深圳大学学报(人文社会科学版),2007(2).

[29] 王琳. 论文化产业的制度创新与体制创新[J]. 国家行政学院学报,2004(6).

[30] 张友臣. 关于我国文化产业人才培养的忧思[J]. 东岳论丛,2006(2).

[31] 方东. 构建文化产业管理专业人才培养模式的理论思考[J]. 科技管理研究,2009(2).

[32] 李向民,韩顺法. 文化产业与精神经济时代[J]. 思想战线,2010(3).

[33] 任宁云,朱虹青,李凌凌. 发展文化产业与促进劳动就业[J]. 昆明冶金高等专科学校学报,2005(4).

[34] 杨宏海. 深圳文化产业的调查与思考[J]. 社会学研究,1993(4).

[35] 李斌,彭星. 文化产业竞争力影响就业水平的 FDI 效应研究[J]. 东岳论丛,2011

(9).

[36] 王雪瑞，葛斌华. 我国生产性服务业空间效应研究——基于 SLM、SEM 模型的实证[J]. 中央财经大学学报，2012(4).

[37] 吴鹏跃，秦政. 产业集聚区域内科技人才知识溢出效应的实证分析[J]. 价值工程，2015(9).

[38] 钟昌标. 外商直接投资地区间溢出效应研究[J]. 经济研究，2010(1).

[39] 盛垒. 中国省区间的外资 R&D 知识溢出及其空间差异研究——基于随机前沿生产模型(SFA)的实证[J]. 人文地理，2013(5).

[40] 何志宁，许汉泽. 城市文化产业园的社会功能及问题反思——台中和南京的比较研究[J]. 东岳论丛，2012(9).

[41] 徐宇珊. 霍普金斯全球公民社会指数述评[J]. 学会，2006(3).

[42] Pratt A C. The cultural - industries production system: A case study of employment change in Britain, 1984—1991[J]. Environment and Planning A, 1997, 29(11):1953-1974.

[43] Gibson C, Murphy P, Freestone R. Employment and socio - spatial relations in Australia's cultural economy[J]. Australian Geographer, 2002, 33(2):173-189.

[44] Lily Kong. Culture, economy, policy: trends and developments[J]. Geoforum, 2000(31):385-390.

[45] Throsby D. The concentric circles model of the cultural industries[J]. Cultural Trends, 2008, 17(3):147-164.

[46] Juergen Friedrichs. Revitalisierung von Staedten in altindustrialisierten Gebieten Ein modell und Folgerungen[J]. Geographische Zeitschrift 82 Koeln, 1994, 3: 133-153.

报刊

[1] 吴玉蓉. 北京宋庄"画家村"小产权房案再调查[N]. 东方早报，2008 - 03 - 03(A14).

[2] 杨金霞，李琳. 珠影文化创意产业园将打造广州新天地[N]. 新快报，2011 - 07 - 01(C14).

[3] 张学琦. 世界之窗产业园：江苏文化创意产业新亮点[N]. 中国电子报，2008 - 09 - 19(6).

[4] 章晴. 55 处老工厂要唱夕阳红[N]. 钱江晚报，2009 - 08 - 06(A3).

[5] 顾春. 杭州："LOFT49"的惊喜[N]. 人民日报(华东新闻)，2005 - 02 - 02(3).

[6] 王世停，张晨，黄伟，等. 创意园：为何美容房产混迹其中[N]. 新华日报，2012 - 12 - 17(A5).

其他学术报告与研究报告

[1] 王磊. 创意产业园区：空间生产中的文化的结构性力量[D]. 上海：华东师范大学，2007.

[2] 张弓. 网络时代的文化创意产业[C]//文化现代化的战略思考——第七期中国现代化研究论坛论文集. 北京：中国科学院中国现代化研究中心，2009.

[3] 张天羽. 北京宋庄艺术群落生态研究[D]. 北京：中国艺术研究院，2013.

[4] 王伟年，王士君. 文化产业园区的功能、运行模式及发展策略[C]. 南昌：全国经济地理研究会学术年会暨中国区域协调发展学术研讨会，2007.

[5] 安冉. 我国科技创新对区域经济增长的溢出效应分析[D]. 济南：山东财经大学，2014.

[6] 李由，蒋烨琳，褚耀程. 文化产业园的现状及社会功能研究——以杭州市为例[R]. 南京：东南大学 SRTP 项目，2013.

[7] 霍步刚. 国外文化产业发展比较研究[D]. 大连：东北财经大学，2009.

[8] 余磊. 制度变迁中的文化产业管理[D]. 杭州：浙江工商大学，2008.

后　记

能够完成此书的写作，首先归功于中华人民共和国教育部于2010年给予本书作者提供的高达9万元的国家社科基金一般项目的研究资助。这是国家对本人研究申请的认可和信任。在此，作为中国一名普通的高校教师，谨此向负责审核和颁发该项目资助资金的教育部社会科学司表示感谢！向全国的纳税人表示敬意和感谢！

此外，该书的完成，经历了三年多的田野调查、问卷调查、文献收集、统计分析、著作写作和文字校对等工作。为此，笔者应对以下参与本书的研究和写作的人士表示感谢：

首先要感谢我的爱人、妻子、亲人马晓东女士！我是在她的鼓舞、理解和直接地参与下完成此书的。尤其要感谢她陪伴、帮助我在北京市、广州市和成都市所进行的调研工作。

感谢东南大学人文学院旅游系的蒋烨琳和社会学系的李由两位同学协助我完成了在杭州的问卷调查工作！

感谢哈尔滨工程大学社会学系硕士生张国锋同学和中国农业大学硕士生许汉泽同学及其他几位中国农业大学的硕士生协助我完成了在北京城市文化产业园的问卷调查工作！

感谢华南师范大学哲学系的硕士生张鸿铭同学、东南大学人文学院哲科系博士生赵浩及其他几位华南师范大学的大学生帮助我完成了对广州市城市文化产业园的问卷调查工作！

感谢东南大学人文学院社会学系的学生吴雨西、孙文佳、汤玲玲和王骋随我赴苏州进行的实地调研工作！

感谢东南大学人文学院社会学系朱佳倩、陆珈怡帮助完成了问卷输入和统计分析的工作！同时感谢哈尔滨工程大学社会学系的张国锋同学为统计分析部分所作出的特殊贡献！

感谢东南大学人文学院社会学系曹竞文、李恒真珍和邹倩玲在苏州、成都、重庆所进行的问卷调查工作。

感谢东南大学人文学院社会学系学生沈恬、吴国华、孙菲诺、赵云凤四人利用GeoDa和GIS软件完成了第七章的数据分析工作！

感谢东南大学人文学院社会学系学生陈雅萍完成了图片与表格的修改以及文献整

理，并协助进行文字整合和文稿的排版等工作！

感谢山东社会科学院《东岳论丛》杂志的主编李然忠先生！是他对我的相关论文《城市文化产业园的社会功能及问题反思——台中和南京的比较研究》进行了专业细致、认真负责的修改和建议，并最终得以在《东岳论丛》上刊载。

感谢南京晨光1865文化产业园管理处和苏州市统计局！他们对我的调研工作给予了方便和协助。

最后，要特别感谢东南大学出版社的曹胜玫、唐红慈、谢淑芳三位编辑，正是他们孜孜不倦、一丝不苟在幕后认真辛勤地工作，才使得该书的最终出版成为可能！

何志宁博士

2015年5月1日于南京九龙湖